Kocht des Mannes Lieblingsspeise

Die echte deutsche Küche

Typische Rezepte und kulinarische Impressionen aus allen Regionen

Autorinnen: Sabine Sälzer und Gudrun Ruschitzka

Rezeptfotos Susi und Pete A. Eising
Fotoreportagen Uli Franz

Inhalt

Offenes
Sauerkraut
vom
Faß
Dattes
Muscades

Vorwort

Es sind Liebeserklärungen besonderer Art, die unsere Großmütter in ihre blütenweißen Küchentücher stickten. Und wer mag bestreiten, daß auch heute noch ein Quentchen Liebe durch den Magen geht? Nur die einspurige Botschaft an den verwöhnten Gatten ist deutlich in die Jahre gekommen – heute lesen auch mal Männer Kochbücher, fachsimpeln über Rezepte, überraschen mit Selbstgekochtem. Ein Grund mehr, standhaft zu schwärmen von knusprigen Reibekuchen aus frischen Kartoffeln, von üppigen Gemüsesuppen mit Speck, von Sauerkraut in Riesling, von samtigen Klößen und würzigen Saucen, von Pflaumenkuchen und Schokoladenpudding. Die echten Lieblingsspeisen, die wirklichen »Highlights« der deutschen Küche – das sind nicht komplizierte Kabinettstücke aus vergangenen Jahrhunderten. Sondern all das, was auf Anhieb Appetit macht, umwerfend gut schmeckt – und jedem leicht gelingt, der mit Lust und Liebe kocht.

Die Rezeptauswahl im vorliegenden Buch lebt von diesem Wandel – und vom Anspruch, authentisch und trotzdem zeitgemäß zu sein. Vieles hat sich verändert an der deutschen Küche, vom überwältigenden Angebot der Zutaten bis hin zur Raffinesse der technischen Ausstattung. Die Regionen und ihre Landschaften jedoch sind abwechslungsreich wie früher, mit Küsten und Meer in der einen, Wiesen und Weiden in einer anderen Ecke. Ob Fisch oder Fleisch, Obst oder Wein – das bestimmen weiterhin Klima, Boden, Traditionen. Ein fruchtbares Wechselspiel findet tagtäglich statt, nicht starr und unbeweglich, sondern in lebendigem Austausch. In diesem Sinne haben wir viele Rezepte vorausgewählt und wieder verworfen, Varianten geprüft, die sich von Ort zu Ort, selbst von Familie zu Familie unterscheiden. Die Subjektivität hat gesiegt – und die Entdeckung der deutschen Küche bietet eine kulinarische Farbigkeit, die keinen Vergleich scheut.

Die kulinarischen Regionen

Grenzen sind fließend, speziell in kulinarischer Hinsicht. So präsentiert sich die deutsche Küche hier in 10 Kapiteln, mit all ihren Eigenheiten und unverwechselbaren Details, aber auch mit den gemeinsamen Wurzeln und Vorlieben.

Bayern

Üppige Vegetation zieht sich vom östlichen Zipfel des Bodensees über den Alpenrand im Süden bis zum Fichtelgebirge. Die traditionelle Küche schöpft aus reichen Quellen: Käse aus dem Allgäu, Fische aus den Flüssen und Seen, Pilze, Beeren und Kräuter aus den Wäldern und vor allem Viehwirtschaft. Rind, Kalb und Schwein sind gleichermaßen beliebt. Hopfen und Getreide gedeihen reichlich – Grundlagen fürs Bier und köstliche Mehlspeisen. Im Wein- und Gemüseland Franken ist die Küche etwas leichter, frischer. Doch deftig ist das Essen allemal, und im weiter nördlich gelegenen fränkischen »Bierland« läßt man sich herzhafte Würste und Kartoffelklöße schmecken – genauso wie bei den Nachbarn in Thüringen.

Baden-Württemberg

Der milde Südwesten nutzt die klimatischen Vorteile intensiv aus. Im Markgräflerland und am Kaiserstuhl wachsen die Reben für gehaltvolle Weine. Obst und Beeren gedeihen in Hülle und Fülle, z. B. auf der Bodensee-Insel Reichenau. Sie sind Grundlage für die berühmten Obstbrände. Wild und fangfrische Forellen, Spargel und feinste Suppen stehen auf der badischen Speisekarte, aber auch deftige Eintöpfe und pikante Kuchen – der kulinarische Austausch mit dem Elsaß ist deutlich spürbar. Die schwäbischen Feinschmecker schwelgen in Teigwaren, den berühmten Spätzle und köstlich gefüllten Maultaschen. Getreide wird hier angebaut und auch reichlich Gemüse für kräftige Suppen und Eintöpfe.

Hessen, Rheinland-Pfalz und Saarland

Links und rechts vom Rhein erstrecken sich die drei waldreichen Gebiete, die sich in ihren Küchen sehr wohl unterscheiden. Doch was man überall antrifft, sind Kartoffeln in jeglicher Form, üppige Platten mit Sauerkraut und Würsten, eingelegter Käse, Zwiebelkuchen und Wein, ob aus Trauben oder Äpfeln gepreßt. Unkomplizierte, bäuerliche Kost wird auch in den meisten Gasthäusern serviert, die speziell in den Weingebieten viel Atmosphäre haben. Bemerkenswert sind die sehr milden Temperaturen in der Südpfalz, die sogar Eßkastanien und Mandeln, Pfirsiche, Aprikosen und Tabak wachsen lassen.

Thüringen

Von dichtem Wald durchzogen ist das Bauern- und Gartenland im Herzen Deutschlands. Seit jeher wird auf den fruchtbaren Böden Landwirtschaft betrieben – teilweise unter rauhen klimatischen Bedingungen. Noch heute lebt die traditionelle Küche von diesen Wurzeln. Ein Schwein im Stall, Getreide im Speicher und Kartoffeln im Keller – aus dem Wintervorrat der Bauern kommen die berühmten Klassiker der Thüringer Küche: hausgemachte Wurst, Brot und Kuchen, Kartoffelklöße.

Sachsen und Sachsen-Anhalt

Baumkuchen aus Salzwedel, Pfefferkuchen und saftige Blechkuchen aller Art – in diesen beiden Regionen wird gebacken, was das Zeug hält. Auf den ertragreichen Ackerböden wachsen Getreide, Kohl und Kartoffeln, aber auch Spargel und Obst wird angebaut. Fisch und Wild kommen hauptsächlich aus der Altmark, im Harz werden vorzügliche Käse- und Wurstsorten produziert. Im sächsischen Elbtal bei Meißen, und in Sachsen-Anhalt, im Saale-Unstrut-Gebiet, liegen die nördlichsten Anbaugebiete für deutschen Wein.

Nordrhein-Westfalen

Faszinierende Kontraste zwischen Natur und Technik prägen diese Region. Malerische Flußlandschaften, intensiv bewirtschaftete Ebenen und das industrielle Zentrum Ruhrgebiet treffen im Rheinland aufeinander. Die landwirtschaftlichen Produkte, Getreide, Zuckerrüben, Kartoffeln, sind gleichzeitig Rohstoffe für die gut ausgebaute Nahrungsmittelindustrie. Rübensirup und Reibekuchen aus frischen Kartoffeln sind typisch für die bodenständige Küche, aber auch Muscheln, Sauerbraten und Spargel. Der beste Schinken dazu kommt aus Westfalen, wo auch der Rest vom Schwein kulinarisch hoch geschätzt wird. Getreideanbau sorgt für den Betrieb zahlreicher Bierbrauereien und Kornbrennereien.

Berlin und Brandenburg

Die Metropole bietet internationale Spezialitäten rund um die Uhr – doch die eigene Hausmannskost ist einfach und bodenständig. Der nahegelegene Spreewald liefert reichlich Gemüse, zum Beispiel Gurken und Sauerkraut – die obligatorischen Beilagen für Buletten und Eisbein. Und wenn gefeiert wird, kommt auch mal eine gebratene Gans auf den Tisch, die in der Mark Brandenburg aufgewachsen ist. Kirschen über Kirschen, Teltower Rübchen, Fische aus den umliegenden Flüssen und Seen werden auf den Märkten angeboten. Und auf dem Land versorgt man sich mit all diesen Produkten ganz frisch an Ort und Stelle.

Niedersachsen und Bremen

An der Küste liegt das fruchtbare Marschland. Hier grasen Milchkühe, die köstliche Butter und Käse in die heimische Küche einbringen. Dazu der Fischfang in der Nordsee, die Muschel- und Austernzuchten, die Aalräuchereien – im Norden ist kulinarisch einiges geboten. Die Zutaten werden in der Regel deftig zubereitet, in großen Portionen, mit reichlich Speck, denn auch das Schwein steht hoch im Kurs. Würste und Spargel kommen aus der Gegend um Braunschweig, köstliches Lammfleisch und ein in ganz Deutschland beliebtes Gewürz aus der Lüneburger Heide: Wacholderbeeren. Und im fruchtbaren »Alten Land« reiht sich eine Obstplantage an die andere. Das Gemüse erster Wahl in der gesamten Region ist Grünkohl – auch die Bremer machen da keine Ausnahme.

Mecklenburg-Vorpommern

Fischreichtum prägt die Küche an der Ostsee und die zahlreichen Seen steuern edle Süßwasserfische bei. Im Landesinneren wird großflächig Getreide angebaut und Viehzucht betrieben, doch ganz besonders die Kartoffel ist als Alltagskost selbstverständlich. Wie im gesamten Norden ist die Kombination von fruchtiger Süße mit herzhaft Gewürztem typisch. So finden Pflaumen, Trauben, Äpfel und Birnen bevorzugt als Trockenfrüchte Verwendung.

Hamburg und Schleswig-Holstein

Die Auswahl an Fisch und Meeresfrüchten ist in der Stadt der Feinschmecker unübertroffen. Und der Hamburger Hafen sorgte schon früh für eine lückenlose Versorgung mit Zutaten aus aller Welt. Vor den Toren der Stadt liegen große Anbaugebiete für Gemüse und Obst. Schleswig-Holstein ist berühmt für seine Kühe, deren fette Milch feinste Butter und Käse liefert. In den Räuchereien reifen edelste Schinken und Würste heran, die nicht nur den Einheimischen Appetit machen.

Kiel
Schleswig-Holstein
Lübeck
Hamburg
Rostock
Mecklenburg-Vorpommern
Schwerin
Bremerhaven
Oldenburg
Bremen
Niedersachsen
Hannover
Braunschweig
Göttingen
Brandenburg
BERLIN
Potsdam
Frankfurt
Cottbus
Sachsen-Anhalt
Magdeburg
Dessau
Halle
Nordrhein-Westfalen
Essen
Dortmund
Düsseldorf
Köln
Bonn
Kassel
Hessen
Leipzig
Sachsen
Dresden
Chemnitz
Erfurt
Thüringen
Gera
Koblenz
Rheinland-Pfalz
Wiesbaden
Frankfurt
Mainz
Trier
Saarland
Saarbrücken
Bayreuth
Würzburg
Heidelberg
Nürnberg
Karlsruhe
Stuttgart
Regensburg
Bayern
Ingolstadt
Baden-Württemberg
Augsburg
München
Freiburg

Bayern

Das Land und seine Produkte

Reisende in Richtung Süden überqueren schon weit vor den Alpen eine der markantesten Grenzlinien des Landes: den Weißwurst-Äquator! Nicht nur kulinarisch betrachtet ist diese Schwelle für Norddeutsche ein kleines Abenteuer. Süßer Senf zur weißen Wurst ist hier ein Muß, Kümmel und Koriander würzen das Brot, doch Zucker im Salat ist gnadenlos verpönt. Im übrigen lernen »Zuagroaste« mit deutlich artikuliertem Zungenschlag, der Einfachheit halber allesamt als »Preiß'n« gehandelt, den milden Liebreiz der Landschaft ebenso schnell und unmittelbar kennen wie den herben Charme der Bewohner. Bayern – Freistaat unter weißblauem Himmel, ein Land der Superlative. Nirgends sonst sind die Berggipfel höher, die Bierkrüge schwerer, die Brezen knuspriger, die Gamsbärte buschiger. Schlösser und glitzernde Seen erwarten den Fremden, barocke Kirchtürme, stattliche Klöster und Gasthäuser, in satte, königliche Farben getauchte Fassaden. Blick nach Oberbayern, wie es jeder kennt: Die Bilderbuchszenen mit Alpenkulisse, mit traumhaften Wanderwegen, die zu saftigen Almen, zu gemütlich grasenden Kühen und zu selbstgemachtem Käse führen. Es ist das vielbesuchte Kernland der Region – mit Ortsnamen, die manch einem die Kehle trocken werden lassen: Andechs und Weihenstephan, Aying, Erding und Grünbach. Dort und natürlich auch im Brauer-Idyll München ist Durst kein Thema – höchstens das Bier an und für sich und die Moral der Wirte beim Einschenken. Wen wundert's, daß Kastanien unumstrittene Lieblinge unter den Bäumen sind – denn sie sind für den kühlenden Schatten im Biergarten zuständig. Der Hopfen fürs »Manna« kommt aus einem Gebiet nördlich von München – aus der Holledau (Hallertau), einem fruchtbaren Hügelland, wo auch der berühmte Schrobenhausener Spargel geerntet wird. Etwas weiter östlich, im Niederbayrischen, wogen die Getreidefelder im schon etwas rauheren Klima. Weizenmehlerzeugnisse sind besonders charakteristisch für die bayerische Küche, erkennbar an Fingernudeln und Dampfnudeln, Strudel und Brotsuppen. Und auch die schlichte Semmel wird nicht nur fürs Frühstück geholt, sondern ist Grundlage für Knödel, Schmarrn und Füllungen im Braten oder Geflügel. Daß das Schwein die Speisekarte beherrscht, ist nichts weiter als ein gepflegtes Vorurteil. Dem zünftigen Bayern nämlich geht nix über eine gekochte Zwerchrippe, Ochsenfleisch mit Kren (Meerrettich) oder eine zarte Kalbszunge. Auch die heimischen Fische aus Flüssen und Seen, Schwammerl (Pilze) und Wild lassen sich echte Bayern nicht weniger gut schmecken als den obligatorischen Schweinebraten mit köstlich »kracherter« Kruste. Nördlich der Donau im Bayerischen Wald spielt Gemüse zumindest in einem Ort eine besondere Rolle: Der Pichelsteiner Eintopf kommt aus der Gegend um Regen. Kartoffeln und Gemüse tauchen jedoch besonders üppig in der fränkischen Küche auf. Aus dem »Knoblauchland« zwischen Nürnberg und Erlangen kommt Kraut und frischer Kren, den die »Krenweiberl« mit den großen Gewürzkörben noch heute bis in die Großstadt bringen. Ein seltene Spezialität, die Hopfensprossen, werden hier als Gemüse oder Salat zubereitet. Als Kartoffelklassiker haben sich die »Bamberger Hörnle« nicht nur in Franken einen Namen gemacht. Wie ein Fleckerlteppich erscheint die Landschaft Frankens – farbig und abwechslungsreich, mal heiter, mal karg. Der Main verbindet Ober- und Unterfranken, führt vom zweitgrößten Hopfengebiet Deutschlands, dem fränkischen »Bierland«, ins »Weinland« zu den berühmten, flachen, grünen Bocksbeutelflaschen. Natürlich fehlen die Lieblingsgetränke auch nicht in der traditionellen Küche dieser Regionen: Die einen backen Karpfen in Bierteig, die andern Zwiebelkuchen zum Wein. Mit

den Thüringer Nachbarn haben die Franken deutlich gemeinsame kulinarische Interessen: Klöße aus Kartoffeln (die übrigens im Gegensatz zu den bayerischen wirklich »Klöße« und nicht »Knödl« heißen) und herrlich würzige Bratwürste vom Holzkohlengrill.

Gewürze spielten auch eine entscheidende Rolle bei der Erfindung des bekanntesten Lebkuchens. Bereits vor dem 15. Jahrhundert war Nürnberg als Endpunkt der venezianischen Handelsstraße ein wichtiger Umschlagplatz für die aromareichen Kostbarkeiten aus dem Orient. Die Zunft der Lebzelter genoß damals besonders hohes Ansehen. Noch heute werden die mit heimischem Bienenhonig hergestellten Würzkuchen in eindrucksvoller Vielfalt angeboten – auf einem der schönsten Weihnachtsmärkte der Welt.

An einem guten Stück Fleisch oder der obligatorischen Weißwurst geht kein bayerischer Gourmet vorbei.

Links:
Ob von Schnee oder dem satten Grün der Almwiesen bedeckt – die Alpen sind Attraktion Nummer eins im beliebtesten Urlaubsland Deutschlands.

Ganz oben:
Passau, der Nabel Niederbayerns, wo sich drei Flüsse in einem Bett vereinigen, Donau, Inn und Ilz.

Oben Mitte:
Mit Milch reich gesegnet ist das Allgäu – und in manch kleiner Sennerei reifen Käse der Spitzenklasse.

Der Münchner Viktualienmarkt bietet ganzjährig ein unübertroffenes Schauspiel – ein Gesamt-Kunstwerk aus Formen, Farben und Düften.

Oben:
Ein Ort mit magnetischer Anziehungskraft – der Chinesische Turm im Englischen Garten. Weniger zum Meditieren, als um Maßkrüge zu stemmen und Brotzeit zu machen. Und wer spielt dazu? Die Blasmusik.

Menschen, Feste, Sehenswertes

München, das »Millionendorf«, die »heimliche Hauptstadt« oder auch die »nördlichste Provinz Italiens«. Dieser Vergleich stört hier niemanden. Denn der Sprung über die Alpen hin zu Sonne und toskanischem Wein gehört für den Münchner genauso selbstverständlich zum Freizeitwert wie Surfen und Skifahren in den oberbayerischen Gefilden. Auch die Küche Italiens feiert Triumphe in der Bayern-Metropole – aber natürlich erst in zweiter Linie, denn so richtig leidenschaftlich verspeist der Münchner vor allem seine eigenen Schmankerl: gekochte Zwerchrippe und saures Lüngerl, Haxen und Kutteln, Leberknödel und Kalbszüngerl. Beliebt ist neben dem obligatorischen Schweinebraten vor allem Rindfleisch, gekocht oder auch geschmort als Bœuf à la mode. Für die ländlicheren Gebiete Bayerns bis hinauf nach Franken gilt es ebenso: Bodenständige Tradition regiert die Küche, aber die Neugier auf alles Fremde ist groß. Augenfällig für weitgereiste Feinschmekker: Innereien sind für die Bayern wirkliche Delikatessen – denn sie wissen genau, wie man sie zubereitet.

»O'zapft is!« Kurz und bündig klingt das Signal, doch es ist der Start in ein langes und rauschendes Fest. Wenn die »Wies'n«, das Oktoberfest in München, eröffnet wird, gibt es kein Halten mehr. Nicht nur die Bayern stürzen sich mit Leib und Seele ins Gewühl. Die Lust am Feiern kennt keine Grenzen und zieht Millionen von Besuchern jedes Jahr erneut in Bann. Die königliche Vermählung von Ludwig I. mit der Prinzessin Therese hat anno 1810 alles ins Rollen gebracht – und der Ort des Geschehens wurde auf den Namen der Braut getauft: »Theresienwiese«. Seitdem steht die Stadt zwei Wochen lang ganz im Zeichen von Schützen und Trachten und Wiesenwirten – und Bier!
Die Gerstensaft-Saison wiederum beschränkt sich nicht auf den Herbst. Rund ums Jahr bietet ganz Bayern fast 4000 Anlässe, die Fässer zu öffnen. Immer dabei: Eine zünftige Brotzeit. Dazu gehört alles, was den Magen »tratzelt« und zu Bier paßt: in hauchdünne Spiralen geschnittener »Radi« (Rettich) und knackige Radieschen, ofenfrische Brezen und warmer Leberkäse, in pikanter Marinade schwimmender Wurstsalat oder die würzige Käsecreme namens »Obatzda«.

Sehenswertes – und jede Menge Einladungen zum Mitfeiern: Trachtenwallfahrten im Chiemgau. Am berühmtesten ist der Traunsteiner »Georgiritt« am Ostermontag. Die Landshuter Hochzeit, ein gigantisches Historienfest, das alle 4 Jahre eine ganze Stadt stilecht ins 15. Jahrhundert zurückversetzt. Der »Kötztinger Pfingstritt« – eine seit Jahrhunderten zelebrierte Männerwallfahrt mit feierlicher Reiterprozession. Das Pichelsteinerfest in Regen, ein buntes Treiben an 5 Tagen Ende Juli, mit Wasserspielen, Gondelfahrten, einem Festkoch und reichlichen Kostproben des berühmten gleichnamigen Eintopfs. Weinfeste in allen Winzerorten Frankens, von April bis Oktober. Die Bamberger Biertage im Juli und Anfang August die Kulmbacher Bierwoche. Im Mai der Nürnberger Spargelmarkt, im September der Zwiebelmarkt in Coburg, Anfang November die Dinkelsbühler Fisch-Erntewoche. Das Bratwurstfest in Ochsenfurt im Juni. Der kulinarische Herbst in Bad Windsheim, ein Festival der guten Küche. Die Karpfenschmeckerwochen im fränkischen Aischgrund – von September bis November. Zur Faschingszeit der Kipfelberger Fasenickl in Mittelfranken: närrisches Treiben in historischen Kostümen. Ganzjährig geöffnet: der Viktualienmarkt in München.
Interessante Museen: Das Europäische Spargelmuseum in Schrobenhausen. Das Schnapsmuseum in Hauzenberg-Jahrdorf (Ostbayern), mit historischen Ausstellungsstücken und Probierstüberl. Das kuriose Korkenziehermuseum am Isartor in München. Das oberbayerische Freilichtmuseum an der Glentleiten: traditionelles Handwerk zum Kennenlernen.

In ganz Bayern zu erleben: Tanz in den Mai und Aufstellen des Maibaums, Erntedank und Kirchweih mit traditionellen Festtagsessen, Frühjahrs- und Herbstmärkte, die »Dulten«, wie die »Auer Dult« in München. Berühmte Christkindlmärkte, in Nürnberg, München, Rothenburg. Und nicht zuletzt die bayerische Biergartensaison – vom ersten bis zum letzten Sonnenstrahl des Jahres.

Das Klosterleben ist geprägt von Andacht, auch beim Essen. Benediktinermönche haben in Bayern kulturelle und kulinarische Spuren hinterlassen, von Fastenbräuchen bis zum Bierbrauen.

Oben:
Bauernhochzeit auf dem Lande – ein eindrucksvolles Bild lebendigen Brauchtums.

Oben rechts:
Das Fest aller Feste verführt zum Einkaufsbummel – auf einem der prächtigen Weihnachtsmärkte Bayerns, hier auf dem Marienplatz in München.

Rechts:
Ein Rausch der Sinne – das Oktoberfest taucht die Stadt in eine wirbelnde Kulisse aus Achterbahnen, Buden, bunten Attraktionen. Brezen und Bier gehören dazu, staunende Kinder und prächtig geschmückte Brauereirösser.

Kürbissuppe

Herbstliche Spezialität aus Franken

Zutaten für 6 Portionen:

200 g Kartoffeln (mehligkochende Sorte)
1 Zwiebel
2 EL Butter
1 ½ l Fleischbrühe (Rezept siehe Grießnockerlsuppe, oder gekörnte Brühe)
800 g geschälter Kürbis
1 Semmel (Brötchen) vom Vortag
100 g Crème fraîche
Salz
weißer Pfeffer aus der Mühle
frisch geriebene Muskatnuß

Zubereitungszeit: etwa 45 Min.

Pro Portion: 780 kJ / 190 kcal

1 Die Kartoffeln waschen und schälen, in Würfel schneiden. Die Zwiebel schälen und fein hacken. 1 EL Butter in einem großen Topf zerlassen. Die Zwiebel andünsten, Kartoffeln untermischen und die Fleischbrühe angießen. Zugedeckt zum Kochen bringen.

2 Den geschälten Kürbis kleinschneiden. Nach etwa 10 Min. Garzeit ebenfalls in den Topf geben. Noch 12–15 Min. köcheln, bis die Kartoffeln und der Kürbis weich sind.

3 Die Semmel in Scheibchen und danach in kleine Würfel schneiden. Die restliche Butter in der Pfanne zerlassen. Die Brotwürfelchen unter Rühren knusprig braten.

4 Das Gemüse im Topf mit dem Pürierstab pürieren. Crème fraîche untermischen und die Suppe nochmals kurz aufkochen lassen. Mit Salz, Pfeffer und Muskat würzig abschmecken. Mit den Brotwürfelchen bestreut servieren.

• Tip: Statt Crème fraîche 150 g Sahne mit dem Kürbis in die Suppe geben und mitkócheln.

Grießnockerlsuppe

Beliebte Vorsuppe

Zutaten für 6 Portionen:

Für die Fleischbrühe:
500 g durchwachsenes Rindfleisch
einige Suppenknochen
1 Zwiebel
1 Lorbeerblatt
Salz
¼ TL schwarze Pfefferkörner
1 Bund Suppengrün
schwarzer Pfeffer aus der Mühle
1 Bund Schnittlauch

Für die Grießnockerl:
80 g weiche Butter
120 g Grieß
2 Eier
Salz
frisch geriebene Muskatnuß

Zubereitungszeit: etwa 2 ½ Std. (davon etwa 2 Std. für die Fleischbrühe)

Pro Portion: 960 kJ / 230 kcal

1 Für die Fleischbrühe das Rindfleisch und die Suppenknochen kalt abspülen, in einen großen Topf geben und knapp 2 l Wasser angießen. Die Zwiebel pellen und halbieren, mit dem Lorbeerblatt, 1 EL Salz und den Pfefferkörnern zum Fleisch geben. Kräftig aufkochen lassen, den Schaum abschöpfen und die Brühe etwa 2 Std. köcheln lassen. Das Suppengrün putzen, waschen und grob zerteilen. Nach etwa 1 Std. in die Brühe geben und mitgaren.

2 Für die Grießnockerl die Butter schaumig rühren und etwas Grieß untermischen. Dann die Eier und nach und nach den restlichen Grieß unterrühren. Mit Salz und Muskat würzen und den Teig mindestens 20 Min. ruhen lassen.

3 Die Fleischbrühe durch ein Sieb gießen und wieder in den Topf geben, zum Kochen

Aufgeschmalzene Brotsuppe

Köstliches aus Brotresten

bringen. Mit Salz und Pfeffer abschmecken.

4 Aus dem Grießteig mit zwei Teelöffeln kleine Portionen abstechen und zu länglichen Nockerln formen. In die sanft köchelnde Brühe einlegen und bei milder Hitze etwa 15 Min. ziehen lassen. Den Schnittlauch waschen und in Röllchen schneiden. Die Suppe damit bestreuen.

• Tip: Das gekochte Rindfleisch im Anschluß an die Suppe servieren. Oder das Fleisch abkühlen lassen, in feine Streifen schneiden und mit Gewürzgurken, Senf und Zwiebeln als pikanten Salat anmachen.

Zutaten für 4 Portionen:

1 1/2 l Fleischbrühe (Rezept siehe Grießnockerlsuppe, oder gekörnte Brühe)
1/2 TL getrockneter Majoran
Salz
schwarzer Pfeffer aus der Mühle
200 g trockenes Schwarzbrot
2 Zwiebeln
1 EL Schweineschmalz
1 EL Butter
1/2 TL gemahlener Kümmel
1 kleine Knoblauchzehe
1 Bund glatte Petersilie

Zubereitungszeit: etwa 25 Min.

Pro Portion: 840 kJ / 200 kcal

1 Die Fleischbrühe aufkochen, mit Majoran, Salz und Pfeffer kräftig würzen.

2 Das Brot in sehr feine Scheibchen schneiden, kurz anrösten (im Toaster oder auf einem Blech im Backofen bei 250°, Gas Stufe 5).

3 Die Zwiebeln schälen, halbieren und in feine Scheibchen schneiden. In einer Pfanne das Schweineschmalz mit der Butter erhitzen. Dann die Zwiebeln hineingeben und bei milder Hitze unter häufigem Rühren schön anbräunen. Den Kümmel untermischen. Die Knoblauchzehe schälen und durch die Presse dazudrücken.

4 Die Petersilie waschen, trockenschütteln und fein hacken. Die Brotscheibchen in eine vorgewärmte Suppenterrine geben. Die kochende Brühe darübergießen, die Terrine zudecken und das Brot 1–2 Min. in der Suppe ziehen lassen. Danach die Kümmelzwiebeln mit dem Fett untermischen. Die Suppe mit Petersilie bestreuen und sofort servieren.

• Die Brotscheiben saugen sich schnell voll Brühe und quellen mächtig auf – Sie können natürlich ganz nach Geschmack auch weniger Brot für die Suppe nehmen.

• Variante: Bei der »Gekochten Brotsuppe« wird das trockene Brot mit Zwiebeln und Fleischbrühe kurz geköchelt, durch ein Sieb gestrichen und mit Ei und Sahne legiert.

Leberknödel

Suppeneinlage oder Beilage zu Kraut

Zutaten für 4 Portionen:

4 Semmeln (Brötchen) vom Vortag
1/8 l lauwarme Milch
1 Zwiebel
1/2 Bund glatte Petersilie
2 EL weiche Butter
250 g geschabte oder durchgedrehte Rindsleber
2 Eier
Salz
schwarzer Pfeffer
1/2 TL getrockneter Majoran
1 TL abgeriebene Zitronenschale (unbehandelt)
Mehl oder Semmelbrösel nach Bedarf

Zubereitungszeit: etwa 1 Std.

Pro Portion: 1300 kJ / 310 kcal

1 Die Semmeln würfeln und mit der Milch begießen. Die Zwiebel schälen, fein hacken. Die Petersilie waschen und ebenfalls fein hacken. 1 EL Butter in einer Pfanne schmelzen, die Zwiebel darin glasig dünsten, die Petersilie untermischen und kurz mitdünsten.

2 Die Semmelmasse gut ausdrücken. Die Zwiebel-Petersilien-Mischung, die Leber, die restliche weiche Butter und Eier dazugeben und alles gründlich vermengen. Mit Salz, Pfeffer, Majoran und Zitronenschale kräftig würzen.

3 In einem Topf etwa 2 l Salzwasser aufkochen. Aus der weichen und lockeren Lebermasse einen kleinen Probeknödel formen und ins siedende Salzwasser geben. Zerfällt der Knödel, noch etwas Mehl oder Semmelbrösel unter die übrige Lebermasse mischen. Danach mit angefeuchteten Händen 8 Knödel formen. Ins kochende Salzwasser geben und bei mittlerer Hitze in etwa 25 Min. garziehen lassen.

• Suppeneinlage oder Beilage zu Kraut oder Schlachtschüssel.

Semmelknödel mit Pilzen

Kleine vegetarische Mahlzeit

Zutaten für 4 Portionen:

Für die Semmelknödel:
200 g trockenes Weißbrot oder 6 Semmeln (Brötchen) vom Vortag
etwa 200 ml lauwarme Milch
Salz
schwarzer Pfeffer aus der Mühle
frisch geriebene Muskatnuß
1 Zwiebel
1/2 Bund glatte Petersilie
1 EL Butter
2–3 Eier
eventuell Mehl oder Semmelbrösel

Für die Pilze (»Schwammerl«):
600 g frische Champignons oder Egerlinge
1/2 Zitrone (etwa 3 EL Saft)
1 Zwiebel
1/2 Bund glatte Petersilie
2 EL Butter
Salz
schwarzer Pfeffer aus der Mühle
200 g Sahne

Zubereitungszeit: etwa 45 Min.

Pro Portion: 2100 kJ / 500 kcal

1 Für die Semmelknödel die Semmeln in kleine Würfel oder dünne Scheibchen schneiden, mit der lauwarmen Milch begießen. Salzen, pfeffern, mit Muskat würzen und etwa 20 Min. durchziehen lassen.

2 Die Pilze putzen, kurz abbrausen und abreiben. Gut abtropfen lassen und in dünne Scheiben schneiden. Mit etwa 2 EL Zitronensaft beträufeln.

3 Beide Zwiebeln schälen, den ganzen Bund Petersilie waschen und trockenschütteln. Die Zwiebeln und die Petersilie fein hacken.

4 Für die Semmelknödel in einer kleinen Pfanne 1 EL Butter schmelzen, die Hälfte der Zwiebeln glasig dünsten,

die Hälfte der Petersilie untermischen und kurz mitdünsten. Die Eier und die Zwiebel-Petersilien-Mischung zu den eingeweichten Semmeln geben und alles gründlich vermengen. Mit Salz, Pfeffer und Muskat abschmecken.

5 In einem großen Topf etwa 2 l Salzwasser aufkochen. Einen kleinen Probeknödel formen und im siedenden Salzwasser kurz ziehen lassen. Zerfällt der Knödel, mischen Sie einfach noch etwas Mehl unter die zu weiche Semmelmasse. Danach mit angefeuchteten Händen 8 Knödel formen. Ins kochende Salzwasser geben und bei mittlerer Hitze etwa 20 Min. ziehen lassen.

6 Für die Pilze in einer großen Pfanne 2 EL Butter zerlassen. Die restlichen gehackten Zwiebeln darin glasig dünsten. Nach und nach die Pilze in die Pfanne geben und unter Rühren anbraten. Kräftig salzen und pfeffern, die Sahne angießen und die Pilze bei mittlerer Hitze etwa 10 Min. leicht köcheln lassen. Die restliche Petersilie unterrühren, mit Salz, Pfeffer und Zitronensaft abschmecken.

7 Die fertigen Knödel mit dem Schaumlöffel herausnehmen, gut abtropfen lassen. Mit den Pilzen in Sahnesauce servieren.

• Mit frischen Steinpilzen oder Pfifferlingen, auf gut bayerisch »Reherl«, schmeckt diese Pilzsauce ganz besonders aromatisch.

Kartoffelschmarrn

Originelle Beilage

Zutaten für 4 Portionen:

1 kg Kartoffeln (mehligkochende Sorte)
Salz
etwa 150 g Mehl
50 g Butterschmalz
frisch geriebene Muskatnuß
schwarzer Pfeffer aus der Mühle

Zubereitungszeit: etwa 1 1/4 Std. (+ 1 Std. Abkühlen).

Pro Portion: 1700 kJ / 400 kcal

1 Die Kartoffeln waschen, mit wenig Salzwasser bedeckt oder im gelochten Einsatz des Schnellkochtopfs über Dampf garen. Die Pellkartoffeln noch heiß schälen, dann gut abkühlen lassen.

2 Die ausgekühlten Kartoffeln grob raffeln und in eine Schüssel geben. Mit der Hand auflockern, nach und nach das Mehl untermischen und kräftig salzen.

3 In einer schweren Pfanne einen Teil vom Butterschmalz erhitzen. Eine Schicht Kartoffeln hineingeben und gut anbraten, dann mit dem Pfannenwender locker wenden und durchmischen. Knusprig gebratene Kartoffeln an den Rand schieben, in der Mitte weiteres Butterschmalz erhitzen, die restlichen Kartoffeln unter Rühren braten. Zuletzt alle Kartoffeln in der Pfanne mischen, mit Salz, Muskat und Pfeffer abschmecken. Frisch aus der Pfanne servieren.

• Als Beilage zu Kraut oder Fleisch mit kräftiger Sauce.

Kalbsherz in Kräutersauce

Schmankerl aus Ober- und Niederbayern

Zutaten für 4–6 Portionen:

2 kleine Kalbsherzen (je etwa 600 g)
Salz
schwarzer Pfeffer aus der Mühle
80 g durchwachsener Speck
1 Bund Suppengrün
1 Zwiebel
1 kleine Knoblauchzehe
2 EL Öl
1 Bund glatte Petersilie
1 EL scharfer Senf
2 EL saure Sahne
1 EL Kapern

Zubereitungszeit: etwa 1 ½ Std.

Bei 6 Portionen pro Portion: 1500 kJ / 360 kcal

1 Die Kalbsherzen von Fett, Adern und Häuten befreien, gründlich waschen und mit Küchenkrepp trocknen. Innen und außen salzen und pfeffern.

2 Den Speck in feine Streifen oder Würfel schneiden. Das Suppengrün putzen und waschen, in kleine Würfel schneiden. Die Zwiebel und die Knoblauchzehe schälen und fein hacken.

3 Eine schwere Pfanne mit passendem Deckel oder einen Schmortopf mit dem Öl ausstreichen und erhitzen. Den Speck unter Rühren anbraten, dann die Kalbsherzen hineingeben und bei mittlerer Hitze rundum anbraten.

4 Das Suppengemüse, die Zwiebel und den Knoblauch ins heiße Fett rund um die Herzen verteilen und unter Rühren etwa 5 Min. andünsten. ¼ l Wasser angießen, die Pfanne zudecken und die Kalbsherzen bei kleiner Hitze etwa 45 Min. schmoren. Zwischendurch eventuell nochmals etwas heißes Wasser nachgießen.

5 Die Petersilie waschen, trockenschütteln und fein hacken. Die geschmorten Herzen herausnehmen und abgedeckt warm stellen. Die Sauce durch ein Sieb streichen und wieder in die Pfanne geben oder das Gemüse in der Pfanne zerdrücken. Kurz aufkochen, dann die Hitze verringern.

6 Den Senf und die saure Sahne einrühren und nun nicht mehr aufkochen lassen. Mit Salz und Pfeffer abschmecken, die Petersilie und die Kapern einrühren. Die Herzen in Scheiben schneiden, mit der Sauce servieren.

• Beilage: Frischer Blattsalat und Bratkartoffeln.

Saures Lünger

Kleines Voressen

Zutaten für 4 Portionen:

600 g Kalbslunge
2 Zwiebeln
⅛ l Weinessig
Salz
2 Lorbeerblätter
6 Pimentkörner
6 schwarze Pfefferkörner
2 Gewürznelken
1 unbehandelte Zitrone
1–2 EL Butter
1–2 EL Mehl
1 TL Zucker
schwarzer Pfeffer aus der Mühle
frisch geriebene Muskatnuß

Zubereitungszeit: etwa 1 ¾ Std. (+ 1 Std. Kühlzeit + 12 Std. Marinieren)

Pro Portion: 900 kJ / 210 kcal

1 Die Kalbslunge waschen. Die Zwiebeln schälen und vierteln, in einen großen Topf geben. Etwa 1 l Wasser und den Essig angießen, 1 TL Salz,

die Lorbeerblätter, Pimentkörner, Pfefferkörner und Gewürznelken hineingeben. Die Zitrone heiß abwaschen, eine Hälfte in Scheiben schneiden und in den Sud geben. Den Würzsud zum Kochen bringen.

2 Die Kalbslunge in den kochenden Sud legen. Bei mittlerer Hitze in etwa 50 Min. garen. Herausnehmen und abtropfen lassen, auf eine Platte legen. Mit einem Holzbrett abdecken und beschweren, zum Beispiel mit Konservendosen. Abkühlen lassen. Den Sud durch ein Sieb gießen und bereithalten.

3 Die abgekühlte Lunge in feine Scheiben, dann in Streifen schneiden. In eine Schüssel geben und mit dem Würzsud bedecken. Über Nacht marinieren.

4 Die Marinade abgießen, die Lungenstreifen in einem Sieb bereithalten. In einem breiten Topf die Butter zerlassen. Das Mehl einrühren, leicht anbräunen. Den Zucker untermischen und etwas karamelisieren lassen. Mit etwas Marinade ablöschen, unter Rühren bei mittlerer Hitze köcheln und mit dem Schneebesen kräftig rühren. Nach und nach soviel Marinade angießen, bis eine glatte Sauce entsteht.

5 Die Sauce mit Salz, Pfeffer, Muskat und Zitronensaft würzig abschmecken. Die Lungenstreifchen einlegen und nochmals etwa 10 Min. sanft köcheln.

• Als Beilage: Semmelknödel (Rezept auf Seite 18).

Blaue Zipfel

Wurst-Spezialität aus Franken

Zutaten für 4 Portionen:

4 mittelgroße Zwiebeln
Salz
⅛ l Weinessig
1 TL Zucker
4 Pfefferkörner
4 Wacholderbeeren
1 Lorbeerblatt
1 Gewürznelke
2 EL Öl
8–12 rohe Schweinsbratwürste (je nach Größe, insgesamt etwa 600–700 g)

Zubereitungszeit: etwa 30 Min.

Pro Portion: 2700 kJ / 640 kcal

1 Die Zwiebeln schälen, in feine Ringe schneiden. In einen Topf geben und etwa 1 l Wasser angießen. 1 TL Salz, den Essig, den Zucker, die Pfefferkörner und zerdrückte Wacholderbeeren, das Lorbeerblatt, die Gewürznelke und das Öl dazugeben. Zugedeckt etwa 10 Min. köcheln lassen.

2 Die Bratwürste in den Sud legen, die Herdplatte herunterschalten. Bei kleiner Hitze im offenen Topf etwa 15 Min. ziehen lassen. Nicht mehr aufkochen, da die Würste leicht platzen.

3 Die gegarten Würste in vorgewärmte tiefe Teller legen, mit etwas Sud begießen, die Zwiebelringe darauf verteilen.

• Mit Senf, Meerrettich und Landbrot servieren, dazu schmeckt ein kühles Bier oder ein trockener Frankenwein.

• Für dieses Rezept eignen sich z.B. die »Nürnberger Bratwürste«. Knusprig gebraten und auf Sauerkraut serviert sind die »Nürnberger« weltberühmt als süddeutsches Schmankerl.

Gefüllte Kalbsbrust

Bayerisches Festessen

Zutaten für 4–6 Portionen:

1 kg Kalbsbrust (vom Metzger zum Füllen vorbereiten lassen)
Salz
schwarzer Pfeffer aus der Mühle
1 Möhre
1 Petersilienwurzel
1 Zwiebel
2–3 EL Butterschmalz
½ l Fleischbrühe
eventuell 1 EL Butter + 1 EL Mehl zum Binden der Sauce

Für die Füllung:
3 Semmeln (Brötchen) vom Vortag
gut ⅛ l Milch
1 Zwiebel
1 Bund glatte Petersilie
1 El Butter
3 Eier
Salz
schwarzer Pfeffer aus der Mühle
frisch geriebene Muskatnuß
1 TL abgeriebene Zitronenschale (unbehandelt)

Zubereitungszeit: etwa 2 ½ Std.

Bei 6 Portionen pro Portion: 1700 kJ / 400 kcal

Ein praktisches und gut vorzubereitendes Essen, denn die Beilage steckt schon servierbereit im Braten. Als Variante können Sie statt der Semmeln auch Brezen vom Vortag für die Füllung nehmen.

Der Braten soll nach dem Garen noch kurz zugedeckt ziehen, damit sich Fleisch und Fülle besser schneiden lassen.

- Beim Einkauf darauf achten, daß die Brust nicht zu fett ist.

- Getränketip: Weißbier oder ein »Helles«.

1 Die Semmeln in Würfel schneiden, mit der Milch begießen und kurz ziehen lassen. Die Zwiebel schälen und fein hacken. Die Petersilie waschen, trockenschütteln und fein hacken. Butter in einer Pfanne zerlassen, Zwiebel und Petersilie unter Rühren kurz andünsten. Vom Herd nehmen.

2 Die Semmeln gut ausdrücken, mit den Eiern und der Zwiebelmischung gründlich verkneten. Mit Salz, Pfeffer, Muskat und Zitronenschale kräftig würzen. Den Backofen auf 220° vorheizen.

3 Die Kalbsbrust kalt abspülen und mit Küchenkrepp trocknen. Innen und außen mit Salz und Pfeffer würzen. Zu etwa drei Vierteln mit der Semmelmischung füllen, mit Küchengarn zunähen. In einem Bräter das Butterschmalz erhitzen.

4 Die Kalbsbrust in den Bräter legen, rundum mit dem heißen Fett begießen und in den Backofen (Gas Stufe 4) schieben. Etwa 1 Std. braten, in den ersten 15 Min. den Bräter zudecken.

5 Möhre und Petersilienwurzel putzen und schälen, in Scheibchen schneiden. Zwiebel schälen und grob hacken. Nach 1 Std. Garzeit das Gemüse um den Braten herum verteilen, kurz anrösten. Brühe angießen, die Hitze auf 200° (Gas Stufe 3) reduzieren und die Kalbsbrust weitere 40–50 Min. garen.

6 Die fertige Kalbsbrust herausnehmen und abgedeckt warm stellen. Die Sauce passieren, in den Bräter zurückgeben und auf der Herdplatte erhitzen. Sämig einköcheln lassen oder mit Mehlbutter binden (dazu Butter mit Mehl verkneten und einrühren). Mit Salz und Pfeffer abschmecken.

7 Die gefüllte Kalbsbrust in Scheiben schneiden, das Küchengarn entfernen. Das Fleisch auf einer vorgewärmten Platte anrichten, die Sauce extra dazu servieren.

Schweinsbraten

Traditioneller Sonntagsbraten

Zutaten für 4–6 Portionen:

1 Knoblauchzehe
Salz
1 kg Schweinsbraten mit Schwarte
schwarzer Pfeffer aus der Mühle
1 Zwiebel
1 Bund Suppengrün
eventuell ½ TL Kümmel
⅛ l helles Bier

Zubereitungszeit: etwa 2 Std.

Bei 6 Portionen pro Portion: 2000 kJ / 480 kcal

1 Den Backofen auf 200° vorheizen. Die Knoblauchzehe mit ½ TL Salz zerdrücken. Den Schweinsbraten damit einreiben und pfeffern.

2 Den Braten mit der Schwarte nach unten in einen Bräter legen, knapp ¼ l kochendes Wasser angießen, in den Backofen (Gas Stufe 3) schieben. Etwa 15 Min. schmoren lassen.

3 Die Zwiebel schälen und in Ringe schneiden. Das Suppengrün putzen und waschen, grob zerteilen.

4 Das Fleisch nach 15 Min. herausnehmen, die Schwarte rautenförmig einschneiden. Den Braten wieder mit der Schwarte nach unten in den Bräter legen, das Gemüse rundherum verteilen, nach Belieben mit Kümmel würzen und etwa ¼ l heißes Wasser angießen. Etwa 45 Min. weiterbraten, dabei ab und zu mit dem Bratensaft begießen.

5 Nach insgesamt 1 Std. Garzeit den Braten wenden. Die Temperatur auf 250° (Gas Stufe 5) erhöhen und etwa 20 Min. weiterbraten. Ab und zu mit Bier begießen.

6 Den Braten herausnehmen, abgedeckt im ausgeschalteten Backofen noch 10 Min. nachziehen lassen. Das Gemüse im Bräter pürieren, aufkochen, mit Salz und Pfeffer abschmecken.

Kalbshaxn

Knusprig gebraten

Zutaten für 4 Portionen:

1 große Kalbshaxe (etwa 2 kg, beim Metzger vorbestellen)
Salz
schwarzer Pfeffer aus der Mühle
1 Zwiebel
2 Möhren
1 Petersilienwurzel
1 Stück Knollensellerie
5 EL Öl
2 EL Butter
½ l heiße Fleischbrühe oder Kalbsfond

Zubereitungszeit: etwa 2 ½ Std.

Pro Portion: 2100 kJ / 500 kcal

1 Die Kalbshaxe waschen und abtrocknen, Häute und Sehnen entfernen. Rundum kräftig mit Salz und Pfeffer einreiben. Backofen auf 220° vorheizen.

2 Die Zwiebel schälen und vierteln. Die Möhren putzen und in Scheiben schneiden. Die Petersilienwurzel und den Sellerie schälen und kleinschneiden.

3 Das Öl in einem Bräter erhitzen. Die Haxe rundum kräftig anbraten, wieder herausnehmen. Das Fett aus dem Bräter bis auf einen dünnen Film abgießen, die Butter darin schmelzen. Das Gemüse unter Rühren kurz anrösten, die Hälfte der Brühe angießen und den Bräter in den Backofen (Gas Stufe 4) schieben.

4 Die Kalbshaxe etwa 2 Std. braten, immer wieder mit dem Bratensaft begießen und zwei- bis dreimal wenden. Nach und nach die restlichen Brühe angießen. Die Haxe aus dem Bräter nehmen, auf den Rost im Backofen legen, im ausgeschalteten Backofen ruhen lassen.

5 Das Gemüse mit dem Bratensaft pürieren. Die Sauce eventuell mit Brühe verlängern, nochmals aufkochen, mit Salz und Pfeffer abschmecken.

• Beilage: Semmelknödel.

Kirchweihgans mit Blaukraut

Traditionell zur Kirchweih im Oktober

Zutaten für 6–8 Portionen:

1 junge, küchenfertige Gans (frisch oder tiefgekühlt; etwa 3 1/2–4 kg)
Salz
schwarzer Pfeffer aus der Mühle
1 EL frischer oder 1 TL getrockneter Beifuß
750 g Kartoffeln (mehligkochende Sorte)
1 Bund glatte Petersilie
3 Zwiebeln
1 kg Blaukraut (Rotkohl)
2 feste, säuerliche Äpfel
2 EL Butter
1 TL Zucker
3–4 EL Rotweinessig
1 Lorbeerblatt

Zubereitungszeit: 3 Std. 15 Min.

Bei 8 Portionen pro Portion: 5600 kJ / 1300 kcal

1 Die Gans waschen und mit Küchenpapier trocknen. Innen und außen mit Salz und Pfeffer einreiben, mit Beifuß würzen.

2 Den Backofen auf 220° vorheizen. Die Kartoffeln waschen, schälen und in größere Würfel schneiden. Die Petersilie waschen, trockenschütteln und fein hacken. Mit den Kartoffeln mischen, in die Gans füllen und diese mit Küchengarn zunähen.

3 Die Gans mit der Brustseite nach unten in einen Bräter legen, etwa 1/4 l kochend heißes Wasser angießen. In den Backofen (Gas Stufe 4) schieben und die Gans etwa 1 1/2 Std. braten. Zwischendurch einige Male die Haut unter den Flügeln und unterhalb der Keulen vorsichtig anstechen, ohne das Fleisch zu verletzen. Das austretende Fett abschöpfen. Die Gans ab und zu mit Bratensaft begießen.

4 Nach etwa 1 Std, wenn der Rücken gebräunt ist, die Gans wenden und die Temperatur auf 200° (Gas Stufe 3) verringern. 2 Zwiebeln schälen und vierteln, mit in den Bräter geben. Weitere 1–1 1/2 Std. braten, dabei die Gans häufig mit dem Bratensaft begießen. Falls nötig, seitlich kochendheißes Wasser in den Bräter gießen.

5 Das Blaukraut vierteln, die äußeren Blätter und den Strunk entfernen. Die Krautviertel fein hobeln, kurz waschen und abtropfen lassen. Die Äpfel vierteln und schälen, die Kerngehäuse entfernen. Die Viertel in schmale Spalten schneiden. Die dritte Zwiebel schälen und fein hacken.

6 In einem Topf die Butter schmelzen. Den Zucker einstreuen, unter Rühren leicht karamelisieren lassen. Die Zwiebel andünsten, nach und nach das Blaukraut einrühren, den Essig angießen. Die Äpfel untermischen, salzen, pfeffern und das Lorbeerblatt hineingeben. Etwa 1/8 l Wasser angießen, den Topf schließen und das Blaukraut bei milder Hitze garen.

7 Kurz vor Garzeitende die Brustseite mit kaltem Salzwasser bestreichen, die Temperatur auf 250° (Gas Stufe 5) erhöhen. Etwa 10 Min. weiterbraten, bis die Haut knusprig gebräunt ist. Die Gans nochmals wenden, den Rücken ebenfalls mit Salzwasser bestreichen und in etwa 10 Min. fertigbraten. (Probe: Das Fleisch der Keulen muß beim Einstechen weich sein.) Die Gans aus dem Bräter nehmen, auf den Rost legen und den Backofen ausschalten. Die Sauce entfetten und abschmekken.

8 Das Blaukraut abschmecken. Die Gans herausnehmen und tranchieren. Mit Blaukraut und der Kartoffelfülle anrichten, die Sauce extra dazu reichen.

• Andere Beilagen: Kartoffelknödel oder Kartoffelpüree, Rosenkohl, feines Apfelmus, glasierte Kastanien, Selleriesalat, oder Bratäpfel.

Rahmgulasch

Kalbfleisch in köstlicher Sauce

Zutaten für 4 Portionen:

2 große, milde Zwiebeln
1 Dose geschälte Tomaten (400 g)
2 EL Butterschmalz
etwa ¼ l Fleischbrühe
750 g Kalbsgulasch
1 EL Edelsüß-Paprikapulver
150 g Sahne
Salz
schwarzer Pfeffer aus der Mühle
1 TL abgeriebene Zitronenschale (unbehandelt)
2 EL Crème fraîche (oder fette, saure Sahne)

Zubereitungszeit: etwa 1 Std. 40 Min.

Pro Portion: 1700 kJ / 400 kcal

1 Die Zwiebeln schälen und fein hacken. Die Tomaten abtropfen lassen und grob hakken. Den Tomatensaft kühl stellen und für etwas anderes verwenden, zum Beispiel für eine Suppe.

2 In einem breiten Schmortopf das Butterschmalz erhitzen. Nebenbei die Fleischbrühe in einem Töpfchen zum Kochen bringen.

3 Die Fleischwürfel portionsweise ins heiße Fett geben und unter Rühren kroß anbraten. Angebratenes Fleisch zur Seite schieben, die nächste Portion in die Mitte des Topfes geben und anbraten.

4 Die Zwiebeln untermischen und kurz mitdünsten. Alles mit dem Paprikapulver bestäuben, leicht anschwitzen und die heiße Brühe angießen. Die Tomaten einrühren, den Topf zudecken und das Gulasch bei milder Hitze etwa 45 Min. schmoren.

5 Die Sahne untermischen, mit Salz, Pfeffer und Zitronenschale würzen. Den Topf wieder schließen, alles weitere 15 Min. sanft schmoren.

6 Den Deckel abnehmen, die Crème fraîche einrühren und das Gulasch im offenen Topf eventuell noch etwas sämiger einköcheln lassen. Mit Salz und Pfeffer abschmecken und heiß servieren.

• Beilage: Semmelknödel, (Rezept auf Seite 18), Bandnudeln oder Reis.

Pichelsteiner

Herzhafter Eintopf

Zutaten für 4–6 Portionen:

je 300 g Schweinehals und magere Rinderbrust
1 Stange Lauch
200 g Möhren
400 g kleine Kartoffeln (festkochende Sorte)
200 g Knollensellerie
2 Petersilienwurzeln
½ Wirsingkopf (etwa 300 g)
2 Zwiebeln
1 EL Schweineschmalz
1 TL Kümmel nach Belieben
100 g Ochsenmark
Salz
schwarzer Pfeffer aus der Mühle
1 – 1 ¼ l Fleischbrühe
1 großes Bund glatte Petersilie

Zubereitungszeit: etwa 2 Std.

Bei 6 Portionen pro Portion: 1600 kJ / 380 kcal

1 Das Fleisch in Würfel schneiden. Den Lauch putzen und waschen, in Ringe schneiden. Die Möhren putzen,

die Kartoffeln waschen und schälen, beides in Scheiben schneiden. Den Knollensellerie und die Petersilienwurzeln putzen und schälen, in kleine Würfel schneiden. Den Wirsing in Blätter zerlegen und waschen, die Strünke entfernen und die Blätter in 1 cm breite Streifen schneiden.

2 Die Zwiebeln schälen und hacken. In einem großen Schmortopf das Schweineschmalz zerlassen. Die Zwiebeln unter Rühren andünsten. Dann portionsweise die Fleischwürfel anbraten und wieder aus dem Topf nehmen. Nach Belieben mit Kümmel würzen.

3 Das Ochsenmark in dünne Scheiben schneiden und auf dem Topfboden verteilen. In mehreren Lagen das angebratene Fleisch, die Kartoffeln und das Gemüse einschichten. Jede Schicht kräftig salzen und pfeffern. Mit Kartoffeln abschließen.

4 Seitlich soviel Brühe angießen, daß die Zutaten gerade eben bedeckt sind. Den Topf schließen und den Eintopf bei mittlerer Hitze etwa 50 Min. garen. Zwischendurch nicht umrühren.

5 Die Petersilie waschen und trockenschütteln. Die Blättchen fein hacken. Den fertigen Eintopf in eine vorgewärmte Suppenterrine umfüllen und erst jetzt mischen. Eventuell nochmals salzen und pfeffern, mit reichlich Petersilie bestreut servieren.

• Höhepunkt des Jahres im ostbayrischen Ort Regen ist das »Pichelsteinerfest«, wo Berge von frischem Gemüse in den berühmten Eintopf wandern.

Überbackener Blumenkohl

Köstlich und unkompliziert

Zutaten für 4 Portionen:

Salz
1 mittelgroßer Blumenkohl (etwa 600 g)
100 g mittelalter Gouda
4 Eier
100 g Sahne
schwarzer Pfeffer aus der Mühle
frisch geriebene Muskatnuß
100 g gekochter Schinken
2 EL weiche Butter
2 EL Semmelbrösel

Zubereitungszeit: etwa 45 Min.

Pro Portion: 1500 kJ / 360 kcal

1 In einem großen Topf etwa 1 l Salzwasser aufkochen. Blumenkohl waschen, die grünen Blätter entfernen und den Strunk keilförmig herausschneiden. Den Blumenkohl in etwa 15 Min. knapp garen.

2 Den Gouda reiben. Die Eier verquirlen, mit der Sahne und dem Käse mischen, mit Salz, Pfeffer und Muskat würzen. Schinken in feine Streifen schneiden. Den Backofen auf 200° vorheizen.

3 Den Kohl herausnehmen, abtropfen lassen und in Röschen teilen. Eine feuerfeste Form mit 1 EL Butter ausstreichen, Röschen hineingeben.

4 Die Hälfte der Eiermischung über den Blumenkohl streichen, mit der Hälfte vom Schinken bestreuen. Etwa 10 Min. überbacken (Gas Stufe 3), bis eine leichte Kruste entsteht. Den Blumenkohl nun mit der restlichen Eiersahne und den übrigen Schinkenstreifen bedecken, Butterflöckchen und Semmelbrösel darauf verteilen. In etwa 15 Min. fertig backen.

• Freiland-Blumenkohl etwa 15 Min. in kaltes Wasser mit Salz und Essig legen – das vertreibt die kleinen, krabbelnden Bewohner.

Apfelstrudel

In Milch gebacken

Zutaten für 6–8 Portionen:

Für den Teig:
250 g Mehl + Mehl zum Ausrollen
1 Ei
3 EL Öl
1 Prise Salz

Für die Füllung:
100 g Rosinen (in Wasser eingeweicht)
1,5 kg feste, säuerliche Äpfel (z.B. Boskoop)
1 unbehandelte Zitrone (3–4 EL Saft + abgeriebene Schale)
70 g Zucker
1 TL Zimtpulver
200 g saure Sahne

Sonstige Zutaten:
50 g Butter
etwa 100 ml Milch (max. 1/8 l)
Puderzucker zum Bestäuben

Zubereitungszeit: etwa 2 Std.

Bei 8 Portionen pro Portion:
1700 kJ / 400 kcal

Der bayerische Strudel wird im Gegensatz zur Wiener Variante nicht auf dem Blech, sondern in der Reine (Bräter) gebacken und mit Milch oder Sahne begossen.

Zum warmen Strudel, der gerne als süßes Hauptgericht gegessen wird, paßt besonders gut eine Vanillesauce (Rezepte dazu finden Sie auf den Seiten 166 und 242). Abgekühlt schmeckt der Apfelstrudel auch als Kuchen zum Nachmittagskaffee.

Topfenstrudel – das ist die zweite große Strudel-Spezialität Bayerns. Im hauchdünn ausgezogenen Teig steckt eine Füllung aus schaumig gerührter Butter, Eigelb, Zucker, saurer Sahne und natürlich reichlich Topfen, für alle Nichtbayern: Quark! Einige saftige Weinbeeren gehören unbedingt mit hinein.

1 Für den Teig 250 g Mehl auf das Backbrett häufen, eine Mulde in die Mitte drücken. Das Ei, 2 EL Öl und die Prise Salz hineingeben. Vom Rand her die Zutaten mischen und zu einem glattten Teig kneten, dabei nach und nach etwa 100 ml lauwarmes Wasser dazuträufeln.

2 Einige Minuten sehr kräftig durchkneten, bis der Teig elastisch ist. Mit einem großen Messer glatt durchschneiden: sind wellenförmige Linien sichtbar, hat der Teig die richtige Konsistenz. Zur Kugel formen, mit Öl bestreichen und etwa 30 Min. unter einer angewärmten Schüssel ruhen lassen.

3 Für die Füllung die Äpfel vierteln und schälen, die Kerngehäuse entfernen. Die Viertel in feine Scheibchen schneiden, in eine Schüssel geben. Die Zitronenschale abreiben, den Saft auspressen, beides zu den Äpfeln geben. Zimt und Zucker gleichmäßig untermischen.

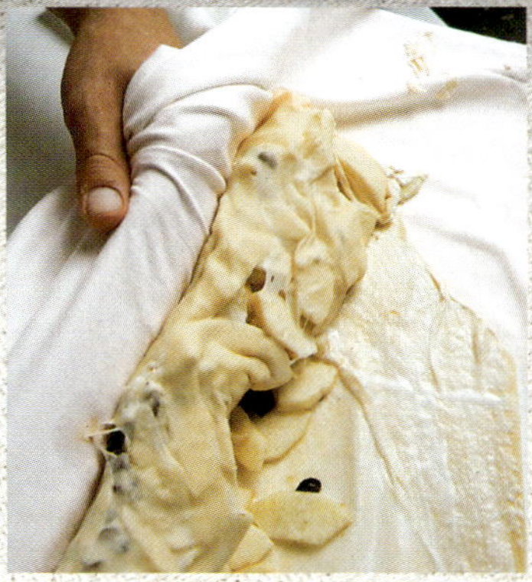

4 Ein großes Küchentuch mit Mehl bestäuben. Die Teigkugel in die Mitte legen, mit einem bemehlten Nudelholz dünn ausrollen. Nun mit beiden Handrücken unter die Teigdecke fassen und vorsichtig, ohne daß der Teig dabei Löcher bekommt, nach allen Richtungen hauchdünn ausziehen.

5 Den Backofen auf 200° vorheizen. Eine Reine (Bräter) mit der Hälfte der Butter ausstreichen. Die Rosinen abtropfen lassen und mit den Äpfeln mischen. Den Teig dünn mit saurer Sahne bestreichen, die Ränder frei lassen. Die Äpfel auf der Sahne verteilen, die Teigränder einschlagen.

6 Das Küchentuch an einer der Längsseiten anheben und den Strudel schwungvoll aufrollen. Mit Hilfe des Tuches U-förmig in die Reine legen. Die restliche Butter zerlassen und den Strudel damit bestreichen. 100 ml Milch aufkochen und angießen.

7 Den Strudel im Backofen auf der mittleren Schiene etwa 1 Std. backen (Gas Stufe 3). Häufig mit Milch aus der Reine begießen. Die Milch wird während der Backzeit völlig aufgesogen, eventuell noch etwas zugießen. Den fertigen Strudel mit Puderzucker bestäuben und servieren.

Topfenschmarrn

Süßes Pfannengericht aus Quark

Zutaten für 4–6 Portionen:

4 Eier
4–5 EL Zucker
1 Prise Salz
100 ml Milch
150 g Mehl
250 g Quark (Topfen, 20%)
1 TL abgeriebene Zitronenschale
2 EL Butter
Puderzucker zum Bestäuben

Zubereitungszeit: 35 Min.

Bei 6 Portionen pro Portion: 1300 kJ / 310 kcal

1 Die Eier trennen, Eiweiß steif schlagen. Die Eigelb in eine Schüssel geben, mit 3–4 EL Zucker und der Prise Salz schaumig rühren. Nach und nach die Milch und das Mehl dazugeben und glattrühren. Den Quark gut abtropfen lassen und untermischen, mit abgeriebener Zitronenschale würzen. Den Eischnee ganz locker unter den Teig ziehen.

2 In einer großen Pfanne 1 EL Butter zerlassen. Die Hälfte vom Teig etwa 1 cm dick einfüllen und glattstreichen. Bei mittlerer Hitze leicht anbacken, dann wenden und von der anderen Seite ebenfalls leicht anbacken.

3 Danach mit einer Backschaufel den Teig zerstechen und die kleinen Stücke unter häufigem Wenden goldbraun backen. Mit dem restlichen Zucker bestreuen, den Deckel auflegen und bei kleiner Hitze kurz gehen lassen. Auf Tellern anrichten, mit Puderzucker bestreuen und ganz frisch servieren. Die zweite Teigportion ebenso zubereiten (noch besser: in zwei Pfannen parallel arbeiten).

• Dazu passen eingelegte Preiselbeeren, Kompott oder eine feine Konfitüre.

Bayerische Creme

Klassiker nicht nur in Bayern

Zutaten für 6–8 Portionen:

Für die Creme:
4 Blatt weiße Gelatine
4 Eigelb
4 EL Zucker
1/2 TL abgeriebene Zitronenschale
1/2 l Milch
1 Vanilleschote
1/4 l Sahne

Für die Fruchtsauce:
300 g tiefgekühlte Himbeeren
1 EL Zitronensaft
2 EL Puderzucker

Zubereitungszeit: 45 Min. (+ 12 Std. Kühlzeit)

Bei 8 Portionen pro Portion: 1000 kJ / 240 kcal

1 Für das Wasserbad einen breiten Topf mit heißem Wasser füllen, auf den Herd stellen und das Wasser bei mittlerer Hitze sanft köcheln lassen. Die Gelatineblätter in kaltem Wasser einweichen.

Die 4 Eigelb mit dem Zucker in eine Schüssel geben, die ins Wasserbad paßt. Die Mischung schaumig rühren, mit abgeriebener Zitronenschale würzen.

2 In einem kleinen Topf die Milch erhitzen. Die Vanilleschote längs aufschlitzen, das Mark herauskratzen und mit der Schote in die Milch geben. Aufkochen und vom Herd nehmen. Für das kalte Wasserbad eine Schüssel mit Eiswürfeln und kaltem Wasser füllen.

3 Die Vanilleschote aus der Milch herausnehmen. Die Schüssel mit der Eiermischung ins heiße Wasserbad stellen, nach und nach die heiße Milch zugießen und mit dem Schneebesen kräftig zu einem luftigen Schaum rühren.

4 Die Schüssel vom Herd nehmen und ins kalte Wasserbad stellen. Gelatineblätter tropfnaß in die Mischung geben

und unter Rühren auflösen. D e Vanillecreme so lange weiterschlagen, bis sie leicht geliert.

5 Die Sahne steif schlagen und unterziehen. Die Creme in kleine Portionsschälchen oder in eine größere Schüssel füllen. Im Kühlschrank über Nacht gut durchkühlen lassen.

6 Für die Sauce die Himbeeren auftauen lassen. Mit dem Zitronensaft und dem Puderzucker pürieren. Die Creme auf Dessertteller stürzen, mit der Himbeersauce anrichten.

Schmalznudeln

Frisch schmecken sie am allerbesten

Zutaten für 12–15 Stück:

20 g Hefe (etwa ½ Würfel)
2 EL Zucker
¼ l lauwarme Milch
500 g Mehl + Mehl zum Formen
2 Eier
1 Prise Salz
1 TL abgeriebene Zitronenschale
etwa 200 g Butterschmalz zum Ausbacken
Puderzucker zum Bestäuben

Zubereitungszeit: etwa 2 Std.

Bei 15 Stück pro Stück: 790 kJ / 190 kcal

1 Die Hefe in eine Tasse krümeln, mit 1 TL Zucker und 3 EL Milch glattrühren. Das Mehl in eine Schüssel geben, eine Vertiefung in die Mitte drücken und die angerührte Hefe hineingeben. Etwas Mehl darüberstäuben, den Vorteig abgedeckt an einem warmen Ort 15 Min. gehen lassen.

2 Die restliche Milch und den Zucker, die Eier, die Prise Salz und die abgeriebene Zitronenschale unterrühren und alles zu einem geschmeidigen Teig kneten. Zugedeckt an einem warmen Ort zur doppelten Größe aufgehen lassen.

3 Ein Backbrett mit Mehl bestäuben. Mit bemehlten Händen 12–15 kleine Bällchen formen, aufs Backbrett legen und mit einem Küchentuch bedecken. Nochmals kurz gehen lassen.

4 In einem breiten Topf oder in einer Pfanne mit hohem Rand reichlich Butterschmalz erhitzen. Die Teigbällchen flachdrücken und in der Mitte jeweils möglichst dünn ausziehen, die Ränder aber als dicke Wülste stehen lassen.

5 Die ausgezogenen Nudeln portionsweise ins heiße Butterschmalz geben, mit einem Löffel heißes Fett über die Ränder gießen. Einmal wenden und die Nudeln von beiden Seiten goldbraun backen. In der Mitte müssen die Schmalznudeln schön hell bleiben.

6 Ein Kuchengitter mit Küchenpapier belegen. Die fertigen Schmalznudeln mit dem Schaumlöffel herausheben, auf dem Gitter gut abtropfen lassen. Mit Puderzucker bestäuben und möglichst frisch servieren.

- Das Fett zum Ausbacken darf nicht zu heiß sein, damit die Ränder nicht zu dunkel werden.

- Ursprünglich wurden die Schmalznudeln, die auch »Aus'zogene« oder »Kirchweihnudeln« heißen, übers Knie in die richtige Form gezogen.

Bier – das flüssige Brot der Bayern

In München steht das Hofbräuhaus. Doch weiter oben, in Franken, da gibt es Bamberg und Hof, Nürnberg und Spalt, Kulmbach und Bayreuth, die »Fränkische Bierstraße«, die »Bier- und Burgenstraße« – und die höchste Dichte an Brauereien in ganz Deutschland! Wer an den Hopfenfeldern der Hallertau entlangfährt, kann nur ahnen, daß hier das größte geschlossene Anbaugebiet der Welt liegt und daß nach jeder Ernte Schiffsladungen voller Hopfen die Reise nach New York und Tokio antreten. Trotzdem bleibt noch soviel übrig, daß alleine in Franken 400 verschiedene Sorten Bier für durstige Kehlen gebraut werden können. Und der Durst ist groß – am größten nach wie vor im Süden des Landes. In Bayern wird am meisten Bier gezapft, dicht gefolgt von Nordrhein-Westfalen und Sachsen.

Die älteste Handelsbrauerei ist die bayerische Staatsbrauerei Weihenstephan in Freising, die 1040 von Benediktinermönchen gegründet wurde. Mönche waren es auch, die im Mittelalter das beste Bier brauten, ihre eigenen Schankstuben eröffneten und dadurch recht gut bei Kasse waren. Zum Ärger der Landesherren, die mit der Biersteuer nur an den staatlichen Brauereien verdienten. So wurden nach und nach die meisten Klosterstuben geschlossen. Heute gibt es sie nur noch vereinzelt – dann allerdings sind sie begehrte Orte der Einkehr für Reisende aus aller Welt: so das Kloster Andechs bei München oder Kloster Ettal bei Oberammergau.
Das Hofbräuhaus übrigens wurde ebenfalls aus wirtschaftlichen Erwägungen gegründet. Herzog Wilhelm V. nämlich wurde das Bier der Augustinermönche für seinen Hofstaat zu teuer und auch die aus Sachsen (Zschopau) und Braunschweig (Einbeck) mühsam herbeigeschafften Fässer gingen ins Geld. 1589 war es soweit – endlich gab es ein eigenes Bräuhaus für den Hof.

Auch die Form bestimmt den Geschmack: Daß Bier in Steingutkrügen länger kühl bleibt, gefällt den Bayern – und der Deckel hält neugierige Fliegen ab. Pilstrinker allerdings schwören auf kleine Tulpen und im Rheinland schmeckt das frisch gezapfte »Alt« am besten aus schlanken Stangen.

In Bayern löst eine Festbierzeit die andere ab: Vom Starkbierfest im Frühjahr bis zum Höhepunkt der Saison, dem Oktoberfest, auf dem ein im März eingebrautes Bier mit hoher Stammwürze ausgeschenkt wird. Die Serviererinnen auf der Wies'n sind berühmt für ihre Rekorde im Maßkrug-Halten.

Ob Stammkneipe, Bar oder Biergarten – Geselligkeit gehört zu den liebsten Freizeitbeschäftigungen der Deutschen. Und beim »Ratschen«, »Babbeln«, »Schnacken«, »Klönen« trocknet rasch die Kehle aus.

Noch viel älteren Datums ist das Lebensmittelrecht mit dem größten Bekanntheitsgrad aller Zeiten – das Reinheitsgebot für Bier. Einzelne bayerische Städte, z.B. Landshut, hatten schon Anfang bis Mitte des 15. Jahrhunderts lokale Verordnungen erlassen. Am 25. April 1516 setzte Herzog Wilhelm IV. dem Panschen ein offizielles Ende und seitdem gilt Ingolstadt als Wiege der reinen Braukunst. Nur Hopfen, Gerste (Malz) und Wasser dürfen ins Bier – die Hefe wurde erst später in ihrer Bedeutung erkannt und als vierte Zutat erlaubt. Daß die Gerste bei den Getreidesorten das Rennen machte, lag nicht nur an ihren enzymatischen Qualitäten, sondern auch am Preis – Weizen war als Brotgetreide viel zu kostbar, um es zu verflüssigen. Erst später wurde als Privileg auch ein Braurecht für Weizenbier vergeben.

Die 5000 unterschiedlichen Biersorten in Deutschland lassen ahnen, daß es mit den vier Grundzutaten alleine nicht getan ist. Die Kunst der Landwirte, Hopfenprüfer, Braumeister ist gefragt – bodenständiges Handwerk, das im Laufe von Jahrhunderten perfektioniert wurde. Gebraut werden helle und dunkle Biere, milde, rauchige und würzig-herbe. Am beliebtesten ist das »Pils«, ein helles Vollbier mit meist kräftigem Hopfengeschmack. 1842 wurde es in der böhmischen Stadt Pilsen zum ersten Mal gebraut, ein Bierbrauer aus dem niederbayerischen Vilshofen soll dabei seine Hand im Spiel gehabt haben. Getrunken wird es heute hauptsächlich im Norden von Deutschland, im Ruhrgebiet und in Sachsen. »Export« ist weniger stark gehopft und schmeckt deshalb milder, ebenso das bayerische »Helle« (Lagerbier), das außerdem noch etwas weniger Alkohol enthält als Exportbier. »Märzen« ist eine Spezialität aus dem Süden, das etwas stärkere und im Ton dunklere Bier wird in Baden-Württemberg und Bayern geschätzt. Pils, Export, Helles und Märzen haben eines gemeinsam: Sie alle sind »untergärige« Biere. Das bedeutet nichts anderes, als daß der Braumeister eine Hefesorte ausgewählt hat, die sich während des Gärprozesses unten am Boden absetzt. Technisch ausgereift war diese Art des Brauens erst mit Erfindung der Kühlmaschine, denn die untergärigen Hefekulturen reagieren empfindlich auf eine zu warme Umgebung – das untergärige Sommerbier (Märzen) mußte früher spätestens bis Ostern fertig gebraut sein.

Für »obergärige« Biere werden entsprechend andere Hefekulturen eingesetzt, die sich beim Gären an der Oberfläche absetzen. Die unterschiedlichen Geschmacksrichtungen der Bierarten lassen sich nicht zuletzt durch die Wahl der Hefen bestimmen. Obergärige Biere enthalten z.B. meist mehr Säure. Ein berühmtes obergäriges Bier ist das »Alt«. Der Name stammt noch aus der Zeit, als die untergärigen Hefen als Neulinge in Mode kamen und der »altbewährten« Brauart Konkurrenz machten. Altbier ist ein dunkles, stark gehopftes Bier, das hauptsächlich rund um Düsseldorf und Münster getrunken wird. Für die dunkle Farbe ist das Braumalz verantwortlich. Es entsteht aus den rohen Getreidekörnern, die zunächst einmal quellen, keimen und auf der Darre rösten, bevor sie zum eigentlichen Brauen verwendet werden. Das daraus entstandene Braunmalz ist der lagerfähige Rohstoff für helle oder dunkle, würzige oder milde

Die Hopfendolden (rechts) enthalten Bitter- und Aromastoffe, sie bringen Würze ins Bier. Hopfen steht auch für Haltbarkeit und macht den Schaum im Glas stabil.

Aus Gerste wird Malz: Die Getreidekörner werden eingeweicht, quellen auf und keimen. Beim Rösten auf der Darre wird das Korn getrocknet und lagerfähig gemacht, dabei entsteht auch das typische Malzaroma. Vorm eigentlichen Brauen werden die Malzkörner in der Schrotmühle zerkleinert.

Malzschrot und Wasser werden in der Maischpfanne erhitzt, dabei wird Stärke in vergärbaren Zucker, Protein in kleinere Bausteine zerlegt. Gefiltert fließt die »Würze« nun in die Sudpfanne und wird mit Hopfen verkocht. Die Wasserverdampfung bestimmt den Stammwürzegehalt des Bieres – das ist der Anteil von gelösten und vergärbaren Stoffen. In den Gärtanks kommt die Hefe dazu und mit ihrer Hilfe entsteht aus Malzzucker Alkohol und Kohlensäure.

Das Bierbrauen – eine Wissenschaft für sich. Durch moderne Produktionssteuerung wird heute nichts mehr dem Zufall überlassen.

Die Hefe wird entfernt, das frisch gegorene Bier in Lagertanks umgefüllt. Durch das Nachgären reift das junge Bier in mehreren Wochen trinkfertig heran. Vorm Abfüllen auf Fässer oder Flaschen wird noch einmal gefiltert.

Rund 150 Liter Bier trinkt der statistische Deutsche im Jahr, bevorzugt in einem schönen Gasthaus, das von der favorisierten Brauerei beliefert wird.

Biersorten – er bringt Farbe und malzige Würze ins Bier. Das »Kölsch« aus Köln wird ebenfalls mit obergärigen Hefen gebraut und stark gehopft. »Rauchbier« gibt es nur in Franken – die Bamberger darren das Malz über Buchen-Feuer, um das ungewöhnliche Aroma ins Bier zu zaubern. »Weißbier« aus Bayern, im übrigen Bundesgebiet als Weizenbier bekannt, ist ein erfrischendes Bier mit viel Kohlensäure und mildem Geschmack. Es enthält neben der Gerste auch Weizenmalz. Diese obergärige Spezialität wird in Bayern gern als naturtrübes »Hefeweizen« getrunken – die Hefe wird dazu vorm Abfüllen nicht abgefiltert wie etwa beim klaren Kristallweizen. Die »Berliner Weiße« enthält besonders wenig Alkohol, das fein säuerliche Aroma wird mit fruchtigem Sirup variiert. Im Kommen sind die zahlreichen leichten, alkoholarmen oder alkoholfreien Biere. Mit speziellen Techniken im Brauverfahren wird der Alkoholgehalt und dadurch auch die Kalorienzahl vermindert. Das Reinheitsgebot gilt natürlich auch für diese schlanken Biersorten. Alkoholfreies Bier enthält noch etwa 0,5 % vol Restalkohol – soviel, wie auch in Fruchtsäften erlaubt ist. Wer nicht auf seine Linie achtet, läßt sich auch mal auf ein »Bockbier« oder gar ein »Doppelbock« ein – die stärksten Kaliber ihrer Art, hell oder dunkel, mit einem Alkoholgehalt von 5 % aufwärts. In Bayern erkennen Sie Starkbier, das während der Fastenzeit als Brotersatz dient, am »...ator«!

So frisch wie möglich trinken – so halten's auch die Bier-Experten. Spätestens bis zur nächsten Hopfenernte soll der Jahresvorrat verbraucht sein!

Baden-Württemberg

Das Land und seine Produkte

Weinkenner, Werbestrategen und Wetterfrösche wissen genau, wo Deutschland sich von seiner sonnigsten Seite zeigt: tief im Südwesten, am Kaiserstuhl, der vulkanischen Heimat gehaltvoller und süffiger Weine. Ungelogen: In den badischen Winzerdörfchen wie Ihringen, Bötzingen, Bischoffingen und in den umliegenden Weinbergen werden im Sommer subtropische Temperaturen gemessen. Ein ganzjährig mildes Klima sorgt in dem fruchtbaren Gelände für paradiesische Verhältnisse, bringt üppige Obstgärten zum Blühen und süße Trauben zum Reifen. Im sanft hügeligen Markgräflerland südlich von Freiburg und in der westlich vom Schwarzwald gelegenen Rheinebene setzt sich der fruchtbare Reigen fort: Mirabellen und Zwetschgen, Himbeeren, Kirschen und wilde Pflaumen – die Früchte für weltberühmte Torten und Obstbrände sind es, die hier reichlich geerntet werden.
Das voralpine Bild des südlichen Schwarzwalds, mit Sennereien und grünen, mattenbedeckten Gipfeln, verändert sich rasch in Richtung Norden. Das Gebirge wird dort schmaler und waldreicher, ist immer spärlicher von Wiesen und Feldern durchsetzt. Durch tief eingeschnittene Täler plätschern wasserreiche Bäche – kühles Labsal für Wanderer, Rehe, Hasen und Hirsche. Wild ist eine der beliebtesten Spezialitäten in der Region. Dazu Waldpilze und Beeren, aromatische Kräuter und Salate, fangfrische Forellen und Hecht – ein Festtagsessen ist in Baden ganz offensichtlich die natürlichste Sache der Welt.

Ebenso reizvoll, aber entschieden schroffer sind die Kontraste im benachbarten Schwaben – einem Eldorado für Geologen, die dort eine ausgeprägte Stufenlandschaft mit unterschiedlichsten Gesteinsformationen erforschen können. Begrenzt von Schwarzwald und Odenwald öffnet sich im zentralen Neckarland der Blick über helle, weite und überaus fruchtbare

Oben:
Schöne Winzerhöfe, die zum Verweilen einladen – ein alltäglicher Anblick in den badischen Weinanbaugebieten.

Mitte:
Der Fischer vom Bodensee – er angelt mal für deutsche, mal für österreichische oder für Schweizer Küchen. An Menge und Beliebtheit macht ein Lachsfisch das Rennen: der Felchen, in anderen Regionen auch Renke genannt.

Rechts:
Ein Blütenmeer kündigt reiche Ernte an – Kirschen sind wichtig für zwei berühmte Schwarzwälder Markenprodukte: Torte und Wasser!

Ebenen. Äpfel und Birnen auf Streuobstwiesen, malerische Dörfer und Städtchen prägen das typische Bild der bodenständig-bäuerlichen Gebiete, die von zahlreichen Flüssen durchzogen werden. Sanft geschwungene Obstwiesen und mit Weinbergen bedeckte Talhänge bilden zusammen mit den stark bewaldeten Keuperhöhen die charakteristische Schwäbische Kulturlandschaft. Aus den üppig vorhandenen Jagdgebieten und Flüssen stammen edle Zutaten für den Mittagstisch: Süßwasserfische und Wild.

Im Unterland des Neckars präsentiert sich inmitten landwirtschaftlicher Idylle eine hochentwickelte Industrie aus allen denkbaren Gewerbezweigen – nicht umsonst schlägt hier das Herz des gleichermaßen gepriesenen wie gefürchteten »Musterländles«. Die Nahrungsmittelproduktion gehört ohne Frage mit zur Spitze: Nudeln, Suppen und Saucen, echt schwäbische Leidenschaften, werden von hier aus in alle Welt verschickt. Auf den »Fildern« südlich von Stuttgart ist genügend Platz und fetter Boden, um Ackerbau in großem Stil zu betreiben. Dort wächst das berühmte, spitzköpfige Filderkraut, das hauptsächlich zu Sauerkraut eingeschnitten wird.

Völlig andere Bedingungen finden die Bewohner der Schwäbischen Alb vor. Weite Felder und Weiden bedecken die rauhe, leicht gewellte Hochfläche, die arm ist an Wald und Wasser und dennoch einen ernsten Charme ausstrahlt. Daß hier nicht ausgefallene Produkte, sondern Phantasie den Kochtopf bereichert, läßt sich gut ausmalen. In Oberschwaben, das bereits zum Alpenvorland gehört, nimmt das Milchvieh den ersten Rang ein, Käse und Joghurt sind die kulinarischen Konsequenzen daraus.

Und schließlich der Bodensee: Obst, Gemüse, Wein und Blumen sind die Markenzeichen dieser vom Klima begünstigten Ecke Deutschlands. Und was die Fischer aus dem Schwäbischen Meer ziehen, ist immer noch eine Delikatesse der besonderen Art – vom köstlichen Felchen bis zur Seeforelle.

Oben:
Felderwirtschaft, so weit das Auge reicht – Grundlage für die intensiv ausgebaute schwäbische Nahrungsmittelindustrie.

Mitte:
Rund ums Freiburger Münster findet bilderbuchreifes Markttreiben statt, mit Delikatessen von nah und fern.

Links:
Touristenattraktion am Neckar: Heidelberg. Nicht nur das rote Sandsteinschloß mit seinem berühmten großen Faß im Keller zieht die Besucher an, sondern auch eine malerische Altstadt mit urgemütlichen Studentenkneipen.

Menschen, Feste, Sehenswertes

Dampfendes Sauerkraut, garniert mit Schweinebauch und Würsten – typisch deutsch? Niemand zweifelt ernsthaft daran. Wenn auch im Dreiländereck die üppige Schlachtplatte weit häufiger als »Choucroute garni« auf den Tisch kommt und der Kellner dazu französisch oder allenfalls alemannisch spricht. Im benachbarten Elsaß nämlich hält man es grade so wie im Badener Land: Der eine schaut dem andern beim Kochen gerne und ungeniert über die Schulter. Das Ergebnis spricht für sich: Beide Küchen haben bei Feinschmekkern beste Noten – nicht nur wegen des köstlichen Krauts. Knusprige Flammkuchen und deftiger Bäckerofen, aber auch feine Fischgerichte, Pasteten oder mit Knoblauch gewürzte Weinbergschnecken findet man links und rechts vom Rhein auf den Speisekarten. Übrigens: Nirgends sonst als im Südwesten gibt es so viele erstklassige Lokale, Tür an Tür mit einfachen Vesperstuben, deren bäuerliches Ambiente keineswegs nur Touristen magnetisch anzieht. Der badische Genießer sucht die Kontraste und scheut keine kulinarischen Experimente – solange sie echte Qualität bieten. Nach diesem Prinzip dürfen sich lediglich drei Produkte mit dem geschützten Herkunftsprädikat »Schwarzwälder« schmücken: Schinken, Kirschwasser und Forellen.

Eile ist dem Badener ein Greuel. »Nu net hudle« – mit diesem Wahlspruch bewahrt er sich starke Nerven und gute Laune, nicht nur in der Küche. Eine Spur von Lässigkeit ist immer dabei, auch wenn er mit größtem Ernst den Kochlöffel schwingt. Vielleicht sein oberstes Erfolgsrezept?

Noch eine geheimnisvolle Frage: Wie verhilft man einer simplen Teigware zur Unsterblichkeit? Am besten so: Man nehme alle Tugenden des Schwaben, mische in einem Anfall von Erfindungsreichtum, Ausdauer, Mut und Sparsamkeit Mehl mit Wasser und Eiern und verwandle diesen unscheinbaren Brei in eine der köstlichsten Kleinigkeiten der Welt: Spätzle! Ob mit Linsen oder im Kartoffel-Eintopf serviert, als Beilage zum saucenreichen Braten oder als Sattmacher mit geschmolzenem Käse – die drolligste Form der Nudel entspricht so ganz der Vorliebe der Schwaben fürs Detail. »Tüfteln« nennt man die natürliche Gabe dieser tüchtigen Wesen, das gründliche Erforschen aller Ecken, Winkel und Kanten. Nicht umsonst ist dieser unerschrockene Menschenschlag auch für seine große Reiselust bekannt.

Rundum genießen ist eine Lebenskunst – und dazu gehört außer Essen und Trinken vor allem Geselligkeit. Darin sind sich Schwaben und Badener trotz ihres unterschiedlichen Temperaments einig. Von Januar bis Dezember wird ausgiebig gefeiert, mit wechselnden Spezialitäten aus Küche und Keller: Fettgebackenes zur Fasnacht, gefüllte Maultaschen am Gründonnerstag, festliche Hochzeitssuppen mit bemerkenswerten Einlagen, ofenfrische Laugenbrezeln zum Frühschoppen, Zwiebelkuchen, Hausmacherwurst und »Bibeleskäs« (ein körniger, würziger Rahmquark) zu Most und neuem Wein, üppige Metzelsuppe zum Schlachtfest, Zimtsterne und Bärentatzen im Advent.

Im Herbst nach der Weinlese werden viele Winzerhöfe zur »Straußwirtschaft«: Die schönste Gelegenheit zum Probieren und Genießen.

Sehenswert:
Das Freilichtmuseum in Gutach, eine einzigartige Sammlung unterschiedlichster Bauernhäuser aus dem Schwarzwald.
Das Brotmuseum in Ulm.
Das Käsereimuseum in Wangen im Allgäu, das in einer restaurierten Mühle aus dem 15. Jahrhundert untergebracht ist.
Die Markthalle in Freiburg – ein Schlemmerparadies mit internationalem Flair.

Sommer und Herbst ist die Zeit der großen und kleinen Feste: Zahlreiche Winzerfeste in der Ortenau, am Kaiserstuhl und im Markgräflerland; Sauerkrautmärkte und Zwiebelkuchenfeste, Flammkuchenfeste, Rettichfeste und Zwetschgenfeste im Neckarland, zünftige Dorf-»Hocketse« auf der Schwäbischen Alb, mit frisch gebackenem Fladenbrot, Laugenbrezeln und großen Blechkuchen. Im Ländle läßt sich's gut leben!

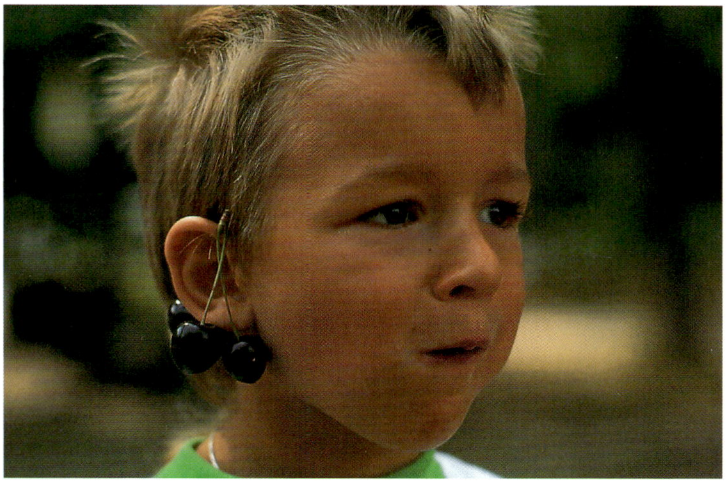

Ganz oben:
Im Freien schmeckt alles nochmal so gut – und im Südwesten wird nicht mit Sonne gegeizt.

Oben:
Gemütliche Gasthäuser gibt es zu entdecken – eine Einladung zum »Viertele schlotzen«.

Mitte links und rechts:
Badische Lebensart von klein und groß – nicht aus der Ruhe bringen lassen!

Ganz oben:
Schwarzwälder Kirschtorte – ein kulinarischer Fall fürs Guinessbuch. Die größte ihrer Art wurde bei einem Fest am Freilichtmuseum Vogtsbauernhof verspeist, inklusive 60 l Kirschwasser und 1 Tonne Kirschen.

Oben:
Mit Pauken und Trompeten feiern, das liegt den Schwaben im Blut.

Sauerampfersüpple

Frühlingsgericht für Feinschmecker

Zutaten für 4 Portionen:

150 g zarte Sauerampferblätter
2 Schalotten
2 EL Butter
1 EL Mehl
1 l Fleischbrühe
200 g Sahne
1 Eigelb
Salz
schwarzer Pfeffer aus der Mühle

Zubereitungszeit: etwa 30 Min.

Pro Portion: 1000 kJ / 240 kcal

1 Die Sauerampferblättchen waschen und verlesen, gut abtropfen lassen. Einige Blätter beiseite legen, die übrigen fein hacken. Die Schalotten pellen und fein hacken.

2 In einem großen Topf die Butter zerlassen. Die Schalotten und den Sauerampfer unter Rühren kurz dünsten. Mit Mehl bestäuben und anschwitzen, danach mit der Brühe ablöschen und etwa 20 Min. sachte köcheln.

3 Die Suppe eventuell im Topf mit dem Pürierstab pürieren. Die Sahne steif schlagen. Die beiseite gelegten Sauerampferblättchen in feine Streifen schneiden.

4 Den Topf vom Herd ziehen, das Eigelb einrühren und die Schlagsahne unterziehen. Die Suppe mit Salz und Pfeffer abschmecken. Mit den Sauerampferstreifchen garnieren.

• Variante: Einen Teil des Sauerampfers durch Kerbel ersetzen, mit Kerbel garnieren. Geröstete Brotwürfelchen, hartgekochte, feingehackte Eier oder Schinkenstreifen in die Suppe streuen.

Grünkernsuppe

Spezialität aus Nordbaden

Zutaten für 4–6 Portionen:

1 große Möhre
1 dünne Lauchstange
1 Zwiebel
2 EL Butter
120 g Grünkerngrütze
1 1/2 l kräftige Fleischbrühe
1 Brötchen vom Vortag
1/2 Bund glatte Petersilie
Salz
50 g Sahne
1 Eigelb

Zubereitungszeit: etwa 2 Std.

Bei 6 Portionen pro Portion: 750 kJ / 180 kcal

1 Die Möhre putzen und schälen, in winzige Würfelchen schneiden. Die Lauchstange längs aufschlitzen und waschen. Zuerst in feine Ringe schneiden, danach fein hacken. Die Zwiebel pellen, ebenfalls fein hacken.

2 In einem großen Topf 1 1/2 EL Butter zerlassen, das Gemüse und die Grünkerngrütze darin unter Rühren anschwitzen. Mit Brühe aufgießen und zum Kochen bringen.

3 Die Temperatur verringern und die Suppe 1 1/2 Std. sanft köcheln lassen. Ab und zu umrühren.

4 Das Brötchen erst in Scheiben, dann in kleine Würfel schneiden. Die restliche Butter in einer kleinen Pfanne zerlassen, die Brotwürfel rundum goldgelb braten.

5 Die Petersilie waschen und fein hacken, in die Suppe rühren. Mit Salz abschmecken. Den Topf vom Herd nehmen, Sahne und Eigelb verquirlen und einrühren. Die Suppe mit Brotwürfeln bestreut servieren.

Flädlesuppe

Fleischbrühe mit Pfannkuchenstreifen

• Grünkern ist das halbreif geerntete und gedarrte Korn des Dinkels, einer Weizenart, die heute nur noch selten angebaut wird, durch die Vollwertküche aber wieder an Bedeutung gewonnen hat. Für diese Suppe wird Grütze verwendet, also das geschälte und geschrotete Korn, das im Gegensatz zum Mehl alle Nährstoffe des Getreides enthält. Grünkern gibt's im Reformhaus zu kaufen.

• Variante: Die Suppe mit ganzen Getreidekörnern zubereiten, dazu die Garzeit etwa um 1 Std. verlängern. Nach Geschmack mit reichlich frischem Gemüse und mit gebratenem Speck ergänzen.

Zutaten für 6 Portionen:

Für die Fleischbrühe:
500 g durchwachsenes Rindfleisch
einige Suppenknochen
1 Bund Suppengrün
1 Zwiebel
1 Lorbeerblatt
Salz
¼ TL schwarze Pfefferkörner
schwarzer Pfeffer aus der Mühle
1 Bund Schnittlauch

Für die Flädle:
100 g Mehl
2 Eier
150 ml Milch
Salz
1 Speckschwarte (oder 2 EL Butter)

Zubereitungszeit: etwa 2 Std.

Pro Portion: 670 kJ / 160 kcal

1 Für die Fleischbrühe das Suppenfleisch und die Knochen kalt abspülen, in einen großen Topf geben und knapp 2 l Wasser angießen. Die Zwiebel pellen und halbieren, mit dem Lorbeerblatt, 1 EL Salz und den Pfefferkörnern zum Fleisch geben. Kräftig aufkochen lassen, den Schaum abschöpfen und die Brühe etwa 2 Std. köcheln lassen. Das Suppengrün putzen, waschen und grob zerteilen. Nach etwa 1 Std. in die Brühe geben und mitgaren.

2 Für die Flädle das Mehl mit der Milch und einer Prise Salz glattrühren. Die Eier gründlich untermischen. Den Teig kurz quellen lassen. Eine kleine Pfanne mit der Speckschwarte ausreiben und erhitzen. Nacheinander sehr dünne Pfannkuchen backen. Aus der Pfanne nehmen und noch warm aufrollen. Den Schnittlauch in Röllchen schneiden.

3 Die Fleischbrühe durchsieben, wieder in den Topf geben und zum Kochen bringen. Eventuell mit Salz und Pfeffer nachwürzen. Die aufgerollten Pfannkuchen mit einem scharfen Messer quer in hauchdünne Scheiben schneiden. In die vorgewärmten Suppenteller oder in eine Suppenterrine legen und die heiße Brühe darübergießen. Mit Schnittlauch bestreuen und sofort servieren.

• Flädle können gut am Vortag zubereitet werden. Aufgerollt abkühlen lassen, erst kurz vorm Servieren in Scheibchen schneiden. Oder aber die Pfannkuchen nicht aufrollen, sondern gleich in feine Streifen schneiden. Die Pfannkuchen knusprig braun backen!

• Variante: Kräuterflädle. Dazu fein gehackte Petersilie oder andere Kräuter unter den Teig mischen.

Käsespätzle

Üppiges Hauptgericht

Zutaten für 4 Portionen:

500 g Mehl
Salz
4 Eier
200 g Emmentaler
2 Zwiebeln
3 EL Butter
schwarzer Pfeffer aus der Mühle

Zubereitungszeit: etwa 1 Std.

Pro Portion: 3400 kJ / 810 kcal

1 Das Mehl in einer Schüssel mit den Eiern, 1 TL Salz und etwa 1/8 l lauwarmem Wasser solange kräftig verrühren, bis der Teig Blasen schlägt. Einige Min. ruhen lassen.

2 Den Käse reiben. Die Zwiebeln pellen und in feine Scheiben schneiden. Die Butter in einer Pfanne zerlassen, die Zwiebeln hellgelb andünsten. Den Backofen auf 200° (Gas Stufe 3) vorheizen.

3 In einem Topf 2 l Salzwasser aufkochen. Den Teig portionsweise auf ein nasses Brettchen auftragen, vorne glattstreichen und mit einem Messer schmale Teigstreifchen ins kochende Wasser schaben. (Oder den Teig portionsweise durch eine Spätzlepresse ins Wasser drücken.) Sobald die Spätzle oben schwimmen, mit einem Schaumlöffel herausnehmen, gut abtropfen lassen und in eine feuerfeste Form geben. Pfeffern, mit etwas geriebenem Käse bestreuen und im Backofen warm stellen.

4 Die nächsten Portionen zubereiten, einschichten, pfeffern und mit Käse bestreuen. Auf der obersten Spätzle-Schicht die Zwiebeln mit der heißen Butter verteilen. Die Temperatur auf 250° (Gas Stufe 5) erhöhen und die fertigen Spätzle knapp 5 Min. überbacken. Pfeffern und mit dem restlichen Käse bestreuen.

Maultaschen

Gefüllte Teigtaschen aus Schwaben

Zutaten für 4–6 Portionen:

Für den Teig:
300 g Mehl + Mehl zum Ausrollen
3 Eier
1/2 TL Salz
1 TL weiche Butter oder Öl

Für Füllung und Garnitur:
1/2 Brötchen vom Vortag
3 Zwiebeln (1 davon klein)
3 1/2 EL Butter
1/2 Bund glatte Petersilie
200 g frischer Blattspinat (ersatzweise tiefgekühlt)
150 g Kalbsbrät (Bratwurst) oder gemischtes Hackfleisch
1 Ei
Salz
schwarzer Pfeffer aus der Mühle
frisch geriebene Muskatnuß
1/2 TL getrockneter Majoran (oder 1 TL frischer)
1 Bund Schnittlauch

Zubereitungszeit: etwa 1 1/4 Std.

Bei 6 Portionen pro Portion: 1700 kJ / 400 kcal

1 Das Mehl in eine Schüssel geben. Eier, Salz und die weiche Butter untermischen und solange kneten, bis ein geschmeidiger Teig entsteht, dabei tropfenweise kaltes Wasser unterkneten. (Der Teig soll nicht an den Händen kleben.) Abgedeckt ruhen lassen.

2 Für die Füllung 1/2 Brötchen in Würfel schneiden, in kaltem Wasser einweichen. Die kleine Zwiebel pellen, fein hacken, in 1/2 EL zerlassener Butter glasig dünsten. Die Petersilie waschen und fein hacken.

3 Den Spinat putzen und waschen, tropfnaß in einem Topf kurz erhitzen. Abtropfen lassen, ausdrücken und fein hacken. (Tiefgekühlten Spinat auftauen, gut abtropfen lassen, ausdrücken und hacken).

4 Das Brötchen gut ausdrücken. Mit Spinat, Kalbsbrät, Zwiebel, Petersilie und Ei

Schupfnudeln

Fingernudeln mit Sauerkraut

gründlich vermischen. Mit Salz, Pfeffer, Muskat und Majoran kräftig würzen.

5 Den Teig halbieren, jeweils auf bemehlter Fläche dünn ausrollen. Kleine Häufchen der Füllung im Abstand von etwa 5 cm auf einer der Teigplatten verteilen. Die zweite Teigplatte darüberlegen. Teigtaschen ausschneiden, die Ränder fest andrücken.

6 Etwa 2 l Salzwasser aufkochen. Die Maultaschen hineingeben, 10–15 Min. ziehen lassen. Die übrigen Zwiebeln pellen, in Scheibchen schneiden. 3 EL Butter schmelzen, die Zwiebeln anschwitzen. Den Schnittlauch waschen, in Röllchen schneiden.

7 Die Maultaschen gut abtropfen lassen. Mit den Zwiebeln und der heißen Butter begießen, pfeffern und mit Schnittlauch bestreut servieren.

Zutaten für 4 Portionen:

750 g mehligkochende Kartoffeln
Salz
3 Eier
etwa 150 g Mehl + Mehl zum Ausrollen
frisch geriebene Muskatnuß
50 g durchwachsener Speck
1 Zwiebel
2 EL Butterschmalz
300 g Sauerkraut
schwarzer Pfeffer aus der Mühle

Zubereitungszeit: etwa 2 Std. (+ Garzeit für die Kartoffeln)

Pro Portion: 2000 kJ / 480 kcal

1 Die Kartoffeln waschen und abbürsten, in Salzwasser garen. Abgießen und noch heiß pellen. Am nächsten Tag durch die Kartoffelpresse in eine Schüssel drücken. Die Eier und 1 gestrichenen TL Salz dazugeben. Die Kartoffeln und Eier mit soviel Mehl verkneten, daß ein glatter Teig entsteht. Mit Muskat würzen.

2 Den Kartoffelteig auf bemehlter Fläche zu einer etwa 5 cm dicken Rolle formen. Etwa 1 cm dicke Scheiben abschneiden und mit der Handfläche spindelförmig ausrollen. Die fingerlangen Röllchen sollen an beiden Enden spitz auslaufen.

3 Etwa 2 l Salzwasser aufkochen. Die Schupfnudeln hineingeben, nach dem Aufwallen bei milder Hitze etwa 2 Min. ziehen lassen. Mit dem Schaumlöffel herausholen, in kaltes Wasser tauchen und gut abtropfen lassen.

4 Den Speck in kleine Würfel schneiden. Die Zwiebel pellen und fein hacken. In einer großen Pfanne 1 EL Butterschmalz erhitzen. Die Speckwürfel darin auslassen, die Grieben knusprig braten und herausnehmen. Die Schupfnudeln im heißen Fett rundum knusprig braten, bei Bedarf noch etwas Butterschmalz in der Pfanne zerlassen.

5 Die Zwiebeln untermischen und bei milder Hitze anschwitzen. Das Sauerkraut mit einer Gabel auflockern, grob hacken und ebenfalls in die Pfanne geben. Untermischen und kurz mitbraten. Die Speckwürfel aufstreuen, die Schupfnudeln grob pfeffern und heiß aus der Pfanne servieren.

• Es gibt kaum ein Volksfest in Baden-Württemberg, auf dem nicht köstlich duftende Schupfnudeln in riesigen Pfannen gebraten und als typische Spezialität angeboten werden. Im Badischen heißen die fingerlangen, goldgelb gebratenen Kartoffelnudeln übrigens »Bubespitzle«.

Spinat-Laubfrösche

Gemüsepäckchen mit Hackfleisch

Zutaten für 4 Portionen:

1 Brötchen vom Vortag
24 große Spinatblätter (etwa 125 g)
Salz
50 g durchwachsener Speck
1 kleine Zwiebel
1 Bund glatte Petersilie
250 g gemischtes Hackfleisch
1 Ei
schwarzer Pfeffer aus der Mühle
frisch geriebene Muskatnuß
2 EL Butter
¼ l Fleischbrühe

Zubereitungszeit: etwa 1 ¼ Std.

Pro Portion: 1500 kJ / 360 kcal

1 Das Brötchen kleinschneiden und in Wasser einweichen. Die Spinatblätter waschen und kurz in heißes, aber nicht kochendes Salzwasser legen. Herausnehmen, auf Küchenkrepp flach ausbreiten. Dicke Stiele abschneiden.

2 Den Speck würfeln, in einer Pfanne auslassen. Die Zwiebel pellen und hacken. Petersilie waschen, fein hacken und beides im Speckfett kurz anschwitzen. Vom Herd nehmen.

3 Das Brötchen ausdrücken. Mit dem Hackfleisch, der Speckmischung und dem Ei vermengen. Mit Salz, Pfeffer und Muskat würzen. Den Backofen auf 200° vorheizen. Die Spinatblätter mit je 1 Löffel vom Hackfleisch füllen und kleine Päckchen daraus formen.

5 In einer Pfanne die Butter zerlassen. Spinatfrösche dicht nebeneinander hineinlegen, salzen und in den Backofen schieben (Gas Stufe 3). 5 Min. anbraten, vorsichtig wenden, etwas Brühe angießen. Etwa 20 Min. garen, häufig mit Brühe begießen.

• Dazu: Salzkartoffeln. Mit Sud oder heißer Butter beträufeln.

Spargel mit Kratzete

Als Beilage zerrupfter Pfannkuchen

Zutaten für 4 Portionen:

1 ½–2 kg Spargel (frisch gestochen)
Salz
150 – 200 g roher oder gekochter Schinken in Scheiben (oder gemischt)
150 g Butter

Für die Kratzete (zerrupfter Pfannkuchen):
300 g Mehl
½ l Milch
5 Eier, getrennt
Salz
Butter zum Backen

Zubereitungszeit: etwa 1 Std.

Pro Portion: 3800 kJ / 900 kcal

1 Den Spargel sorgfältig schälen. Dazu das Schälmesser etwa 3 cm unterhalb der Spargelköpfe ansetzen und die Stangen nach unten hin immer stärker abschälen. Die holzigen Enden vollständig wegschneiden. Die Spargelstangen in 4 Portionen aufteilen und jeweils mit Küchengarn bündeln. In einem breiten Topf etwa 2 l Salzwasser aufkochen.

2 Inzwischen für die Kratzete das Mehl mit der Milch glattrühren. Die 5 Eigelb und 1 TL Salz gründlich untermischen. Eiweiß steifschlagen, unter den Teig ziehen.

3 Die Spargelbündel ins kochende Salzwasser legen, zudecken und bei milder Hitze in 20–30 Min. garen. Die Schinkenscheiben auf einer Platte anrichten. Den Backofen auf 150° vorheizen.

4 Eine Pfanne mit wenig Butter ausstreichen und erhitzen. Aus dem Teig nacheinander die Pfannkuchen backen. Die kurz angebackenen Pfannkuchen jeweils in der Pfanne mit zwei Gabeln kreuz und quer in kleine Stückchen reißen. Unter Rühren knusprig braun backen.

Saure Leberle mit Bratkartoffeln

Zarte Kalbsleber in Weinsauce

Die Stückchen auf eine feuerfeste Platte geben, leicht salzen und im Backofen (Gas Stufe 1) warm halten, bis der ganze Teig verarbeitet ist. Zwischendurch die Pfanne nach Bedarf immer wieder leicht einfetten.

5 Die Butter für den Spargel zerlassen. Den Spargel abtropfen lassen, auf einer vorgewärmten Platte servieren. Dazu den Schinken, die Kratzete und die heiße, flüssige Butter reichen.

• Getränketip: Ein trockener Riesling oder ein Gutedel aus dem Markgräflerland.

• Spargelsuppe wird ganz einfach aus Schalen und Abschnitten des Spargels zubereitet: Mit Butter, Salz, Weißwein und Wasser etwa 20 Min. köcheln, durchsieben, mit Sahne aufkochen, mit weißem Pfeffer, Salz, Muskat abschmecken.

Zutaten für 4 Portionen:

800 g gekochte Kartoffeln vom Vortag (festkochende Sorte)
2 Zwiebeln
3 EL Öl
3 EL Butter
Salz
500 g frische Kalbsleber
1 EL Mehl
schwarzer Pfeffer aus der Mühle
etwa 200 ml trockener Weißwein
4 EL Sahne
1 Bund glatte Petersilie

Zubereitungszeit: etwa 40 Min.

Pro Portion: 2300 kJ / 550 kcal

1 Die gekochten Kartoffeln pellen, in dünne Scheibchen schneiden. Die Zwiebeln schälen, eine davon fein hacken.

2 In einer schweren Pfanne das Öl erhitzen, 1 EL Butter darin schmelzen. Die Kartoffeln gleichmäßig in der Pfanne verteilen, die auf keinen Fall randvoll sein soll – je weniger Kartoffeln gleichzeitig braten, desto knuspriger werden sie. Nach dem Anbraten die Zwiebeln untermischen, salzen und unter Wenden weiterbraten, bis die Kartoffeln goldbraun sind.

3 Nebenbei die Leber kalt abspülen und mit Küchenkrepp trocknen. Die feinen Häute abziehen, die Leber in zentimeterbreite Streifen schneiden und dünn mit Mehl bestäuben.

4 Die übrige Zwiebel halbieren und quer in Scheibchen schneiden. In einer zweiten Pfanne die restliche Butter erhitzen. Die Leber unter Rühren darin anbraten, dann die Zwiebeln untermischen und mitbraten. Den Wein angießen, etwa 5 Min. sachte köcheln. Die Sahne einrühren, mit Salz und frisch gemahlenem Pfeffer würzig abschmecken.

5 Die Petersilie waschen und trockenschütteln, fein hacken. Bratkartoffeln mit Salz und Pfeffer abschmecken. Mit der sauren Leber anrichten und diese mit Petersilie bestreuen.

• »Brägele« heißen die Bratkartoffeln in Baden, und die wirklich echten werden mit rohen statt gekochten Kartoffelscheiben zubereitet.

• Das gleiche Rezept, ergänzt durch feine Nierchenscheiben, heißt »Röschele« und wird zur Fastnacht in allen Gasthäusern angeboten.

Hechtklößchen in Rieslingsauce

Vorspeise oder Zwischengericht

Zutaten für 4–6 Portionen:

Für die Klößchen:
400 g ausgelöstes Hechtfilet ohne Haut und Gräten (ersatzweise Zander oder Forelle)
Salz
weißer Pfeffer aus der Mühle
1 Eiweiß
50 g Weißbrot ohne Kruste
250 g Sahne
frisch geriebene Muskatnuß
1 TL Zitronensaft

Für den Fischsud:
Kopf, Abschnitte und Gräten vom Hecht (beim Kauf der Hechtfilets vom Fischhändler mitgeben lassen!)
1 Bund Suppengrün
1 Zwiebel
1 TL Salz
5 weiße Pfefferkörner
1/4 l trockener Riesling (oder ein anderer trockener Weißwein)

Für die Sauce:
2 Frühlingszwiebeln
1 EL Butter
Salz
weißer Pfeffer aus der Mühle
1/8 l trockener Riesling
100 g Sahne
1 Eigelb
1 EL feingehackter Dill

Zubereitungszeit: etwa 1 1/4 Std.

Bei 6 Portionen pro Portion: 1400 kJ / 330 kcal

1 Das Hechtfleisch sehr klein schneiden, kräftig salzen und pfeffern. In eine Metallschüssel geben, mit dem Eiweiß mischen und abgedeckt kalt stellen. Das Weißbrot würfeln, in etwa der Hälfte der flüssigen Sahne einweichen.

2 Für den Sud die Fischabschnitte, den Kopf und die Gräten mit 1 1/2 l Wasser aufsetzen. Das Suppengrün putzen, waschen und grob zerteilen. Die Zwiebel pellen, vierteln und mit dem Salz, den Pfefferkörnern und dem Wein in den Topf geben. Etwa 20 Min. köcheln lassen.

3 Inzwischen das gewürzte Hechtfleisch mit dem eingeweichten Brot und der restlichen Sahne im Mixer pürieren. Durch ein Haarsieb streichen, mit Salz, Pfeffer, Muskat und dem Zitronensaft abschmekken. Die Masse in die Metallschüssel zurückgeben. Nochmals abgedeckt kalt stellen.

4 Für die Sauce die Frühlingszwiebeln putzen, waschen und sehr fein hacken. In einer breiten Pfanne die Butter zerlassen, die Zwiebeln andünsten, salzen und pfeffern. Die Fischbrühe durchsieben, etwa 1/4 l davon zu den Frühlingszwiebeln, den Rest in den großen Topf zurückgießen. Den Wein und die Sahne in die Pfanne geben, offen bei mittlerer Hitze zur cremigen Sauce köcheln lassen.

5 Die Fischbrühe im großen Topf zum Kochen bringen. Die Schüssel mit dem Fischpüree herausholen. Mit zwei Teelöffeln jeweils Klößchen abstechen und in die Brühe geben. Die Hitze so regulieren, daß die Brühe nicht sprudelnd kocht, sondern nur siedet. Die Hechtklößchen in 10–12 Min. garen.

6 Die Sauce mit Salz und Pfeffer abschmecken. Vom Herd nehmen, das Eigelb einrühren und den Dill einrühren. Die Hechtklößchen mit dem Schaumlöffel aus der Brühe nehmen und gut abtropfen lassen, mit der Sauce servieren.

• Dazu passen feine, hausgemachte Bandnudeln.

Forelle blau

Zieht in würzigem Essigsud gar

• Getränketip: Ein trockener Riesling, z. B. aus der Ortenau. Oder ein leichter Ruländer.

• Als Ersatz für Hecht können Sie auch Filets von Zander oder Forelle für die Klößchen nehmen. Den Hecht am besten vorbestellen!

• Eine bekannte Fischspezialität ist auch der »Badische Hecht«, der unzerteilt im Backofen sanft gegart wird und in einer köstlichen Sauce aus Butter, Sahne und Zitrone schwimmt. (200°, Gas Stufe 3, etwa 30–40 Min.)

Zutaten für 4 Portionen:

1 Bund Suppengrün
1 Bund glatte Petersilie
1 Zwiebel
½ unbehandelte Zitrone
¼ l Weinessig
6 Pfefferkörner
Salz
1 Lorbeerblatt
750 g kleine Kartoffeln (festkochende Sorte)
4 frische Forellen (je etwa 250 g, ersatzweise tiefgekühlt)
weißer Pfeffer aus der Mühle
150 g Butter

Zubereitungszeit: etwa 1 ¼ Std.

Pro Portion: 2500 kJ / 600 kcal

1 Das Suppengrün putzen, waschen und grob zerteilen. Die Petersilienstengel abschneiden, die Blätter für später beiseite legen. Die Zwiebel schälen und halbieren. Die Zitrone heiß waschen und in Scheiben schneiden. Alle Zutaten mit 2 l Wasser in einen breiten Topf geben und zum Kochen bringen. Die Hälfte vom Essig, die Pfefferkörner, 2 EL Salz und das Lorbeerblatt hineingeben. Den Sud kräftig köcheln lassen.

2 Die Kartoffeln waschen und schälen. Mit Salzwasser bedeckt oder im Dämpfeinsatz über Wasserdampf garen.

3 Die ausgenommenen Forellen nur innen vorsichtig unter fließendem Wasser waschen, salzen und pfeffern. Auf eine Platte legen. Die äußere Schleimschicht der Forellen nicht beschädigen, sie ist für die Blaufärbung verantwortlich.

4 Den restlichen Essig in einem Töpfchen erhitzen. Gleichmäßig über die Forellen gießen, die sich daraufhin blau färben. Den Essig auffangen und in den Fischsud geben. Die Forellen in den nur noch knapp siedenden, aber nicht mehr sprudelnd kochenden Sud gleiten lassen, in 10–15 Min. bei milder Hitze garziehen lassen. Der Sud darf dabei keinesfalls mehr aufkochen. Die Forellen sind gar, wenn die Augen als weiße Kügelchen hervortreten und sich die Rückenflossen leicht herauszupfen lassen.

5 In einem Pfännchen die Butter schmelzen. Die Petersilienblätter waschen und sehr fein hacken. Die Forellen aus dem Sud nehmen und abtropfen lassen. Die Kartoffeln mit der Petersilie bestreuen und als Beilage servieren. Dazu im Pfännchen die flüssige, heiße Butter reichen.

• Frische Bachforellen sind selten, aber besonders wohlschmeckend. Problemlos zu kaufen gibt es überall tiefgekühlte Regenbogenforellen.

Rehrücken mit Pfifferlingen

Edles Festtagsessen

Zutaten für 6 Portionen:

Für die Spätzle:
500 g Mehl
4 Eier
Salz
2 EL Butter

Für die Pfifferlinge:
500 g frische Pfifferlinge (oder andere Waldpilze)
2 Schalotten
2 EL Butter
Salz
schwarzer Pfeffer aus der Mühle
1 Bund glatte Petersilie

Für den Rehrücken:
1 TL Wacholderbeeren
2 kg Rehrücken, küchenfertig vorbereitet
Salz
schwarzer Pfeffer aus der Mühle
1 Möhre
1 Zwiebel
4 EL Öl
2 EL Butter
400 ml Wildfond (fertig aus dem Glas)
1/8 l kräftiger, trockener Rotwein
200 g Crème fraîche
4 EL eingelegte Wildpreiselbeeren

Zubereitungszeit: etwa 1 3/4 Std.

Pro Portion: 4100 kJ / 980 kcal

Statt den Teig vom Brett zu schaben, können Sie natürlich auch eine Spätzlepresse verwenden. Der Teig wird portionsweise eingefüllt und ins kochende Wasser gedrückt.

• Getränketip: Ein Blauer Spätburgunder aus Baden oder ein Württemberger Trollinger.

1 Für die Spätzle das Mehl mit den Eiern, 1 TL Salz und etwa 1/8 l lauwarmem Wasser solange kräftig verrühren, bis ein glatter Teig entsteht, der große Blasen wirft. Abgedeckt beiseite stellen. Die Pfifferlinge putzen, die Stielenden abschneiden.

2 Den Backofen auf 200° vorheizen. Die Wacholderbeeren im Mörser zerdrücken. Den enthäuteten Rehrücken mit Salz, Pfeffer und Wacholderbeeren kräftig einreiben. Die Möhre putzen und schälen, grob zerteilen. Die Zwiebel schälen und vierteln.

3 In einem Bräter das Öl erhitzen, die Butter darin schmelzen. Rehrücken mit der Fleischseite nach unten anbraten. Nach etwa 5 Min. wenden, das Gemüse dazugeben, Wildfond und Wein angießen. Zugedeckt im Backofen (Gas Stufe 3) etwa 40 Min. schmoren, häufig mit dem Bratensaft begießen.

4 Inzwischen für das Pilzgemüse die Schalotten schälen und fein hacken. In einem Topf die Butter schmelzen, die Schalotten andünsten. Die Pilze einrühren, salzen und pfeffern, zugedeckt im eigenen Saft dünsten. Die Petersilie waschen, trockenschütteln und sehr fein wiegen.

5 Für die Spätzle 2–3 l Salzwasser aufkochen. Den Spätzleteig portionsweise auf ein dünnes, nasses Brett auftragen. Mit einem großen Messer den Teig glattstreichen und schmale Streifchen ins kochende Waser schaben. Das Messer immer wieder in kaltes Wasser tauchen.

6 Sobald die Spätzle oben schwimmen, mit dem Schaumlöffel herausnehmen, abtropfen lassen, auf eine vorgewärmte Platte geben. Zugedeckt warmhalten, die nächste Portion zubereiten. Den Rehrücken aus dem Bräter nehmen, im ausgeschalteten Backofen kurz nachziehen lassen.

7 Den Bratensaft durchsieben, in einem Topf aufkochen. Die Crème fraîche einrühren, zur sämigen Sauce einköcheln, mit Salz und Pfeffer abschmecken. Für die Spätzle 2 EL Butter zerlassen. Die Pfifferlinge abschmecken, die Petersilie untermischen.

8 Die Rehfilets von den Knochen lösen, schräg in Scheiben schneiden. Mit Spätzle und Pilzen anrichten, die Spätzle mit heißer Butter beträufeln. Das Fleisch aus der Mühle pfeffern.

Schäufele

Gepökelte Schweineschulter

Zutaten für 6 Portionen:

½ l trockener Weißwein
1 Zwiebel
1 Lorbeerblatt
2 Gewürznelken
1 Zweig Thymian
1 TL weiße Pfefferkörner
etwa 2 kg Schäufele mit Knochen (gepökelte und geräucherte Schweineschulter)
1 ½ kg Kartoffeln (festkochend)
Salz
2–3 EL Essig
Öl
schwarzer Pfeffer aus der Mühle

Zubereitungszeit: etwa 2 Std.

Pro Portion: 3300 kJ / 790 kcal

1 Den Wein mit 1 ½ l Wasser in einen großen Topf geben. Die Zwiebel schälen, mit dem Lorbeerblatt und den Nelken bestecken. Die Zwiebel, den Thymian und die Pfefferkörner in den Topf geben und alles zum Kochen bringen.

2 Das Schäufele in den kochenden Sud legen, Temperatur verringern. Das Fleisch im leicht siedenden Wasser etwa 2 Std. sachte ziehen lassen.

3 Die Kartoffeln waschen, in Salzwasser garen. Abgießen, pellen und etwas abkühlen lassen. In Scheibchen schneiden, mit etwa ¼ l vom Schäufelesud mischen, mit Essig, Pfeffer und Salz (vorsichtig wegen der Brühe!) würzen. Zuletzt das Öl unterrühren. Gut durchziehen lassen.

4 Kurz vor Ende der Garzeit die Brühe abschmecken, eventuell salzen. Das Schäufele ist fertig, wenn sich das Fleisch leicht vom Knochen löst. In Scheiben schneiden und auf eine vorgewärmte Platte legen. Mit etwas Sud beträufeln und zum Kartoffelsalat servieren.

• Dazu paßt frischer Feldsalat.

Eingemachtes Kalbfleisch

Feines Sonntagsgericht

Zutaten für 4 Portionen:

1 Bund Suppengrün
1 Zwiebel
2 Gewürznelken
1 Lorbeerblatt
1 TL weiße Pfefferkörner
Salz
1 EL Weinessig
knapp 1 kg Kalbfleisch (Brust oder Bug)
2 EL Butter
1 EL Mehl
⅛ l trockener Weißwein
⅛ l Sahne
frisch geriebene Muskatnuß
Pfeffer aus der Mühle
Zitronensaft nach Geschmack
1 Eigelb

Zubereitungszeit: etwa 1 ¼ Std.

Pro Portion: 2000 kJ / 480 kcal

1 In einem Topf 2 l Wasser aufsetzen. Das Suppengrün putzen, waschen und grob zerteilen. Die Zwiebel pellen, die Nelken aufstecken. Mit dem Lorbeerblatt, Pfefferkörnern, 1 TL Salz und Essig in den Topf geben und aufkochen.

2 Das Kalbfleisch in große Würfel schneiden. In den kochenden Sud geben und bei milder Hitze etwa 40 Min. ziehen lassen.

3 Durch ein Sieb gießen, den Sud auffangen. In einem Topf die Butter zerlassen. Das Mehl anschwitzen, mit Wein und ¼ l Kalbssud ablöschen, kräftig verquirlen. Die Sahne angießen und etwa 10 Min. köcheln. Mit Salz, Pfeffer, Muskat und Zitronensaft würzen.

4 Das Fleisch einrühren und heiß werden lassen. Den Topf vom Herd nehmen, zum Binden das Eigelb unterziehen.

• Dazu passen breite Nudeln und Frühlingsgemüse oder Salat.

• Getränketip: Weißburgunder.

Badisches Ochsenfleisch

Dazu passen Petersilienkartoffeln

Zutaten für 4–6 Portionen:

1 Stange Lauch
2 große Möhren
1/4 Sellerieknolle
2 Zwiebeln
1 EL Salz
500 g Rinderknochen
1,2 kg Ochsenbrust oder Rinderbrust (gut abgehangen und etwas durchwachsen)

Für den Rote-Bete-Salat:
500 g kleine rote Beten
Salz
1 Schuß Essig
2 Zwiebeln
4 EL Weinessig
6 EL Öl
schwarzer Pfeffer aus der Mühle
1 Prise Zucker

Für die Meerrettichsauce:
etwa 100 g frischer Meerrettich (ersatzweise geriebener aus dem Glas)
1/4 l Milch
1 EL Butter
1 EL Mehl
Salz
weißer Pfeffer aus der Mühle
1 Prise Zucker

Zubereitungszeit:
etwa 2 Std. 20 Min.

Bei 6 Portionen pro Portion:
2400 kJ / 570 kcal

1 Den Lauch putzen, waschen und grob zerteilen. Die Möhren und den Sellerie schälen, die Zwiebeln pellen. Alles mit 3 l Wasser und dem Salz in einen großen Topf geben und zum Kochen bringen. Die Knochen unter fließendem Wasser abspülen und ebenfalls dazugeben. Sobald das Wasser leicht kocht, die Ochsenbrust abwaschen und einlegen. Zugedeckt etwa 2 Std. ziehen lassen, das Wasser darf nicht sprudelnd kochen, sondern soll nur sieden.

2 Inzwischen die roten Beten waschen, das Kraut abdrehen, die Knollen aber nicht verletzen. Etwa 1 l Salzwasser mit einem Schuß Essig aufkochen, die roten Beten darin in etwa 45 Min. garen. Abgießen und kalt abschrecken, die Schalen abziehen. Die Knollen in dünne Scheiben hobeln. Die Zwiebeln pellen und dünn aufschneiden. Die roten Beten mit den Zwiebeln schichtweise in eine Schüssel legen.

3 Aus Essig, Öl, Salz, Pfeffer und 1 Prise Zucker eine Sauce rühren, über die roten Beten gießen und gut durchziehen lassen. (Sie können den Salat auch schon am Vortag zubereiten).

4 Für die Meerrettichsauce die Wurzel waschen und schälen, in eine Schüssel reiben und sofort 2–3 EL Milch untermischen. Während des Reibens am besten das Fenster öffnen und die Hände ab und zu kalt abspülen, da die ätherischen Öle zu Tränen reizen. Etwa 1/4 l Fleischbrühe aus dem großen Topf nehmen und etwas abkühlen lassen.

5 In einem kleinen Topf die Butter schmelzen, das Mehl anschwitzen und mit der Fleischbrühe ablöschen. Die Milch angießen, alles kräftig verquirlen und zur sämigen Sauce köcheln. Zuletzt den Meerrettich einrühren, nicht mehr kochen lassen und mit Salz, Pfeffer und 1 Prise Zucker abschmecken.

6 Das gekochte Fleisch in Scheiben schneiden, auf einer Platte anrichten und mit Brühe beträufeln. Die roten Beten und die Meerrettichsauce dazu servieren.

• Typisch badisch zum gekochten Fleisch sind verschiedene kleine Beilagen wie die roten Beten – aber auch eingelegte Preiselbeeren, Eiersalat, Gurkensalat und und und…

Baeckerofen

Deftiger Eintopf – auch im Elsaß und in der Pfalz beliebt

Zutaten für 6–8 Portionen:

500 g Schweinenacken
500 g ausgelöste Rinderschulter (oder Hammelschulter)
1/2 l trockener Weißwein
2 Gewürznelken
6 Wacholderbeeren
1/2 TL schwarze Pfefferkörner
2 Lorbeerblätter
300 g durchwachsener Räucherspeck (oder Dörrfleisch)
1,5 kg Kartoffeln (vorwiegend festkochende Sorte)
300 g Zwiebeln
1 dicke Stange Lauch
3 große Möhren
2 EL Schweineschmalz
2 Knoblauchzehen
Salz
schwarzer Pfeffer aus der Mühle

Zubereitungszeit: etwa 3 Std. 50 Min. (+ Marinierzeit über Nacht)

Bei 8 Portionen pro Portion: 2900 kJ / 700 kcal

1 Die beiden Fleischsorten in etwa 2 cm große Würfel schneiden. Mit dem Wein, den Gewürznelken, den Wacholderbeeren, den Pfefferkörnern und den Lorbeerblättern einlegen und über Nacht marinieren.

2 Am nächsten Tag den Speck in feine Streifen schneiden. Die Kartoffeln waschen und schälen, in Scheiben hobeln. Die Zwiebeln pellen, in dünne Scheiben schneiden. Den Lauch putzen und längs aufschlitzen, unter fließendem Wasser gründlich waschen. In feine Ringe aufschneiden. Die Möhren putzen und schälen, in Scheiben schneiden.

3 Den Backofen auf 200° vorheizen. Eine große feuerfeste Tonform mit 1 EL Schweineschmalz ausstreichen. Die Knoblauchzehen schälen, feinhacken und einstreuen. Den Boden der Form mit Kartoffelscheiben auslegen. Einige Zwiebeln, Möhren und Lauchringe darauf verteilen, kräftig mit Salz und Pfeffer würzen.

4 Die Fleischwürfel aus der Marinade nehmen, abtropfen lassen und kurz auf Küchenkrepp legen. Kräftig salzen und pfeffern. Einen Teil vom Fleisch mit einigen Speckstreifen aufs Gemüse geben. Nun alle Zutaten abwechselnd in mehreren Lagen einschichten, Kartoffeln und Gemüse jeweils salzen und pfeffern. Mit Kartoffeln abschließen, würzen. Das restliche Schmalz in Flöckchen darauf verteilen.

5 Die Weinmarinade durchsieben und seitlich angießen, die Form mit einem gut sitzenden Deckel dicht verschließen. In den Backofen schieben (Gas: Stufe 3) und etwa 2 1/4 Std. im fest verschlossenen Topf garen. Danach den Deckel abnehmen. Den Eintopf noch etwa 45 Min. offen garen, damit die Oberfläche schön bräunt.

Gaisburger Marsch

Schwäbische Spätzle-Kür

Zutaten für 6 Portionen:

1 Bund Suppengrün
3 Zwiebeln
200 g Suppenknochen
Salz
1 TL gekörnte Brühe
½ TL schwarze Pfefferkörner
800 g Suppenfleisch vom Rind
300 g Mehl
2 Eier
2 EL Butter
600 g Kartoffeln (vorwiegend festkochende Sorte)
schwarzer Pfeffer aus der Mühle
frisch geriebene Muskatnuß
1 Bund glatte Petersilie

Zubereitungszeit: etwa 2 ¼ Std.

Pro Portion: 2600 kJ / 620 kcal

1 Das Suppengrün putzen, waschen und grob zerteilen. 1 Zwiebel pellen, halbieren. Die Knochen unter fließendem Wasser abspülen. Alles in einen großen Topf geben, 1½ l Wasser angießen, 2 TL Salz, die gekörnte Brühe und die Pfefferkörner hineingeben. Zugedeckt zum Kochen bringen. Dann das Suppenfleisch einlegen und die Hitze so regulieren, daß die Brühe nur siedet und nicht sprudelnd kocht. Das Fleisch etwa 1 ¾ Std. ziehen lassen.

2 Inzwischen die Spätzle zubereiten. Dafür das Mehl in eine Schüssel geben, mit den Eiern, 1 TL Salz und etwa 50 ml lauwarmem Wasser kräftig rühren, bis der Teig geschmeidig ist und große Blasen schlägt. 1 EL Butter schmelzen und unterrühren. Den Teig kurz ruhen lassen.

3 In einem Topf 2 l Salzwasser aufkochen. Den Teig portionsweise durch eine Spätzlepresse drücken oder vom Brett schaben (siehe Seite 44). Sobald die Spätzle oben schwimmen, mit dem Schaumlöffel herausnehmen, abtropfen lassen und in eine Schüssel geben. Abgedeckt bereithalten.

4 Die Kartoffeln waschen und schälen, in Würfel schneiden. Das Fleisch aus der Brühe nehmen, die Brühe durchsieben, im Topf wieder aufkochen. Die Kartoffelwürfel hineingeben und in etwa 15 Min. garen.

5 Das gekochte Fleisch in feine Streifen schneiden. Mit den Spätzle in den Topf zu den Kartoffeln geben und alles gut heiß werden lassen. Mit Salz, Pfeffer und Muskat kräftig abschmecken.

6 Die übrigen Zwiebeln pellen, in feine Ringe schneiden. Die restliche Butter in einer Pfanne zerlassen, die Zwiebelringe darin hellbraun braten. Die Petersilie grob hakken, mit den Zwiebeln vorm Servieren in den Eintopf rühren.

Hollerküchle

Ausgebackene Holunderblüten

Zutaten für 6 Portionen:

200 g Mehl
1 Prise Salz
¼ l Milch
2 Eier, getrennt
2 EL Zucker
1 Schuß helles Bier
Butterschmalz zum Ausbacken
12 frisch gepflückte Holunderblütendolden (so vom Strauch abschneiden, daß ein Stiel zum Anfassen bleibt)
Puderzucker zum Bestäuben

Zubereitungszeit: etwa 30 Min.

Pro Portion: 1200 kJ / 290 kcal

1 Das Mehl mit 1 Prise Salz und der Milch zu einem glatten Teig rühren. 2 Eigelb, den Zucker und das Bier gründlich untermischen. 2 Eiweiß zu steifem Schnee schlagen, unter den Teig ziehen.

2 Reichlich Butterschmalz in einem schweren Topf erhitzen. Zur Temperaturprobe einen Holzlöffelstiel ins heiße Fett tauchen. Sobald kleine Bläschen aufsteigen, ist das Fett heiß genug zum Fritieren.

3 Die Holunderblütendolden jeweils am Stiel anfassen, die Blüten in den Teig tauchen. Sofort mit dem Stiel nach oben ins heiße Fett legen und in etwa 2 Min. schwimmend ausbacken. Herausnehmen und auf Küchenkrepp gut abtropfen lassen. Mit Puderzucker bestäuben und sofort heiß und frisch servieren.

• Holunderblütenzeit ist nur wenige Tage im Mai und Juni, wenn die Dolden in Blüte stehen. Sobald die Blüten beim Pflücken und bei leichter Berührung abfallen, ist es schon zu spät für Hollerküchle.

Tannenhonig-Parfait

Badisches Schlemmerdessert

Zutaten für 4–6 Portionen:

4 Eigelb
150 g Tannenhonig (oder eine andere würzig-herbe, nicht zu süße Waldhonigsorte)
250 g Sahne
4 cl Kirschwasser
200 g Sauerkirschen (aus dem Glas)
8 hausgemachte Löffelbiskuits (vom Bäcker)

Zubereitungszeit: etwa 30 Min. (+ 4–5 Std. Kühlzeit)

Bei 6 Portionen pro Portion: 1200 kJ / 290 kcal

1 Fürs heiße Wasserbad einen breiten Topf zur Hälfte mit Wasser füllen und zugedeckt erhitzen. Zum späteren Kaltrühren der Creme eine Schüssel mit sehr kaltem Wasser und Eiswürfeln füllen und bereitstellen.

2 Eine passende Schüssel ins heiße Wasserbad stellen, die 4 Eigelb und den Honig hineingeben und verrühren. Die Mischung mit dem Schneebesen schön schaumig rühren. Nun die Schüssel mit der Honigcreme ins vorbereitete Eiswürfel-Bad stellen und solange rühren, bis die Creme gut abgekühlt ist.

3 Die Sahne halbsteif schlagen und unter die Honigcreme ziehen, 2 cl Kirschwasser untermischen. Die Creme in eine gefrierfeste Form (¾ l Inhalt) füllen und im Tiefkühlfach mindestens 4–5 Std. kalt stellen.

4 Die Sauerkirschen abtropfen lassen, mit dem restlichen Kirschwasser beträufeln und kurz marinieren.

5 Etwa 30 Min. vorm Servieren das Parfait aus dem Tiefkühlfach holen. Die Form kurz in heißes Wasser tauchen. Mit einem Messer den Rand

rundum lösen und das Parfait auf ein Brett stürzen. In Scheiben schneiden, mit den Kirschen auf Desserttellern anrichten und sofort servieren. Dazu Löffelbiskuits reichen.

- Die alkoholfreie Variante: Statt Kirschwasser nehmen Sie zum Beträufeln einige Löffelchen vom Sauerkirschsaft aus dem Glas.

Pfitzauf mit Beeren-Kompott

Soufflé auf Schwäbische Art

Zutaten für 8 Portionen:

Für die Pfitzauf:
etwa 100 g Butter
125 g Mehl
1 Prise Salz
¼ l Milch
2 Eier

Für das Kompott:
150 g frische Preiselbeeren
150 g frische Brombeeren
50 g Zucker
1 Päckchen Vanillezucker
1 TL Zitronensaft

Außerdem:
200 g Sahne
Puderzucker zum Bestäuben

Zubereitungszeit: etwa 45 Min.

Pro Portion: 1300 kJ / 310 kcal

1 Den Backofen auf 200° vorheizen. 8 kleine, feuerfeste Förmchen gründlich mit weicher Butter ausstreichen (etwa 50 g).

2 Das Mehl mit 1 Prise Salz und der Milch zu einem glatten Teig rühren. Die Eier verquirlen und untermischen. Die restlichen 50 g Butter zerlassen, noch lauwarm und flüssig unter den Teig rühren. Die gefetteten Förmchen zur Hälfte mit dem Teig füllen. In den vorgeheizten Backofen schieben (Gas Stufe 3) und die Pfitzauf in etwa 30 Min. wie kleine Soufflés aufgehen lassen.

3 Inzwischen das Kompott zubereiten. Dafür die Beeren waschen und verlesen. Mit dem Zucker und dem Vanillezucker in einen breiten Topf geben, ¼ l Wasser angießen und kurz aufkochen. Die Beeren mit einem Schaumlöffel herausnehmen und abtropfen lassen, in eine Schüssel geben. Den Saft im Topf einköcheln lassen, mit Zitronensaft abschmecken und über die Beeren gießen.

4 Die Sahne halbsteif schlagen. Die Soufflés aus dem Backofen nehmen und heiß auf Dessertteller stürzen, mit Puderzucker bestäuben. Das Kompott dazu anrichten, die Sahne extra servieren.

- Das Kompott bereiten Sie am besten je nach Jahreszeit aus Früchten der Saison zu – oder auch mit tiefgekühlten Beeren.

- Es gibt spezielle Pfitzauf-Förmchen aus Blech oder Ton, mit etwa 5 cm Durchmesser. Natürlich können Sie auch andere Formen verwenden – sie müssen nur feuerfest sein.

Kirschwasser, Korn & Co.

Ein Schnäpschen in Ehren – viele alte Bräuche werden erst mit dem gemeinsam geleerten Gläschen besiegelt und bekräftigt.

Es müssen nicht immer die süßesten Früchte sein. Auch mehlige Knollen, Getreidekörner, Wurzeln und wilde Beeren tun es: Zerkleinert, zerstampft, aufgequollen bringt ihr Zuckeranteil den Gärprozeß mit Hefekulturen in Gang. Jeder weiß, wie das endet – es entsteht Alkohol. Um allerdings aus dem eingemaischten, alkoholischen Brei ein genießbares oder gar hochwertiges Getränk zu machen, muß der Natur kräftig nachgeholfen werden. »Destillation« heißt die Kunst der Brenner – ein professionelles Spiel mit Feuer, Verflüchtigung und Abkühlung. Die Maische wird in einem Kessel erhitzt, die flüssigen Bestandteile verdampfen nach und nach, in unterschiedlicher Reihenfolge und Schnelligkeit – je nach Siedepunkt der Substanz. Alkohol kocht bei niedrigerer Temperatur als Wasser, verdampft zuerst und steigt im Rohr nach oben. Beim Abkühlen kondensiert der Dampf und tröpfelt als Flüssigkeit heraus. Nur der beste Anteil davon, das »Herz« in der Mitte der Prozedur, ist es wert, eine gewisse Zeit zu lagern und zu reifen, um dann als edle Spirituose gehandelt zu werden. Das Geschick des Brenners zeigt sich an seinem Riecher für Fusel – für die unerwünschten Stoffe im »Vorlauf« der Kondensation. Der »Nachlauf« wird ebenfalls vom Herz getrennt und beim nächsten Durchlauf nochmals mitgebrannt.

Blickfang Flasche – auch beim Obstler wird das Outfit immer eleganter. Doch manche Rarität versteckt sich nach wie vor in unscheinbaren, ausrangierten Weinflaschen, die sich ein Schwarzwaldbauer in seiner kleinen Brennerei direkt abfüllt.

Mit einer einzigen Destillation ist es jedoch nicht getan. Der erste, noch ungeschliffene »Rohbrand« muß noch einmal den Kreislauf des Verdampfens und Kondensierens durchwandern und erfüllt erst als »Feinbrand« die Qualitätskriterien. In Tanks oder Fässern folgt nun die Zeit der Reife, in der das Aroma sich vollenden kann. Trinkfertig ist der Branntwein erst nach dem letzten Schritt, wenn das alkoholstarke Gebräu mit Quellwasser verdünnt wird.

Klar wie Wasser ist jedes hochprozentige Destillat, ob es nun aus Kartoffeln, Kirschen oder Roggen gewonnen wurde. Doch geschmacklich unterscheiden sich die Endprodukte aus den Brennereien ganz gewaltig. Ebenso eindeutig geteilt sind die regionalen Vorlieben fürs eine oder andere. Der Süden schwelgt im Obst, der Norden kippt mehr Korn. Die einen mögen's mild und zimmerwarm, die andern gut gekühlt und rass. Das verrät zumindest die Statistik – ohne dabei Rücksicht zu nehmen auf den Dortmunder, der für echtes Kirschwasser schwärmt oder den Schwarzwälder mit einem Faible für Doppelkorn.

Eines steht natürlich fest: Brennereien verwenden bevorzugt Rohstoffe, die direkt vor ihrer Haustür reichlich gedeihen und daher auch relativ günstig zu haben sind. Schleswig-Holstein etwa ist ein Land der wogenden Getreidefelder – und am Bodensee, im Schwarzwald und Markgräflerland blüht ein Meer von Obstbäumen. Bauern sind nicht umsonst wirtschaftlich denkende und findige Leute. So gab es schon in frühen Zeiten ständige Experimente im Brennkolben – mit allem, was jemals an Ernte übrig blieb. Auch heute noch hat mancher Schwarzwaldbauer seine eigene Brennerei am Hof, und wer als Genießer in dieser Gegend etwas auf sich hält, kennt zumindest einen von ihnen so gut, daß eine Kostprobe vom Selbstgebrannten die hausgemachte Vesper abschließt. Das kann ein schlichter Obstler sein – aus Äpfeln oder Birnen gebrannt oder einer Mischung aus beiden. Vielleicht ist es auch ein feines Kirschwasser, ein Himbeergeist, Mirabell oder Zibärtle. Letzteres hat Seltenheitswert. Denn Zibarten sind kleine, wild wachsende Pflaumen, die man suchen muß. Sie wachsen nur an einigen wenigen Hängen des Schwarzwaldes – umso begehrter ist die daraus gewonnene Kostbarkeit. Selbst aus der fast vergessenen Topinambur-Knolle wird im Südwesten klarer Schnaps gebrannt. Und ebenso wie die französischen Nachbarn entlockt man im Badener Land auch dem Traubentrester noch einen edlen Tropfen – den »Marc«, besser bekannt in seiner italienischen Spielart: »Grappa«.

Ob ein Obstbrand »Geist« oder »Wasser« heißt, entscheidet nach deutschem Gesetz die verwendete Frucht. Für die bisher beschriebene Methode muß nämlich ausreichend Fruchtzucker geboten sein. Süße, sonnengereifte Früchte sind zum Einmaischen, Vergären, Destillieren nahezu perfekt geeignet: Kirschen und Zwetschgen, Mirabellen und Pflaumen. Andere Früchte, vor allem Beeren, können zwar köstlich und vollaromatisch schmecken, doch ihr Zuckergehalt ist in der Praxis als Nährlösung für die Hefen zu gering, eine lohnenswerte Ausbeute an Alkohol schwierig. Himbeeren werden daher erst einmal eine gewisse Zeit in hochprozentigen Alkohol eingelegt. Diese Mischung wird erneut destilliert – und heraus kommt ein »Geist«. Der vorher zugesetzte Alkohol schützt die leicht verderblichen Beeren vorm Faulen und unerwünschten Gären und nimmt gleichzeitig intensiv ihr Aroma auf. Himbeergeist ist neben dem Obstler einer der beliebtesten fruchtigen Branntweine – mit einem Alkoholgehalt von mindestens 40%vol. Auch Heidelbeeren, Johannisbeeren, Brombeeren, Schlehen werden zu guten Geistern, wenn auch in weit geringeren Mengen.

Bayern, Franken und der Harz sind die Hochburgen der »Klosterliköre«, deren Rezepturen nur wenige Eingeweihte kennen.

Ganz oben:
Fürs echte Schwarzwälder Kirschwasser klettern die Pflücker mehrmals hintereinander auf ein und denselben Baum, um alle Kirschen im optimalen, vollreifen Zustand zu ernten. Die Stiele werden gleich beim Pflücken entfernt.

Mitte links und oben:
Die süßen, schwarzen Brennkirschen enthalten reichlich Fruchtzucker, der durch die Hefen zu Alkohol vergoren wird. Bis zum eigentlichen Brennvorgang lagert die Maische einige Zeit in Fässern oder Tanks und gewinnt dabei an Aroma.

Mitte rechts:
In manch kleinen, privaten Destillen entstehen wie aus Zauberhand edelste Tropfen, die nie den Kreis der Familie und Freunde verlassen.

Oben:
Diese Probe kann sich sehen lassen: Bei »Schladerer« im Faust-Ort Staufen werden nur auserlesene Obstwässer und Geister gebrannt und trotz kleiner Mengen weltweit exportiert.

Der aus 100% reinem Getreide gebrannte »Korn« ist weniger stark im Alkoholgehalt. Mindestens 32%vol. sind vorgeschrieben, beim Doppelkorn, Edelkorn, Kornbrand sind es 38%vol. Weizenkorn hat einen milderen Ton, Roggenkorn schmeckt kräftiger und würziger, was übrigens im Nordosten Deutschlands am besten ankommt – dort, wo auch das dunkle, würzige Roggenbrot eine wichtigere Rolle spielt als in anderen Regionen.

Bis ins 17. Jahrhundert läßt sich die Geschichte eines berühmten Branntweins mit Wacholderaroma zurückverfolgen. Damals wurde das Kornbrennen vom Kurfürsten nicht gern gesehen, weil das dringend benötigte Brotgetreide dafür herhalten mußte. Das Brennrecht wurde deshalb stark eingeschränkt, außerhalb der Städte bekam nur ein Dörfchen das Privileg zugestanden: Steinhagen. Seitdem ist der klare, wacholderwürzige Steinhäger aus Westfalen in aller Munde – ein absolutes Muß zum Westfälischen Schinken mit Pumpernickel und Bier. Heute hat sich die Palette um viele Varianten erweitert, von der reinen Wacholderspirituose bis zum fruchtig-würzigen, nach Waldbeeren duftenden »Wilden Häger«. Alteingesessene Korn-Brennereien mit Wurzeln bis ins 16. Jahrhundert stehen auch in Nordhausen in Thüringen und in Quedlinburg, Sachsen-Anhalt. Später forcierte die wachsende Beliebtheit der Kartoffel als Grundnahrungsmittel das Brennen von Korn, denn plötzlich war Getreide kein knappes Gut mehr.

Auch Aquavit wird aus reinem Getreide gebrannt – kann aber auch aus neutralem Alkohol gemischt sein. Charakteristisch ist sein intensives Kümmelaroma, das im Norden Deutschlands die meisten Anhänger hat. Flensburg ist das Zentrum der Aquavitproduktion und gleichzeitig deutsche Rum-Metropole. Der Rohstoff für Rum, der erstmals in Jamaica gebrannt wurde: Zuckerrohr. Im Gegensatz zum Korn ist der Klare eine völlig undurchsichtige Sache. Hinter diesem volkstümlichen Sammelbegriff kann sich alles verbergen, was an einen wasserklaren Schnaps erinnert. Die Qualitätsmaßstäbe, die bei Obstbränden oder Korn zu kontrolliert guten Produkten mit eindeutigen Rohstoffen führen, sind beim Klaren nicht gewährleistet. In ihm können Alkoholsorten unterschiedlicher Herkunft enthalten sein.

Eine Apotheke könnte nicht besser sortiert sein – und tatsächlich gab es Zeiten, wo Korn, Schnaps, Kümmel und Kirsch als reinste Medizin verkauft wurden. Wohltuende Magenputzer nach üppigem Essen sind auch heute noch ungebremst im Rennen: vom kräftigen Magenbitter mit herben Extrakten aus Wurzeln, Kräutern und Beeren bis zum süßlich-sanften Kräuter-Bitter. Auch der bayerische Enzian gehört dazu – nicht aus der geschützten blauen Blüte, sondern aus Wurzelteilen des gelben und purpurnen Enzians gebraut.

Wie bei den Winzern gibt es natürlich auch unter den Schnapsbrennern weiße und schwarze Schafe, mit hervorragenden oder verdammenswerten Produkten. Der Reiz des Schwarzbrennens allerdings ist heutzutage sicher restlos verflogen. Das Brennrecht wird unter strengsten Auflagen vergeben und geht auch recht schnell wieder verloren. Viele kleine Brennereien sind an eine genau begrenzte Alkoholmenge gebunden, die sie jährlich produzieren dürfen, und pro Liter Ausbeute kassiert der Staat eine Abfindung – daher der Name Abfindungsbrennerei. Sie sind größtenteils Zulieferer für die sogenannten Verschlußbrennereien, zu denen auch die marktführenden Betriebe im gesamten Bundesgebiet gehören. Diesen Brennereien wird besonders streng auf die Finger geschaut, die Gerätschaften sind sicher verschlossen und eine verplombte Meßuhr sorgt dafür, daß kein Tropfen Alkohol der Kontrolle entgeht. Amtlich registriert sind auch diejenigen, die zwar kein Brennrecht haben, ihre private Obsternte jedoch in Flüssiges umsetzen wollen: die Stoffbesitzer. Auch bei ihnen wird die Branntweinsteuer fällig, wenn sie ihre ganz persönlichen Flaschen von der beauftragten Brennerei in Empfang nehmen.

Hessen, Rheinland-Pfalz und Saarland

Das Land und seine Produkte

Die Räuber sind aus den Wäldern verschwunden. Doch auch heute noch, lange nach Hauff's Märchen, bietet der Spessart Zuflucht für Spaziergänger, mit seinem dichten, schönen Laub und seinen zünftigen Wirtshäusern. Geschäftig durchkreuzt wurde dieser dunkle Wald schon Jahrhunderte vor Erfindung der Autobahn, auf einer der wichtigsten Postrouten und Handelsstrecken. Es waren gefährliche Wege, auf denen Fernhandel betrieben, Salz und Gewürze, Gold und Seide transportiert wurden, denn oft genug verschwand die kostbare Fracht im Dickicht. Solche Schlupfwinkel boten nicht nur der Spessart, sondern auch die benachbarten Mittelgebirgszüge – mehr oder weniger stark bewaldet, von Fichten und Buchen, Eichen oder Ulmen bedeckt: Odenwald, Rhön und Vogelsberg, Pfälzer Wald, Hunsrück, Westerwald, Taunus und Eifel.

Arm oder reich, Räuber, Bauer oder Fürst – die Entscheidung über alles oder nichts betraf auch den Inhalt der Kochtöpfe. Bis heute lassen sich in Hessen und in der Pfalz äußerst kontrastreiche Landesküchen entdecken. Feine Forellen, Wildschwein und Rotwild sind ebenso typisch für den Speiseplan wie sparsame, derbe Eintöpfe aus Kartoffeln, Dörrfleisch und Wurzelgemüse.

»Kartoffelland« – so nennen Spötter eine Gegend, die in Wirklichkeit einem üppigen Garten gleicht. In der südlichen Pfalz nämlich wachsen neben Kohl und Möhren auch Spargel und Edelkastanien, Mandeln und Feigen, selbst Kiwis und Zitronen werden hier reif. So mild und lieblich ist diese Ecke Deutschlands, daß manch einer sich in mediterrane Gefilde versetzt fühlt. Und wenn milchige Nebel die Hänge mit den Weinbergen und den Pappeln zart verschleiern, ist die Toskana nicht weit.

Warm und windgeschützt liegt auch die hessische Senke nördlich von Frankfurt. Die besonders fruchtbare Wetterau unmittelbar vor den Toren der Main-Metropole liefert reichlich heimisches Gemüse und Obst. Die Stadt selbst ist die Wiege zahlreicher Spezialitäten – oft beeinflußt, verändert, ergänzt von Freund und Feind, die sich kreuz und quer durch diese

Messeturm in »Mainhattan« – Frankfurter Ort der Begegnung für jede nur denkbare Branche. Und der »Hammering man« zeigt, worauf's ankommt bei einem guten Geschäft: auf das zielsichere Anpeilen.

zentrale Landschaft Deutschlands bewegten. Bei der weltberühmten »Grünen Sauce«, die sieben frische Kräuter enthalten muß, haben nach der Überlieferung italienische oder auch französische Feinschmekker mitgemischt.

Doch die Kartoffel ist ungeachtet aller Konkurrenz weiterhin das größte Objekt der Leidenschaft. Ob als Füllung im Saumagen, zerstampft zum flockigen Brei, gerollt und gefüllt als »Knepp«, gebraten als Puffer, in Suppe oder Salat – die Pfälzer, aber auch Hessen und Saarländer beweisen höchste Artistik im Umgang mit den »Grumbeere«. Das Hauptanbaugebiet für Kartoffeln liegt südlich von Koblenz, im linksrheinischen Hinterland bis hin zur Eifel.

Im Bergland der Eifel wiederum herrscht Waldwirtschaft und Viehzucht vor. Eine Spezialität dieser Gegend, der Ardennenschinken, hat seinen Namen vom belgischen Anteil der Eifel, den Ardennen. Die herbe, reizvolle Einsamkeit der weiten Hochflächen geht im Norden über in das malerische Ahrtal, einer weingesegneten Landschaft, in der neben samtigem Rotwein auch sprudelnde Heilquellen zum Genießen einladen. Kurorte und Heilbäder sind auch dort zu finden, wo früher die Salzgewinnung der wichtigste Broterwerb war, etwa in Bad Orb im hessischen Spessart.

Wein ist das Zauberwort, das die unterschiedlichen Regionen von Landau bis Bonn verbindet. An Rhein und Nahe, Mosel, Saar und Ruwer wachsen Reben für einige der besten Weißweine der Welt. Der landschaftlich reizvollste Teil liegt an der Mosel, wo durch den verschlungenen Flußlauf kein Platz war für weiträumige Siedlungen. Kleine, verwinkelte Weindörfer und Städtchen prägen das Bild, auf Talhängen und in Seitentälern sind alte Burgen zu besichtigen. Im Rheintal beeindruckt der Wechsel zwischen fruchtbaren Talsenken mit Weinkulturen und Obstplantagen, verengten Talabschnitten mit schroffen Felsen (wie z.B. die Loreley), mit Burgen und Strominseln.

Hannoversch Münden – ein Mekka für Fachwerkfreunde.

Ganz oben:
Blickfang am Rhein – die trutzigen Burgen zwischen weinbedeckten Hängen.

Die Saarschleife bei Cloef – nichts schlängelt sich so fotogen wie sie.

Ganz oben:
Erfrorene Weinreben haben einst den Apfelanbau gefördert. Man munkelt, daß drum statt dem edlen Rebensaft der süffige »Ebbelwoi« zum hessischen Nationalgetränk wurde.

Mitte und oben links:
Ob Brunnenfigur oder Broterweb für kleine und große Winzer – in der Pfalz ist Wein allgegenwärtig.

Oben rechts:
Die deftige Küche fasziniert auch die zahlreichen fremdsprachigen Gäste.

Menschen, Feste, Sehenswertes

Der Frühling verdient hier seinen Namen wirklich und der Herbst hat immer ein bißchen Verspätung. Kein Wunder also, daß die Pfälzer und die Bewohner der Rheinebene ein durch und durch lebensfrohes Völkchen sind. Im Süden der Pfalz wird dies besonders deutlich. Die Küche ist bunt und vielfältig, die Teller tragen fröhliche Muster, der Zubereitung des Essens wird liebevolle Aufmerksamkeit geschenkt. Der ruhigere Nordpfälzer erledigt das tägliche Kochen etwas weniger spielerisch, dafür solide und praktisch, mit dem sicheren Blick fürs Wesentliche. Dicke, wohlschmeckende Suppen und kräftige Eintöpfe aus Gemüse und Fleisch sind ganz nach seinem Geschmack. Im Süden und speziell im Saarland spürt man eher schon einen leisen Hauch von Frankreich. Die Küche ist hier feiner und raffinierter und ebenso wie in anderen Weingebieten wird Wein nicht nur getrunken, sondern würzt die verschiedensten Spezialitäten.

Zum Wein gehört die »Worscht«. Augenfällig wird das beim größten Pfälzer Weinfest, dem Dürkheimer Wurstmarkt. Ursprünglich ein mittelalterliches Wallfahrtsfest, lassen sich nun ab Mitte September Scharen von Besuchern in Weinlaune versetzen, und das seit über 500 Jahren. Gemütlicher aber geht es bei den unzähligen kleinen Festen zu, die in allen Winzerdörfchen entlang der Weinstraße gefeiert werden und wo die Pfälzer ihre Gastfreundschaft genüßlich ausleben können. Die Termine? Ganz einfach: Vom ersten Frühlingstag bis tief in den Herbst hinein! Übrigens: Der letzte Schoppen Wein ist für den Pfälzer niemals Anlaß, nach Hause zu gehen. Erst wenn der gemeinsam bestellte «Trollschoppen» geleert ist, macht sich jeder auf den Heimweg. So gestärkt, gelingt es ihm dann vielleicht, einen der fabelhaften »Elwetrischer« (ein Produkt lebhafter Phantasie) zu fangen – ohne Schoppen Wein ein Ding der Unmöglichkeit…!

In Frankfurt steigt ein anderes Getränk rasch zu Kopf: der häufig noch hausgekelterte, süffige Apfelwein – »Ebbelwei«, »Äppelwoi« oder schlicht »Stöffche« genannt. Handfeste Speisen werden dazu serviert, in lauschigen Gartenlokalen oder urigen Kellergewölben. Rippchen mit Kraut sind die Renner, Handkäse mit Musik, Kesselfleisch oder heiße Fleischwurst. Oder auch mal ein Frankfurter Würstchen. Dazu paßt dann noch besser ein frisch gezapftes Pils aus einer heimischen Brauerei.

Mit oder ohne Promille, ob von Apfel oder Traube, »babbeln« tun sie alle gern, die Leute im geselligen mittleren Westen. Neugierig, freundlich und weltoffen meist, nur manchmal kommt auch eine spitze Zunge zum Vorschein. Bei den Büttenreden im Mainzer Karneval zum Beispiel. Diese Lustbarkeit hat den Ruf der rheinischen Fröhlichkeit mitgeprägt – obwohl den Hang zum Genießen sicherlich schon die Römer eingeschleppt hatten. Von denen stammen auch einzigartige steinerne Monumente, die heute noch zu besichtigen sind in Trier, in Worms, entlang des Rheins. Und noch ein Mitbringsel haben wir den Römern zu verdanken: die Weinrebe!

Sehenswertes:
Für Leute ohne Berührungsängste – ein Bummel durch Sachsenhausen, dem Flanier- und Kneipenviertel in der Altstadt Frankfurts.
Das Weinmuseum in Speyer (zeigt den ältesten Wein), das Museum für Weinkultur in Deidesheim, das Gebrüder Grimm-Museum in Kassel (Rotkäppchen stammt aus der Schwalmer Gegend).
Fast überall möglich und lohnenswert: private Weinproben beim Winzer.

Oben:
Im »Bembel«, dem typischen Krug aus Steingut, bleibt der »Ebbelwoi« am längsten frisch und kühl.

Links:
Limburg, die mittelalterliche Stadt an der Lahn, weckt nicht nur Assoziationen bei Käseliebhabern, sondern auch bei den Kennern spätromantischer Baukunst. Der sehenswerte Dom stammt aus dem frühen 13. Jahrhundert.

Ganz oben:
Verspricht urgemütliche Pfälzer Atmosphäre – altes Gasthaus in Deidesheim.

Oben Mitte:
Hochzeitskutschen haben hier Tradition, seit 1702 König Josef stilvoll im Original-»Landauer« aus Wien anreiste.

Oben:
Entdeckungsreise an der Nahe –wer ungeniert bei einem der versteckten Winzer anklopft, kann nur Gutes erleben.

Ganz oben:
Was eine Stadt mit 2000jähriger Geschichte, z.B. Trier, lebendig erhält? Kinder, Kinder…!

Mitte und oben:
Ob beim »Ebbelwoi-Fest« auf dem Römer, dem schönen Platz vorm Rathaus, oder in einem der lauschigen Gartenlokale in und um Frankfurt – erfrischender Apfelwein ist der klare Favorit.

Grumbeersupp mit Quetschekuche

Kartoffelsuppe mit Zwetschgenkuchen

Zutaten für 6 Portionen:

Für den Kuchen:
400 g Mehl
½ Hefewürfel (etwa 20 g)
50 g Zucker
200 ml lauwarme Milch
1 Ei
1 Prise Salz
50 g weiche Butter
1,8 kg Zwetschgen (Quetsche')
Butter fürs Blech
2 EL Zucker zum Bestreuen

Für die Suppe:
½ kleine Sellerieknolle
1 kleine Stange Lauch
2 Möhren
2 Petersilienwurzeln
1 EL Butter
1 Zwiebel
1 ½ l Fleischbrühe
500 g Kartoffeln (Grumbeere, mehligkochende Sorte)
1 Speckschwarte
½ TL getrockneter Majoran
Salz
schwarzer Pfeffer aus der Mühle
frisch geriebene Muskatnuß
100 g Sahne
1 Bund Schnittlauch

Zubereitungszeit: etwa 1 ½ Std.

Pro Portion: 3000 kJ / 710 kcal

1 Für den Kuchen das Mehl in eine Schüssel geben, eine Mulde hineindrücken. Die Hefe mit 1 TL Zucker und 3–4 EL Milch verrühren und auflösen, in die Mulde geben und mit Mehl bestäuben. Zugedeckt an einem warmen Ort kurz gehen lassen.

2 Die Zwetschgen waschen, längs aufschlitzen und entsteinen. Wieder zusammenklappen und oben nochmals quer zum Längsschnitt einschneiden.

3 Das Ei, 1 Prise Salz, die restliche Milch und die Butter in die Schüssel zum Vorteig geben und alles mit dem Mehl mischen. Zu einem geschmeidigen Teig kneten und nochmals zugedeckt etwa 20 Min. gehen lassen. Den Backofen auf 200° vorheizen. Ein Backblech fetten.

4 Für die Suppe Sellerie, Lauch, Möhren und Petersilienwurzeln waschen und putzen oder schälen, in kleine Würfel schneiden. Die Zwiebel schälen und hacken. In einem großen Topf die Butter zerlassen, die Zwiebel und das Gemüse unter Rühren anschwitzen. Die Brühe angießen, zum Kochen bringen.

5 Den Teig auf bemehlter Fläche ausrollen, das Blech damit auslegen, rundum einen kleinen Rand hochziehen. Die Zwetschgen auf dem Teig verteilen. Im Backofen (Gas Stufe 3) knapp 30 Min. backen.

6 Die Kartoffeln waschen, schälen und in etwa 1 cm große Würfel schneiden. Mit der Speckschwarte und den Gewürzen zum Gemüse in die Brühe geben und etwa 20 Min. köcheln, bis die Kartoffeln weich sind.

7 Den fertigen Kuchen aus dem Ofen nehmen, dünn mit Zucker bestreuen.

8 Den Schnittlauch waschen, in feine Röllchen schneiden. Die Suppe eventuell im Topf pürieren, die Sahne angießen und nochmals aufkochen. Mit Salz, Pfeffer und Muskat abschmecken, den Schnittlauch einrühren. Die Kartoffelsuppe zum frischen Zwetschgenkuchen servieren.

• Tip: Frisches Gemüse in feine Scheibchen schneiden und zum Schluß in der Suppe mitköcheln.

Franzosensuppe

Aus frischem Saison-Gemüse

Zutaten für 4–6 Portionen:

1 kleine Stange Lauch
2 große Möhren
1 Kohlrabi
400 g Kartoffeln
150 g Knollensellerie
200 g Blumenkohl
200 g grüne Bohnen
300 g frische Erbsen (oder 150 g tiefgekühlte)
einige Wirsingblätter
2 l kräftige Fleischbrühe
2 Lorbeerblätter
2 Gewürznelken
Salz
weißer Pfeffer aus der Mühle
frisch geriebene Muskatnuß
2 Bund Schnittlauch
12 Scheiben Stangenweißbrot

Zubereitungszeit: etwa 1 1/4 Std.

Bei 6 Portionen pro Portion: 640 kJ / 150 kcal

1 Den Lauch putzen, waschen, in schmale Ringe schneiden. Die Möhren schälen, in Scheiben schneiden. Kohlrabi, Kartoffeln und Sellerie schälen, in 1 cm große Würfel schneiden.

2 Den Blumenkohl in Röschen teilen, waschen. Die Bohnen putzen, waschen und zerteilen. Frische Erbsen auspalen. Wirsingblätter waschen, harte Rippen entfernen, die Blätter in Streifchen schneiden.

3 Die Brühe mit Lorbeerblättern und Gewürznelken aufkochen. Kartoffeln und Sellerie hineingeben, etwa 10 Min. köcheln. Dann das übrige Gemüse untermischen und noch etwa 15 Min. garen. Das Gemüse sollte noch einen leichten Biß haben.

4 Den Schnittlauch waschen und fein schneiden. Das Weißbrot anrösten. Die Suppe mit Salz, Pfeffer und Muskat abschmecken, den Schnittlauch einstreuen. Zum getoasteten Weißbrot servieren.

Kastaniensuppe

Sättigende Vorsuppe

Zutaten für 4 Portionen:

500 g Eßkastanien (Maroni)
1 1/2 l Fleischbrühe
1 Zwiebel
1 EL Butter
etwa 100 g Knollensellerie
1 Möhre
100 g Sahne
Salz
weißer Pfeffer aus der Mühle
frisch geriebene Muskatnuß

Zubereitungszeit: etwa 1 1/4 Std.

Pro Portion: 1400 kJ / 330 kcal

1 Den Backofen auf 225° vorheizen. Die Schale der Kastanien auf der glatten Seite mit einem scharfen Messer kreuzweise einritzen. Auf ein Blech legen und im Backofen (Gas Stufe 4) solange backen, bis die Schale aufplatzt (etwa 15 Min.). Das Blech herausnehmen, die Kastanien etwas abkühlen lassen und schälen.

2 Die Kastanien in einen Topf geben, etwa 1/2 l Brühe angießen und erhitzen. Die Zwiebel pellen und vierteln, mit der Butter in den Topf geben. Die Kastanien in etwa 15 Min. weich köcheln.

3 Den Sellerie und die Möhre schälen und beides in winzige Würfelchen schneiden. Die gekochten Kastanien mit der Brühe und der Zwiebel im Topf pürieren. Die restliche Brühe angießen, zum Kochen bringen. Die Gemüsewürfelchen und die Sahne einrühren und alles zusammen nochmals knapp 10 Min. sanft köcheln. Mit Salz, Pfeffer und Muskat abschmecken.

• Schneller und unkomplizierter geht's mit gekochten Maroni aus dem Glas!

• Mit Streifen von gebratener Hähnchenbrust verfeinern.

Flammkuchen mit Pilzen

Hauchdünn und knusprig

Zutaten für 6 Portionen:

Für den Teig:
150 g Schweineschmalz
375 g Mehl + Mehl zum Ausrollen
3/4 TL Salz

Für den Belag:
200 g Zwiebeln
1 EL Butter
150 g roher Schinken
200 g Crème fraîche
125 g saure Sahne
3 Eier
Salz
schwarzer Pfeffer aus der Mühle
frisch geriebene Muskatnuß
200 g frische Champignons

Zubereitungszeit: etwa 2 Std.

Pro Portion: 3200 kJ / 760 kcal

1 Für den Teig etwa 130 g Schmalz mit knapp 200 ml Wasser in einem Töpfchen erhitzen. Das Schmalz unter Rühren auflösen, vom Herd nehmen. Das Mehl mit dem Salz in eine Schüssel geben. Nach und nach das flüssige Fett einrühren, zu einem glatten Teig kneten. Zur Kugel formen und abgedeckt im Kühlschrank etwa 1 Std. ruhen lassen.

2 Für den Belag die Zwiebeln schälen und sehr fein hakken. Die Butter in einer Pfanne schmelzen, die Zwiebeln andünsten, vom Herd nehmen. Den Schinken in feine Streifen schneiden und untermischen.

3 Die Crème fraîche mit der sauren Sahne und den Eiern gründlich verquirlen. Die Zwiebel-Schinken-Mischung unterrühren, mit Salz, Pfeffer und Muskat würzen.

4 Den Backofen auf 200° vorheizen. Zwei große Backbleche mit dem restlichen Schmalz einfetten. Den Teig herausnehmen, in zwei Portionen teilen und auf bemehlter Fläche jeweils hauchdünn ausrollen. Bleche damit belegen.

5 Die vorbereitete Mischung aufstreichen. Die Champignons putzen und in hauchdünne Blättchen schneiden. Über die Flammkuchen streuen und die Bleche nacheinander in den Backofen schieben (Gas Stufe 3). In 15–20 Min. knusprig bakken. Sehr heiß direkt aus dem Ofen servieren.

• Wird auch in Baden, Lothringen und im Elsaß gerne gegessen.

Specktorte

Saarbrücker Spezialität

Zutaten für 4–6 Portionen:

Für den Mürbeteig:
200 g Mehl + Mehl zum Ausrollen
100 g kalte Butter
1 Prise Salz
1 Ei

Für den Belag:
150 g durchwachsener Räucherspeck
1 große Zwiebel
150 g Hartkäse (z.B. Greyerzer)
1 Bund glatte Petersilie
4 Eier
200 g Sahne
Salz
schwarzer Pfeffer aus der Mühle

Zubereitungszeit: etwa 1 Std. 10 Min.

Bei 6 Portionen pro Portion: 2900 kJ / 690 kcal

1 Das Mehl aufhäufen, die Butter in kleinen Stückchen darüber verteilen. Mit dem Salz,

dem Ei und eventuell einigen Eßlöffeln kaltem Wasser rasch zu einem glatten Teig kneten. Zur Kugel formen und abgedeckt im Kühlschrank ruhen lassen.

2 Den Speck in kleine Würfel schneiden, die Zwiebel schälen und hacken. In einer Pfanne den Speck langsam auslassen, das Fett abgießen. Die Zwiebel zu den Speckwürfeln in die Pfanne geben und glasig dünsten. Die Pfanne vom Herd nehmen, die Mischung etwas abkühlen lassen.

3 Den Käse grob reiben. Die Petersilie waschen und trockenschütteln, fein hacken. Die Eier in einer Schüssel verquirlen, die Speck-Zwiebelmischung und den Käse untermischen. Die Sahne angießen, die Petersilie unterziehen. Vorsichtig mit Salz und Pfeffer abschmecken (Speck und Käse sind auch recht würzig!).

4 Den Backofen auf 200° vorheizen. Ein rundes Backblech oder eine Quiche-Form (Ø 28 cm) bereitstellen. Den Teig auf bemehlter Fläche rund ausrollen, das Blech damit auskleiden. Die Ränder vorsichtig andrücken, überstehende Teigreste rundum abschneiden.

5 Die Speckmischung auf den Teig geben und glattstreichen. Die Specktorte in den Backofen schieben (Gas Stufe 3) und 35–40 Min. backen.

- Erinnert an die köstliche »Quiche Lorraine« aus dem benachbarten Lothringen.
- Variante: Mit Fleischwurst ergänzen. Dazu paßt frischer Blattsalat. Als Vorspeise reicht die Torte für 6–8 Portionen.

Kartoffelwaffeln

Mit frischem Kopfsalat servieren

Zutaten für 4 Portionen:

200 g Mehl
20 g Hefe
¼ TL Zucker
⅛ l lauwarme Milch
800 g Kartoffeln (mehligkochende Sorte)
Salz
schwarzer Pfeffer aus der Mühle
frisch geriebene Muskatnuß
3 Eier, getrennt
100 g durchwachsener Speck mit Schwarte
1 Zwiebel

Zubereitungszeit: etwa 1 ½ Std.

Pro Portion: 2300 kJ / 550 kcal

1 Das Mehl in eine Schüssel geben, die Hefe mit dem Zucker und 3–4 EL Milch glattrühren. In der Schüssel mit etwas Mehl zum Vorteig mischen. Die Schüssel zugedeckt warm stellen und den Vorteig kurz gehen lassen.

2 Die Kartoffeln waschen, schälen und grob raspeln. Den Vorteig mit Mehl, Milch und den 3 Eigelb verrühren. Kartoffeln untermischen, mit Salz, Pfeffer und Muskat kräftig würzen. Warm stellen.

3 Den Speck in kleine Würfel schneiden, die Schwarte aufheben. Die Zwiebel schälen, fein hacken. Den Speck in einer Pfanne auslassen und knusprig braten, das Fett abgießen. Die Zwiebeln kurz anbraten.

4 Die 3 Eiweiß mit einer Prise Salz steif schlagen. Speckwürfel und Zwiebeln unter den Kartoffelteig rühren, danach den Eischnee unterziehen.

5 Das Waffeleisen mit der Speckschwarte einfetten und erhitzen. Nacheinander 8 Waffeln backen, das Eisen immer wieder mit der Speckschwarte einfetten.

Grie Soß

Frankfurter »Grüne Sauce«

Zutaten für 4 Portionen:

1,2 kg neue Kartoffeln (festkochende Sorte)
Salz
4 hartgekochte Eier
$\frac{1}{8}$ l Öl
3–4 EL Weinessig
2 TL scharfer Senf
150 g gemischte Kräuter (Schnittlauch, Petersilie, Kresse, Dill, Kerbel, Borretsch, Liebstöckel, Sauerampfer, Pimpernelle)
weißer Pfeffer aus der Mühle
1 Prise Zucker

Zubereitungszeit: etwa 30 Min.

Pro Portion: 2500 kJ / 600 kcal

1 Die Kartoffeln gründlich waschen und abbürsten, in wenig Salzwasser kochen oder im Dampf garen.

2 Inzwischen die Sauce zubereiten. Die hartgekochten Eier pellen, Eigelb und Eiweiß trennen. Die 4 Eigelb durch ein Sieb streichen, mit dem Öl, dem Essig und dem Senf glattrühren.

3 Die Kräuter waschen, auf Küchenkrepp gut abtropfen lassen. Mit einem großen Messer oder mit dem Wiegemesser sehr fein hacken. Die Kräuter mit der Eigelbsauce mischen, mit Salz, Pfeffer und 1 Prise Zucker abschmecken. Das Eiweiß fein hacken und unterheben.

4 Die Kartoffeln pellen – oder ungeschält servieren. Die grüne Sauce dazu reichen.

• Variante: Mit saurer Sahne, Joghurt, Sahne oder Crème fraîche verfeinern, gehackte Schalotten untermischen.

• Wird am häufigsten zu gekochtem Rindfleisch serviert!

• Winter-Tip: Tiefgekühlte Kräutermischung nehmen.

Storzenieren

Schwarzwurzel-Ragout

Zutaten für 4 Portionen:

1 Schuß Essig
2 EL Mehl
800 g Schwarzwurzeln
1 Zitrone (etwa 4–5 EL Saft)
Salz
1 Prise Zucker
4 große gekochte Pellkartoffeln
250 g Kalbsbrät (rohe Bratwurstfülle)
1 EL Butter
150 g Sahne
weißer Pfeffer aus der Mühle
frisch geriebene Muskatnuß
etwa 20 g Kerbel oder ½ Bund glatte Petersilie

Zubereitungszeit: etwa 45 Min.

Pro Portion: 2400 kJ / 570 kcal

1 In einer Schüssel kaltes Wasser mit einem Schuß Essig und 1 EL Mehl mischen. Die Schwarzwurzeln unter fließendem Wasser waschen und gründlich abbürsten. Mit einem Messer oder mit dem Sparschäler die dunkle Schale dünn abschälen. Die Stangen in kleinere Stücke schneiden und sofort nach dem Schälen ins Essigwasser legen, damit sie schön weiß bleiben.

2 Die Schwarzwurzeln herausnehmen und kurz abspülen. In einen Topf geben, ¼ l Wasser und 3 EL Zitronensaft angießen, leicht salzen, mit 1 Prise Zucker würzen. Zugedeckt etwa 20 Min. garen.

3 Inzwischen die Kartoffeln pellen, in dicke Scheiben, dann in Stückchen schneiden. Das Kalbsbrät in Form kleiner Klößchen abstechen oder aus dem Wurstdarm drücken.

4 Die Schwarzwurzeln herausnehmen und abtropfen lassen, den Sud auffangen. Die Butter im Topf schmelzen, mit 1 EL Mehl bestäuben und unter Rühren hell anschwitzen. Den Schwarzwurzelsud und die Sahne angießen, bei schwacher

Dampfnudeln mit Weinschaum

Für Kinder: Mit Vanillesauce servieren

Hitze unter ständigem Rühren leicht cremig einköcheln. Mit Salz, Pfeffer, Muskat und Zitronensaft abschmecken.

5 Die Schwarzwurzeln, Kartoffelstückchen und Brätklößchen in die Sauce geben und vorsichtig mischen. Zugedeckt bei schwacher Hitze etwa 10 Min. köcheln. Den Kerbel oder die Petersilie waschen, trockenschütteln und fein hacken. Unter das Ragout mischen, nochmals mit Salz und Pfeffer abschmecken.

• Kann auch als Gratin zubereitet werden: Mit Kartoffeln und Schinken oder Hackklößchen in eine feuerfeste Form schichten, mit Butterflöckchen belegen und überbacken.

Zutaten für 12 Stück:

Für die Dampfnudeln:
½ Würfel Hefe (etwa 20 g)
2 EL Zucker
⅛ l lauwarme Milch
300 g Mehl + Mehl zum Formen
50 g Butter
1 Ei
Salz
½ unbehandelte Zitrone (abgeriebene Schale)
1 EL Butterschmalz

Für den Weinschaum:
4 Eigelb
4 EL Zucker
⅜ l halbtrockener Weißwein (zum Beispiel Pfälzer Muskatwein)
½ unbehandelte Zitrone (abgeriebene Schale)

Zubereitungszeit: etwa 1 ¼ Std.

Pro Stück: 890 kJ / 210 kcal

1 Für die Dampfnudeln die Hefe in eine Tasse krümeln, mit 1 TL Zucker und 3 EL Milch glattrühren. Das Mehl in eine Schüssel geben, die Hefe hineingeben, mit etwas Mehl verrühren. Den Vorteig abgedeckt 15 Min. gehen lassen.

2 Die Butter in einem Töpfchen schmelzen, vom Herd nehmen. Die restliche Milch und den Zucker, das Ei, 1 Prise Salz und die abgeriebene Zitronenschale zum Mehl in die Schüssel geben. Die abgekühlte Butter dazuträufeln. Nach und nach vermengen, etwa 10 Min. kräftig durchkneten. Den Teig zur Kugel formen, abgedeckt nochmals 30 Min. gehen lassen.

3 Das Butterschmalz in einen Bräter mit passendem Deckel geben, etwa fingerbreit Wasser angießen und 1 TL Salz einrühren. Langsam erhitzen.

4 Den Teig nochmals durchkneten. Eigroße Portionen abnehmen, mit bemehlten Händen zu Kugeln formen und in den Topf setzen. Genügend Abstand lassen, damit die Dampfnudeln richtig aufgehen können.

5 Den Deckel fest schließen, ein Küchentuch zwischen Deckel und Topf legen. Die Dampfnudeln bei mittlerer Hitze etwa 30 Min. köcheln. Den Topf erst öffnen, wenn ein brutzelndes Geräusch zu hören ist. Die Dampfnudeln sind fertig, wenn sie schön aufgegangen und an der Unterseite knusprig angebacken sind.

6 Für den Weinschaum in einer Schüssel die 4 Eigelb mit dem Zucker weißschaumig schlagen. Ins warme Wasserbad setzen, mit Zitronenschale würzen. Nach und nach den Wein einträufeln, mit dem Schneebesen kräftig zu einer schaumigen Sauce verquirlen.

Schneebällchen

Beilage zu Braten mit Sauce

Zutaten für 4 Portionen:

1 kg Kartoffeln (mehligkochende Sorte)
Salz
1 Zwiebel
60 g Butter
1 Ei
etwas Milch (etwa 30 ml)
etwa 100 g Mehl
frisch geriebene Muskatnuß
1 TL getrockneter Majoran, fein gerebelt
2–3 EL Semmelbrösel

Zubereitungszeit: etwa 40 Min. (Kartoffeln am Vortag kochen)

Pro Portion: 1700 kJ / 400 kcal

1 Die Kartoffeln waschen, knapp mit Salzwasser bedeckt garen. Gut auskühlen lassen. Am nächsten Tag pellen und durch die Kartoffelpresse drücken.

2 Die Zwiebel schälen und fein hacken. 1 EL Butter zerlassen, die Zwiebel darin glasig dünsten. Abkühlen lassen und zu den Kartoffeln geben. Das Ei, etwas Milch und soviel Mehl unterkneten, daß ein glatter, geschmeidiger Teig entsteht, der nicht an den Fingern klebt.

3 Den Teig mit Salz, Muskat und Majoran würzen. In einem großen Topf reichlich Salzwasser zum Kochen bringen. Mit kalt abgespülten Händen kleine Klöße formen. Ins kochende Wasser geben, die Temperatur verringern und die Klöße im siedenden Wasser etwa 10 Min. ziehen lassen.

4 Die restliche Butter zerlassen und leicht anbräunen. Die Semmelbrösel einrühren und kurz anrösten. Die Klöße mit dem Schaumlöffel herausheben, abtropfen lassen. Mit den gerösteten Bröseln und der heißen Butter beträufeln.

Gefüllte Klöße

Festessen im Hunsrück

Zutaten für 4–6 Portionen:

200 g Lauch
1 Zwiebel
1 Brötchen vom Vortag
100 g durchwachsener Speck
300 g gemischtes Hackfleisch
Salz
schwarzer Pfeffer aus der Mühle
scharfes Paprikapulver
1 Knoblauchzehe
4 Eier
750 g rohe Kartoffeln
750 g gekochte Kartoffeln vom Vortag (beides mehligkochende Sorte)
etwa 200 g Mehl
frisch geriebene Muskatnuß
3 EL Semmelbrösel
80 g Butter

Zubereitungszeit: etwa 1 ½ Std.

Bei 6 Portionen pro Portion: 2800 kJ / 670 kcal

1 Für die Füllung den Lauch längs aufschlitzen und gründlich waschen. Die Zwiebel schälen, beides fein hacken. Das Brötchen und den Speck in kleine Würfel schneiden.

2 In einer Pfanne den Speck auslassen. Das Hackfleisch unter Rühren krümelig braten, die Zwiebeln untermischen und kurz mitbraten. Die Brotwürfel unterrühren, kräftig mit Salz, Pfeffer und Paprika würzen. Die Knoblauchzehe schälen und durch die Presse dazudrücken.

3 Den Lauch untermischen, weitere 10 Min. unter Rühren braten. Abschmecken, vom Herd nehmen und abkühlen lassen. 2 Eier verquirlen und unterziehen.

4 Für den Kloßteig die rohen Kartoffeln waschen und schälen, fein reiben. In einem Tuch fest auspressen. Die gekochten Kartoffeln pellen und durch die Kartoffelpresse drükken. Gekochte und rohe Kartoffeln in einer Schüssel mischen.

Motten und Klöße

Würziges Möhrengericht

2 Eier und soviel Mehl unterkneten, daß ein geschmeidiger Teig entsteht, der nicht an den Fingern klebt. Mit Salz, Pfeffer und Muskat würzen.

5 Mit kalt abgespülten Händen Klöße formen und füllen: Jeweils eine faustgroße Menge Teig abnehmen, in die Handfläche geben und eine Mulde hineindrücken. Ewa 1 EL Füllung hineingeben, den Teig um die Füllung herum zusammendrücken und glatte Klöße rollen. Sie sollten mindestens doppelt so groß sein wie normale Beilagen-Klöße.

6 Reichlich Salzwasser aufkochen. Klöße hineinlegen, kurz aufwallen lassen. Die Hitze verringern und die Klöße etwa 30 Min. ziehen lassen. Die Semmelbrösel in Butter goldgelb rösten, über die Klöße gießen.

• Mit grünem Salat servieren.

Zutaten für 4 Portionen:

500 g rohe Kartoffeln
500 g gekochte Kartoffeln vom Vortag (beides mehligkochende Sorte)
Salz
schwarzer Pfeffer aus der Mühle
1 Ei
4–5 EL Mehl
750 g Möhren
1 Zwiebel
2 EL Butter
600 g Kasseler am Stück (gepökelt und gekocht)
1 1/4 l heiße Fleischbrühe
1 Bund glatte Petersilie

Zubereitungszeit: etwa 1 1/4 Std.

Pro Portion: 2500 kJ / 600 kcal

1 Die rohen Kartoffeln waschen, schälen und fein reiben. Die Raspel in einem Tuch fest auspressen, das Kartoffelwasser auffangen und stehen lassen, bis sich die Stärke absetzt. Die gekochten Kartoffeln pellen und durch die Kartoffelpresse drücken.

2 Die roh geraspelten Kartoffeln mit den gekochten und durchgepreßten mischen. Die abgesetzte Stärke vom Kartoffelwasser abschöpfen und zum Teig geben. Mit Salz und Pfeffer würzen, alles gründlich verkneten. Eventuell das Ei und etwas Mehl untermischen, damit der Teig glatt und geschmeidig wird.

3 Die Möhren putzen und schälen. In etwa 2 cm lange Stücke, dann in dicke Stifte schneiden. Die Zwiebel schälen und fein hacken. In einem großen Topf die Butter zerlassen, die Zwiebel darin andünsten und die Möhren einrühren. Das Kasselerstück darauflegen und die Brühe angießen. Zugedeckt zum Kochen bringen.

4 Aus dem Kartoffelteig mit kalt abgespülten Händen kleine, längliche Klößchen formen. In den Topf geben, die Hitze reduzieren und alles in siedend heißer Brühe etwa 10 Min. garen, bis die Klößchen oben schwimmen. Inzwischen die Petersilie waschen, trockenschütteln und fein hacken.

5 Das Kasseler herausnehmen und in Scheiben schneiden. Die Möhren und die Klöße mit dem Schaumlöffel herausheben, abtropfen lassen und auf einer Platte anrichten. Mit Petersilie bestreuen, die Kasselerscheiben rundum legen. Eventuell mit etwas Brühe beträufeln.

• Tip: Statt Kasseler rohe Schweineschulter nehmen.

Gefüllter Saumagen

Würzige Pfälzer Spezialität

Zutaten für 4 Portionen:

1 frischer Saumagen (beim Metzger vorbestellen!)
Salz
1 kg Kartoffeln (mehligkochende Sorte)
750 g Schweinenacken
200 g Bratwurstbrät
1 kleine Zwiebel
2 EL Butter
schwarzer Pfeffer aus der Mühle
1 ½ TL getrocknetes Bohnenkraut (oder Majoran)
2 EL Butterschmalz
1 Glas eingelegte rote Beten (etwa 400 g)

Zubereitungszeit: etwa 1 ½ Std. (+ 1 Std. Wässern + 3 Std. Garzeit)

Pro Portion: 4100 kJ / 980 kcal

Ein bewährtes Familienrezept mit Variante: Das Brät muß nicht unbedingt sein, dann allerdings hält die Füllung beim Schneiden der Scheiben nicht so gut zusammen.

• Getränketip: Ein Rheinpfälzer Schoppenwein, möglichst ein Riesling – oder ein kühles Bier.

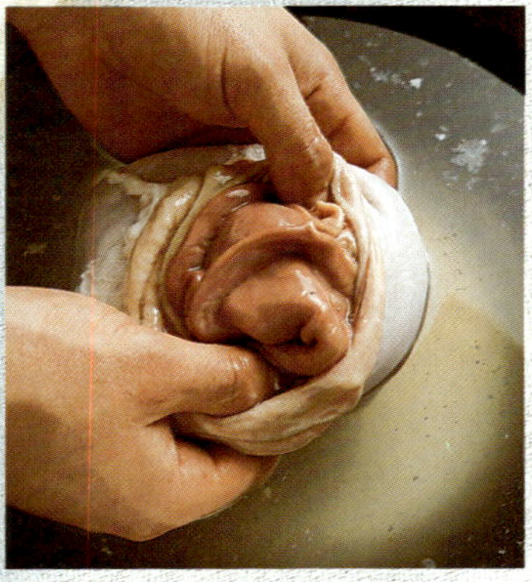

1 Den Saumagen gründlich waschen, dabei mehrfach von innen nach außen stülpen. In warmes Salzwasser legen und mindestens 1 Std. wässern, das Wasser ab und zu erneuern.

2 Die Kartoffeln waschen und schälen. In etwa 1 cm breite Scheiben, dann in Würfel schneiden. Den Schweinenacken ebenfalls in Scheiben und in kleine Würfel schneiden. Mit den Kartoffeln mischen und das Bratwurstbrät gleichmäßig untermengen.

3 Die Zwiebel schälen und fein hacken. In einer kleinen Pfanne 1 TL Butter schmelzen und die Zwiebel darin unter Rühren glasig dünsten. Unter die Kartoffelmischung rühren. Mit etwa 1 ½ TL Salz, reichlich frisch gemahlenem Pfeffer und dem Bohnenkraut würzen.

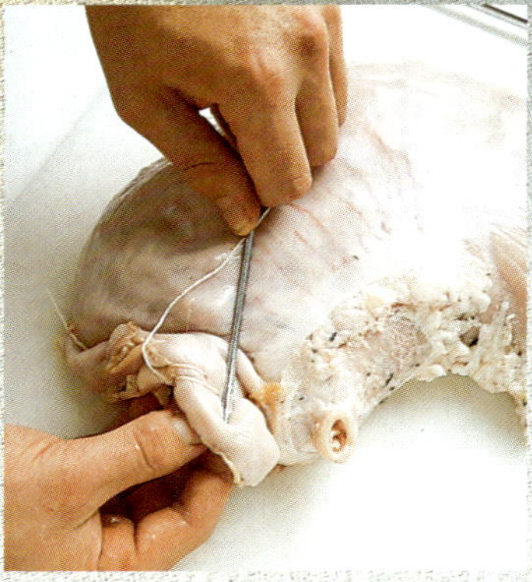

4 Den Saumagen aus dem Wasser nehmen, auf einem Küchentuch abtropfen lassen. Innen und außen gut abtrocknen und mit Salz einreiben. Mit der Kartoffelmischung zu maximal ⁴⁄₅ füllen, da sich die Füllung beim Garen ausdehnt. Mit Küchengarn zunähen. Reste der Füllung für später bereithalten.

5 Ein Dreibein oder ein Metallgitter in einen großen Topf legen, damit der Saumagen später nicht am Topfboden aufliegt. Etwa 1½ l Wasser angießen und zum Kochen bringen.

6 Den gefüllten Saumagen hineinlegen, eventuell heißes Wasser nachgießen, damit das Fleisch gerade eben bedeckt ist. Mit halb aufgelegtem Deckel und bei mildester Hitze etwa 2 Std. ziehen lassen. Kurz vor Garzeitende den Backofen auf 200° vorheizen.

7 Das Butterschmalz in die Fettpfanne des Backofens geben, auf der zweiten Schiene von unten einschieben. Den Saumagen aus dem Topf nehmen, abtropfen lassen. In die Pfanne legen, rundum mit heißem Schmalz bestreichen. Übrige Füllung um den Saumagen herum verteilen.

8 Den Saumagen im Backofen (Gas Stufe 3) etwa 1 Std. braten. Zwischendurch ab und zu mit weicher Butter bestreichen, damit die Oberfläche knusprig braun wird. Den Saumagen in Scheiben schneiden, mit den eingelegten roten Beten und der mitgebratenen Füllung servieren.

Kohlrouladen

Gefüllte Krautwickel

Zutaten für 4 Portionen:

1 Brötchen vom Vortag
1/8 l heiße Milch
Salz
1 Kopf Weißkohl
400 g gemischtes Hackfleisch
1 Ei
1/2 TL getrockneter Thymian
schwarzer Pfeffer aus der Mühle
1 Bund glatte Petersilie
50 g durchwachsener Räucherspeck
3 EL Öl
1 Zwiebel
1/4 l Fleischbrühe
2 EL Tomatenmark
100 g saure Sahne

Zubereitungszeit: etwa 1 Std. 25 Min.

Pro Portion: 2200 kJ / 520 kcal

1 Das Brötchen in Würfel schneiden, mit heißer Milch begießen.

2 In einem großen Topf etwa 2 l Salzwasser zum Kochen bringen. Vom Kohlkopf 4 große oder 8 kleinere Außenblätter vorsichtig ablösen. Im kochenden Salzwasser etwa 5 Min. blanchieren. Herausnehmen, kalt abschrecken und abtropfen lassen.

3 Das eingeweichte Brötchen ausdrücken. Mit dem Hackfleisch und dem Ei gründlich verkneten. Mit Thymian, Salz und Pfeffer kräftig würzen. Die Petersilie waschen und trockenschütteln, die Hälfte davon fein hacken und unters Hackfleisch mischen.

4 Den Speck in kleine Würfel schneiden. Mit 1 EL Öl in einen breiten Schmortopf geben, bei mittlerer Hitze das Speckfett auslassen. Die Speckwürfel knusprig braten und herausnehmen. Die Zwiebel schälen und hacken. Im Speckfett unter Rühren kurz anbraten, aus dem Topf nehmen und mit den Speckwürfeln unter den Fleischteig mengen. Den Topf mit dem Speckfett bereithalten.

5 Die Kohlblätter flach ausbreiten. Die Füllung darauf verteilen, die Blätter seitlich einschlagen und aufrollen. Mit Küchengarn festbinden.

6 Das restliche Öl in den Topf zum Speckfett geben und erhitzen. Die Kohlrouladen rundum anbraten. Die Brühe angießen und den Deckel auflegen. Bei kleiner Hitze etwa 30 Min. schmoren. Ab und zu mit Brühe begießen. Die restliche Petersilie fein hacken.

7 Die fertigen Kohlrouladen aus dem Topf nehmen, abgedeckt warm halten. Das Tomatenmark in die Brühe rühren und bei starker Hitze 1–2 Min. köcheln lassen. Die saure Sahne untermischen, die Sauce nun nicht mehr aufkochen. Mit Salz und Pfeffer abschmecken, die Petersilie einstreuen. Die Kohlrouladen mit der Sauce servieren.

• Wenn Sie den Kohlkopf im ganzen blanchieren, lassen sich die dann biegsamen Blätter leichter ablösen. Innere Kohlteile fein hacken und unter die Füllung mischen. Oder den Rest vom Kohl für ein anderes Rezept verwenden.

• Tip: Am besten 1–2 Kohlblätter mehr als angegeben blanchieren, falls eines davon reißt oder Füllung übrig bleibt.

• Liebstöckel paßt gut als Würze in die Füllung.

Rippchen mit Kraut

Deftiger Schmaus zu Kartoffelpüree

Zutaten für 4–6 Portionen:

1 kg gepökeltes Schweinerippenstück (Rippenspeer)
2 Lorbeerblätter
1 kg Kartoffeln (mehligkochende Sorte)
Salz
1 Zwiebel
1 EL Schweineschmalz
1 kg Sauerkraut
1/4 l trockener Weißwein (zum Beispiel Riesling aus Rheinhessen)
5 Wacholderbeeren
3/8 l Milch
1 EL weiche Butter
frisch geriebene Muskatnuß

Zubereitungszeit: etwa 50 Min.

Bei 6 Portionen pro Portion: 2300 kJ / 550 kcal

1 Das Rippenstück mit gut 1/2 l Wasser und den Lorbeerblättern in einen breiten Topf oder Bräter geben. Zugedeckt etwa 30 Min. garen.

2 Die Kartoffeln waschen, schälen und grob zerteilen. Mit wenig Salzwasser bedeckt garen. (Oder: Als Pellkartoffeln ungeschält im Einsatz vom Schnellkochtopf dämpfen.)

3 Die Zwiebel schälen und fein hacken. Das Schweineschmalz im Topf erhitzen, die Zwiebel andünsten. Das Sauerkraut mit zwei Gabeln etwas auflockern, in den Topf geben. Den Wein angießen, die Wacholderbeeren hineingeben.

4 Das Rippenstück aus dem Topf nehmen und in Portionsstücke schneiden. Etwa 1/8 l vom Sud mit den Lorbeerblättern in den Topf zum Sauerkraut gießen. Die Rippchen auf dem Kraut verteilen, zudecken. Etwa 15 Min. sanft köcheln.

5 Inzwischen das Wasser aus dem Kartoffeltopf abgießen. (Im Dampf gegarte Pellkartoffeln schälen und zerkleinern.) Die Kartoffeln im Topf zerstampfen und die Milch angießen. Vorsichtig erhitzen und die Butter untermischen, mit dem Schneebesen kräftig zu einem luftigen Püree verrühren. Salzen und mit Muskat abschmecken.

6 Das Sauerkraut mit den Rippchen auf einer vorgewärmten Platte anrichten, das Kartoffelpüree dazu servieren.

• Rippenspeer ist ein am Stück gepökeltes, aber nicht geräuchertes Schweinerippenstück. Am besten beim Metzger vorbestellen.

• Schlachtplatte gibt es in fast allen deutschen Regionalküchen: Dazu gehört immer Sauerkraut und Kartoffelpüree, meist mit Blut- und Leberwürsten, Schweinebauch, hausgemachten Bratwürsten garniert.

Fasan nach Pfälzer Art

Sonntagsessen

Zutaten für 4 Portionen:

2 junge Fasane, küchenfertig (je etwa 800 g)
4 cl Weinbrand
Salz
schwarzer Pfeffer aus der Mühle
6 Wacholderbeeren
4 große, dünne Scheiben fetter Speck (etwa 100 g)
2 EL Öl
150 g Sahne
1/8 l trockener Weißwein (zum Beispiel Riesling)

Für das Weinkraut:
1 Zwiebel
1 EL Schweineschmalz
500 g Sauerkraut
1/4 l trockener Weißwein (zum Beispiel Riesling)
1 Lorbeerblatt
2 Gewürznelken
200 g Weintrauben (helle und dunkle)
Salz
schwarzer Pfeffer aus der Mühle

Zubereitungszeit: etwa 70 Min.

Pro Portion: 4100 kJ / 980 kcal

1 Den Backofen auf 250° vorheizen. Die Fasane gründlich waschen und trocknen. Innen mit Weinbrand ausspülen, salzen und pfeffern. Außen salzen und pfeffern, mit zerdrückten Wacholderbeeren einreiben. Die Brustpartien jeweils mit 2 Speckscheiben abdecken, mit Küchengarn umwickeln. Die Keulen zusammenbinden.

2 Einen großen Bräter mit dem Öl ausstreichen. Die Fasane mit der Brust nach unten hineinlegen, den Bräter in den Backofen (Gas Stufe 5) schieben. Die Fasane 10 Min. anbraten, danach wenden und die Temperatur auf 200° herunterschalten (Gas Stufe 3). Weitere 30 Min. garen, zwischendurch immer wieder mit dem Bratfett bestreichen.

3 Für das Weinkraut die Zwiebel schälen und hacken. In einem Topf das Schweineschmalz zerlassen, die Zwiebel glasig dünsten. Das Sauerkraut mit einer Gabel auflockern, in den Topf geben. Den Wein angießen, das Lorbeerblatt und die Nelken untermischen. Zugedeckt sachte köcheln. Die Weinbeeren waschen, halbieren und entkernen. Unter das Kraut mischen und noch kurz mitgaren. Salzen und pfeffern.

4 Die Fasane herausnehmen, abgedeckt warm halten. Das Bratfett abgießen. Den Bräter auf den Herd stellen, Sahne und Wein einrühren, zur cremigen Sauce köcheln. Mit Salz und Pfeffer abschmecken.

5 Fasane in Portionsstücke zerlegen, das Garn entfernen. Das Brustfleisch in Scheiben schneiden, die knusprigen Speckscheiben in Streifen schneiden, alles anrichten.

Dippehas

Rheingauer Hase

Zutaten für 6 Portionen:

1 küchenfertiger Hase (etwa 2 kg)
Salz
schwarzer Pfeffer aus der Mühle
500 g Schweinenacken
100 g durchwachsener, Räucherspeck
200 g dunkles Roggenbrot (nicht zu frisch, wird zu Bröseln gerieben)
100 g Zwiebeln
2 Knoblauchzehen
6–8 Wacholderbeeren
1/2 TL schwarze Pfefferkörner
1 EL Butterschmalz (bei Bedarf)
1 EL Mehl
1 l Rotwein (z.B. Spätburgunder aus dem Rheingau)
1 TL getrockneter Thymian
2 Lorbeerblätter

Zubereitungszeit: etwa 2 Std. 20 Min.

Pro Portion: 3400 kJ / 810 kcal

1 Den küchenfertigen Hasen in 10–12 Portionsstücke zerlegen (am besten gleich beim Einkauf erledigen lassen). Kalt abspülen, mit Küchenkrepp trocknen und mit Salz und Pfeffer einreiben.

2 Das Schweinefleisch in etwa 2–3 cm große Würfel schneiden. Den Speck in feine Streifen schneiden. Das leicht angetrocknete Brot zu Bröseln reiben. Die Zwiebeln schälen und grob hacken. Die Knoblauchzehen schälen, mit 1 Prise Salz, den Wacholderbeeren und den Pfefferkörnern im Mörser zerstoßen.

3 Den Backofen auf 180° vorheizen. In einem schweren Bräter mit passendem Deckel die Speckstreifen langsam erhitzen und auslassen. Die knusprig gebratenen Speckstreifen herausnehmen und beiseite stellen. Im heißen Speckfett portionsweise die Hasenstücke scharf anbraten und wieder herausnehmen.

4 Eventuell das Butterschmalz mit dem verbliebenen Speckfett im Bräter erhitzen. Nun das Schweinefleisch hineingeben und rundum anbräunen, salzen und pfeffern. Die Zwiebeln untermischen, bei mäßiger Hitze mitbraten. Das Mehl darüberstäuben.

5 Die Hasenstücke im Bräter verteilen, mit der Gewürzmischung aus dem Mörser bestreuen und den Rotwein angießen. Das geriebene Brot und den Thymian einstreuen, die Lorbeerblätter und die Speckstreifen auf dem Fleisch verteilen und den Deckel fest schließen. Im Backofen (Gas Stufe 2) etwa 1 ¾ Std. schmoren, ohne den Deckel zu lüften.

• Getränketip: Spätburgunder aus dem Rheingau.

Rieslinghähnchen

»Coq au vin« aus der Pfalz

Zutaten für 4 Portionen:

1 Brathähnchen oder Poularde (etwa 1,2 kg)
Salz
schwarzer Pfeffer aus der Mühle
1 Prise Zimtpulver
1 Zwiebel
1 Knoblauchzehe
2 EL Butterschmalz
¼ l Riesling (ersatzweise ein anderer halbtrockener oder trockener Weißwein)
200 g frische Champignons
100 g Sahne
100 g Crème fraîche
200 g helle Weintrauben

Zubereitungszeit: etwa 1 ½ Std.

Pro Portion: 2800 kJ / 670 kcal

1 Das Hähnchen waschen und abtrocknen, in 8 Teile zerlegen. Mit Salz, Pfeffer und etwas Zimt würzen.

2 Die Zwiebel und die Knoblauchzehe schälen und fein hacken. In einem Schmortopf das Butterschmalz erhitzen. Die Hähnchenteile rundum kräftig anbraten. Die Hitze verringern, die Zwiebel und den Knoblauch mit anbraten. Den Wein angießen, den Topf zudecken und das Hähnchen bei milder Hitze etwa 45 Min. schmoren lassen.

3 Inzwischen die Champignons putzen, je nach Größe halbieren oder vierteln.

4 Das Geflügel aus dem Topf nehmen, Sahne und Crème fraîche in die Weinsauce einrühren und sämig einköcheln lassen. Hähnchen wieder hineinlegen, die Champignons dazugeben, salzen und pfeffern und alles zusammen weitere 10 Min. zugedeckt schmoren.

5 Die Weintrauben waschen, Beeren abzupfen, halbieren und entkernen. In den Topf geben und erhitzen. Mit Salz und Pfeffer würzig abschmecken und heiß servieren.

Kastaniencreme mit Obstsalat

Köstliches Dessert für Wintertage

Zutaten für 6–8 Portionen:

Für die Kastaniencreme:
300 g frische Eßkastanien (Maroni, ersatzweise geschälte aus der Dose)
¼ l Milch
4 cl Orangenlikör
4 Blatt weiße Gelatine
3 Eiweiß
150 g Puderzucker
300 g Sahne

Für den Obstsalat:
2 kleine, aromatische Birnen
200 g gemischte Weintrauben (helle und dunkle)
1–2 TL Zitronensaft
1 EL Vanillezucker
2 EL Walnußkerne

Zubereitungszeit: etwa 1 ½ Std. (+ mindestens 1 ½ Std. Kühlzeit)

Bei 8 Portionen pro Portion: 1500 kJ / 360 kcal

1 Den Backofen auf 250° vorheizen. Die Kastanien mit einem scharfen Messer einritzen, auf ein Blech legen und im Backofen (Gas Stufe 5) etwa 15 Min. backen, bis die Schalen aufplatzen. Das Blech herausnehmen, die Kastanien noch heiß schälen.

2 Die Kastanien mit der Milch in einen Topf geben und etwa 30 Min. zugedeckt köcheln lassen. Abgießen und durch ein Sieb passieren oder mit dem Pürierstab zerkleinern, den Orangenlikör unterrühren.

3 Die Gelatine in kaltem Wasser einweichen. Die 3 Eiweiß zu steifem Schnee schlagen, nach und nach den Puderzucker untermischen. Das Kastanienpüree unterziehen.

4 Die Gelatine tropfnaß in ein Töpfchen geben, vorsichtig erwärmen und auflösen. Gleichmäßig unter die Creme ziehen. Die Sahne steif schlagen und ebenfalls unterheben. Im Kühlschrank abgedeckt mindestens 1 ½ Std. kalt stellen.

5 Für den Obstsalat die Birnen waschen und abreiben. Vierteln, die Kerngehäuse entfernen und die Viertel in feine Scheiben schneiden. Die Weintrauben waschen, halbieren und größere Kerne herauslösen. Mit den Birnen, dem Zitronensaft und dem Vanillezucker mischen. Die Walnußkerne fein hacken und aufstreuen.

6 Zum Servieren die Creme in großen Nocken abstechen, mit dem Obstsalat auf Desserttellern anrichten.

• Nach Belieben mit Puderzucker bestäuben. Für den Obstsalat können Sie auch andere Früchte der Saison nehmen.

Apfelküchlein

Auch als süßes Hauptgericht

Zutaten für 4 Portionen:

150 g Mehl
200 ml Milch
1 Prise Salz
2 Eier
½ TL abgeriebene Zitronenschale (unbehandelt)
2 feste säuerliche Äpfel
50 g Butter
Zimt und Zucker zum Bestreuen

Zubereitungszeit: etwa 30 Min.

Pro Portion: 1500 kJ / 360 kcal

1 Das Mehl in eine Schüssel geben, mit der Milch und 1 Prise Salz glattrühren. Die Eier gründlich unterschlagen, den Teig mit der abgeriebenen Zitronenschale würzen.

2 Die Äpfel vierteln und schälen, die Kerngehäuse entfernen. Die Apfelviertel quer in Scheiben schneiden und unter den Teig heben.

3 In einer Pfanne die Butter zerlassen. Mit einem Eßlöffel kleine Portionen vom Teig in die Pfanne geben, flachdrücken und bei mittlerer Hitze von beiden Seiten knusprig braten. Die Küchlein aus der Pfanne nehmen, noch warm mit Zimt und Zucker bestreuen und sofort servieren.

• Wird in der Pfalz auch gerne als unkompliziertes Mittagessen in Verbindung mit einer Gemüsesuppe gegessen.

Erdbeer-Bowle

Erfrischender Klassiker

Zutaten für 4 Portionen:

1 kg frische Erdbeeren
1 Flasche leichter Moselwein
1 Flasche eisgekühlter Sekt
eventuell Zitronenmelisse

Zubereitungszeit: etwa 15 Min. (+ Kühlzeit)

Pro Portion: 1500 kJ / 360 kcal

1 Die Erdbeeren waschen und putzen, größere Exemplare halbieren oder vierteln. Die Früchte in eine Schüssel geben und den Wein angießen. Kalt stellen und mindestens 1 Std. durchziehen lassen.

2 Die Erdbeeren mit dem Wein in ein Bowlengefäß umfüllen. Mit eisgekühltem Sekt aufgießen, nach Belieben kleine Zitronenmelisseblätter einstreuen.

• Auch viele andere Früchte eignen sich gut für eine Bowle, z.B. reife Pfirsiche, Himbeeren, Sauerkirschen, Orangen – aber auch Rosenblüten oder Waldmeister. Entscheidend für die Bekömmlichkeit ist die Qualität der verwendeten Weine und Sekte. Wer Billigwein ins Bowlengefäß gießt und reichlich zuckert, fördert höchstens den Brummschädel am nächsten Morgen. Gute Weinqualität und das natürliche Aroma der Zutaten sind die Geheimnisse einer guten Bowle.

Deutscher Wein – ein Charakter im Reifeprozeß

Der Begriff suggeriert Einheitlichkeit – »Deutscher Wein«. Doch nun stehen Sie vor einem wohlgefüllten Regal im Handel und sollen sich entscheiden: Zwischen trocken oder lieblich, Franken oder Rheingau, Riesling oder Grauburgunder, Kabinett oder Auslese…

Die Aufzählung ließe sich endlos fortsetzen, aber trotz dieser verwirrenden Vielfalt weisen die verschiedenen Gewächse tatsächlich Ähnlichkeiten auf. Im allgemeinen verfügt deutscher Wein über eine frische, fruchtsäure-betonte Art, wirkt belebend und nicht zu schwer. Dies verdankt er der Tatsache, daß die deutschen Weinlande zu den nördlichsten der Welt gehören. Das gemäßigte Klima läßt eine kontinuierliche Reife-Entwicklung zu, die den Weinen die typisch fruchtige Säure und den – im Vergleich mit südlichen Gewächsen – niedrigeren Alkoholgehalt beschert.

In 13 definierten Anbaugebieten, die ihrerseits in 36 Bereiche, diese wiederum in 2.590 Einzel- und 160 Großlagen unterteilt sind, produzieren 75.000 Betriebe Wein – Spitzenweine, belanglose Weine, ehrliche Weine, plumpe Weine. Mit dem Weingesetz von 1971 wurde versucht, in diese Vielfalt eine klare Linie zu bringen und dem Verbraucher mit definierten Qualitätsstufen die Übersicht zu erleichtern.

Ganz unten in dieser Rangordnung steht der Tafelwein, ein leichter Tropfen von unbestimmter Herkunft, der keinerlei Qualitätskontrolle durchläuft und daher alles oder nichts repräsentieren kann. Es folgt der Landwein, ein gehobener, im Alkohol stärkerer Tafelwein, trocken bis halbtrocken, mit geographischer Ursprungsbezeichnung versehen. Beide, Tafel- und Landwein, spielen keine bedeutende Rolle, denn die Masse der deutschen Weine rangiert in der höheren, in der Qualitätswein-Klasse. Um das Gütezeichen dieser Klasse, die amtliche Prüfnummer, zu erhalten, müssen alle Weine eine dreistufige amtliche Prüfung durchlaufen: Die Prüfung des Leseguts, die chemische Prüfung und die Verkostung. Stimmt die Prüfungskommission zu, so darf sich der Wein zumindest »Qualitätswein eines bestimmten Anbaugebietes« nennen.

An der Spitze der Wein-Hierarchie stehen die Qualitätsweine mit Prädikat. Diese werden wiederum in sechs Gruppen unterteilt: Kabinett, Spätlese,

Der richtige Zeitpunkt für die Ernte ist ebenso entscheidend für die Qualität eines Weines wie die anschließende Pflege im Keller. Einige Winzer schwören trotz moderner Technik noch heute auf professionelle Handarbeit – zum Beispiel beim Rütteln von Sektflaschen. Dabei soll sich der Bodensatz des reifenden Schaumweines am Korken sammeln.

Auslese, Beerenauslese, Trockenbeerenauslese und Eiswein. Einteilungskriterium ist der Reifegrad der Trauben, ausgedrückt in dem in Oechsle-Graden gemessenen Mostgewicht. Je höher der Naturzuckergehalt des Mostes, desto höher ist seine alkoholische Potenz.

Doch Vorsicht: Die Grenzen zwischen den einzelnen Prädikatsstufen sind keineswegs einheitlich. Ein Ruländer vom Kaiserstuhl darf sich mit 83° Oechsle nicht einmal Kabinett nennen – ein Riesling von der Mosel gilt mit eben diesen 83° Oechsle bereits als Auslese. Und in schlechteren Jahren darf das für die einzelnen Prädikatsstufen notwendige Mindest-Mostgewicht sogar noch herabgesetzt werden.
Genau strukturiert und streng methodisch wird von Amts wegen also geprüft und für gut befunden – und fehlgeurteilt, was das Zeug hält. Bestes Beispiel sind die mit amtlichem Segen versehenen pappsüßen und nichtssagenden Auslesen vom Supermarktregal, die zu Spottpreisen verkauft werden. Einige Spitzenerzeuger verzichten allerdings bewußt auf die amtliche Prüfnummer. So etwa Karl Heinz Johner vom Kaiserstuhl, der für seine von Kennern hochgelobten, nach französischer Art im »Barrique« ausgebauten Weine den Segen der Prüfbehörde wohl nicht erhalten würde.

Wollte man 1971 eine Linie in die Vielfalt bringen, so gilt das Weingesetz als Bewertungsgrundlage am Markt heute nur noch teilweise. Mittlerweile gelten Herkunft und Adresse eines Weines, zumindest unter Weinfreunden, weit mehr als fragwürdige, ohnehin kaum nachvollziehbare Prädikatsstufen. Der Name eines Winzers ist der einzig wirkliche Garant für die Qualität eines Weines. Es wird also immer wahrscheinlicher, daß mittelfristig eine Systematik heranreift, in der die Reputation des Weingutes ausschlaggebend sein wird.

Im Rheingau, einem der renommiertesten Anbaugebiete Deutschlands, sind die Überlegungen für eine solche Gutseinteilung schon weit gediehen, Pläne liegen bereits in der Schublade. Viele Spitzenerzeuger verspüren einfach immer weniger Lust, ihre Produkte mit den zweit- und drittklassigen Weinen ihrer Kollegen in einem Atemzug genannt zu hören, nur weil zufällig die selbe Lage geteilt wird. Denn die Qualität des Weines hängt letztendlich entscheidend vom Können des Kellermeisters ab – und das ist recht unterschiedlich verteilt.

Noch vorsichtig gehen die Winzer an der Nahe, dem Nachbarn des Rheingaus, mit diesem Thema um. Dieses kleine Gebiet gilt als Erzeugerbereich mancher der vollkommensten Weißweine der Welt. Auf der anderen Seite winken viele Weinfreunde ab und denken sofort an süßliche, mit hemmungsloser Experimentierlust aus Neuzüchtungen gewonnene Weine. Selbstverständlich haben in diesem Spannungsfeld die kleineren Erzeuger ein hohes Interesse, sich an die klangvollen, durch die Spitzenbetriebe zu hohem Ansehen gekommenen Lagenbezeichnungen anzuhängen. Was zum Beispiel die Staatlichen Weinbaudomänen in Niederhausen-Schloßböckelheim, ein Wilhelm Sitzius in Langenlonsheim, Vater und Sohn Crusius in Traisen oder andere hervorragende Betriebe leisten, färbt auf die bescheideneren Produzenten ab, leider aber auch umgekehrt.

Eine Verbesserung des Rufs kann der deutsche Wein allerdings gut gebrauchen. In den Jahren, als das Geschäft beinahe von alleine lief, ist konsequentes Marketing für den deutschen Wein versäumt worden. Insbesondere auf den Auslandsmärkten hat sich das bitter gerächt. Während die Franzosen zunächst ihre Prestige-Gewächse herausstellten – zum Beispiel die großen Bordeaux – und dann erst mit Massenweinen wie etwa dem Mouton-

Die deutschen Weinbaugebiete

• Ahr: Auf den steilen Schieferhängen des tief eingeschnittenen Ahrtals werden vor allem Rotweine erzeugt. Hauptsorten sind Spätburgunger und Portugieser.

• Mittelrhein: Hauptsächlich Steilhänge auf beiden Seiten des Stroms, die mühsam zu bewirtschaften sind. Über 75% Riesling, ca. 11% Müller-Thurgau.

• Rheingau: Eines der bedeutendsten Weißweingebiete der Welt. Über 80% der Fläche ist mit Riesling bestockt, der hier ideale klimatische und Boden-Bedingungen findet.

• Nahe: Unterschiedliche Böden und klimatische Zonen bringen Weine verschiedenartigsten Charakters hervor. Die besten Nahe-Weine können excellent sein.

• Mosel-Saar-Ruwer: Seit der Römerzeit berühmt für seine auf steilen, für andere Agrarkulturen unfruchtbaren Schieferhängen gewonnenen Weine. Über 55% Riesling.

• Rheinhessen: Größtes deutsches Weinbaugebiet, aus dem jährlich ein Viertel der deutschen Mosternte kommt. Vielfach liebliche Konsumweine ohne großen Anspruch, an der Rheinfront aber zum Teil ausgezeichnete Rieslingweine.

• Pfalz: Zweitgrößtes Weinbaugebiet. Kraftvoll-derbe Weine, mitunter mit erdigem Geschmack, aber auch bemerkenswerte, feine Rieslinge.

• Hessische Bergstraße: Kleinstes Weinbaugebiet, erzeugt nur etwa 0,3% der Mosternte. Es werden fast ausschließlich Weißweine ausgebaut.

• Württemberg: Es überwiegen die roten Rebsorten, darunter Trollinger und Lembacher, die praktisch nur hier angebaut werden. Die Württemberger trinken ihren Wein fast allein, außerhalb des Gebietes ist er selten zu finden.

• Franken: Frankenwein ist vielfach herber als anderer deutscher Wein, sein zum Teil herausragender Charakter offenbart sich in der Regel erst bei den trockenen Abfüllungen. Charakteristisch: die eigene Flaschenform, der Bocksbeutel.

• Baden: Ausgedehnteste und vielgestaltigste Weinlandschaft. Von überregionaler Bedeutung sind vor allem die Weine des Kaiserstuhls, hier vor allem der Grauburgunder und die zu den besten Deutschlands zählenden Spätburgunder. Im zwischen Freiburg und Basel gelegenen Markgräflerland konzentriert sich zu 98% der Gutedelanbau in Deutschland. Die gewonnenen Weine werden vorwiegend als milde Schoppenweine getrunken.

• Elbtal und Saale-Unstrut: Die nördlichsten deutschen Anbaugebiete. Erst 1963, auf Beschluß des DDR-Ministerrats, wurde der lange brachliegende traditionelle Weinbau wieder belebt. Die klimatischen Bedingungen ähneln denen Frankens, es werden vorrangig früh- bis mittelreife Sorten angebaut.

Oben und links:
Winzer zu sein, bedeutet zyklisch wiederkehrende Arbeit im Weinberg – vom Winter bis zum Herbst verlangt jeder einzelne Weinstock intensive Pflege. Qualität und Ausbeute des Jahrgangs hängen davon ab. Der »Winterschnitt« entscheidet, wieviele neue Knospen und Triebe im Frühjahr wachsen können, der »Grünschnitt« im Juni sorgt dafür, daß kein zu dichtes Laubwerk entsteht, damit die Kraft der Pflanze den Trauben zugute kommt. Im Spätsommer brauchen die rasch herangewachsenen Beeren viel Licht, Sonne und Wärme, um nun optimal zu reifen – Zuckerkonzentration und Saftmenge nehmen in dieser Phase zu. Nach der Ernte verlagert sich der Arbeitsplatz zur Traubenpresse und in den Keller. Dort vollzieht sich die Wandlung vom Traubensaft zum Wein – durch die Kunst des Winzers.

Cadet abkassierten, überschwemmten deutsche Exporteure das Ausland mit Billig-Weinen des Liebfrauenmilch-Standards. Der internationale Trend zu Prämium-Produkten konnte damit natürlich nicht befriedigt werden, das Image des deutschen Weins wurde regelrecht kaputtgemacht. Als wirtschaftliche Schwierigkeiten wie Wechselkurs-Schwankungen und Rezession hinzukamen, brachen ganze Märkte – beispielsweise die USA – einfach weg. Auch der mit über 55% aller deutschen Weinexporte wichtigste Markt Großbritannien wackelt mittlerweile bedenklich. Dabei ist der deutsche Weinbau traditionell auf den Export angewiesen, 25 bis 30% einer Jahresernte gehen ins Ausland. Prozentual gesehen exportiert Deutschland damit mehr als Frankreich, Italien oder Kalifornien.

Da auch im Inland der Pro-Kopf-Verbrauch seit Jahren stagniert und weiterhin erhebliche Mengen ausländischen Weins eingeführt werden, ist ein Verteilungskampf um die Marktanteile unvermeidlich. Doch lassen sich mittlerweile genug Betriebe finden, die hierfür gut gerüstet sind, denn die Qualitätssteigerung im deutschen Weinbau war in den letzten Jahren geradezu dramatisch. Auch die Spitzengastronomie hat den deutschen Wein wiederentdeckt. In den siebziger Jahren verschlossen sich viele Restaurants geradezu deutschen Weinen. Heute kann es sich kein gutes Restaurant mehr leisten, deutsche Gewächse auszusperren. Vor allem den durchgegorenen, trockenen Weinen wird große Anerkennung entgegengebracht. Diese Weine sind es, die sich als perfekte Begleiter eines guten Essens profilieren können. Viele Weinfreunde wissen außerdem zu schätzen, daß excellente deutsche Weine wesentlich preisgünstiger angeboten werden als ausländische Spitzengewächse.

Wenn von gutem deutschen Wein die Rede ist, dann sind meistens die klassischen Rebsorten gemeint. In den sechziger und siebziger Jahren bauten Deutschlands Winzer jede von den Versuchsanstalten zum Zweck der Ertragsoptimierung entwickelte Neuzüchtung an. Kerner, Scheurebe, Bacchus, Morio-Muskat oder Huxelrebe stand plötzlich statt altvertrauter Bezeichnungen auf dem Etikett. Nicht, daß Neuzüchtungen grundsätzlich abzulehnen sind. Zum Beispiel die Uralt-Züchtung Müller-Thurgau, eine Kreuzung aus Riesling und Silvaner, bringt durchaus passable bis gute Weine hervor. In der Praxis wurden jedoch solche Reben bevorzugt, die hohe und sichere Erträge und hohe Oechslewerte garantieren. Rein ökonomische Erwägungen

Was auf den Etiketten deutscher Qualitätsweine stehen muß, ist gesetzlich festgelegt. Es sind die amtliche Prüfnummer und der Alkoholgehalt, Jahrgang und Qualitätsstufe, der Name des Anbaugebietes und des Erzeugers bzw. Abfüllers. Zusätzlich kann das Etikett die engere Herkunftsbezeichnung (Bereich, Weinort oder Lage), die Rebsorte sowie Geschmacksangaben wie »trocken« oder »halbtrocken« nennen.

verdrängten somit qualitative Überlegungen. Im Ergebnis, hier sind sich viele Winzer heute einig, hat die Neuzüchtungs-Welle mit dazu beigetragen, den Ruf des deutschen Weins zu lädieren. Mittlerweile ist eindeutig festzustellen, daß der Trend von diesen Trauben-Experimenten wegführt.

Allen voran hat sich der Riesling seine hervorragende Stellung zurückerobert. Deutschland verfügt über die größte mit dieser Edelrebe bepflanzten Rebfläche der Welt und damit über ein gewaltiges Potential. Denn die Rieslingrebe liefert gerade in dieser eher kühlen Anbauzone mit ihrer langsamen und langen Reifezeit ihre besten und vollauf bemerkenswerten Weine. Die hervorragenden Jahrgänge der Jahre 1988, 1989 und 1990 haben erfreulicherweise dazu geführt, daß sich auch ausländische Weinfreunde wieder intensiver mit deutschen Weinen befaßten.

Eine zweite Entwicklungslinie weist ebenso in Richtung Qualitätssteigerung. Die deutschen Erträge je Hektar sind im allgemeinen weltmeisterlich hoch, ein hoher Ertrag gilt vielerorts einfach als Beweis, daß die Rebstöcke gesund sind. In Frankreich oder Italien hingegen gelten niedrige Erträge als Voraussetzung für hervorragende Qualität, die besseren Erzeuger beschneiden ihre Reben. Trägt der Stock weniger Trauben, so konzentriert sich die gesamte Kraft der Pflanze in diesen, was extraktreichere Weine bedingt. Qualitätsbewußte deutsche Betriebe haben zwar schon immer mit moderaten Hektarerträgen gearbeitet, die Masse der Erzeuger verspürte für solche Zurückhaltung jedoch keine Sympathie. Heute sind viele Winzer in diesem Punkt bewußter geworden sind und wollen nicht mehr Masse um jeden Preis erzielen.
Langsam, aber sicher gewinnt der deutsche Wein dank vieler engagierter und qualitätsbewußter Winzer wieder an Ansehen. Auch die edelsüßen Beeren- und Trockenbeerenauslesen aus klassischen Rebsorten sind wieder gesuchte Spezialitäten. Lange Jahre durch die »süße Welle« und die allzu leichte Verfügbarkeit enttäuschender, aus Neuzüchtungen gewonnener Beeren- und Trockenbeerenauslesen diskreditiert, entdecken die Weinfreunde mittlerweile zunehmend die Faszination dieser Gewächse. Die edelfaulen Beeren für diese Weine werden einzeln, mit kleinen Scheren von den Trauben abgeschnitten, und die gelungenen Produkte dieser Mühe sind von einem fast unbeschreiblichen Reichtum an Bukett, Fruchtigkeit und Geschmack. Und sind ihre hohen Preise vollauf wert, handelt es sich doch um die erlesensten Weißweine, die überhaupt zu haben sind.
Der deutsche Wein befindet sich, trotz aller negativen Beobachtungen, eindeutig in einem Aufwärtstrend. Einige Betriebe haben ihre Weine in konsequentem Bemühen um Qualität neu profilieren können. Ihre große Chance liegt darin, junge, zum Weingenuß findende Menschen an sich zu binden.

Gerrit Klein

Thüringen

Das Land und seine Produkte

»Grünes Herz Deutschlands« wird Thüringen von jeher genannt – mit seinen dichten, dunklen Wäldern, Burgen auf den Höhen und kleinstädtischer Winkligkeit in den Tälern, wo Wald und Berge gleich hinter den schieferverkleideten Häusern beginnen. Der Thüringer Wald durchzieht als rund 100 km langes Kammgebirge das Land, mit seinem vielbesungenen Höhenwanderweg, dem Rennsteig (das »Rennsteiglied« ist denn auch die heimliche Hymne der Thüringer). Umsäumt von Landschaften wie dem sagenhaften Kyffhäuser, der Rhön und dem Frankenwald, durchzogen von Tälern der Flüsse Werra, Saale und Unstrut, ist der muschelkalkhaltige, fruchtbare Boden des Thüringer Beckens ideales Bauern- und Gartenland. Die landschaftliche Vielfalt Thüringens bewirkte, daß sich die Siedlungsräume der Menschen in Anlehnung an die Anbaumöglichkeiten entwickelt haben: im Thüringer Becken und der Goldenen Aue gedeihen Weizen und Brotgetreide, Zuckerrüben und Gartenpflanzen. Samenzucht ist vor allem um Erfurt zu Hause, schon seit dem 15. Jahrhundert wird dort Waid angebaut, der den Farbstoff für die Blaufärbereien lieferte. Fischteiche, von Mönchen angelegt, liefern vor allem Karpfen, die traditionell zu Silvester verspeist werden.

In Kammnähe des Thüringer Waldes ist das Klima rauh, die Winter sind lang. Die Äcker der »Wäldler«, der Bewohner der Walddörfer, sind mühsam zu bearbeiten und bringen wenig Ertrag. Auf den mittleren und hohen Gebirgslagen mit Grünland-, Weide- und Holzwirtschaft waren die Lebensbedingungen immer hart, die regionale Küche ist daher eine Küche der kleinen Leute und die Arbeitsbedingungen bestimmten die Eßgewohnheiten der Menschen: Vorwiegend wurde das verzehrt, was in der eigenen Wirtschaft erzeugt, in der Natur gesammelt oder preiswert erworben werden konnte. Außerdem mußte das Essen gut »vorhalten«, weil davon das Wohlbefinden für den Arbeitstag abhing. So heißt es heute noch:

»Gut gefrühstückt hält für den ganzen Tag,
gut geschlacht' für das ganze Jahr
und gut geheirat' für's ganze Leben«.

Thüringer Gerichte sind also keine Schonkost, und der Gast sollte vor einem ordentlichen Topfbraten mit Klößen eine Rennsteigwanderung gemacht haben!

Die Küche Thüringens bekennt sich uneingeschränkt zu dreierlei: Dem Kartoffelkloß, der Bratwurst und zu Kuchen. Klöße – in einigen Gegenden auch »Hütes« oder »Hebes« genannt – sind das gastronomische Symbol dieses Landstriches. Bis heute ist die Frage nicht entschieden, ob sie nun das Hauptgericht sind oder die Beilage zum Braten. Jedenfalls ist ihre Zubereitung ein allsonntägliches Ritual, und es gibt beinahe soviele Original-Rezepte wie es Ortschaften gibt. Eins ist allen gleichermaßen eigen: sie müssen zu zwei Dritteln aus »grünen«, das heißt rohen, Kartoffeln sein und mit einem fetten Braten und einer »langen Brüh«, also mit reichlich Sauce, zu Tisch kommen. Gemüsebeilagen sind nicht unbedingt erforderlich, aber Sauerkraut oder einen kräftigen Salat läßt man gelten.

Oben:
Durch handwerkliches Geschick wurde früher die Wasserkraft genutzt: die von den Bergen strömenden Bäche trieben Mühlen, Sägewerke und Hammerwerke für Schmiedearbeiten an.

Oben rechts:
In höheren Lagen sind wegen des rauhen Klimas nicht nur die Dächer, sondern auch die Hauswände mit Schiefer verkleidet.

Oben Mitte und ganz rechts:
Zwiebelvorrat in bunter Keramik, reiche Pilzernte und rankende Weinreben am Haus – ein Kaleidoskop imThüringer Stil.

Rechts:
Das Rathaus in Weimar.

Links:
»Goldene Aue« wird die fruchtbare Niederung zwischen Kyffhäuser und Unterharz genannt, mit einem der fruchtbarsten Ackerböden Deutschlands und wunderschönen Pappelalleen.

Zwiebeln

Hohe Straße

Menschen, Feste, Sehenswertes

Seit dem Mittelalter war Thüringen eine Hochburg deutscher Kleinstaaterei – viele Burgen und Schlösser, eigentlich zu groß für die kleinen Ländchen, sind das Ergebnis. Hier liegt auch die Wurzel für vieles, was deutsche Kultur ausmacht: Goethe, Schiller, Luther, Bach waren in Thüringen zu Hause. Man trifft allenthalben auch bei Wanderungen auf Goethes Spuren, ob in dem Schloß Großkochberg, einst von Charlotte von Stein bewohnt, auf dem Kickelhahn bei Ilmenau, wo der Dichter seine berühmten Verse »Über allen Gipfeln ist Ruh'« an die Wand der Jagdhütte kritzelte, den Dornburger Schlössern hoch über der Saale oder natürlich in Weimar. Doch wer weiß schon, daß der Dichter auch viel von Essen und Trinken verstand und sich stets selbst um das Aufstellen des Küchenzettels kümmerte? Seinen Gästen empfahl er gern die Einkehr im Weimarer »Elephant« oder im Gasthof »Zum weißen Schwan«. Weimar-Besucher sollten sich auch die Zeit für einen Spaziergang an der Ilm entlang zum Sommerschloß Tiefurt nehmen, dort ist noch die historische Küche der Herzogin Anna Amalia aus Goethes Zeiten im Torhäuschen zu sehen.

Ausruhen, den Gedanken nachträumen und die warme Sonne fühlen…

In Weimar fließen aber auch die Tränen – wenn im September Zwiebelmarkt ist. Drei Dinge gehören seit jeher zu einem Markt: Der Einkauf, das Essen und daß viele Leute hingehen. Seit 1653 der Herzog von Weimar den »Viehe- und Zippelmarkt« genehmigte, werden von den Heldrunger Bauern dafür Zwiebeln mit Stroh zu schweren Rispen gebunden, den Bürgern als Wintervorrat. Heutige Besucher erwerben die Zwiebelzöpfe, um sie dekorativ in ihre Küche zu hängen. Gegessen wird natürlich vor allem Zwiebelkuchen, heiß und frisch, und sein Duft liegt über der ganzen Stadt.

Feste feiern in Thüringen – ob Vogelschießen in Rudolstadt, Kirmes, Jahrmarkt, Zwiebelmarkt oder die vielen Thüringer Wald-Feste – das bedeutet in jedem Fall, daß die erwartungsfrohen Mägen mit allerhand Spezialitäten gefüllt werden, unbedingt aber mit Rostbrätel und Bratwurst, Kuchen und Klößen, nachgespült mit dem süffig-süßen einheimischen Bier. Beim Feiern kommt der Besucher auch den Menschen der Gegend nahe – die herzlich und gastfreundlich sind, aber auch verletzlich, wenn einer alles besser zu wissen glaubt.

Am 3. Sonntag vor Ostern (Lätare) strömen die Leute nach Eisenach zum »Sommergewinn«, dem ältesten traditionellen Volksfest: Winteraustreiben und Einholen von »Frau Sunna« in einem Festzug mit den Symbolen Hahn, Ei und Brezel, unzähligen Papierblumen und durchzogen von dem »Thüringer Weihrauch« der Bratwurststände und duftenden Krapfen.

Kirmes ist das größte Fest im Jahr. Ursprünglich als Kirchweihmesse begangen, hat sich die Kirmes zu einem herbstlichen Fest nach der Ernte gewandelt, wo nach Herzenslust gegessen, getrunken und getanzt wird. Nichtthüringer wundern sich dann über die riesigen Mengen Kuchen, die hier vertilgt werden, manchmal sogar als Ersatz für eine Mittagsmahlzeit. Kein Wunder, denn Kuchen war immer relativ billig herzustellen, die Zutaten wurden bis auf Zucker meist selbst angebaut, die Beeren für den Belag oft im Wald gesammelt (am besten schmeckt Blaubeerkuchen!) und der Teig konnte, wenn das Mehl knapp war, mit Kartoffeln gestreckt werden.

Übrigens ist heute auch das Brotbacken wieder in Mode gekommen, viele Dörfer haben noch – oder wieder – ein Backhaus, die Hausfrauen backen darin ihre Dätscher und »nassen« Kuchen. Besonders zur Kirmes werden aus jedem Haus etliche große Bleche mit Kuchen ins Backhaus getragen. Die Liebe der Thüringer zu Kaffee und Kuchen, behaupten spitze Zungen, könne durchaus aus Sachsen stammen, denn Hildburghausen und Meiningen waren einst sächsische Residenzen.

In Thüringen macht man gute Wurst, und vielfach wird noch ein Schwein zu Hause geschlachtet – auch in Häusern ohne eigene Landwirtschaft. Auf jeden Fall wird dann auch Bratwurst gemacht, und jeder Schlachter hütet seine Rezepte wie ein tiefes Geheimnis.
Kein Fest in Thüringen kann auf die Bratwürste verzichten, sie gehören einfach dazu. Die »echten« Rostbratwürste, lang und schlank, sind aus bestem Schweinefleisch. Fein gewürzt,

im Freien langsam auf dem Rost über der Glut von Holzkohlen oder Kiefernzapfen gebraten, ißt man sie, eingebettet in eine aufgeschnittene Semmel, aus der Hand. Auch zu Hause gönnt man sich an schönen Sommerabenden das Bratwurst-Vergnügen, denn nahezu jede Familie, die einen Garten oder einen Balkon hat, besitzt auch einen Holzkohlen-Grill. Bratwurstbraten ist grundsätzlich Männerarbeit, bedarf entsprechender Vorbereitungen und einiger Flaschen Bier und wird entsprechend gewürdigt.

Sehenswertes:
Die Wartburg – im Mittelalter Ziel vieler Minnesänger, später Asyl für Luther, heute touristischer Wallfahrtsort. Museen gibt es viele – nicht verstaubt und akademisch, sondern gewachsen aus den heimischen Handwerkstraditionen: Waffen in Suhl, Spielzeug in Sonneberg, die größte Brillensammlung der Welt in der Optik-Stadt Jena. Arnstadt, eine der schönsten Kleinstädte Thüringens, bietet mit der Puppenstadt »Mon Plaisir« eine Attraktion aus dem frühen 18. Jahrhundert, mit originalgetreuen Nachbildungen des höfischen Haushaltes von der Küche bis zur Kammer. In Erfurt gibt es Saatzucht und Blumen auf der Gartenbauausstellung IGA zu bewundern, die Krämerbrücke und seltsame Häusernamen: Zum Stockfisch, zum Mohrenkopf, zum grünen Sittich oder zum gekrönten Hecht...

Hedda Angermann

*Oben:
Thüringer Bratwurst – der Name bürgt für Qualität. Um sie zu genießen, braucht man nicht lange auf Bedienung zu warten, denn an jeder Straßenecke gibt es die heißen Würste frisch vom Grill.*

*Ganz oben:
Zwiebelzöpfe, kunstvoll geflochten, sind ein beliebtes Mitbringsel vom Weimarer Zwiebelmarkt.*

*Oben:
Das 1584 erbaute Gildehaus am Fischmarkt ist eines der schönsten alten Häuser in Erfurt. In den oberen Etagen hat die Handwerkskammer ihren Sitz, in der Gaststätte gibt es Thüringer Spezialitäten.*

Apfelsuppe

Erfrischend und schnell

Zutaten für 4 Portionen:

500 g Äpfel (eine säuerliche und nicht zu mürbe Sorte, zum Beispiel Jonas, Renette)
¼ l Weißwein
½ l Apfelsaft
1 unbehandelte Zitrone
1 Zimtstange
100 g Zucker
1 Prise Salz
1 Stengel Zitronenmelisse (nach Jahreszeit)
2 Scheiben Schwarzbrot
1 EL Butter
2 EL Kirschkonfitüre

Zubereitungszeit: etwa 30 Min.

Pro Portion: 1600 kJ / 380 kcal

1 Die Äpfel vierteln, die Kerngehäuse entfernen. Die Viertel schälen und in dünne Scheiben schneiden. Mit Weißwein, Apfelsaft und ¼ l Wasser in einen Topf geben.

2 Die Zitrone waschen und eine schöne, lange Schalenspirale (ohne Haut) abschneiden. Zusammen mit der Zimtstange, dem Zucker, Salz und Zitronenmelisse zu den Äpfeln geben und alles etwa 3–4 Min. durchköcheln.

3 Das Schwarzbrot in Würfel schneiden und in heißer Butter anrösten. Zitronenschale, Melisse und Zimtrinde aus der Suppe nehmen, nochmals abschmecken.

4 Die Apfelsuppe in tiefen Tellern servieren und mit Brotwürfeln bestreuen. In die Mitte je 1 Klecks Konfitüre setzen.

• Bleibt Suppe übrig, so kann sie auch kalt (ohne Brotwürfel) gereicht werden. Statt dem Schwarzbrot schmeckt auch Früchtebrot sehr gut dazu.

Weimarer Schnippelsuppe

Preiswerter Gemüse-Eintopf

Zutaten für 4 Portionen:

500 g Kartoffeln
1 Kohlrabi
2 Möhren
150 g Rosenkohl
200 g frische Erbsen in der Schote (oder etwa 100 g tiefgekühlte Erbsen)
1 ½ l kräftige Fleischbrühe
1 Lorbeerblatt
4 Pimentkörner
2 Zwiebeln
80 g durchwachsener Räucherspeck
1 EL Schmalz
schwarzer Pfeffer aus der Mühle
Salz
1 Prise Zucker
1 EL Essig
2 Paar Wiener Würstchen
1 Bund Petersilie

Zubereitungszeit: etwa 70 Min.

Pro Portion: 1800 kJ /430 kcal

1 Kartoffeln, Kohlrabi und Möhren schälen, waschen und in Würfel »schnippeln«. Den Rosenkohl putzen und halbieren. Frische Erbsen auspalen.

2 Das Gemüse mit der Fleischbrühe in einen Topf geben und zugedeckt zum Kochen bringen. Das Lorbeerblatt und die Pimentkörner hinzufügen. Bei verringerter Hitze etwa 40 Min. garen.

3 Die Zwiebeln schälen und zusammen mit dem Speck in kleine Würfel schneiden. Das Schmalz in einer Pfanne zerlassen und die Speckwürfel ausbraten. Zwiebelwürfel darin rösten und alles in die Schnippelsuppe rühren.

4 Mit Pfeffer, Salz, Zucker und Essig pikant abschmecken. Die Wiener Würstchen in Scheiben schneiden. Petersilie waschen und kleinhacken.

Beides unter die Suppe rühren und heiß servieren.

• Wie jeder Eintopf schmeckt die Schnippelsuppe aufgewärmt einfach noch besser.

• Den frischen Rosenkohl können Sie ebenso wie die Erbsen durch Tiefkühlware ersetzen, oder auch das Gemüse je nach Saison variieren.

Süß-saures Lensegemüs'

Linsen-Eintopf

Zutaten für 4 Portionen:

300 g braune Linsen
1 ½ l Fleischbrühe
2 Möhren
1 Stück Knollensellerie
2 große Kartoffeln
Salz
schwarzer Pfeffer aus der Mühle
1 Zweig frischer Thymian (ersatzweise ½ TL getrockneter)
3–4 EL Weinessig
1 EL Rübensirup (oder Zucker)
3–4 geräucherte Bratwürste
2 Zwiebeln
1 EL Schmalz
1 Bund Schnittlauch

Zubereitungszeit: etwa 1 Std. (+ 2 Std. Einweichzeit)

Pro Portion: 3400 kJ / 810 kcal

1 Die Linsen in einem Sieb waschen und etwa 2 Std. einweichen.

2 Linsen mit der Brühe in einem Topf aufsetzen und etwa 20 Min. kochen. Inzwischen die Möhren und den Sellerie schälen, waschen und raspeln oder in sehr kleine Würfel schneiden. Die Kartoffeln schälen und in kleine Würfel schneiden. Nun das Gemüse zu den Linsen geben und mit Salz, Pfeffer und Thymian würzen. Weitere 10 Min. köcheln. Mit Essig, Rübensirup oder Zucker pikant süß-sauer abschmecken.

3 Die Bratwürste in Scheiben schneiden. Die Zwiebeln schälen und in Ringe schneiden. 1 EL Schmalz in einer Pfanne erhitzen, die Bratwürste knusprig braten. Zur Seite schieben und die Zwiebelringe im Bratwurstfett braun braten.

4 Den Schnittlauch waschen und in Röllchen schneiden. Den Linseneintopf in tiefe Teller füllen, Bratwurst, Zwiebelringe und Schnittlauchröllchen darüber geben.

• Statt Bratwurst können Sie auch geräuchertes Kassler, Schweinekamm oder Blutwurst nehmen.

Und in der Meininger Gegend singen dann die Kinder:

»Koch Lense! Wu sense?
Im Döpfe, sie höpfe.
In der Gelle, sie quelle.
Sie koche vier Woche.
Sen doch noch wie Knoche!«

Dätscherkuchen

Kartoffelpuffer mit Speck

Zutaten für 4 Portionen:

600 g große Kartoffeln
300 g gekochte Kartoffeln vom Vortag (beides mehligkochende Sorte)
40 g durchwachsener Speck
250 g Magerquark
100 g saure Sahne
1 EL Mehl
½ TL Salz
2 Eier
Butterschmalz oder Öl zum Braten

Zubereitungszeit: etwa 45 Min.

Pro Portion: 1900 kJ / 450 kcal

1 Die rohen Kartoffeln schälen, waschen und reiben. Die Flüssigkeit, die sich absetzt, weggießen. Die gekochten Kartoffeln pellen und in eine Schüssel reiben. Den Speck in kleine Würfel schneiden.

2 Quark, saure Sahne, Mehl, Salz und Eier zu den Kartoffeln geben und alles gut durchmischen. (Der Teig soll dickflüssig sein!) In einer großen Pfanne das Fett erhitzen und einige Speckwürfel goldgelb anbraten. Mit einer Kelle soviel Teig nehmen, daß jeder Dätscher ½ cm dick und handtellergroß wird. Beidseitig knusprig braun braten, bis der Teig und die Speckwürfel verbraucht sind.

• Dätscher kann Beilage aber auch Hauptmahlzeit sein – in Thüringen ein sehr typisches Gericht mit vielen Varianten. Der Belag ist kräftig gewürzt (z.B. mit Kräutern oder Zwiebeln) oder süß mit Obst, Rosinen und Mandeln. Dabei wird die gesamte Kartoffelmasse auf ein großes, rundes Blech gestrichen, belegt und teilweise noch im großen Backofen beim Bäcker gebacken. Egal, wie groß der Dätscher werden soll, das Verhältnis muß immer sein: zwei Teile rohe und ein Teil gekochte Kartoffeln!

Schleizer Bambser

Süße Kartoffelnudeln

Zutaten für 4–6 Portionen:

500 g gekochte Kartoffeln (mehligkochende Sorte)
500 g mürbe Äpfel (Boskoop, Jonathan)
2 Eier
50 g Zucker
1 Päckchen Vanillezucker
1 Prise Salz
etwa 3 EL Mehl
Butterschmalz
1 EL Butter
Zimt + Zucker-Gemisch zum Bestreuen

Zubereitungszeit: etwa 1 ½ Std.

Bei 6 Portionen pro Portion: 1100 kJ / 260 kcal

1 Die Kartoffeln schälen, waschen und in eine Schüssel reiben (oder durch die Kartoffelpresse drücken). Die Äpfel vierteln, schälen, entkernen und grob dazu raspeln. Mit den Eiern, Zucker, Vanillezucker, Salz und soviel Mehl mischen, daß ein fester Teig entsteht.

2 Den Backofen auf 175° vorheizen. Aus der Teigmasse etwa 3–4 cm dicke Nudeln, die »Bambser« formen. In einer Pfanne Butterschmalz zerlassen, und die Bambser portionsweise von beiden Seiten anbraten.

3 In eine feuerfeste Form (z.B. Jenaer Glas) reihenweise die Bambser schichten und mit Butterflöckchen belegen. Mit Zimtzucker bestreuen und im heißen Backofen (Gas Stufe 2) etwa 35 Min. backen. Während der ersten 20 Min. die Bambser abdecken.

• Servieren Sie die heißen Bambser mit Apfelmus oder Kompott.

Zwiebelmarktkuchen

Spezialität vom Weimarer Zwiebelmarkt

Zutaten für 6–8 Portionen:

Für den Teig:
300 g Mehl
½ TL Salz
½ Würfel Hefe (etwa 20 g)
⅛ l lauwarme Milch
50 g Butter
1 Prise Zucker
Mehl zum Ausrollen

Für den Belag:
800 g Zwiebeln
150 g durchwachsener Räucherspeck
2 EL Öl
Fett für das Backblech
¼ l saure Sahne
3 Eier
¼ TL Salz
schwarzer Pfeffer aus der Mühle
½ TL Kümmel
½ Tl scharfer Paprika

Zubereitungszeit: etwa 1 ¼ Std. (+ etwa 1 ½ Std. Ruhezeit)

Bei 8 Portionen pro Portion: 1900 kJ / 450 kcal

1 Das Mehl in eine Schüssel sieben, mit Salz vermischen und in die Mitte eine Vertiefung drücken. Die Hefe in die Mulde bröckeln, mit der Hälfte der warmen Milch vermengen, etwas Mehl darüber häufeln. Abgedeckt an einem warmen Ort 20 Min. gehen lassen.

2 In der restlichen Milch die Butter schmelzen lassen und mit 1 Prise Zucker an den Teig gießen. Mit dem Knethaken zu einem glatten Teig verrühren und mit den Händen eine Kugel formen. Wieder zudecken und die Schüssel an einem warmen Ort etwa 1 Std. stehen lassen, bis sich der Teig ums Doppelte vergrößert hat.

3 Inzwischen die Zwiebeln schälen und in dünne Ringe schneiden. Den Speck in kleine Würfel schneiden, mit dem Öl in eine Pfanne geben und das Speckfett ausbraten. Die Speckwürfel herausnehmen und das Bratfett in der Pfanne zurücklassen. Die Zwiebeln darin glasig andünsten und abkühlen lassen. Den Backofen auf 220° vorheizen.

4 Den fertigen Hefeteig auf einer bemehlten Fläche nochmals durchkneten und ausrollen. Ein großes Backblech ausfetten und den Teig darauflegen. Die Ränder etwas hochziehen und mit einer Gabel mehrmals in den Teig stechen. Zwiebeln und Speckwürfel gleichmäßig über den Teig verteilen.

5 Die saure Sahne mit den Eiern verquirlen und mit Salz, Pfeffer, Kümmel und Paprika würzen. Die Mischung über den Zwiebelkuchen gießen. Im heißen Backofen (Gas Stufe 4) auf mittlerer Schiene 35–40 Min. backen.

• Zwiebelkuchen schmeckt warm vom Blech immer am besten! Bleiben Stücke übrig, einfach im Ofen wieder aufbacken. Oder portionsweise einfrieren.

Thüringer Rotkohlwickel

Raffiniertes für Familie und Gäste

Zutaten für 4 Portionen:

Salz
4 EL Weinessig
2 Gewürznelken
1 ½ EL Zucker
1 Kopf Rotkohl (Blaukraut, Rotkraut)
½ Brötchen vom Vortag
80 g durchwachsener Räucherspeck
2 Schalotten
50 g frische Pilze (Egerlinge, Pfifferlinge)
2 EL Butter
350 g Rehfleisch (aus Schulter oder Keule, ohne Haut und Sehnen)
1 unbehandelte Zitrone
1 Ei
1 Prise Pimentpulver
4 Wacholderbeeren
weißer Pfeffer aus der Mühle
2 EL Butterschmalz
¼ l Rotwein
1 Glas Wildfond (400 ml)
2 cl Apfelsaft
1 EL saure Sahne
1 TL Mehl

Zubereitungszeit: etwa 2 ¼ Std.

Pro Portion: 2000 kJ / 480 kcal

1 In einem hohen Kochtopf etwa 1 ½ l Wasser mit 1 TL Salz, 3 EL Essig, 2 Nelken und 1 EL Zucker aufkochen.

2 Vom Rotkohl den Strunk herausschneiden, beschädigte oder welke Außenblätter entfernen. Den Kohl im kochenden Wasser blanchieren und acht schöne Blätter ablösen. Abtropfen lassen.

3 Das trockene Brötchen in heißem Wasser einweichen. Den Speck und die geschälten Schalotten in feine Würfel schneiden. Pilze putzen und in sehr kleine Stückchen schneiden.

4 2 EL Butter zerlassen und den Speck darin glasig anbraten. Schalotten und Pilze kurz andünsten. Während die Speckmischung abkühlt, das Rehfleisch kleinschneiden und durch den Fleischwolf drehen. Die Zitrone heiß abwaschen und die Schale dünn abreiben.

5 Das Brötchen gut ausdrükken. Mit dem Ei und der Speckmischung zum Rehfleisch geben und gut durchmischen. Mit der Zitronenschale, einigen Spritzern Zitronensaft, Pimentpulver, zerriebenen Wacholderbeeren, Pfeffer und Salz abschmecken.

6 Die Kohlblätter ausbreiten, die dicken Rippen abflachen. Die Rehfüllung gleichmäßig darauf verteilen. Die Blätter seitlich über die Füllung schlagen und aufrollen. Mit Küchengarn gut einbinden. Den Backofen auf 220° vorheizen.

7 Butterschmalz in einem Schmortopf (mit Deckel) erhitzen und die Rotkohlwickel von allen Seiten etwa 6 Min. anbraten. Mit Rotwein, Wildfond und Apfelsaft ablöschen. 1 EL Weinessig und ½ TL Zukker dazugeben und zugedeckt im Backofen (Gas Stufe 4) etwa 50 Min. garen.

8 Kohlwickel aus dem Sud nehmen und die Fäden entfernen. Die saure Sahne mit 1 TL Mehl verrühren und unter die Sauce mischen. Die Wickel nochmals in die Sauce legen und kurz durchziehen lassen.

• Beilage: Serviettenkloß (Rezept auf Seite 100), Kartoffelpüree oder Salzkartoffeln.

• Tip: Wenn Sie den Wildfond selbst herstellen möchten, so lassen Sie sich einige Wildknochen mitgeben. Knochen, Hautreste, Sehnen, kleingeschnittenes Gemüse, Wacholderbeeren, Lorbeerblatt und Piment scharf anrösten. Mit Wasser und einem Schuß Rotwein ablöschen. 2 Std. köcheln.

Karotten mit Speck

Beilage oder Hauptgericht

Zutaten für 4 Portionen:

700 g Karotten
1 EL Butter
100 g Schinkenspeck (dünne Scheiben)
weißer Pfeffer aus der Mühle
Streuwürze
1–2 Prisen Zucker
1 Bund Petersilie

Zubereitungszeit: etwa 40 Min.

Pro Portion: 960 kJ / 230 kcal

1 Die Karotten waschen und schälen. Längs vierteln und in 3–4 cm lange Stücke schneiden. Den Backofen auf 220° vorheizen.

2 In einem Schmortopf oder in einer feuerfesten Form mit Deckel die Butter zerlassen. Mit der Hälfte de Specks den Boden belegen und die Karotten darauf verteilen. Mit Pfeffer, etwas Streuwürze und Zucker würzen und mit dem restlichen Speck belegen, den Deckel schließen.

3 Die Karotten mit Speck zugedeckt im heißen Backofen (Gas Stufe 4) 20–25 Min. dünsten.

4 Petersilie waschen, trocknen und fein hacken. Die fertigen Karotten mit Petersilie bestreuen.

• Dazu: Kartoffelpüree und Kopfsalat. Oder die Karotten als Beilage zu Braten, Hackfleisch oder Geflügel servieren.

Gurken-Apfel-Salat

Erfrischend · Ideal zu Grillgerichten

Zutaten für 4 Portionen:

1 Bund Frühlingszwiebeln
5 EL Öl
weißer Pfeffer aus der Mühle
1 Prise Cayennepfeffer
Salz
1 TL Zucker
2 EL Weinessig
1 El geriebener Meerrettich (aus Glas oder Tube)
1 Bund Dill
3 EL Milch
1 kleine Salatgurke
1 Apfel mit roter Schale (zum Beispiel rote Sternrenette, Red Delicious, Morgenduft)

Zubereitungszeit: etwa 25 Min.

Pro Portion: 670 kJ / 160 kcal

1 Die Zwiebeln putzen und waschen, die weißen Knollen in dünne Scheiben, das frische Grün in feine Ringe schneiden.

2 In einer Schüssel das Öl mit Pfeffer, Cayennepfeffer, Salz, Zucker, Essig und Meerrettich verquirlen. Den Dill waschen, fein schneiden und in die Marinade streuen. Die Zwiebeln dazugeben, die Milch einrühren.

3 Die Salatgurke schälen, längs halbieren und mit einem Teelöffel die Kerne entfernen. Die Gurkenhälften längs vierteln, in gleichmäßige Scheiben schneiden.

4 Den Apfel waschen und vierteln, das Kerngehäuse herausschneiden. Die Viertel in kleine Würfel schneiden. Gurke und Apfel zu den Zwiebeln geben und alles gut mischen. Den Salat bis zum Servieren abgedeckt durchziehen lassen.

• Zu gebuttertem Bauernbrot, Pfannen- oder Grillgerichten servieren.

Seidene Klöße

Aus gekochten Kartoffeln

Zutaten für 4 Portionen:

1 kg gekochte Kartoffeln vom Vortag (mehligkochende Sorte)
200 g Kartoffelmehl
Salz
frisch geriebene Muskatnuß
2 Eier
½ Brötchen vom Vortag
1 TL Butter
Mehl zum Formen der Klöße

Zubereitungszeit: etwa 1 ¼ Std.

Pro Portion: 1700 kJ / 400 kcal

1 Die Kartoffeln pellen und fein reiben. Mit Kartoffelmehl, Salz und einer kräftigen Prise Muskat vermischen. Mit ½ Tasse heißem Wasser überbrühen und die Eier dazuschlagen. Alles zu einem geschmeidigen (»seidenen«) Teig verarbeiten. Das Brötchen in Würfel schneiden und in heißer Butter anrösten.

2 In einem großen Topf etwa 2 l Salzwasser zum Kochen bringen. Mit bemehlten Händen Klöße aus der Teigmasse formen, in die Mitte jeweils 2–3 Brötchenwürfel drücken. Die Klöße ins kochende Wasser legen, 15–20 Min. bei schwacher Hitze ziehen lassen. (Die Klöße gehen etwas auf, sie müssen schwimmen und sollten sich nicht berühren!)

• Als Beilage zu saucenreichen Fleischgerichten servieren.

Thüringer Serviettenkloß

Spezialität aus trockenen Brötchen

Zutaten für 4 Portionen:

6 Brötchen vom Vortag
½ l Milch
1 Zwiebel
3 EL Butter
1 Bund Petersilie
2 Scheiben Weißbrot
6 Eier
Salz
schwarzer Pfeffer aus der Mühle
frisch geriebene Muskatnuß
2 EL Grieß

Zubereitungszeit: etwa 1 Std. 20 Min.

Pro Portion: 2100 kJ / 500 kcal

1 Die Brötchen in Scheiben schneiden, mit warmer Milch begießen und etwa 25 Min. einweichen.

2 Die Zwiebel schälen, fein hacken und in 2 EL Butter andünsten. Petersilie waschen und hacken, Weißbrot würfeln. Unter die Zwiebeln mischen.

3 Die Eier und das Zwiebelgemisch zu den eingeweichten Brötchen geben. Mit Salz, Pfeffer und Muskat abschmekken. Den Teig gut durchkneten und mit 2 EL Grieß binden.

4 In einem Topf reichlich Salzwasser zum Kochen bringen. Ein Küchentuch oder eine Serviette durch heißes Wasser ziehen und auswringen. Das Tuch mit 1 EL weicher Butter ausstreichen. Die Brötchenmasse als länglichen Laib auf das Tuch legen, dieses überschlagen und die Enden locker zusammenbinden, damit genügend Raum zum Quellen bleibt.

5 Das Bündel ins kochende Wasser legen und etwa 50 Min. sanft sieden lassen. Den fertigen Kloß aus dem Tuch rollen und in Scheiben teilen. (Mit einem scharfen Messer oder mit einem sich überkreuzenden Küchenfaden.)

Thüringer Klöße

Berühmter Klassiker mit etwas Aufwand

Zutaten für 10 –12 Klöße:

3 kg große Kartoffeln (mehligkochende Sorte)
2–3 Brötchen vom Vortag
3 EL Butter
Salz

Zubereitungszeit: etwa 1 ½ Std.

Bei 12 Klößen pro Kloß: 890 kJ / 210 kcal

1 Die Kartoffeln schälen, waschen und in kaltes Wasser legen. Etwa 1 kg abwiegen, in Stücke schneiden und knapp mit Wasser bedeckt (ohne Salz) zu einem suppigen Brei verkochen. Durch ein Sieb streichen und in einem kochenden Wasserbad heiß stellen.

2 Die restlichen Kartoffeln reiben (von Hand oder mit der Küchenmaschine) und nach und nach durch einen »Kloßsack« oder ein Tuch auspressen, bzw. auswringen. Die trockene Kartoffelmasse in eine große Schüssel geben. Das ausgepreßte Wasser zur Seite stellen, damit sich die Kartoffelstärke am Boden absetzen kann.

3 Die Brötchen in kleine Würfel schneiden und in heißer Butter knusprig anrösten. Die rohe Reibemasse etwas zerpflücken und auflockern. Das Wasser von der abgesetzten Stärke abgießen und die Stärke zur Kloßmasse geben.

4 Nun den sehr heißen, dünnen Kartoffelbrei nach und nach unter Rühren dazuschütten und sofort kräftig mit einem Holzlöffel vermischen. Den Kloßteig mit Salz abschmecken und nochmals gut verkneten. Die Kartoffelmasse soll zähgeschmeidig sein, eine gute Bindung haben und sich vom Schüsselrand lösen.

5 In einem großen Topf (die Klöße dürfen sich nicht berühren und wollen schwimmen) reichlich Salzwasser zum Kochen bringen. Mit angefeuchteten Händen Klöße formen (Ø 6–7 cm) und in die Mitte jeweils 4–5 Brötchenwürfel drücken. Den Kloßteig darüber wieder gut zusammendrücken.

6 Die Klöße ins kochende Wasser legen. Sobald das Wasser wieder aufwallt, die Hitze reduzieren und die Klöße 20 Min. ziehen lassen (sie dürfen niemals kochen!). Wenn die Klöße oben schwimmen, zunächst nur einen herausheben und die Garprobe machen.

• Thüringer Klöße heißen auch grüne oder rohe Klöße, Bauchrutscher oder Hütes. Sie werden gern zu Fleischgerichten mit kräftigen Saucen, zur Weihnachtsgans – aber auch zu Wild, Rouladen oder Kaninchenbraten gegessen.

• Angeblich existieren hierzulande an die tausend beschworene Originalrezepte für Thüringer Klöße. »Kloßforscher« haben festgestellt, daß diese Rezepte nicht nur in Thüringer Landkreisen und Ortschaften unterschiedlich sind, sondern schon innerhalb der einzelnen Häuser und Familien. Jeder schwört auf »sein« Rezept, aber diese oft klitzekleinen Unterschiede und Varianten schmälern nicht den Urgeschmack des so beliebten wie einfachen Nationalgerichtes.

• Übrigens: Der Serviettenkloß schmeckt besonders gut als Beilage zu Fleischgerichten mit gebundenen Saucen, Ragouts oder Geflügelgerichten. Reste der Kloßscheiben schmecken auch in der Pfanne aufgebraten ausgezeichnet.

Schleie nach Greizer Art

Zarter Fisch in Weißwein

Zutaten für 4 Portionen:

2 frische Schleie (küchenfertig, jeweils 400–500 g)
1 unbehandelte Zitrone
1 Bund Petersilie
3 Sardellenfilets
2 Schalotten, ersatzweise 1 kleine Zwiebel
4 EL geriebene Mandeln
80 g Butter
weißer Pfeffer aus der Mühle
Streuwürze
⅛ l Weißwein

Zubereitungszeit: etwa 1 Std.

Pro Portion: 1800 kJ / 430 kcal

1 Die Schleie kurz abspülen. Die Zitrone waschen, abtrocknen, die Schale abreiben und den Saft auspressen. Die Fische mit dem Saft innen und außen beträufeln. Den Backofen auf 200° vorheizen.

2 Die Petersilie waschen, trockenschütteln und fein hacken. Die Sardellen abspülen, trockentupfen und ebenfalls fein hacken. Die Schalotten schälen, in kleine Würfel schneiden und in der Hälfte der Butter kurz andünsten. Alles mit den Mandeln und der abgeriebenen Zitronenschale vermischen. Mit Pfeffer und etwas Streuwürze pikant abschmekken. Die Fische mit der Masse füllen, mit Rouladennadeln gut zustecken.

3 Eine flache, feuerfeste Form mit der restlichen Butter ausstreichen und die gefüllten Schleie hineinsetzen. Den Wein angießen, die Fische zugedeckt (fest schließender Deckel oder Alufolie) im Backofen knapp 45 Min. garen.

4 Zum Servieren die Nadeln entfernen und die Schleie filetieren. Von der Füllung jeweils etwas mit dazulegen.

• Beilage: Salzkartoffeln und frischer Blattsalat.

Dorsch in Krabbensauce

Raffiniertes für Gäste

Zutaten für 4 Portionen:

1 Glas Fischfond (400ml)
¼ l trockenen Weißwein
1 EL Salz
4 EL Weinessig
1 Lorbeerblatt
10 weiße Pfefferkörner
½ Stange Lauch
1 Petersilienwurzel
1 Zwiebel
1 Knoblauchzehe
4 Dorschfilets a 150–200g (ersatzweise Kabeljaufilet)

Für die Sauce:
2 EL Butter
1 ½ EL Mehl
½ l vom Fischsud
1 Eigelb
2 EL Sahne
Saft ½ Zitrone (etwa 2 EL)
weißer Pfeffer aus der Mühle
1 Prise Zucker
1 EL gehackte Petersilie
1 EL gehackter Dill
1 Dose Krabben

Zubereitungszeit: etwa 45 Min.

Pro Portion: 1300 kJ / 310 kcal

1 Fischfond, Weißwein und ¼ l Wasser in einen breiten, flachen Topf geben. Mit Salz, Essig, Lorbeerblatt und Pfefferkörnern würzen, zum Kochen bringen. Inzwischen den Lauch und die Petersilienwurzel putzen und waschen, Zwiebel und Knoblauch schälen und alles grob zerkleinern. Das Gemüse in den Sud geben, 10 Min. köcheln lassen.

2 Die Dorschfilets kurz abspülen und in den Sud legen, die Hitze verringern. Abgedeckt etwa 8 Min. ziehen lassen. Vorsichtig aus dem Sud nehmen und auf eine vorgewärmte Platte legen. (Achtung ! Dorsch ist einer der zartesten Seefische, er muß sehr vorsichtig behandelt werden, da sein Fleisch beim Garen leicht zerfällt.) Den Sud für die Sauce aufheben.

3 Für die Sauce in einer Pfanne die Butter zerlassen und das Mehl hellgelb anschwitzen. Den Fischsud durchseihen und etwa ½ l davon in die Pfanne gießen, mit dem Schneebesen schnell und kräftig durchschlagen. Etwa 2 Min. kochen lassen. Die Kräuter waschen und fein hacken.

4 Das Eigelb mit der Sahne verrühren und unter die Sauce ziehen, dann nicht mehr kochen lassen. Mit Zitronensaft, Pfeffer und 1 Prise Zucker pikant abschmecken, die Kräuter untermischen.

5 Die Krabben abbrausen, auf einem Sieb gut abtropfen lassen und unter die Sauce mischen. Die Dorschstücke vorsichtig in die Sauce legen, kurz ziehen lassen und auf vorgewärmten Tellern anrichten.

• Beilage: Salzkartoffeln und frischer Blatt- oder Gurkensalat.

Fischklößchen

In Lauchsahne serviert

Zutaten für 4 Portionen:

Für die Fischklößchen:
500 g Fischfilet (Kabeljau, Seelachs, Schellfisch)
1 Brötchen vom Vortag
⅛ l heiße Milch
1 Zwiebel
1 EL Butter
1 Bund Petersilie
1 Ei
2 Eigelb
Salz
weißer Pfeffer aus der Mühle
frisch geriebene Muskatnuß
Cayennepfeffer

Für die Sauce:
1 Stange Lauch (Porree)
2 EL Butter
2 EL Mehl
½ l Buttermilch
Salz
weißer Pfeffer aus der Mühle
1 Prise Zucker
2 Eigelb
125 g Sahne
1 Bund Dill

Zubereitungszeit: etwa 1 Std. 20 Min.

Pro Portion: 2100 kJ / 500 kcal

1 Das Fischfilet entgräten, in kleine Stücke schneiden und durch den Fleischwolf drehen. Das Brötchen in heißer Milch einweichen und gut ausdrücken.

2 Die Zwiebel schälen, fein hacken. In zerlassener Butter andünsten, abkühlen lassen. Petersilie waschen, trockenschütteln und fein hacken.

3 Die Fischfarce mit Brötchen, Zwiebel, Petersilie, Ei und den 2 Eigelb gut vermengen. Mit Salz, Pfeffer, Muskat und Cayennepfeffer würzen.

4 In einem flachen Kochtopf etwa 1 l Salzwasser zum Kochen bringen. Aus der Fischmasse (Hände anfeuchten) kleine Klößchen (Ø 4–5 cm) formen und ins kochende Wasser geben. Die Hitze reduzieren und die Klößchen etwa 10 Min. ziehen lassen.

5 Für die Sauce den Lauch putzen, waschen und in feine Ringe schneiden. In Butter andünsten und mit Mehl überstäuben. Hell anschwitzen und mit Buttermilch auffüllen. Zu einer sämigen Sauce köcheln. Mit Salz, Pfeffer und 1 Prise Zucker würzen. Die Eigelbe mit der Sahne verrühren und unter die Sauce ziehen. Den Dill fein hacken und unterrühren.

6 Die Fischklößchen mit einem Schaumlöffel aus dem Kochwasser heben und in die Sauce legen. Einige Min. durchziehen lassen.

• Mit Salzkartoffeln und Kopfsalat servieren.

• Getränketip: Weißwein aus dem Saale-Unstrut-Gebiet.

Kirmesbraten

Festtagsessen aus einem Topf

Zutaten für 4–6 Portionen:

1 Möhre
1 Petersilienwurzel
600 g kleine Kartoffeln (festkochende Sorte)
400 g kleine Zwiebeln
2–3 Knoblauchzehen
1 kg Schweinekamm
Salz
schwarzer Pfeffer aus der Mühle
½ TL gemahlener Kümmel
2 EL Butterschmalz
1 Lorbeerblatt
2 Nelken
1 Thymianzweig (ersatzweise 1 TL getrockneter Thymian)
½ l trockener Weißwein
½ l kräftige Fleischbrühe

Zubereitungszeit: etwa 2 Std.

Bei 6 Portionen pro Portion: 2100 kJ / 500 kcal

1 Möhre und Petersilienwurzel putzen und grob zerkleinern. Kartoffeln schälen und halbieren. Zwiebeln und Knoblauch schälen. Den Backofen auf 200° vorheizen.

2 Das Fleisch mit Salz, Pfeffer und Kümmel würzen. Im Schmortopf das Butterschmalz erhitzen und das Fleisch kräftig anbraten. Möhre, Petersilienwurzel, Lorbeerblatt, Nelken, Thymian und Knoblauchzehen dazugeben und kurz anbraten.

3 Die Hälfte der Kartoffeln und Zwiebeln unter das Fleisch legen, den Rest seitlich verteilen. Weißwein und Brühe angießen (das Fleisch soll bedeckt sein), aufkochen lassen.

4 Den Bräter zugedeckt auf die unterste Schiene des Backofens (Gas Stufe 3) stellen. Den Braten etwa 1 ½ Std. garen.

5 Den fertigen Braten aus dem Topf heben und in Scheiben schneiden. Mit Kartoffeln und Zwiebeln servieren.

Klopse nach Biersieder Art

Preiswert und lecker

Zutaten für 4–6 Portionen:

1 Brötchen vom Vortag
1 mittelgroße Zwiebel
3 EL Butter
500 g gemischtes Hackfleisch (Rind und Schwein)
2 kleine Eier
1 TL Senf
Salz
schwarzer Pfeffer aus der Mühle
½ TL frisch zerstoßener Kümmel
¼ TL Majoran
3 EL Mehl
½ l würzige, heiße Fleischbrühe (ersatzweise Instant)
¼ l herbes Dunkelbier
2 Zitronenscheiben (unbehandelt)
1 Lorbeerblatt
4–6 kleine Gewürzgurken
½ Bund Schnittlauch

Zubereitungszeit: etwa 1 Std.

Bei 6 Portionen pro Portion: 1500 kJ / 360 kcal

1 Das Brötchen in heißem Wasser einweichen und anschließend gut ausdrücken. Die Zwiebel schälen und in feine Würfel schneiden. In 1 EL Butter anschwitzen und abkühlen lassen.

2 Die Hackfleischmasse in eine Schüssel geben, Brötchen und Zwiebelwürfel untermischen. Die Eier dazuschlagen und mit Senf, Salz, Pfeffer, Kümmel und Majoran pikant abschmecken. Die Masse gut durcharbeiten und mit feuchten Händen kleine Klopse formen.

3 In einem breiten, flachen Topf 2 EL Butter zerlassen und das Mehl darin goldgelb anschwitzen. Nach und nach die heiße Brühe und das Bier unter ständigem Rühren zugießen. Die Sauce muß schön cremig sein. Zitronenscheiben und das Lorbeerblatt dazulegen. Aufkochen und die

Thüringer Rostbrätel mit Kartoffelsalat

Marinierter Schweinekamm

Klopse bei verringerter Hitze 30 Min. in der Biersauce ziehen lassen. (Den Topf öfter rütteln, damit die Klopse von allen Seiten gut durchgegaren.)

4 Die Hälfte der Gewürzgurken in klein würfeln und 5 Min. vor Garzeitende zur Biersauce geben. Vorsichtig umrühren oder schütteln. Die übrigen Gurken fächerartig aufschneiden und die Klopse damit garnieren.

• Servieren Sie die Klopse mit reichlich Sauce, Salzkartoffeln, gehacktem Schnittlauch und frischem, gemischten Salat.

• Getränketip: Zu allen drei Spezialitäten paßt am besten würziges, dunkles Bier.

Zutaten für 4 Portionen:

4 Scheiben Schweinekamm (ohne Knochen, jeweils etwa 130 g)
Salz
schwarzer Pfeffer
2–3 EL mittelscharfer Senf
6 EL Öl + Öl zum Braten
¼ l dunkles, würziges Bier
1 gute Prise Cayennepfeffer
3 Knoblauchzehen
½ Bund Petersilie
300 g Zwiebeln

Für den Kartoffelsalat:
600 g gekochte Pellkartoffeln
1 Zwiebel
50 g durchwachsener Speck
2 kleine Gewürzgurken
etwa ¼ l warme Brühe
3 EL Öl
1 EL Senf
2 EL Essig
je 1 Prise Salz, Pfeffer, Zucker
1 Handvoll Feldsalat (Rapunzel)
½ Bund Schnittlauch

Zubereitungszeit: etwa 80 Min. (+ 2–3 Std. Marinierzeit)

Pro Portion: 3100 kJ / 740 kcal

1 Das Fleisch von beiden Seiten klopfen. Salzen, pfeffern und mit Senf bestreichen. Das Öl mit dem Bier verschlagen, mit Cayennepfeffer würzen und den geschälten Knoblauch dazudrücken. Das Fleisch in die Marinade legen, mit der gewaschenen Petersilie bedecken. Zugedeckt 2–3 Std. an einem kühlen Platz ziehen lassen.

2 Für den Salat die Kartoffeln schälen, in Scheiben schneiden. Die Zwiebel schälen, mit dem Speck und den Gewürzgurken in kleine Würfel schneiden. Die Brühe in eine Schüssel gießen. Zwiebel und Gurken, Öl, Senf, Essig, Salz, Pfeffer und Zucker einrühren. Kartoffelscheiben gut untermischen. Den Speck knusprig ausbraten und unter den Salat mengen. Den Feldsalat waschen und die Stielenden abzwicken. Den Schnittlauch waschen und klein schneiden. Beides unter die Kartoffeln mischen und etwas durchziehen lassen.

3 Die 300 g Zwiebeln schälen und in dünne Scheiben schneiden. In einer großen Pfanne das Öl erhitzen. Das Fleisch abtropfen lassen, im heißen Öl unter häufigem Wenden in 15–20 Min. knusprig braten. (Achtung! Es spritzt beim Braten.) Herausnehmen und warm stellen. Im Bratfett die Zwiebelscheiben anrösten.

4 Die Brotscheiben toasten und auf Teller oder Brettchen legen. Das Rostbrätel darauf anrichten, mit reichlich Röstzwiebeln belegen.

• Original Rostbrätel werden auf dem Rost über Holzkohlenfeuer gebrutzelt. Sie dürfen auf keinem Volksfest fehlen, ebensowenig wie die Thüringer Bratwurst.

Kindstaufschüssel »Rennsteig« mit Kartoffelhörnchen

Ein Festessen (nicht nur zur Taufe)

Zutaten für 4–6 Portionen:

1 Möhre
1 Stange Lauch
1 Petersilienwurzel
1 Stück Knollensellerie
2 Zwiebeln
1 Lorbeerblatt
2 Gewürznelken
1 kg Kalbfleisch (Schulter oder Brust)
Salz
weißer Pfeffer aus der Mühle
2 EL Butterschmalz
8 weiße Pfefferkörner
8 zerdrückte Pimentkörner
1 l Flüssigkeit (Wasser oder fertiger Kalbfleischfond mit Wasser verdünnt)
¼ l trockener Weißwein
1 unbehandelte Zitrone
8 geschälte, süße Mandeln
60 g Rosinen
4 EL Butter
1 EL Mehl
3 EL Semmelmehl (Brösel)
50 g Kapern
2 Eigelb
2 EL Crème fraîche
einige Spritzer Worcestersauce
4 cl Wacholderschnaps
½ Bund glatte Petersilie

Für die Kartoffelhörnchen:
500 g frisch gekochte Salzkartoffeln
75 g zerschmolzene Butter
4 Eigelb (davon etwas zum Bestreichen aufheben)
50 g Speisestärke
Salz
frisch geriebene Muskatnuß
etwas Mehl
Fett fürs Blech

Zubereitungszeit: etwa 3 Std.

Bei 6 Portionen pro Portion: 2850 kJ / 680 kcal

1 Möhre, Lauch, Petersilienwurzel und Sellerie putzen und waschen. Zwiebeln schälen und an einer Zwiebel das Lorbeerblatt mit den zwei Nelken feststecken. Das Gemüse und die zweite Zwiebel in grobe Stücke schneiden.

2 Das Kalbfleisch mit einem Küchentuch abreiben. Leicht salzen, pfeffern und in einem Schmortopf in heißem Butterschmalz anbraten. Das zerkleinerte Gemüse, die gespickte Zwiebel, Pfeffer- und Pimentkörner dazugeben. Alles kurz mit anbraten. Die Flüssigkeit und den Wein zugießen, das Fleisch etwa 2 Std. sieden lassen.

3 Inzwischen die Zitrone waschen und die Hälfte von der Schale abreiben. Saft von 1/2 Zitrone auspressen. Die Mandeln hacken und die Rosinen waschen.

4 Für die Kartoffelhörnchen die frisch gekochten Salzkartoffeln durch die Kartoffelpresse drücken und mit Butter, Eigelben und Speisestärke in einem Topf solange mit einem Holzlöffel rühren, bis sich die Masse vom Topfboden löst. Mit Salz und Muskat abschmecken.

5 Den Backofen auf 180° vorheizen (Oberhitze). Die Kartoffelmasse auf einem bemehlten Brett zu einer Rolle (Ø 3 cm) formen. In etwa 10 cm lange Stücke schneiden und daraus kleine Hörnchen formen. Mit einem Messer mehrfach leicht einkerben und mit dem restlichen Eigelb bestreichen.

6 Die Hörnchen auf ein gefettetes Backblech legen und bei Oberhitze (Gas Stufe 2) etwa 25 Min. goldgelb backen.

7 Das gegarte Fleisch aus der Brühe nehmen, in 3–4 cm große Stücke schneiden. 4 EL Butter zerlassen, Mehl und Semmelmehl darin anschwitzen und unter ständigem Rühren nach und nach mit etwas durchgeseihter Kalbsbrühe auffüllen, bis eine sämige Sauce entsteht.

8 Gehackte Mandeln, Rosinen, Kapern (ohne Sud) und die abgeriebene Zitronenschale zur Sauce geben, aufkochen lassen und die Hitze reduzieren. Die 2 Eigelb mit Crème fraîche verquirlen und unter die Sauce ziehen. Mit Worcestersauce, Pfeffer und 2 EL Zitronensaft abschmecken. Zum Schluß den Wacholderschnaps unterrühren.

9 Die Kalbfleischwürfel in die Sauce geben und noch etwas durchziehen lassen. In eine vorgewärmte Terrine füllen und mit abgezupften Petersilienblättchen bestreuen.

• Servieren Sie zu diesem Festessen die Kartoffelhörnchen und ein bis zwei Gemüsebeilagen, z.B. Blumenkohl, Rosenkohl, grüne Bohnen, Karotten oder Erbsen.

Saure Kartoffelstückchen mit Blutwurst

Ganz einfach und preiswert

Zutaten für 4 Portionen:

1 kg Kartoffeln (festkochende Sorte)
2 Möhren
½ l Fleischbrühe (ersatzweise Instant)
Salz
2 Lorbeerblätter
3 EL Essig
1 Prise Zucker
10 Pfefferkörner
100 g Räucherspeck
1 EL Schmalz
3 mittelgroße Zwiebeln
1 EL Mehl
¼ l Gurkenlake
Streuwürze
4 Gewürzgurken
400 g Thüringer Blutwurst (Rotwurst)
1 Zitrone

Zubereitungszeit: etwa 40 Min.

Pro Portion: 3600 kJ / 860 kcal

1 Die Kartoffeln und Möhren schälen, waschen und in Würfel schneiden. In der Brühe ansetzen und mit Salz, Lorbeerblättern, Essig, Zucker und Pfefferkörnern würzen. Die Kartoffeln gar, aber nicht zu weich (etwa 12 Min.) kochen.

2 Den Speck in kleine Würfel schneiden und im Schmalz ausbraten. Zwiebeln schälen und in kleine Würfel schneiden. Zum Speck geben, kurz mit anbraten, mit Mehl bestäuben und anbräunen. Mit dem Gurkenwasser auffüllen, gut durchrühren und aufkochen lassen. Zu den gekochten Kartoffeln geben und abschmecken. Sie sollen pikant und leicht säuerlich schmecken.

3 Gurken und Blutwurst in Würfel schneiden, die Zitrone auspressen. Jedes für sich in ein Schüsselchen geben und extra zu den Kartoffelstückchen reichen. Die Zuckerdose muß mit auf dem Tisch stehen, jeder nimmt sich von den Beilagen und würzt nach Belieben.

• Dieses alte Familienrezept wurde aus praktischen Gründen meist an den »Waschtagen« auf den Tisch gebracht. Es machte nicht viel Arbeit und schmeckte trotzdem gut. Auch die Möhren waren nicht immer dabei und die Fleischbrühe wurde auch schnell mal durch Wasser ersetzt ...

Gefülltes Hasenfilet mit Rosenkohlpüree

Raffiniertes für Gäste

Zutaten für 4 Portionen:

2 frische Hasenrücken (jeweils etwa 500 g)
1 Möhre
1 Zwiebel
1 Stück Knollensellerie
½ Stange Lauch
½ Petersilienwurzel
3 EL Öl
10 Wacholderbeeren
1 Thymianzweig
1 Lorbeerblatt
¼ l Rotwein
1 Glas Wildfond (400 ml)
Salz
weißer Pfeffer aus der Mühle

Für die Füllung:
2 Schalotten
3 mittelgroße Champignons
2 EL Butter
60 g Hackfleisch vom Schwein
1 Eigelb
1 EL Preiselbeerkonfitüre
3 EL fein gehackte Petersilie
3 zerdrückte Wacholderbeeren
Salz
weißer Pfeffer aus der Mühle
2 EL Butter
2 EL Crème fraîche

Zubereitungszeit: etwa 2 Std.

Pro Portion: 3000 kJ / 720 kcal

• Für das Rosenkohlpüree: 500 g Rosenkohl putzen und die größeren Röschen halbieren. In kochendem Salzwasser mit 2 Prisen Zucker 8–10 Min. garen, das Gemüse sollte noch einen leichten Biß haben. Das Wasser abgießen und den Rosenkohl auf einem Küchenbrett sehr fein hacken. 50 g Speck in kleine Würfel schneiden und in 1 TL Butter auslassen. Den fein gehackten Kohl, 4 EL Crème fraîche und 1 TL Zitronensaft untermischen. Mit Muskat, 1 Prise Cayennepfeffer und weißem Pfeffer aus der Mühle abschmecken.

• Sie können auch bereits ausgelöste Hasenfilets beim Wildhändler kaufen und sich noch einige Knochen für den Saucenfond extra dazulegen lassen.

• Statt Preiselbeeren schmeckt auch Hagebuttengelee sehr gut zum gefüllten Hasenfilet.

• Getränketip: Kräftiger Rotwein, z.B. ein Spätburgunder von der Ahr.

1 Die Hasenrücken auf beiden Seiten entlang des Rückenwirbels mit einem scharfen Messer einschneiden. Die Filets vorsichtig vom Knochen ablösen (das geht sehr gut mit einem Löffelrücken, die Filets lassen sich damit leicht abdrükken). Eventuelle Hautreste abtrennen.

2 Das Knochengerüst in kleinere Stücke schneiden oder hacken. Die Filets zur Seite stellen. Möhre, Zwiebel, Sellerie, Lauch und Petersilienwurzel putzen und in grobe Würfel schneiden.

3 In einem Schmortopf 3 EL Öl erhitzen. Die Knochenstücke mit den Hautresten und dem Gemüse rundum unter Rühren anbraten. Wacholderbeeren, Thymian und das Lorbeerblatt dazugeben, mit Rotwein ablöschen. Den Wildfond angießen, die Saucengrundlage etwa 1 Std. kochen.

4 Die Hasenfilets auf ein Küchenbrett legen und die dünnen Enden abschneiden. Die dickeren Teile längs so aufschneiden, daß die Hälften noch zusammenhängen. Die Filets auseinanderklappen und vorsichtig flachklopfen. Von beiden Seiten leicht salzen und pfeffern.

5 Die Schalotten schälen, die Pilze säubern und beides fein würfeln. In 2 EL Butter glasig dünsten. Hackfleisch in eine Schüssel geben. Schalotten, Pilze, Eigelb, Preiselbeeren, Petersilie und zerdrückte Wacholderbeeren untermischen, salzen und pfeffern. Zu einem Teig verarbeiten.

6 Die Masse gleichmäßig auf die 4 Filets verteilen und glattstreichen. Jedes Filet zu einer Roulade aufrollen und gut mit Küchengarn einbinden.

• Tip: An dieser Stelle können Sie gut Ihre Beilagen, z.B. das Rosenkohlpüree, vorbereiten.

7 Die Butter zerlassen, die Rouladen und die kleinen Filetenden rundum 5 Min. anbraten. Die Filets leicht salzen und pfeffern, herausnehmen und warm stellen. Den Saucenfond durchsieben, an die Rouladen gießen, etwa 10 Min. köcheln. Die Crème fraîche unterrühren.

8 Das Küchengarn von den Rouladen entfernen und das Fleisch in schräge Scheiben schneiden. Einen kleinen Saucenspiegel auf jeden Teller geben, Filetscheiben und die dünnen Enden darauflegen. Je einen Klecks Preiselbeeren dazugeben. Mit Rosenkohlpüree servieren.

Heppeles Broade

Zickleinbraten mit saurer Sahne

Zutaten für 4 Portionen:

1 kg Zickleinbraten, küchenfertig (unbedingt beim Metzger vorbestellen, ersatzweise Milchlamm)
Salz
schwarzer Pfeffer aus der Mühle
1 El scharfer Senf
3 EL Butterschmalz
100 g fetter Speck in Scheiben
2 Zwiebeln
1 Möhre
2 Knoblauchzehen
300 g saure Sahne (20% Fett)
1 EL Mehl

Zubereitungszeit: etwa 1 ¾ Std.

Pro Portion: 2900 kJ / 690 kcal

1 Das Fleisch waschen, trocknen und eventuelle Hautreste entfernen. Salzen, pfeffern und mit Senf bestreichen. Das Fleisch in einem Schmortopf in heißem Butterschmalz rundum schön anbräunen. Mit den Speckscheiben belegen und die Hitze verringern. Den Backofen auf 175° vorheizen.

2 Zwiebeln, Möhre und Knoblauch schälen und in kleine Würfel schneiden. Zum Fleisch geben, saure Sahne und ¼ l Wasser seitlich angießen. Zugedeckt im Ofen (Gas Stufe 2) 30 Min. schmoren. Das Fleisch wenden, mit dem Sahnesud begießen (Speck wieder darauflegen), weitere 30 Min. braten.

3 Nun den Deckel entfernen und das Zicklein unter häufigem Begießen fertig garen. Alle Röststoffe mit einem Holzlöffel abkratzen, eventuell noch etwas heißes Wasser angießen. Das Mehl in ½ Tasse kaltem Wasser verquirlen und die Sauce (»Rahmbrüh«) damit binden.

4 Das Fleisch aus dem Topf nehmen und in Scheiben schneiden. Mit reichlich Sauce und Serviettenkloß (Rezept siehe Seite 100) servieren.

Hirsch in Hagebuttensauce

Raffiniert und ganz einfach

Zutaten für 4 Portionen:

4 Backpflaumen ohne Stein
1 EL Zitronensaft
2 EL Weinbrand
600 g Hirschfilet (ohne Haut und Sehnen)
60 g durchwachsener Räucherspeck
1 Zwiebel
1 ½ EL Butterschmalz
Salz
Pfeffer aus der Mühle
5 zerriebene Wacholderbeeren
1 EL Butter
½ EL Mehl
1 Glas Wildfond (400ml)
¼ l Rotwein
3 EL Hagebuttenmarmelade
1 Prise Zimt
2–3 EL saure Sahne

Zubereitungszeit: etwa 1 Std.

Pro Portion: 1800 kJ / 430 kcal

1 Backpflaumen in Streifen schneiden, in Zitronensaft und Weinbrand marinieren.

2 Das Hirschfilet waschen und trockentupfen. In dünne Scheiben schneiden. Den Speck und die geschälte Zwiebel in kleine Würfel schneiden.

3 In einem Bratgefäß Butterschmalz zerlassen und das Fleisch portionsweise 3–5 Min. anbraten. Mit Salz, Pfeffer und den zerriebenen Wacholderbeeren würzen. Das Fleisch aus der Pfanne nehmen und abgedeckt warm stellen.

4 Im Bratensatz 1 EL Butter zerlassen. Darin den Speck und die Zwiebelwürfel anbraten. Das Filet zurück in die Pfanne geben und durchschwenken. Mit etwas Mehl bestäuben.

5 Wildfond mit dem Rotwein erwärmen und angießen. Die Backpflaumen (mit Marinade) hinzufügen und alles aufkochen lassen. Nun die Hagebuttenmarmelade unterrühren

und mit 1 Prise Zimt und saurer Sahne den Geschmack abrunden.

• Beilagentip: Petersilienkartoffeln, Serviettenklöße oder frische Nudeln. Dazu frischer Blattsalat.

• Getränketip: ein trockener Rotwein aus dem Rheingau.

Erfurter Truthahnragout

Würzig geschmort in Weißwein

Zutaten für 4 Portionen:

600 g Truthahn- (Puten-) brustfleisch
1 EL Mehl
100 g kleine Schalotten
120 g kleine Champignons
2 EL Zitronensaft
60 g durchwachsener Räucherspeck
2 EL Butterschmalz
Salz
weißer Pfeffer aus der Mühle
1 Prise Cayennepfeffer
1 Prise Thymian
1 Knoblauchzehe
1 EL Butter
400 ml fertige Geflügelbrühe (Glas, ersatzweise Instant)
100 g Sahne
½ Glas Weißwein (siehe Getränketip!)
½ Bund Petersilie

Zubereitungszeit: etwa 1 ½ Std.

Pro Portion: 1900 kJ / 450 kcal

1 Das Truthahnfleisch abspülen, gut trockentupfen und eventuelle Hautreste entfernen. In 2–3 cm große Würfel schneiden und mit Mehl bestäuben.

2 Schalotten schälen, Champignons putzen und mit 1 EL Zitronensaft beträufeln. Den Speck in kleine Würfel schneiden.

3 In einer größeren Pfanne das Butterschmalz erhitzen und den Speck darin goldgelb anbraten. Das Fleisch hinzufügen und 5 Min. unter Rühren anbraten. Mit Salz (Vorsicht! Der Speck ist auch würzig), Pfeffer, Cayennepfeffer, Thymian und dem restlichen Zitronensaft würzen.

4 Die Knoblauchzehe schälen und dazudrücken. Schalotten, Champignons und einen Klecks Butter hinzufügen, alles durchschwenken und einige Min. durchbraten. Mit Hühnerbrühe, Sahne und Wein ablöschen und das Ragout 20 Min. sanft köcheln lassen. Die Flüssigkeit muß einkochen, denn die Sauce soll eine sämige Konsistenz bekommen.

5 Petersilie waschen, trocknen und fein hacken. Das fertige Ragout damit bestreuen.

• Zu Bratkartoffeln, Nudeln oder Reis servieren. Eine Gemüse- oder Salatbeilage rundet dieses Essen ab.

• Getränketip: Meißner Traminer aus dem Elbtal.

Gezupfte Apfelplinsen

Süßes zum Sattessen

Zutaten für 4 Portionen:

300 g feste, säuerliche Äpfel (z.B. Boskoop oder Granny Smith)
1 El Zitronensaft
60 g Rosinen
4 cl Rum
¼ l Milch
200 g Mehl
4 Eier (getrennt)
6 EL Zucker
¼ TL Zimt
Salz
Butterschmalz oder Öl zum Ausbacken
4 EL gehackte Nüsse

Zubereitungszeit: etwa 40 Min.

Pro Portion: 2700 kJ / 640 kcal

1 Die Äpfel vierteln, schälen und die Kerngehäuse entfernen. Die Viertel in dünne Scheiben schneiden und mit Zitronensaft beträufeln. Die Rosinen in Rum marinieren. (Wenn Kinder mitessen, nur in heißem Wasser einweichen!)

2 Aus Milch, Mehl, Eigelb, Zucker, Zimt und 1 Prise Salz einen glatten Plinsenteig rühren. Eiweiß steif schlagen und unter den Teig heben.

3 In einer Pfanne Butterschmalz oder Öl erhitzen und mehrere Apfelscheibchen von beiden Seiten leicht anbraten. Den Teig dünn daraufgeben, einige abgetropfte Rosinen darüberstreuen und jede Plinse von beiden Seiten goldgelb backen.

4 Mit zwei Gabeln aus Holz die fertigen Plinsen sofort in kleine Stückchen zupfen. Mit Zucker bestreuen und durchschwenken, bis der Zucker leicht zu bräunen beginnt. Mit gehackten Nüssen bestreuen und heiß servieren.

Zwetschgenmichel

Üppiger Auflauf mit Zimtsauce

Zutaten für 6–8 Portionen:

Für den Zwetschgenmichel:
1 kg reife Zwetschgen
1–2 EL Zwetschgengeist
6 Brötchen vom Vortag
⅜ l Milch
5 Eier
1 Prise Salz
150 g Zucker
1 Päckchen Vanillezucker
3 EL Butter
½ unbehandelte Zitrone (abgeriebene Schale)
½ TL Zimt
100 g gehackte Mandeln
Butter für die Form
Puderzucker zum Bestäuben

Für die Zimtsauce:
¼ l Milch
¼ l Sahne
50 g Zucker
2 TL Zimt
1 Prise Salz
3 Eigelb
4–6 EL Eierlikör (nach Belieben auch mehr)

Zubereitungszeit: etwa 1½ Std.

Bei 8 Portionen pro Portion: 1800 kJ / 430 kcal

1 Die Zwetschgen waschen, halbieren und entsteinen. Mit 2 EL Zwetschgengeist beträufeln. Abgedeckt zur Seite stellen. Brötchen in Scheiben schneiden, mit heißer Milch begießen und einweichen.

2 Die Eier trennen und das Eiweiß mit 1 Prise Salz sehr steif schlagen. Eigelb mit Zukker, Vanillezucker, 2 EL weicher Butter, Zitronenschale und Zimt schaumig rühren. Den Backofen auf 200° vorheizen.

3 Die eingeweichten Brötchen leicht ausdrücken und mit den Zwetschgen und der Eigelbmasse vermischen. Gehackte Mandeln unterrühren und zuletzt das steifgeschlagene Eiweiß unterheben.

Blankenhainer Kirschkuchen

Schillers Lieblingskuchen

4 Eine feuerfeste Auflaufform oder eine gut schließende Springform mit etwas Butter ausstreichen. Die Masse in die Form geben und mit einigen Butterflöckchen belegen. Auf der mittleren Schiene des Backofens (Gas Stufe 3) 50 Min. goldgelb backen.

5 Während der Zwetschgenmichel bäckt, können Sie die Zimtsauce vorbereiten. Die Milch (3 EL zurückbehalten) und die Sahne in ein Töpfchen gießen. Unter Rühren Zucker, Zimt und eine Prise Salz dazugeben. Alles zum Kochen bringen. Die 3 EL Milch mit dem Eigelb verquirlen und in die aufkochende Milch rühren. Solange schlagen, bis die Sauce sämig wird. Abkühlen lassen und den Eierlikör unterrühren.

6 Den Zwetschgenmichel vor dem Servieren mit Puderzucker bestäuben.

• Zum Zwetschgenmichel paßt auch eine Vanillesauce sehr gut (Rezepte auf Seite 166 und Seite 242). Außerhalb der Zwetschgensaison können Sie auf eingemachtes Obst zurückgreifen. In diesem Fall die Zwetschgen auf einem Sieb gut abtropfen lassen. Oder Sie ersetzen sie zum Beispiel durch Kirschen und backen einen »Kirschenmichel«.

Zutaten für 4–6 Portionen:

6 Eier, getrennt
200 g Zucker
1 Prise Salz
200 g Mehl
1 TL Zimt
150 g gemahlene Mandeln
500 g frische entsteinte Süßkirschen (ersatzweise tiefgefrorene Kirschen oder Kirschen aus dem Glas)
1 TL Butter für die Form
Hagelzucker oder Zucker zum Bestreuen

Zubereitungszeit: etwa 80 Min.

Bei 6 Portionen pro Portion: 2400 kJ / 570 kcal

1 Eigelb mit dem Zucker schaumig rühren. In einer zweiten Schüssel Eiweiß mit einer Prise Salz zu steifem Schnee schlagen. Den Backofen auf 175° vorheizen.

2 Das Mehl zum Eigelb sieben, den Zimt unterrühren. Zuerst vorsichtig den steifgeschlagenen Eischnee und dann die Mandeln unterheben.

3 Nun die Kirschen einrühren. Eine Springform (Ø 28 cm) ausfetten und den Kirschteig einfüllen. Auf die mittlere Schiene im Backofen (Gas Stufe 2) setzen und 40 Min. backen. Den fertigen Kuchen mit Hagelzucker oder Zucker bestreuen.

Es geht um die Wurst: Vom Schlachtfest bis zum Supermarkt

Noch heute halten sich in ländlichen Gegenden viele Familien ein Schwein – einfach deshalb, weil sie auf das Schlachtfest nicht verzichten wollen und ihnen Wurst nach eigenen Rezepten am besten schmeckt. Dieses meist winterliche Vergnügen (weil bei Frostwetter das Fleisch nicht so schnell verdirbt), zu dem Freunde und Verwandte kommen, läuft in den Dörfern Thüringens oder Mecklenburgs nicht viel anders ab als früher, nur die schwere Handarbeit wird durch moderne Hilfsmittel erleichtert, und es bleibt mehr Zeit zum Feiern.

Sind die Formalitäten geklärt, Schlachter und Fleischbeschauer bestellt, die Gäste geladen, genügend heißes Wasser, ein großer Arbeitstisch, Hängeholz, Kessel, Steintöpfe, Schüsseln, scharfe Messer und vor allem ein gut genährtes Schwein zur Hand, kann das Ereignis seinen Lauf nehmen.

Der Schlachter bringt sein Handwerkszeug selbst mit. Er betäubt das Schwein, das zuvor einen Tag fasten mußte, und sticht es ab. Das Blut wird aufgefangen und für die Wurstbereitung ständig gerührt, damit es nicht gerinnt. Als nächstes überbrüht man das Schwein in einem großen Trog mit heißem Wasser, entfernt die Borsten und zieht die Rükkenhaut ab. Mit dem Spreizholz wird das Schwein an den Hinterbeinen aufgehängt. Nach dieser Schwerstarbeit wird dem Metzger und den Helfern traditionell erst einmal ein Schnaps gereicht:
»Wenn das Schwein am Haken hängt, wird erst einer eingeschenkt«.

Nach dem Ausweiden des Tieres (die Därme werden vom Metzger später säuberlich ausgewaschen und zum Wurstmachen verwendet) trifft der Fleischbeschauer oder Tierarzt ein. Er hat sich einige Tage vor dem Ereignis davon überzeugt, daß es sich um ein gesundes, munteres Tier handelt und untersucht bestimmte Fleischproben unter dem Mikroskop.

Während das Schwein auskühlt, ist Zeit für ein Frühstück mit Käse, Kaffee und Kuchen, den Appetit auf Fleisch hebt man sich für später auf. Danach beginnt das Zerlegen des Schweines, die besten Stücke werden für die Schinken beiseite getan. Jetzt geht es ans Wurstmachen. Für Leber-, Rot- und Weißwürste braucht man gekochtes Fleisch, deshalb wurde vorher bereits ein großer Waschkessel gefüllt und angeheizt. Die Fleischstücke kochen einige Stunden. Inzwischen wird das für Brat- und Knackwürste, Mettwurst und Schlackwurst benötigte Hackfleisch zerkleinert, aber im Gegensatz zu früher muß es nicht mehr mühsam mit dem Messer zerkleinert werden, denn der Fleischwolf erledigt das mühelos. Mageres Rindfleisch kommt hinzu, um die Qualität zu verbessern (früher schlachtete man zum Schwein noch ein Kalb dazu, heute wird das Rindfleisch meist gekauft).

Jeden Tag aufs neue zieht »Thüringer Weihrauch« durch die Straßen und lockt reihenweise die Bratwurstfans an. Seit 1613 gibt es sie, diese schlanke Thüringer Spezialität aus fein gewürztem Schweinefleisch. Gebraten auf dem Rost über einer Glut von Tannenzweigen, Kiefernzapfen oder Holzkohle und verströmt sie unwiderstehliche Düfte.

Ein Höhepunkt des Schlachtfestes ist das Wellfleisch-Schneiden. Ist das gekochte Fleisch gar, treten die Helfer in Aktion. Jeder hat Brett und Messer und schneidet das vom Metzger in Scheiben zerlegte heiße Fleisch in kleine Würfel, die in die Wurst kommen. Pfeffer, Salz und Brot werden dazugestellt, und jeder ißt, soviel er mag. Wegen des vielen fetten Fleisches muß man dann einen ordentlichen Schnaps trinken und, damit man nicht betrunken wird, noch mehr Fleisch essen. Das Würzen der Wurst geschieht nach eigenen Rezepturen, jeder Metzger hat seine geheimen Mischungen. Viele Kräuter, besonders Majoran, werden verwendet und Senfkörner dürfen nicht fehlen. In den folgenden Tagen ist noch viel zu tun mit Einpökeln, Räuchern, Einfrieren und Fett ausbraten. Doch spätestens, wenn der erste Schinken angeschnitten wird, sind sich alle einig: Nächsten Winter schlachten wir wieder!

Hedda Angermann

Nicht nur in Thüringen, sondern auch in anderen Regionen mit ländlicher Tradition wird heute noch hausgemachte Wurst hergestellt. In der Pfalz gibt's für die Helfer als Höhepunkt des Schlachtfestes das »Kesselfleisch« mit Kraut und Meerrettich und natürlich die »Metzelsupp'«, eine umwerfend würzige Brühe, in der den ganzen Tag lang die saftigsten Stücke vom Schwein und natürlich all die frisch abgefüllten Würste vor sich hin geköchelt haben. Um so besser, wenn die eine oder andere davon aufplatzt und die Brühe noch kräftiger und schön sämig macht. Frische Leberwurst und Blutwurst, Schwartenmagen und Bratwürste, mit Muskatblüte und Majoran gewürzt, das sind die Spezialitäten aus der Pfalz – und die Nachbarn freuen sich am Abend des Schlachtfestes auf ihren traditionellen Anteil. Diese Sitte kennt man auch im Schwarzwald, wo die Kinder beim Nachbarn das »Säckle strecken«, um eine der köstlichen, frischen Würste zu ergattern.
Während der Schlachtsaison im Winter gibt es überall in den Landgasthöfen die »Schlachtplatten« auf der Speisekarte – der Idealfall für ein solches Essen ist eine Kombination aus Gasthof und Metzgerei, wie sie im Fränkischen und Schwäbischen häufig noch anzutreffen ist. Sauerkraut und Kartoffelpüree gehören unbedingt dazu, und nach all dem üppigen Fleischgenuß schmecken zum Abschluß knusprig gebackene, mit Zucker bestreute Küchlein.

Höhepunkt beim Pfälzer Schlachtfest: Frisch gebrühte Würste aus dem Kessel, saftiges »Quellfleisch«, dazu knusprige Brötchen und Bier – wer weiß, ob's den weiblichen Gästen nicht genauso gut schmeckt...

»Hanswurst« hat Weltruf – als Darsteller mittelalterlicher Possenstücke. Ursprünglich wurde dieser Name im 16. Jahrhundert geprägt, eine Anspielung auf das bekannteste Lieblingsgericht in deutschen Landen. Wenn auch spitze Zungen behaupten: »Was in der Wurst ist, wissen allein der Metzger und der liebe Gott«, so läßt der Deutsche doch nichts auf seine geliebte Wurst kommen. Über 1500 Sorten sind es inzwischen – fette und magere, kesselfrische und knallharte. Die drei großen Gruppen werden nach der Art ihrer Herstellung benannt: Brühwürste, Kochwürste, Rohwürste. In der natürlichen oder künstlichen Darmhülle steckt im allgemeinen eine grob oder fein zerkleinerte Mixtur aus Muskelfleisch und Speck, Salz und Gewürzen: meist vom Schwein, seltener vom Kalb oder Rind, ab und zu gemischt. Innereien spielen traditionell eine große Rolle bei der Wurstproduktion, ein wirtschaftlicher Aspekt bei der kompletten Nutzung des geschlachteten Schweines. Herz und Leber, die Zunge und das frisch aufgefangene Blut, Speck und Schwarten sind wesentliche Zutaten für viele regionale Spezialitäten.

• Brühwürste: Darunter fallen die meisten Sorten. Diese Frischwürste werden nach dem Abfüllen in Natur- oder Kunstdärme heiß mit Dampf gebrüht, teilweise vorher noch geräuchert. Sie sollten so schnell wie möglich gegessen werden (maximal nach 2–3 Tagen) – auf jeden Fall im Kühlschrank aufbewahren! Brühwürste sind z.B. Frankfurter und Wiener, frische Bratwurst, Knackwurst und Bockwurst, Lyoner, Jagdwurst und Bierschinken. Die berühmten Münchner Weißwürste sollten gleich am Tag der Herstellung gegessen werden – nach alter Tradition dürfen sie nicht mal das Zwölf-Uhr-Läuten am Mittag hören.

• Kochwürste: Aus meist schon vorgekochtem Fleisch, Innereien und Gewürzen hergestellt. Nach dem Abfüllen werden sie ein zweites Mal gekocht, eventuell auch geräuchert, was ihre Haltbarkeit verlängert. Blut- und Leberwürste gehören in diese

Kunstobjekt für den Fotografen – auch dafür sind Würste gut!

Mitbringsel von jeder kulinarischen Reise: Fast jede Region in Deutschland hat irgendeine bemerkenswerte Spezialität zu bieten. Grund genug, einen Sprung ins nächste Geschäft zu wagen.

Gruppe. Diese beiden Sorten enthalten jedoch vorwiegend rohes Grundmaterial. Andere Kochwürste: Zungenwurst, Preßsack, Schwartenmagen. Sie sollten sie im Kühlschrank lagern und ebenfalls innerhalb weniger Tage verspeisen.

• Rohwürste: Die Zutaten sind rohes Muskelfleisch, kerniger Speck und bestimmte Gewürze. Durch Einsalzen, Trocknen und Räuchern entwickeln diese Würste erst ihr typisches Aroma und die gewünschte Reife. Dazu zählen schnittfeste Hartwürste wie Salami, luftgetrocknete Mettwurst, Schwarzwälder Landjäger, Westfälische Cervelat, Braunschweiger Schlackwurst, Holsteiner Katenrauchwurst. Ganze Würste halten sich je nach Sorte mehrere Wochen, am besten in ein Tuch gehüllt in einem luftigen, kühlen Raum; Scheiben halten sich nur einige Tage im Kühlschrank. Streichfähige Rohwürste sind z.B. die Rügenwalder Teewurst oder weiche, würzige Mettwürste.

Völlig unterschiedlich ist der Fettgehalt der einzelnen Würste. Er ist für den Verbraucher meist nicht erkennbar und nur vereinzelt, meist bei abgepackten Würsten aus dem Supermarkt, angegeben. Für Kalorienbewußte tauchen immer mehr fettreduzierte Wurstsorten auf dem Markt auf, die mageres Geflügel oder Rindfleisch enthalten. Doch nicht nur Fette sind in der Wurst gut versteckt, auch Konservierungsmittel, Farb- und Aromastoffe. Fett verstärkt das Aroma und sorgt für eine streichfähige Konsistenz, eine Leberwurst z.B. darf bis zur Hälfte aus Fett bestehen. Und wer weiß schon, daß Kalbsleberwurst meistens Schweineleber enthält, neben einem bestimmten Anteil an Kalbfleisch. Denn die Leber des Kalbes ist zum »Verwursteln« aus technologischen Gründen gar nicht so gut geeignet.

Fragen über Fragen drehen sich um die Wurst – und je größer die Auswahl, desto weniger kennt sich der Kunde aus. Die Kennzeichnung ist in jedem Fall verbesserungswürdig – ob dann noch jede Wurst zu den kulinarischen Favoriten zählt?

Ganz oben:
Beim bewährten Metzger, Fleischer oder Schlachter zu kaufen, ist für Feinschmecker die beste Garantie für Qualität, ausreichende Information – und ein unterhaltsames Schwätzchen.

Oben:
In Franken wurde die Bratwurst erfunden, hat von dort aus die Thüringer Küche erobert und fehlt heute auf keinem Marktplatz, auf keinem Volksfest von Flensburg bis Freiburg im Breisgau.

Guter Vorrat auch in modernen Zeiten: Dauerwürste am Stück halten sich mehrere Wochen. Im 17. Jahrhundert waren ihre Vorgänger Proviant für die Besatzung der Segelschiffe.

Sachsen und Sachsen-Anhalt

Das Land und seine Produkte

Der Freistaat Sachsen liegt im südöstlichsten Teil Deutschlands und gliedert sich heute in die Region Sächsisches Elbland, die Oberlausitz mit dem Zittauer Gebirge, Mittelsachsen, Vogtland und Erzgebirge. Zu Sachsen-Anhalt gehören die Altmark, die Magdeburger Börde mit dem fruchtbarsten Ackerboden Deutschlands, der Harz, das Saale-Unstrut-Gebiet und die Region Anhalt um die Lutherstadt Wittenberg. Jede Region hat ihren unverwechselbaren Charakter, ihre Produkte, ihren Dialekt, ihre Bräuche und ihren Charme.

Das 13. deutsche Weinbaugebiet beginnt bei Pillnitz an der Elbe und setzt sich etwa 50 km elbabwärts über Radebeul, Meißen bis zum alten Weinbauort Seußlitz fort. Granitboden und sonnige Hänge lassen einen kräftigen, herbtrockenen Weißwein wachsen. In den Kellern und Gewölben, die einst Mönche in die Felsen trieben, lagern Müller-Thurgau, Traminer, Silvaner, Riesling und bester Weißburgunder. Neben dem Wein gibt es in Sachsen auch gutes Bier. Ein würziges, herbes Lagerbier wird in Radeberg gebraut, einem kleinen Ort am Rande der Dresdner Heide. Längst hat sich das Radeberger Pilsner ebenso wie das Wernesgrüner Bier aus dem Vogtland zum Exportschlager entwickelt.
Doch aus dem Vogtland, einer idyllischen Landschaft mit Bergen, Tälern und zahlreichen Talsperren, kommt ein noch ein bedeutenderes Produkt: »Plauener Spitze«. Wer schätzt sich nicht glücklich, eine Tischdecke, eine Borte oder einen Kragen aus diesem zarten Gewebe zu besitzen?
Berühmt sind die Musikinstrumentenbauer aus Klingenthal und Markneukirchen. Künstler in aller Welt spielen auf diesen Instrumenten.
Die älteste europäische Hartporzelline, die Porzellan-Manufaktur Meißen, ist nach 46 Jahren wieder in den Besitz des Freistaates Sachsens übergegangen. Die gekreuzten blauen Schwerter, dem kursächsischen Wappen nachempfunden, sind seit 1723 das Wahrzeichen der Manufaktur. Das bekannteste Unterglasurmuster der Welt ist das kobaltblaue Zwiebelmuster.
Bad Elster und Bad Brambach zeichnen für heilkräftige Mineralquellen und ziehen jährlich tausende Kurbesucher an.
Doch welcher Kurgast wird nicht schwach angesichts des berühmten Kuchenangebotes in Sachsen? So mancher vergißt das Kalorienzählen bei den leckeren Blechkuchen wie Klecksel-, Streußel- oder Butterkuchen. Bei Dresdner Stollen, Salzwedeler Baumkuchen, Leipziger Lerchen und Meißner Fummel, Pfefferkuchen aus Pulsnitz oder Halloren-Kugeln aus Halle.

Wenn der Harzer seine Forellen grillt, seinen Käse einlegt und seine Schmorwurst schneidet, möchte er mit niemandem auf der Welt tauschen. *»Dem Harzer ist zwar nicht alles Wurscht, aber Wurscht alles«.* Wurstessen gehört im Harz zu den gesellschaftlichen Gepflogenheiten und in manchen Wirtshäusern steht noch der Wurstgalgen über dem Tisch. Daran hängen die Hausschlachtwürste griffbereit zum Abschneiden, mit und ohne Knoblauch, frisch oder luftgetrocknet. Und ein kräftiger Schluck »Schierker Feuerstein«, eine magenfreundliche

Vielkräuterspezialität, erhöht nach einem opulenten Mahl das Wohlbefinden ungemein.

»An der Saale hellem Strande, stehen Burgen stolz und kühn...«
Hoch über der Saale liegen die Ruinen der Burgen Saaleck und Rudelsburg. Mit ihrer gut tausendjährigen Geschichte haben sie das Bild von Sachsen-Anhalts sanftem Süden, dem Saale-Unstrut-Gebiet, mitgeprägt. Auf dem Muschelkalkboden wird seit dem 17. Jahrhundert auf sorgsam angelegten Terrassen Wein angebaut. Doch neben den Reben wird auch der Obstanbau kultiviert. Vor allem im Eislebener Gebiet werden Tafelobst und Kirschen geerntet. Aus Tonnen von Äpfeln werden frische, gesunde Obstsäfte gepreßt, die überall angeboten werden.
Soweit das Auge reicht, stößt man hier auf Kartoffel-, Mais-, Spargel-, Rüben- und natürlich Kohlfelder, denn das geliebte Sauerkraut muß ja auch irgendwo wachsen.

Die Altmark, das Land zwischen Lüneburger Heide und Elbe, wird durch drei »W« geprägt: Wald, Wasser, Weide sprechen für Rotwildbestand, für Fischreichtum und seltene Pflanzenarten. Hier nisten bis heute noch ungestört Reiher, Kranich und Schwarzstorch. Wahre Leckerbissen sind geräucherte Maränen aus dem Arendsee. In Burg gibt es noch eine der ältesten deutschen Knäckebrotfabriken. Und in den Wirtshäusern kommen Spezialitäten wie »Altmärkische Hochzeitssuppe«, Tiegelbraten oder deftige grüne Bohnen mit Eierkuchen auf den Tisch.

Heute greifen die Köche und Köchinnen zu allem, was neu und exotisch, aber auch, was bodenständig und gesund ist kommt wieder zu Ehren. Regionale Gerichte aus heimischen Produkten wie Gemüse, Kräuter und Obst, frische Milcherzeugnisse, Fleisch, Fisch oder Wild haben das »Kraut- und Broiler-Einerlei« schnell von der Speisekarte verdrängt.

Links:
Freie Sicht aufs Elbsandsteingebirge.

Links oben:
Meißner Porzellan wird seit 1710 hergestellt, im Werkmuseum sind unschätzbare Werte zu besichtigen.

Ganz oben:
Tangermünde an der Elbe – alte Hansestadt mit schönster Backsteingotik.

Oben Mitte:
Tee und Kaffee wird nur noch selten mit soviel Stil verkauft.

Oben links:
Rund um Leipzig wimmelt es vor Bienen – denn hier gibt's guten Honig.

Oben:
Die Auswahl an Blechkuchen ist umwerfend – denn das ist die große Leidenschaft der Sachsen.

Menschen, Feste, Sehenswertes

Wenn Friedrich August I., Kurfürst von Sachsen, besser als »August der Starke« bekannt, heute als vergoldeter Reiter auf sein Dresden blickt, so wird er zwar kein schlemmendes Hofvolk, Bürgersleut oder eine seiner ungezählten Mätressen mehr erkennen, dafür aber selbstbewußte Dresdner, die im Schatten des Zwingers, der Semperoper oder der Brühlschen Terrassen gemütlich ihren Kaffee trinken. Kaffeetrinken gehört beim Sachsen dazu. Und wenn er dann noch, als höchste aller Gaumenfreuden, die Butterbemme oder das Käsebrötchen in den Kaffee »diddschn« kann, ist der Sachse glücklich. Heute ist der »Bliehmchngaffee« oder »Muggefugg« längst nicht mehr eine dünne »Blämmbe« durch die man die gemalten Blümchen auf dem Grund der Meißner Porzellantasse sehen kann, sondern ein anständiger Bohnenkaffee, der »schwarz wie der Teufel, heiß wie die Hölle, rein wie ein Engel und süß wie die Liebe« sein sollte! Angeregt vom edlen, braunen Getränk komponierte Johann Sebastian Bach seine »Kaffee-Kantate«: »Ey! Wie schmeckt der Coffee süße...« Und sein Zeitgenosse, König Friedrich II. von Preußen, war dem Kaffee ebenfalls recht zugetan. Allerdings ließ er zum Aufbrühen lieber Champagner statt Wasser verwenden...

»So scheen sä iß,
dä Schäbbfung Mensch.
Das Bessde schdeggd
ähmd drinnewenndsch«.
Wie wahr, wenn auch die Sprache oft belächelt wird, sie gehört zum Sachsen wie sein großes Herz und sein weiches Gemüt. Er ist fleißig und aufgeschlossen, eben ganz einfach »ficheland« (vigilant).
Heute flaggen sie wieder stolz ihre grün-weiße Fahne. Grün für das Elbtal und die Hoffnung, Weiß für die Sandsteinfelsen der sächsischen Schweiz und als Zeichen des Aufbegehrens.

Nach Feierabend sitzt der Sachse gern in seinem Schrebergarten oder seiner Kneipe. Beide Begriffe haben wohl nicht von ungefähr ihren Ursprung in Sachsen. Und wenn es so richtig schön heiß ist, wird als Durstlöscher eine Gose getrunken, ein nur in Leipzig gebrautes obergäriges Weißbier.

Wer aber mehr Appetit auf ein Fürst- Pückler-Eis hat, ist ebenfalls in Sachsen an der Quelle. Ein Lausitzer Konditor namens Schulz hat zu Ehren des von ihm bewunderten Hermann Fürst von Pückler-Muskau (1785–1871) diese Eisbombe erfunden. Und der Fürst seinerseits hat der Nachwelt die herrlichen Parkanlagen von Muskau und Branitz in der Ober-und Niederlausitz hinterlassen.

In der Oberlausitz, auch als »Osterland« ein Begriff, haben sich, liebevoll gepflegt, die sorbische Sprache und alte Traditionen erhalten. Die Sorben sind ein westslawisches Volk, heute eine kleine nationale Minderheit in den neuen Bundesländern Sachsen und Brandenburg (Niederlausitz). Jedes Jahr werden von Mädchen und Frauen kunstvoll die Ostereier bemalt. Zu den Festtagen tragen sie ihre Tracht mit edlen Stickereien. Die Männer ziehen im Gehrock und Zylinder, auf geschmückten Rössern und nach festgelegtem Ritual, zum Osterreiten durch die Dörfer. Danach genießt man dann kräftige Rindfleischsuppe mit Gemüse und Eierstich, gekochte Ochsenbrust mit frischem Meerrettich, Kalbsbraten, Brot und Schwarzbier aus Löbau, Hefeklöße und Obstkompott.

Im Süden Sachsens, zwischen Vogtland und Elbsandsteingebirge, erstrecken sich die Höhenzüge des Erzgebirges. Der Name entstand, als man im Jahre 1168 in der Freiberger Gegend auf reiche Silbererzvorkommen stieß.
Besonders im Erzgebirge werden alte Traditionen gepflegt.

Sei es die »Annaberger Kät«, ein jährliches Volksfest 14 Tage nach Pfingsten oder wie der Erzgebirgler sagt: »Verzn Tog noch Pfingstn is de Kat«. Oder das vorweihnachtliche Fest in Schneeberg, hier wird erzgebirgische Volkskunst verkauft und zum Aufwärmen trinkt man Glühwein und Schneeberger Weißbitter. Wer ans Erzgebirge denkt, verbindet das mit Weihnachten und Stollen, mit Nußknackern, Pyramiden, Schwibbogen und dem Duft von Räucherkerzen. Traditionell werden für die Mädchen in einer Familie Engel und für die Jungen Bergmänner in die Fenster gestellt. Und wenn am Heiligabend, Punkt 18 Uhr, das »Neunerlei« auf den Tisch kommt, behauptet jede Familie, nur das ihre sei das rechte.
Im »Heiligabendlied«, der Weihnachtshymne der Erzgebirgler, heißt es:
»Mir habn aah Neinerlaa
gekocht,
aah Worscht mit Sauerkraut,
mei Mutter hot sich ogeplogt,
die alte gute Haut.«
Für den 24. Dezember gibt es aber auch noch andere Bräuche und Regeln:
Man wirft keine Tür ins Schloß, sonst fährt der Blitz ins Haus.
Man darf kein Geld zählen, denn das macht habgierig.
Man darf keine Suppe essen, denn die läßt einem das Jahr über die Nase tropfen.
Buttermilch vertreibt das Kopfweh und rote Rüben machen schöne Wangen. Aber Selleriesalat regt die Fruchtbarkeit an. Und wer bitte soll den essen?

»Caffeebaum« und »Auerbachs Keller« – zwei legendäre Attraktionen der Leipziger Gastronomie.

Das schönste Städtchen in Sachsen-Anhalt ist ohne Zweifel Quedlinburg am Nordrand des Harzes. Angesichts der alten Fachwerkhäuser aus sechs Jahrhunderten fühlt man sich ins Mittelalter zurückversetzt. Man meint noch die Hexen auf ihren Besen Richtung Thale und Brocken fliegen zu sehen, wo sie sich jährlich Ende April in der Walpurgisnacht auf dem Hexentanzplatz mit bösen Geistern und dem Teufel treffen. Jedes Jahr werden auf den Harzbergen die Sonnwendfeuer entzündet, und die Burschen springen auch hier über die Feuer, um den Mädchen zu imponieren.

Ebenso wie Quedlinburg ist das alte Harzstädtchen Wernigerode Anziehungspunkt für viele Besucher. Doch nicht nur um die schönen Fachwerkhäuser zu bewundern und die Natur zu genießen, reist man in den

Harz, sondern auch, weil dort in wunderschönen, historischen Lokalen Wein und Harzer Spezialitäten, wie Kutscherbraten, Zungenragout und Zwiebelkuchen serviert werden.

In Naumburg, dort wo Saale und Unstrut zusammenfließen, wo der weltberühmte Peter-Pauls-Dom aus dem 13. Jahrhundert steht, werden jedes Jahr Ende Juni das Kirschfest und Ende August das Weinfest gefeiert. Der Wein aus den Trauben vom nördlichsten Weinanbaugebiet Deutschlands gekeltert, wird u.a. als Muskat, Bacchus, Gutedel oder Dornfelder durch durstige Kehlen rinnen.

Ganz in der Nähe, am Schloß Neuenburg bei Freyburg wachsen die Reben für das »ehemalige edle Volksgetränk«, den Rotkäppchen-Sekt. Dieser war zu DDR-Zeiten – im Gegensatz zu den Weinen – meistens erhältlich (da recht süß). Er gehörte beim Feiern, wenn man mit dem Trabbi zur Datscha fuhr, einfach dazu. Heute wird dieser Sekt erfolgreich »trocken« angeboten.

Im nördlichsten Teil von Sachsen-Anhalt liegt Havelberg. Dort findet seit Ausgang des Mittelalters am 1.Wochenende im September ein großer Markt statt. Früher war es vor allem ein »Pferde- und Heiratsmarkt«. Man konnte es den Bauern nicht verübeln, wenn sie neben ihren Rössern auch versuchten, die älteste Tochter an den Mann zu bringen. Heute werden immer noch Pferde gehandelt, die Mädchen feilschen aber lieber selbst auf dem Trödelmarkt und feiern kräftig mit bei »Havelberger Bierfisch«, »Prignitzer Hochzeitssuppe« und regionalen Braugetränken.

Größere und kleinere Volks- und Heimatfeste, Rummel und Märkte gibt es hier wie überall. Seit über 550 Jahren findet im Dezember in Dresden der älteste Weihnachtsmarkt, der »Striezelmarkt«, statt. Nicht ganz so alt sind die »Taubenmärkte« in Naumburg. Seit über 120 Jahren werden in den ersten Wochen des Jahres bei Blasmusik, Bratwurst und Grog vier Märkte abgehalten.
Am 25. Januar wird die populäre »Lausitzer Vogelhochzeit« gefeiert, und in Wasungen hat der Karneval eine lange Tradition. Feste gibt es überall, aber Spaß haben die Menschen vor allem deshalb, weil sie dabei essen und trinken!

Oben und oben rechts:
Bei »Vinzenz Richter« in Meißen werden Weine aus dem Elbtal kredenzt, inmitten einer urigen Kulisse aus historischen Sammlerobjekten.

Ganz oben:
Imbißbuden locken mit frischem Anstrich und neuem Angebot.

Oben Mitte:
Wer reiche Ernte im eigenen Garten hat, macht das Beste daraus – die Käufer lassen nicht lange auf sich warten.

Sächsische Kartoffelsuppe

Gut vorzubereiten

Zutaten für 4–6 Portionen:

500 g Kartoffeln (mehligkochende Sorte)
1 Stange Lauch (Porree)
2 Petersilienwurzeln
2 Möhren
1/2 kleiner Knollensellerie
100 g durchwachsener Räucherspeck
2 Zwiebeln
1 EL Schmalz
1 1/2 l würzige Fleischbrühe
2 Knoblauchzehen
1 Lorbeerblatt
5 Pimentkörner
1/4 TL gemahlener Kümmel
2 Prisen Majoran
etwas geriebene Muskatnuß
weißer Pfeffer aus der Mühle
1/8 l Sahne
1 Bund glatte Petersilie

Zubereitungszeit: etwa 2 Std.

Bei 6 Portionen pro Portion: 1100 kJ / 260 kcal

1 Die Kartoffeln schälen, das Gemüse putzen, alles waschen und in grobe Würfel schneiden. Speck und geschälte Zwiebeln kleinschneiden.

2 In einem Suppentopf das Schmalz erhitzen, Speck und Zwiebeln hell anbraten. Die Kartoffeln und das übrige Gemüse hinzugeben und kurz andünsten. Mit Fleischbrühe auffüllen. Alle angegebenen Gewürze bis zum Majoran dazugeben. Zugedeckt etwa 30 Min. kochen lassen.

3 Das Lorbeerblatt entfernen. Den Topfinhalt durch ein Sieb streichen oder im Topf pürieren. Mit Muskatnuß und Pfeffer abschmecken. Die Sahne unterziehen. Die Petersilie waschen, kleinschneiden und auf jede Portion streuen.

• Tip: Die Suppe zusätzlich mit winzigen, kroß gebratenen Speckwürfeln bestreuen.

Lausitzer Hühnersuppe

Feinsäuerlich gewürzt

Zutaten für 4–6 Portionen:

1 frisches, küchenfertiges Suppenhuhn (oder Poularde)
1 Lorbeerblatt
1 Zweig Thymian
2 Gewürznelken
10 Pfefferkörner
Salz
2 Möhren
1 Stange Lauch
1/4 Knollensellerie
1 Petersilienwurzel
1 Zwiebel
500 g Kartoffeln (mehligkochende Sorte)
2 Gewürzgurken (mit etwa 1/8 l Gurkenlake)
Streuwürze
1 Bund Petersilie
1 Bund Dill
2–3 EL saure Sahne

Zubereitungszeit: etwa 3 Std.

Bei 6 Portionen pro Portion: 2300 kJ / 550 kcal

1 Das Huhn gründlich innen und außen abspülen. In einem Suppentopf, knapp mit kaltem Wasser bedeckt, zum Kochen bringen. Die Gewürze hineingeben. Nach dem Aufkochen abschäumen und bei geringer Hitze insgesamt 2–2 1/2 Std. köcheln lassen.

2 Das Gemüse putzen und waschen. Den Lauch in Ringe schneiden. Die Zwiebel schälen. Nach 1 1/2 Std. Kochzeit das Gemüse zum Huhn geben und alles zusammen fertig garen.

3 Das fertige Huhn aus der Brühe nehmen, die Brühe durch ein Sieb gießen, abkühlen lassen und bis zur weiteren Verwendung in den Kühlschrank stellen. Das Huhn zerteilen, die Haut entfernen. Das Fleisch von den Knochen lösen und in kleine Stücke schneiden

Fliederbeerensuppe mit »Plauener Spitzen«

Holunderbeersuppe mit Eischneehäubchen

4 Die Kartoffeln schälen, waschen und in grobe Würfel schneiden. Das inzwischen etwas festgewordene Brühfett von der Oberfläche der Brühe abnehmen, in einem Topf erhitzen und die Kartoffeln darin etwa 5 Min. andünsten. Mit gut 1 l Hühnerbrühe und der Gurkenlake auffüllen und die Kartoffeln darin garen.

5 Das Suppengemüse grob zerteilen, zu den Kartoffeln geben und alles mit dem Stabmixer pürieren. Die Gewürzgurken in kleine Stückchen schneiden und zusammen mit dem Hühnerfleisch in die Suppe geben. Durchziehen lassen und pikant abschmecken.

6 Petersilie und Dill waschen (einige Dillspitzen zur Seite legen) fein hacken und in die Suppe rühren. Auf Teller füllen und in die Mitte jeweils einen Klecks saure Sahne und eine Dillspitze setzen.

Zutaten für 4 Portionen:

1 kg Fliederbeeren (Holunderbeeren)
½ l Apfelsaft
½ unbehandelte Zitrone (Saft und Schale)
3 Gewürznelken
½ Zimtstange
1 Prise Salz
2 säuerliche Äpfel (Granny Smith, Jonathan)
1 reife Birne
100 g Zucker
2 EL Speisestärke
Sahne (nach Belieben)

Für die »Plauener Spitzen« (Eischneehäubchen):
2 Eiweiß
1 Prise Salz
1 Prise Zucker
3 Tropfen Zitronensaft

Zubereitungszeit: 1 ½ Std.

Pro Portion: 1400 kJ / 330 kcal

1 Die Fliederbeeren waschen und mit einer Gabel von den Stielen abstreifen. Apfelsaft und 800 ml Wasser zusammen mit Zitronenschale und Gewürzen in einem Topf aufkochen.

2 Äpfel und die Birne schälen, Kerngehäuse entfernen und die Früchte in Spalten schneiden. Mit den Beeren in den kochenden Sud geben und etwa 20 Min. köcheln lassen.

3 Das Kochgut in ein Sieb geben, mit einem Löffel ausdrücken und den Saft auffangen. (Tip: einen dunklen Topf nehmen, der Saft färbt sehr intensiv!) Nochmals aufkochen lassen und den Zucker dazugeben. 2 EL Speisestärke in etwas Wasser anrühren und die Suppe damit binden. Mit Zitronensaft abschmecken.

4 Für die »Plauener Spitzen« einen breiten, flachen Topf handbreit mit Wasser füllen und zum Sieden bringen.

5 Eiweiß sehr steif schlagen, Salz, Zucker und Zitronensaft untermischen. Sobald das Wasser siedet, mit einem Eßlöffel vom Eiweiß kleine Nocken abstechen, mit einem zweiten Löffel die Nocken abdrehen. Auf das Wasser gleiten lassen und von jeder Seite etwa 4 Min. pochieren.

6 Die Suppe in tiefen Tellern servieren und je drei »Plauener Spitzen« daraufsetzen. Nach Geschmack kann sich jeder etwas Sahne darübergießen.

• Statt Eischneehäubchen können Sie kleine Makronen, Baisers, zerkrümelten Zwieback oder geröstete Weißbrotwürfel nehmen. Im Sommer ist diese Suppe auch eine erfrischende Kaltschale. Wenn Sie keine frischen Beeren bekommen, nehmen Sie fertigen Saft aus dem Reformhaus.

Apfel-Chicorée-Salat

Erfrischend und schnell fertig

Zutaten für 4 Portionen:

3 feste säuerliche Äpfel (z.B. Granny Smith, Cox Orange)
Saft von 1 Zitrone (4–5 EL)
3 mittelgroße Chicorée
200 g saure Sahne
2 EL Sonnenblumenöl
1 EL Tomatenmark aus der Tube
1 Prise Zucker
1 Prise Salz
weißer Pfeffer aus der Mühle
2 EL grob gehackte Walnüsse
8 Walnußhälften

Zubereitungszeit: etwa 30 Min.

Pro Portion:1100 kJ / 260 kcal

1 Die Äpfel vierteln, schälen, die Kerngehäuse entfernen. Die Viertel in dünne Scheiben schneiden, vier Spalten zum Dekorieren beiseite legen, die restlichen Scheiben in Stifte schneiden. Alle Apfelstückchen sofort mit 3–4 EL Zitronensaft beträufeln, damit sie nicht braun werden.

2 Den Chicorée putzen, eventuell die äußeren Blätter entfernen. Längs halbieren und quer in Streifen schneiden. Waschen und gut abtropfen lassen.

3 Für die Sauce die saure Sahne mit Öl, Tomatenmark, dem restlichen Zitronensaft, Zucker, Salz und Pfeffer kräftig abschmecken.

4 Äpfel und Chicorée mit der Salatsauce und den gehackten Nüssen mischen. Alles gut durchziehen lassen.

5 Den Salat in Schüsselchen verteilen und mit den Apfelspalten und Walnußhälften garnieren.

Rote-Bete-Salat

Läßt sich gut vorbereiten

Zutaten für 4 Portionen:

4 mittelgroße rote Beten (rote Rüben)
2 mittelgroße Zwiebeln
7 EL Öl
1 Knoblauchzehe
1 EL Rübensirup (ersatzweise 1 EL Zucker)
4 EL Weinessig
je 1 Msp. Nelkenpulver, Kümmelpulver, Korianderpulver
1 Lorbeerblatt
Salz
schwarzer Pfeffer aus der Mühle
1 TL Senf
4 kleine Salzgurken (ersatzweise Gewürzgurken)
1 Bund Dill
100 g Brunnenkresse
4 EL saure Sahne

Zubereitungszeit: etwa 45 Min.

Pro Portion: 1000 kJ / 240 kcal

1 Die roten Beten waschen, schälen und in Würfel schneiden (mit Küchenhandschuhen, der Rübensaft färbt stark). Die Zwiebeln schälen und in kleine Würfel schneiden.

2 In einem Topf 6 EL Öl erhitzen, die Zwiebeln darin hell andünsten. Die Knoblauchzehe schälen und dazudrücken. Die Rübenwürfel einrühren, mit Sirup, 3 EL Essig und den Gewürzen vermischen. Etwa ⅛ l Wasser angießen und alles in etwa 20 Min. nicht zu weich garen. Den Senf einrühren, die Mischung kaltstellen.

3 Salzgurken in kleine Würfel schneiden. Dill waschen fein hacken, beides unter die abgekühlten roten Beten mischen. Den Salat gut durchziehen lassen, dann das Lorbeerblatt entfernen.

4 Kurz vorm Servieren die Brunnenkresse in kaltes Wasser tauchen und gut abschütteln. Grobe Stiele und

Harzer Käsesalat mit Bemmchen

Kleiner Imbiß mit Gänseschmalzbroten

welke Blätter entfernen. 1 EL Essig mit 1 EL Öl, Salz und Pfeffer verschlagen und die Kresse damit beträufeln. Die roten Beten bergartig auf großen Tellern anrichten und auf jede Portion 1 EL saure Sahne setzen. Den Salat mit Brunnenkresse umkränzen.

Zutaten für 4 Portionen:

2 Stangen Harzer Käse (250 g, nicht zu reif!)
2 kleine, rote Zwiebeln
1 Knoblauchzehe
1 Bund Schnittlauch
2 EL neutrales Öl
1 EL mittelscharfer Senf
1 TL gehackte Kümmelkörner
1 Prise scharfes Paprikapulver
1 Prise Zucker
1 Prise Salz
schwarzer Pfeffer aus der Mühle

Zubereitungszeit: etwa 30 Min.

Pro Portion: 550 kJ / 130 kcal

1 Den Käse in dünne Scheiben schneiden. Zwiebeln und Knoblauch schälen. Zwiebeln in feine Ringe schneiden und den Knoblauch durchpressen. Schnittlauch waschen und in kleine Röllchen schneiden.

2 Das Öl in eine Tasse geben und mit dem Knoblauch, Senf, Kümmel, Paprika, Zucker, Salz und Pfeffer gründlich verschlagen. Den Schnittlauch untermischen.

3 Die Käsescheiben dachziegelartig auf einer Platte anrichten und die Zwiebelringe darauf verteilen. Die Marinade gleichmäßig darüber träufeln, frisch aus der Mühle pfeffern. Einige Stunden durchziehen lassen.

• Dazu Gänsefettbemmchen: Die »Bemmchen« werden dünn mit Gänseschmalz bestrichen. »Bemmchen« oder »Bemme« sind in Sachsen kleine, dünne Brotschnitten, die mit allerlei Belag liebevoll angerichtet werden.

• Der Käsesalat schmeckt am besten mit kräftigem Bauernbrot oder Pumpernickel, zu Rettich oder Radieschen.

• Getränketip: Kühles Bier.

• Variante: Den Harzer Käse und einige Pellkartoffeln in Würfel schneiden. Durchwachsenen Speck knusprig ausbraten und darin kleine Zwiebelwürfel anschwitzen. Alles mischen, salzen und pfeffern. 1 Eigelb in etwas warmer Brühe verrühren, mit Essig, Öl, Senf und 1 Prise Zucker würzen. Den Salat damit anmachen, gut duchziehen lassen.

Lachs mit Sauerkraut

Traditionelles für Feinschmecker

Zutaten für 4 Portionen:

4 Scheiben enthäutetes Lachsfilet (jeweils 150–200 g)
Salz
weißer Pfeffer aus der Mühle
1 unbehandelte Zitrone
100 g Butter
1 kleine Dose fertiges Sauerkraut, etwa 300 g (Wein- oder Champagnerkraut)
¼ l Weißwein
150 g Crème fraîche

Zubereitungszeit: etwa 50 Min.

Pro Portion: 3100 kJ / 740 kcal

1 Die Lachsscheiben abspülen, trockentupfen und von beiden Seiten salzen und pfeffern. Die Zitrone waschen, trocknen, die Schale abreiben oder in feinen Streifen ablösen. Den Saft auspressen und über den Lachs träufeln. Die Butter (1 TL zum Ausstreichen der Form aufheben) zerlassen und leicht bräunen.

2 Eine Auflaufform mit der restlichen Butter ausstreichen. Eine Lage Sauerkraut locker in die Form geben, einige Krümel der abgeriebenen Zitronenschale daraufstreuen. Mit 2 Scheiben Lachs belegen und mit brauner Butter bestreichen. Wieder eine Lage Sauerkraut mit Zitronenschale, dann die restlichen Lachsfilets einlegen und mit brauner Butter bestreichen. Als letzte Lage wieder Sauerkraut mit Zitronenschale einschichten.

3 Den Backofen auf 200° vorheizen. Weißwein mit Crème fraîche mischen und über die oberste Sauerkrautschicht gießen.Auf der mittleren Schiene im Backofen (Gas Stufe 3) etwa 30 Min. überbacken.

• Dazu: Mehlige Salzkartoffeln.

• Getränketip: Ein leichter Riesling aus dem Elbtal.

Meißner Karpfen im Gemüsebett

Klassiker aus Sachsen

Zutaten für 4 Portionen:

1 Karpfen (etwa 1,5 kg, am besten vom Fischhändler schlachten, säubern und längs halbieren lassen)
Saft von 1/2 Zitrone (2–3 EL)
Salz
weißer Pfeffer aus der Mühle
1/4 Stück Knollensellerie
2 Möhren
1 Petersilienwurzel
1 Pastinakenwurzel (falls erhältlich)
1 kleiner Kohlrabi
1 Stange Lauch
2 mittelgroße Zwiebeln
etwa 120 g Butter
125 ml Meißner Weißwein (z.B. Traminer, oder ein anderer milder Weißwein)
1 Lorbeerblatt
200 g Sahne
1 Bund glatte Petersilie

Zubereitungszeit: etwa 1 1/2 Std.

Pro Portion: 2800 kJ / 670 kcal

1 Den Karpfen nochmals waschen und die Haut ganz leicht schräg einschneiden. Mit Zitronensaft beträufeln, leicht salzen und pfeffern.

2 Das Gemüse putzen, waschen und in dünne Stifte, Lauch und Zwiebeln in feine Ringe schneiden. Etwa 3 EL Butter in einem breiten Topf zerlassen und nacheinander Sellerie, Möhren, Petersilien- und Pastinakenwurzeln, Kohlrabi, Lauch und Zwiebeln leicht andünsten. Den Weißwein angießen. Den Backofen auf 175° vorheizen.

3 In einem Bräter mit Deckel das Gemüse verteilen, das Lorbeerblatt dazugeben, pfeffern und leicht salzen. Darauf die beiden Karpfenhälften mit der Haut nach oben legen.

4 Die restliche Butter schmelzen und den Karpfen damit begießen. Die Sahne seitlich angießen. Zugedeckt auf der untersten Schiene im Backofen (Gas Stufe 2) etwa 20 Min. mit Deckel und noch etwa 5 Min. ohne Deckel garen. (Garprobe: Rücken- oder Seitenflossen müssen sich leicht herausziehen lassen.)

5 Die Petersilie waschen, trockenschütteln und fein hacken. Jede Karpfenhälfte in der Mitte zerteilen und mit dem Gemüse anrichten. Mit Petersilie bestreuen.

- Als Beilage: Salzkartoffeln.
- Getränketip: Weißwein aus Meißen.

Gewiegtes mit Sauerkraut

Hackfleisch-Pfanne mit Kartoffelpüree

Zutaten für 4 Portionen:

40 g durchwachsener Speck
2 große Zwiebeln
1 EL Schmalz
400 g Gewiegtes (gemischtes Hackfleisch)
300 ml würzige Fleischbrühe
400 g Sauerkraut
2 Lorbeerblätter
6 Wacholderbeeren
1 TL Senfkörner
1 Gewürznelke
2 gehackte Knoblauchzehen
½ TL grob gehackter Kümmel
1 Prise Cayennepfeffer
1 Prise Zucker
schwarzer Pfeffer aus der Mühle
1 EL Tomatenmark
Salz
800 g Kartoffeln (mehligkochende Sorte)
150 ml heiße Milch
40 g Butter
frisch geriebene Muskatnuß

Zubereitungszeit: etwa 1 ½ Std.

Pro Portion: 2500 kJ / 600 kcal

1 Speck und 1 Zwiebel würfeln. In einem Schmortopf Schmalz zerlassen, den Speck goldgelb auslassen. Hackfleisch unterrühren und krümelig braten. Nach 5 Min. die Zwiebeln dazugeben. Alles etwa 10 Min. unter Rühren braten.

2 Fleischbrühe erhitzen, mit dem Sauerkraut und allen Gewürzen zum Fleisch geben. Gut umrühren und 30 Min. sanft köcheln lassen.

3 Kartoffeln schälen, waschen und in große Stücke schneiden. Knapp mit Salzwasser bedeckt garen. Abgießen und zerstampfen. Milch zugießen und mit dem Schneebesen pürieren. Butter unterrühren und mit Muskat abschmecken.

4 Die zweite Zwiebel schälen, hacken und unter das fertige Hackfleisch mischen. 5 Min. ziehen lassen, abschmecken. Zum Kartoffelpüree servieren.

Magdeburger Bördetopf

Rustikaler Eintopf

Zutaten für 4 Portionen:

250 g Lammschulter (oder Hammelfleisch)
250 g Schweinefleisch (Schulter, Hals oder Brust)
Salz
schwarzer Pfeffer aus der Mühle
1 TL kleingehackter Kümmel
1 Msp. Cayennepfeffer
3 Knoblauchzehen
500 g Kartoffeln (mehligkochende Sorte)
4–5 mittelgroße Zwiebeln
1 kleiner Weißkrautkopf (etwa 400 g)
1 EL Butter
½ TL getrockneter Thymian
200 g saure Sahne
½ l kräftig gewürzte Brühe
1 Bund Petersilie

Zubereitungszeit: etwa 3 Std.

Pro Portion: 2100 kJ / 500 kcal

1 Das Lamm- und Schweinefleisch in etwa 3 cm große Würfel schneiden. Mit Salz, Pfeffer, Kümmel, Cayennepfeffer und durchgepreßten Knoblauchzehen würzen. Abgedeckt gut durchziehen lassen.

2 Die Kartoffeln und Zwiebeln schälen, in nicht zu dünne Scheiben schneiden. Das Weißkraut putzen und den Kopf vierteln. Den Strunk herausschneiden, die Viertel quer in dünne Streifen schneiden. Den Backofen auf 250° vorheizen.

3 Einen schweren Bräter mit Deckel (Eisentopf) innen von allen Seiten mit Butter ausstreichen. Den Boden mit Zwiebeln bedecken, darauf die Kartoffelscheiben legen. Mit Salz, Pfeffer, Kümmel und Thymian leicht würzen. Darauf eine Lage Fleisch und eine Lage Weißkraut geben. Dann wieder Zwiebeln, Kartoffeln, Fleisch

Zwiebelfleisch mit Sauerkrautpuffer

Preiswerte Delikatesse

und Kraut schichten, solange, bis alle Zutaten verbraucht sind. Zwischendurch Kartoffeln und Kraut leicht würzen.

4 Die saure Sahne mit der Brühe verrühren und knapp bis zur obersten Schicht im Topf angießen. Zugedeckt im Backofen (Gas Stufe 5) auf der mittleren Schiene etwa 1 ½ Std. garen. Der Deckel sollte während der Garzeit nicht geöffnet werden!

5 Erst wenn alle am Tisch versammelt sind, wird der Topf serviert und der Deckel geöffnet. Mit gehackter Petersilie bestreuen, und jeder greift zweimal zu.

• Variante: Statt Weißkraut können Sie auch Wirsing nehmen.

Zutaten für 4–6 Portionen:

Für das Fleisch:
2 Bund Suppengrün
1 Lorbeerblatt
5 Pimentkörner
10 schwarze Pfefferkörner
¼ TL Kümmelkörner
2 Nelken
½ TL Senfkörner
½ TL Zucker
2 EL Weinessig
4 Schnitze unbehandelte Zitronenschale
Salz
800 g Schweinekamm (ohne Knochen)
300 g Zwiebeln
4 EL Butter
1–2 EL Semmelbrösel

Für die Sauerkrautpuffer:
600 g große Kartoffeln (mehligkochende Sorte)
300 g gekochtes Sauerkraut (Dose)
2 Eier
1 EL Semmelbrösel
1 EL Mehl
Salz
schwarzer Pfeffer aus der Mühle
1 Prise Zucker
1 Prise Cayennepfeffer
¼ TL gemahlener Kümmel
Schmalz zum Braten

Zubereitungszeit: etwa 3 Std.

Bei 6 Portionen pro Portion: 2400 kJ / 570 kcal

1 Das Suppengrün putzen und mit 1 l Wasser, den Gewürzen, Zucker, Essig, Zitronenschale und Salz zum Kochen bringen. (Der Sud muß kräftig schmecken.)

2 Den Schweinekamm waschen, in das kochende Wasser geben (das Fleisch soll gerade mit Wasser bedeckt sein). Etwa 1 ½–2 Std. bei geringster Hitze garen.

3 Für die Sauerkrautpuffer die Kartoffeln schälen, waschen und grob raspeln. Das Kartoffelwasser ausdrücken und abgießen. Das Sauerkraut untermischen. Die Eier unterrühren, mit Semmelbröseln und Mehl binden. Mit den Gewürzen abschmecken. Das Schmalz in einer Pfanne erhitzen. Mit einem Schöpflöffel kleine Portionen der Masse ins heiße Schmalz drücken und die Puffer von beiden Seiten goldbraun braten.

4 Die Zwiebeln schälen und vierteln. In einer Pfanne die Butter zerlassen und die Zwiebeln darin goldgelb anbraten. Etwa die Hälfte vom Fleischsud angießen und die Zwiebeln darin etwa 20 Min. dünsten. Mit 1–2 EL Semmelbröseln die Sauce sämig binden und nochmals abschmecken.

5 Das Fleisch in Scheiben schneiden. Mit der Zwiebelsauce und den Sauerkrautpuffern anrichten.

Leipziger Allerlei

Gemüse für Feinschmecker

Zutaten für 4 Portionen:

200 g junge, grüne Bohnen (Prinzeßböhnchen)
200 g Spargel
100 g frische Erbsen
12 kleine Möhren mit Grün
1 kleiner Blumenkohl (etwa 400 g)
2 kleine junge Kohlrabi
12 Morcheln nach Belieben
80 g Butter
Salz
2 Prisen Zucker
8 frische Krebse (jeweils etwa 80 g)
1/4 TL Kümmel
1 Zweiglein Dill
1 kleine Zwiebel
1/2 Bund Petersilie
100 ml trockener Weißwein
200 ml Sahne
1 Prise Cayennepfeffer
frisch geriebene Muskatnuß
20 g Krebsbutter (siehe Tip, oder fertige aus dem Glas)
weißer Pfeffer aus der Mühle

Zubereitungszeit: etwa 2 1/2 Std.

pro Portion: 2200 kJ / 520 kcal

Das »Leipziger Allerlei« ist wohl das schönste und bekannteste Gemüsegericht aus der sächsischen Küche. Es waren die Gemüse der Jahreszeit, der »Allerleizeit«, die frisch in die Küche kamen und zu einem farbenfrohen Arrangement angerichtet wurden.

Natürlich gibt es viele Varianten der Zubereitung, eines aber ist besonders wichtig: Das Gemüse muß immer ganz frisch sein! Sie können Morcheln und Krebse weglassen, oder aber auch die Krebsnasen mit einer pikanten Grieß- oder Semmelknödelmasse füllen, was dem Gericht noch zusätzlich Raffinesse verleiht.

• Krebsbutter können Sie ganz leicht selbst herstellen: Die Schalen der gekochten Krebse 1 Std. im Backofen bei 100° (Gas Stufe 1) trocknen lassen. Im Mörser zerreiben und mit Butter in einer Pfanne unter Rühren auslassen, bis die Butter geklärt ist. Durch ein feines Sieb gießen und die Butter weiterverwenden.

1 Die Böhnchen putzen und die Stielansätze abschneiden. Den Spargel schälen, die holzigen Enden abschneiden. Die Erbsen auspalen. Die Möhrchen schälen, das Grün etwa 2 cm stehen lassen. Blumenkohl putzen, in kleine Röschen teilen. Kohlrabi schälen, in etwa 3 cm lange Stifte schneiden.

2 Jedes Gemüse extra für sich unter fließendem Wasser in einem Sieb abspülen und abtropfen lassen. Die Stielenden der Morcheln abschneiden, die Morcheln gründlich waschen und heiß überbrühen. Die Morcheln ausdrücken und 5–10 Min. in etwas Butter dünsten.

3 Das Gemüse sortenweise in kochendem Salzwasser, gewürzt mit 1 Prise Zucker und 1 TL Butter in 8 –10 Min. knackig garen. Das Gemüse jeweils in Eiswasser abschrekken, danach gut abtropfen lassen. Das Kochwasser aufheben.

4 Die Krebse unter fließendem Wasser gründlich abspülen. Etwa 1 1/2 l Wasser mit 1 TL Salz zum Kochen bringen. Kümmel, Dill, die geschälte Zwiebel und die Petersilienstengel ohne Blättchen in den Sud geben. Jeweils 4 Krebse in den kochenden Sud legen und in 8 –10 Min. garziehen lassen.

5 Herausheben, kurz kalt abspülen und auf einem Küchentuch abtropfen lassen. Das Fleisch aus der Schale brechen, den Darm entfernen und die Krebsnasen nach Belieben weiter verwenden (siehe Tip).

6 Etwa 200 ml von der Gemüsebrühe mit dem Weißwein aufkochen. Die Sahne angießen und alles auf etwa die Hälfte einkochen lassen. Die Sauce mit Salz, Pfeffer und je 1 Prise Cayennepfeffer, Zucker und Muskat abschmecken.

7 Butter und Krebsbutter in einer Pfanne zerlassen. Das Krebsfleisch mehrmals durch die Butter schwenken und herausnehmen. Die Morcheln und danach das Gemüse (jede Sorte für sich) ebenfalls durch die heiße Butter schwenken. Leicht salzen und pfeffern.

8 Auf einer vorgewärmten großen Platte das Gemüse, die Morcheln und die Krebse dekorativ anrichten. Die Sauce seitlich und zwischen das Gemüse geben. Mit gewaschenen Petersilienblättchen garnieren.

Broilerbrüstchen

Hähnchenbrust in Senfpanade

Zutaten für 4 Portionen:

8 ausgelöste Broiler- (Hähnchen-) brustfilets
1 ½ unbehandelte Zitronen
Salz
weißer Pfeffer aus der Mühle
Cayennepfeffer
4 EL mittelscharfer Senf
3 Eigelb
etwa 50 g Sahne
1 Prise Zucker
1 EL Mehl
200 g Semmelbrösel
3 EL Butterschmalz
1 EL Kräuterbutter

Zubereitungszeit: etwa 1 Std. (+ 2–3 Std. Marinierzeit)

Pro Portion: 2200 kJ / 520 kcal

1 Broilerbrüstchen abspülen und trockentupfen. Leicht klopfen, von beiden Seiten mit 2–3 EL Zitronensaft, Salz, Pfeffer und Cayennepfeffer würzen.

2 Den Senf mit 3 Eigelb, Zitronenschale, Sahne und 1 Prise Zucker verrühren. Die Brustfilets leicht mit Mehl bestäuben und beidseitig mit der Eigelbmischung bestreichen. 2–3 Std. ziehen lassen.

3 Semmelbrösel auf einen flachen Teller streuen. Die einzelnen Filets abtropfen lassen, in den Bröseln wälzen. Die Panade gut festdrücken.

4 Butterschmalz in einer Pfanne erhitzen und die Broilerfilets etwa 10 Min. goldbraun von beiden Seiten braten. Mit Kräuterbutter und einer Zitronenspalte servieren.

• Dazu: Warmer Kartoffelsalat und ein frischer grüner Salat nach sächsischer Art. Kopfsalat putzen, waschen, zerpflücken. Gut abtropfen lassen. 30 g Butter schmelzen und leicht bräunen, abkühlen lassen. Den Salat mit dem Saft von 1 Zitrone, Salz, 1 EL Zucker und der braunen Butter vermengen.

Kaninchenfilet »Elbflorenz«

Mit pikanter Schnittlauchsahne

Zutaten für 4–6 Portionen:

8 ausgelöste Kaninchenrückenfilets (jeweils 80–100 g)
1 unbehandelte Zitrone
Salz
schwarzer Pfeffer aus der Mühle
1 EL Mehl
125 g Sahne
40 g durchwachsener Räucherspeck
½ Bund Schnittlauch
2 EL Butter
1 EL Öl
200 ml Weißwein
1 EL mittelscharfer Senf
1 Prise Zucker

Zubereitungszeit: etwa 1 Std.

Bei 6 Portionen pro Portion: 1700 kJ / 400 kcal

1 Die Filets waschen und abtrocknen, Hautreste ablösen. Die Zitrone waschen, die Schale abreiben. Die Filets mit Salz, Pfeffer und Zitronenschale würzen, mit Mehl bestäuben.

2 Die Sahne steif schlagen. Den Speck in dünne Scheiben und den Schnittlauch in Röllchen schneiden.

3 In einer Bratpfanne die Butter mit dem Öl erhitzen und die Speckscheiben glasig anbraten. Den Speck zur Seite schieben, die Filets von beiden Seiten je 4 Min. braten. Speck und Filets aus der Pfanne nehmen, zusammen in Alufolie wickeln und warmhalten.

4 Das Bratfett mit Weißwein ablöschen. Den Senf unterrühren und aufkochen lassen. Die Schlagsahne vorsichtig unterrühren. Die Sauce mit 1 Prise Zucker abschmecken und den Schnittlauch einstreuen.

Harzer Lamm in Buttermilch

Ein feines Essen für Gäste

5 Zum Anrichten die Filets in schräge Scheiben schneiden. Die cremige Schnittlauchsahne–Sauce auf Teller verteilen und die Filets auf die Sauce legen. Eventuell die Speckscheiben mit dazulegen.

• Dazu passen Kartoffelhörnchen (Rezept auf Seite 106) und Apfel-Chicorée-Salat (Rezept auf Seite 126).

Zutaten für 4–6 Portionen:

1 unbehandelte Zitrone
1 kg Lammfleisch aus der Keule (ausgebeint)

Für die Marinade:
2 Lorbeerblätter
3 Gewürznelken
5 Pfefferkörner
Salz
1 l Buttermilch

Weitere Zutaten:
50 g durchwachsener Speck
4 EL Öl
4 EL Butter
300 ml trockener Weißwein
2 Knoblauchzehen
1 Bund glatte Petersilie
150 g Crème fraîche
1 EL Mehl

Zubereitungszeit: etwa 2 ½ Std. (+ 2 Tage Marinierzeit)

Bei 6 Portionen pro Portion: 3300 kJ / 790 kcal

1 Die Zitrone waschen, die Schale abreiben, in ein Schüsselchen geben und mit Folie bedeckt in den Kühlschrank stellen. Den Zitronensaft auspressen.

2 Die Lammkeule mit dem Zitronensaft einreiben. Das Fleisch mit den Gewürzen für die Marinade in ein hohes Gefäß legen, mit gut gesalzener Buttermilch bedecken und zugedeckt 2 Tage kühlstellen. Ab und zu das Fleisch wenden.

3 Das Lammfleisch aus der Buttermilchbeize nehmen und gut abtrocknen. Den Speck in dünne Scheiben schneiden. Den Backofen auf 175° vorheizen.

4 In einem Bräter Öl und Butter erhitzen und das Lamm von allen Seiten anbraten. Etwa 300 ml Wasser mit dem Weißwein mischen und zugießen. Das Fleisch mit den Speckscheiben belegen und den Bräter in den heißen Backofen (Gas Stufe 2) schieben. Unter häufigem Begießen die Lammkeule etwa 1 ½ Std. braten.

5 Die Knoblauchzehen schälen und mit der gewaschenen Petersilie fein hacken. Zusammen mit der abgeriebenen Zitronenschale zur Bratensauce geben. Crème fraîche mit 1 EL Mehl verquirlen und in die Sauce rühren. Nochmals abschmecken. Die Lammkeule in Scheiben schneiden, mit reichlich Sauce servieren.

• Dazu: Thüringer Klöße (Rezept auf Seite 101).

• Als Gemüsebeilage eignen sich Rosenkohl oder Speckbohnen.

Frischlingssteaks

Wild in Wacholdersauce

Zutaten für 4 Portionen:

4 zarte Frischlingsteaks (aus der Nuß, jeweils 150–200 g)
schwarzer Pfeffer aus der Mühle
8 Wacholderbeeren
1 großes Stück Senfgurke
75 g Butter
Salz
1 EL Johannisbeergelee
4 cl Wacholderschnaps (Gin)
¼ l saure Sahne

Zubereitungszeit: 30 Min.

Pro Portion: 1600 kJ / 380 kcal

1 Die Frischlingsteaks leicht klopfen und von beiden Seiten pfeffern. Die Wacholderbeeren im Mörser zerdrücken. Die Senfgurke in sehr kleine Würfelchen schneiden.

2 In einer größeren Bratpfanne die Butter zerlassen, die Wacholderbeeren unterrühren, bis die Butter leicht schäumt.

3 Nun die Steaks von beiden Seiten unter häufigem Wenden und Begießen etwa 5 Min. saftig braten. Leicht salzen. Zugedeckt warmhalten (am besten in Alufolie wickeln).

4 Die Senfgurke in der Bratbutter anschwitzen. Das Johannisbeergelee und den Gin untermischen. Saure Sahne unter den Bratfond rühren. Kurz aufkochen lassen, nochmals aus der Mühle pfeffern.

• Die Steaks mit eingelegtem Kürbisgemüse anrichten. Dazu passen Speck-Kräuter-Knödel.

• Getränketip: Frisches Pils.

Zunge in Rosinensauce

Pikant, säuerlich und von raffinierter Süße

Zutaten für 4–6 Portionen:

1 frische, ungepökelte Rinderzunge (etwa 1 kg, beim Metzger vorbestellen)
¼ Stück Knollensellerie
1 Möhre
1 kleine Stange Lauch
1 Petersilienwurzel
1 Zwiebel
2 TL Salz
2 Lorbeerblätter
5 Pimentkörner
10 Pfefferkörner
1 Zweig Thymian (ersatzweise ¼ TL getrockneter)
2 Gewürznelken

Für die Rosinensauce:
2 EL Rosinen
3 EL Rotwein
40 g Butter
1 EL Zucker
2 EL Mehl
½ l Zungenbrühe (durchpassiert)
2 EL gestiftelte süße Mandeln
1 EL Rotweinessig
1 EL Johannisbeerkonfitüre
1 TL scharfer Senf
schwarzer Pfeffer

Zubereitungszeit: etwa 1 ½ Std. (+ 1 Std. Wässern + 2–3 Std. reine Garzeit)

Bei 6 Portionen pro Portion: 2100 kJ / 500 kcal

1 Die Zunge waschen, säubern und etwa 1 Std. wässern. Das Gemüse putzen, waschen und in grobe Würfel schneiden.

2 Die Zunge in Salzwasser zum Kochen bringen. Nach dem Aufkochen den Schaum mehrmals abschöpfen. Das Gemüse und die Gewürze dazugeben. Bei geringer Hitze zugedeckt etwa 2–3 Std. garen. (Garprobe an der Zungenspitze!) Die Rosinen waschen und in Rotwein einweichen.

3 Die Zunge herausnehmen, kalt abschrecken und die Haut abziehen. Das Zungenbein und den Schlund abschneiden. Die Zunge in den Sud zurücklegen und warmhalten.

4 Die Butter für die Rosinensauce zerlassen, Zucker unter ständigem Rühren hinzufügen und leicht anbräunen. Das Mehl einrühren und alles mit dem Zungensud ablöschen. Dabei mit einem Schneebesen rühren, damit sich keine Klümpchen bilden. Zu einer sämigen Sauce verkochen.

5 Die eingeweichten Rosinen zusammen mit dem Rotwein und den Mandeln in die Sauce rühren. Mit Essig, Konfitüre, Senf und Pfeffer abschmecken.

6 Die Zunge aus dem heißen Sud nehmen und in schräge, nicht zu dünne Scheiben schneiden. Auf einer vorgewärmten Platte anrichten. Mit einem Teil der Rosinensauce übergießen, den Rest gesondert dazureichen.

• Mit Kartoffelpüree oder Klößen und einem frischen Salat servieren.

Rouladen nach »Höppner Oma«

Ein altes Familienrezept

Zutaten für 4 Portionen:

4 Scheiben Rinderrouladen (jeweils etwa 150 g, gut abgehangen)
2 kleine Gewürzgurken
2 mittelgroße Zwiebeln
etwa 120 g fetter Speck
2 Eier
schwarzer Pfeffer aus der Mühle
einige Tropfen Zitronensaft
etwas Streuwürze
1 Prise Zucker
3 EL Paniermehl
Salz
1 EL scharfer Senf
Butterschmalz zum Braten
1 TL Mehl
½ l Brühe
Petersilie zum Garnieren

Zubereitungszeit: etwa 2 ½ Std.

Pro Portion: 2600 kJ / 620 kcal

1 Für die Füllung Gurken, 1 Zwiebel und 80 g Speck in kleine Würfel schneiden. 2 Eier verquirlen und mit Gurken, Zwiebel und Speck vermischen. Mit Pfeffer, etwas Zitronensaft, Streuwürze und 1 Prise Zucker kräftig abschmecken. Das Paniermehl gut unterrühren. Die Füllung etwas quellen lassen.

2 Die Rouladenscheiben ausbreiten, leicht salzen, pfeffern und dünn mit Senf bestreichen. Die Füllung gleichmäßig auf die Rouladen verteilen und glattstreichen. Den Rand etwas freilassen, damit die Masse beim Braten nicht austritt. Die Rouladen aufrollen und mit Küchengarn einbinden.

3 Butterschmalz in einem Schmortopf auslassen und die Rouladen darin bei starker Hitze scharf anbraten. Sie müssen von allen Seiten schön braun werden, das erst gibt später der Sauce Würze und Geschmack. Restliche Zwiebel und Speck kleinschneiden und ebenfalls mit anbraten. Wenn alle Zutaten schön gebräunt sind, mit der Brühe ablöschen. Etwa 1 ½ Std. köcheln lassen.

4 Die fertigen Rouladen aus der Sauce nehmen, das Garn entfernen und warmstellen. Nach Belieben die Sauce binden, damit sie schön sämig wird. 1 TL Mehl mit etwas kaltem Wasser verquirlen, unterrühren und aufkochen lassen.

5 Die Rouladen längs aufschneiden und die Hälften auf eine vorgewärmte Platte legen. Mit Petersilie garnieren.

• Beilagen: Salzkartoffeln und Rotkohl.

• Dieses Familienrezept der »Höppner Oma« stammt aus dem Hotelrestaurant zum »Wilden Mann« in Annaberg. Sie erlernte dort 1899 das Kochhandwerk – um, wie damals üblich, als junges Mädchen für die Ehe gerüstet zu sein.

Reicher Ritter

Frankenberger Spezialität

Zutaten für 4 Portionen:

8 Scheiben Weißbrot vom Vortag (ohne Rinde)
6 EL Pflaumenmus
¼ l Milch
4 EL Sahne
3 Eier
1 unbehandelte Zitrone (Schale)
1 Päckchen Vanillezucker
1 Prise Salz
6 EL Semmelbrösel
Butterschmalz zum Ausbraten
Zucker und Zimt

Zubereitungszeit: etwa 20 Min.

Pro Portion: 2700 kJ / 640 kcal

1 Je vier Weißbrotscheiben mit Pflaumenmus bestreichen. Die anderen vier Scheiben darauf legen.

2 Milch und Sahne mit Eiern, abgeriebener Zitronenschale, Vanillezucker und Salz verquirlen.

3 Die Doppeldecker-Weißbrotscheiben durch die Eiermilch ziehen und vollsaugen lassen, sie dürfen aber nicht zerfallen! Herausnehmen, in Semmelbröseln wenden. Gut festdrücken.

4 Im heißen Butterschmalz von beiden Seiten je 3 Min. goldgelb und knusprig braten. Mit Zucker und Zimt bestreuen und sofort servieren.

• Dazu gibt es Kompott (Preiselbeeren), beliebige Obstsaucen, Vanille- oder Schokoladensauce.

• Reste vom Milch-Ei-Gemisch kurz mitbraten. Wenn Sie den »Armen Ritter« bevorzugen, braten Sie die Weißbrotscheiben einfach ohne Füllung. Gut geeignet sind auch Milchbrötchen, Zwieback, Einback.

• Trinken Sie dazu: » Ä Schählchn heesn Muggefugg oder Bliehmchngaffee!« (1 Tasse heißen Malzkaffee).

Süßer Eier-Apfel

Kleine Mahlzeit

Zutaten für 4 Portionen:

2 EL Rosinen
2 cl Cognac
3 Äpfel (z.B. Boskoop, Jonathan)
Saft von ½ Zitrone (2–3 EL)
3 EL Butter
2 Päckchen Vanillezucker
4 Eier
1 Prise Salz
Zimt und Zucker

Zubereitungszeit: etwa 20 Min.

Pro Portion: 1400 kJ / 330 kcal

1 Rosinen waschen, abtrocknen und in Cognac einweichen. Die Äpfel schälen, vierteln und das Kerngehäuse entfernen. Apfelviertel in dünne Spalten schneiden und mit etwas Zitronensaft beträufeln.

2 In einer Pfanne die Butter zerlassen und die Äpfel darin schwenken. Vanillezucker darüber streuen. Die Rosinen ohne Flüssigkeit dazugeben, nochmals durchschwenken.

3 Die Eier aufschlagen, verquirlen und mit 1 Prise Salz würzen. Über die Apfelspalten gießen und leicht stocken lassen. Auf Teller geben, mit Zimt und Zucker bestreuen und sofort heiß essen.

• Dazu wird gerne Zwieback gereicht.

Quarkkeulchen

Kartoffelplätzchen

Zutaten für 4 Portionen:

800 g gekochte Pellkartoffeln vom Vortag (mehligkochende Sorte)
100 g Korinthen (ersatzweise Rosinen)
180 g Mehl + 1 TL Mehl
1 TL Backpulver
500 g Magerquark
2 Eier
½ TL Salz
1 Prise frisch geriebene Muskatnuß
½ unbehandelte Zitrone (Schale)
1 Päckchen Vanillezucker
Butterschmalz
Zucker und Zimt

Zubereitungszeit: etwa 1 Std.

Pro Portion: 2600 kJ / 620 kcal

1 Kartoffeln pellen und in eine Schüssel reiben. Korinthen mit heißem Wasser überbrühen und 5 Min. quellen lassen. Mehl und Backpulver über die Kartoffeln sieben. Den Quark durch ein Sieb dazustreichen.

2 Die Eier verquirlen und Salz, Muskat, Zitronenschale und Vanillezucker dazugeben. Die eingeweichten Korinthen abgießen, trockentupfen und leicht mit Mehl bestäuben. Alles gut durcharbeiten, zu einem formbaren Teig verkneten.

3 Auf einer bemehlten Arbeitsfläche den Teig zu einer Rolle (Ø 5–6 cm) formen. In gleichmäßige, etwa 1,5 cm dicke Scheiben (Keulchen) schneiden und flachdrücken.

4 Butterschmalz in einer Pfanne erhitzen und die Keulchen von beiden Seiten etwa 8 Min. goldbraun braten.

• Sächsische »Gwahrggeilchen« werden vor dem Servieren mit Zucker oder einem Gemisch aus Zucker und Zimt bestreut. Dazu paßt ein Kompott aus frischen Früchten (Apfelmus, Birnen, Preiselbeeren).

Buttermilchgetzen

Aus dem Erzgebirge

Zutaten für 4 Portionen:

800 g rohe Kartoffeln
300 g gekochte Kartoffeln vom Vortag (beides mehligkochende Sorte)
200 ml frische Buttermilch (mit Butterflöckchen)
1 Zwiebel
1–2 Knoblauchzehen
½ TL gehackter Kümmel
1 TL Salz
schwarzer Pfeffer aus der Mühle
100 g durchwachsener Speck
Butterschmalz

Zubereitungszeit: etwa 1 ½ Std.

Pro Portion: 1500 kJ / 360 kcal

1 Die rohen Kartoffeln schälen, waschen und fein reiben. Das austretende Wasser vorsichtig abgießen, die abgesetzte Stärke auffangen. Die gekochten Kartoffeln pellen und fein reiben, mit der rohen Kartoffelmasse vermischen.

2 Die Buttermilch dazugeben. Zwiebel und Knoblauchzehen schälen und reiben, zusammen mit den Gewürzen alles gut zu einem dicklichen Brei vermischen. Den Backofen auf 200° vorheizen.

3 Den Speck klein würfeln. In einer Getzenpfanne (oder einer anderen rechteckigen Pfanne von etwa 20 x 30 cm) den Speck im Butterschmalz auslassen. Die Getzenmasse 1 ½ cm hoch einfüllen, mit dem Speck verrühren und im Backofen (Gas Stufe 3) etwa 1 Std. knusprig braun backen. In der Pfanne servieren.

• Der Getzen, auch »Tootsch« genannt, ist ein sättigendes Hauptgericht, aber auch eine ideale Beilage zu Rinder,- Sauer- oder Schweinebraten.

• Die einfachste Getzenart ist »Rauchemad«: In Speck gebratene, geriebene Kartoffeln.

Prasselkuchen

Sächsischer Blitzkuchen

Zutaten für 30 Stückchen:

1 Paket tiefgekühlter Blätterteig (300 g, 5 Platten)
200 g Mehl + Mehl zum Ausrollen
100 g Zucker
125 g Butter
1 Prise Salz
2–3 EL Zitronensaft
100 g Puderzucker
1 EL zerlassenes Pflanzenfett

Zubereitungszeit: etwa 30 Min.

Pro Stückchen: 510 kJ / 120 kcal

1 Die Blätterteigscheiben auseinanderlegen und etwa 20 Min. auftauen lassen. Inzwischen aus Mehl, Zucker, Butter und 1 Prise Salz in einer Schüssel krümelige Streusel kneten.

2 Für die Glasur den Zitronensaft mit Puderzucker und zerlassenem und wieder abgekühltem Pflanzenfett verrühren.

3 Nacheinander jede Blätterteigplatte auf einer bemehlten Arbeitsfläche dünn ausrollen und Stücke von 6 x10 cm ausschneiden. (aus einer Platte 6 Stück). Mit einer Gabel jede Scheibe mehrfach einstechen und mit einem Kuchenpinsel einen Hauch Wasser darüberstreichen. Den Backofen auf 225° vorheizen. Ein Backblech kalt abspülen. Die Teigstücke darauflegen und reichlich mit Streuseln belegen.

4 Im Backofen (Gas Stufe 4) auf mittlerer Schiene in etwa 15 Min. hellgelb backen. Die Stückchen etwas abkühlen lassen und mit dem Pinsel die Zitronenglasur aufstreichen. Die kleinen Blechkuchen sind so knusprig, daß man es beim Hineinbeißen »Prasseln« hört.

• Der Prasselkuchen hält sich in einer Dose über längere Zeit frisch. Er läßt sich auch gut einfrieren.

Leipziger Lerchen

Traditionsreiches Gebäck

Zutaten für 10 Lerchen:

Für den Mürbeteig:
250 g Mehl
125 g Butter
125 g Zucker
2 Eigelb (2 Eiweiß aufheben!)
1 EL Weinbrand
1 Prise Salz

Für die Füllung:
125 g Butter
150 g Puderzucker
100 g geriebene süße Mandeln
10 g geriebene bittere Mandeln (ersatzweise 2 Tropfen Bittermandelaroma)
75 g Mehl
3 Eiweiß (2 vom Teig übrig!)
50 g Zucker
4 EL Aprikosenkonfitüre
1 Eigelb

Zubereitungszeit: etwa 1 ½ Std.

Pro Stück: 2300 kJ / 560 kcal

1 Das Mehl in eine Backschüssel sieben und in die Mitte eine Vertiefung drücken. Butter in Flöckchen auf den Mehlrand setzen. Zucker, Eigelb, Weinbrand und 1 Prise Salz in die Mulde geben. Alles fix zu einem glatten Teig verkneten und mit einem Tuch abgedeckt etwa ½ Std. im Kühlschrank ruhen lassen.

2 Für die Füllung Butter und Puderzucker cremig rühren. Nach und nach die geriebenen Mandeln und das Mehl zugeben. Die 3 Eiweiß mit 50 g Zucker steif schlagen und unter die Mandelmasse heben.

3 Den Mürbeteig auf einer bemehlten Arbeitsfläche etwa ½ cm dünn ausrollen. Kleine, runde Backförmchen mit gewelltem Rand (Ø 6–8 cm, Höhe 4 cm) mit Butter fetten und mit Teig auslegen, etwas Teig zurückbehalten. Mit einer Gabel den Teig mehrmals einstechen. Den Backofen auf 175° vorheizen.

4 Die ausgelegten Teigförmchen mit erwärmter Aprikosenkonfitüre ausstreichen, die Mandelmasse einfüllen. Vom Restteig schmale Streifen ausrädeln, je 2 Streifen kreuzweise auf die gefüllten Förmchen legen mit Eigelb bepinseln.

5 Die Förmchen auf das Gitter im Backofen (Gas Stufe 2) auf die mittlere Schiene stellen, etwa 40 Min. hellbraun backen. Die etwas abgekühlten Lerchen aus den Förmchen lösen.

- Mit einer Fruchtjoghurtsauce oder Schlagsahne servieren.

- Als 1880 die Jagd auf Feldlerchen verboten wurde, tauften findige Bäcker ein Mandeltörtchen auf den Namen der vorher so beliebten gebratenen Vögel.

Dresdner Eierschecke

Berühmter Blechkuchen

Zutaten für 20–25 Stück:

Für den Hefeteig:
400 g Mehl
40 g Hefe
¼ l lauwarme Milch
80 g Zucker
80 g Butter
1 Prise Salz
1 Ei

Für den Quarkbelag:
1 kg Quark (20 % Fett)
100 g Zucker
1 Päckchen Vanillezucker
2 Eigelb (2 Eiweiß aufheben)
1 unbehandelte Zitrone
1 Prise Salz
100 g Mandelblättchen
50 g Rosinen oder Korinthen

Für die Pudding-Ei-Masse:
250 g Butter
100 g Zucker
½ – ¾ l Milch
80 g Vanille-Puddingpulver
4 Eier, getrennt
2 Eiweiß (vom Quarkbelag)

Außerdem:
70 g Butter (fürs Backblech und zum Bestreichen)
50 g Zucker

Zubereitungszeit: etwa 2 ½ Std.

Bei 25 Stücken pro Stück:
1400 kJ / 330 kcal

1 Das Mehl in eine Schüssel sieben. In die Mitte eine Vertiefung drücken und die Hefe hineinbröckeln. Hefe mit der Hälfte der warmen Milch und des Zuckers vermengen. Abgedeckt an einem warmen Ort etwa 20 Min. gehen lassen.

2 Die Butter zerlassen. Mit der restlichen Milch, Zucker, Salz und 1 verquirlten Ei vermischen, zum Teig geben. Mit dem Knethaken des Handrührgerätes sehr gut durchschlagen. Nochmals kurz ruhen lassen.

3 Für den Quarkbelag den Quark mit Zucker, Vanillezucker, Eigelb, etwas abgeriebener Zitronenschale, einigen Spritzern Zitronensaft und 1 Prise Salz schaumig rühren. Die Mandelblättchen unterheben.

4 Für die Puddingmasse Milch mit Butter und Zucker erhitzen und das in etwas kalter Milch angerührte Puddingpulver einrühren. Aufkochen und abkühlen lassen. Den Backofen auf 175° vorheizen.

5 Hefeteig in der Größe des Backblechs ausrollen, auf das gefettete Blech legen. Mit Quarkmasse bestreichen, Rosinen darüberstreuen. 4 Eigelb unter die abgekühlte Puddingmasse rühren. Alles Eiweiß steif schlagen, vorsichtig unterheben. Die Creme auf den Quarkbelag streichen. Die Eierschecke im Backofen bei Mittelhitze (Gas Stufe 3) etwa 80 Min. goldgelb backen. Heiß mit zerlassener Butter bestreichen und mit Zucker bestreuen.

Sächsischer Weihnachtsstollen

Weltberühmte Spezialität

Zutaten ergeben 3–4 Stollen (jeweils etwa 1,5 kg):

750 g Rosinen
½ Tasse Rum
1,8 kg Mehl + Mehl zum Ausrollen
140 g Hefe
gut ½ l Milch
350 g Zucker
500 g süße Mandeln
10 bittere Mandeln
600 g Zitronat
18 g Salz
875 g Fett (⅔ Butter, ⅓ Butter- und Schweineschmalz gemischt)

Zum Bestreichen:
150 g Butter
5 El Zucker gemischt mit 2 Päckchen Vanillezucker
200 g Puderzucker

Zubereitungszeit: etwa 2 ½ Std. (+ Ruhezeiten)

Bei 4 Stollen pro Stollen: 26000 kJ / 6200 kcal (ein Stollen ergibt etwa 30 Stücke)

Stollen schmeckt am besten, wenn er einige Wochen abgelagert ist – dann erst kommt sein Aroma voll zur Geltung. Backen Sie Ihren Weihnachtsstollen deshalb schon einige Wochen vor dem Fest. Zur Lagerung in einer Zellophanhülle verschließen und kühl aufbewahren.

• Kartoffelkuchen mit Stollenteig: Zu 500 g fertigem Stollenteig 250 g gekochte und geriebene Pellkartoffeln mischen. Alles gut verkneten. Auf einem gefetteten Blech auslegen (etwa 5–6 cm hoch) und mit dem Daumen Kuhlen in den Teig drücken. 150–200 g zerlassene Butter, Zucker und Zimt über den Teig streuen. Bei 180° etwa 50 Min. backen. Noch frisch und warm mit Milchkaffee (»Muckefuck«) genießen!

• Alte sächsische Chroniken besagen, daß schon im 15. Jahrhundert Stollen gebakken wurde. Seine Form erinnert an das Wickelkind in der Krippe. Der berühmteste unter den Stollen ist der »Dresdner Stollen«. Die Bäcker hüten noch heute sein Rezept – und in der Vorweihnachtszeit wird er in alle Welt verschickt.

1 Bereits am Vortag die Rosinen waschen, trockenschütteln und mit Rum übergießen. Zugedeckt bis zum Backen durchziehen lassen. Alle Backzutaten an einem warmen Ort bereitstellen.

2 Am Backtag etwa ein Viertel des Mehls in eine Backschüssel sieben und in die Mitte eine Mulde drücken. Die Hefe hineinbröckeln und mit etwas lauwarmer Milch und 1 TL Zucker zu einem Vorteig verarbeiten. Mit einem Tuch abdekken und 20 Min. an einem zugfreien Platz gehen lassen.

3 Alle Mandeln und das Zitronat hacken. Den Vorteig mit dem restlichen Mehl, der Milch, Zucker, den zerkleinerten Zutaten, Salz, weichem Fett und abgetropften Rosinen verarbeiten. Sehr gut durchkneten und 1 Std. gehen lassen. (Bei etwa 20°, aber nicht zu nah am Ofen).

4 Den Stollenteig in Portionen teilen (etwa 1,5 kg). Jedes Teil nochmals gut durcharbeiten und wieder etwa 1 Std. gehen lassen.

5 Nun jedes Teigstück auf einer bemehlten Arbeitsfläche ausrollen und zur typischen Stollenform übereinander schlagen. Das gelingt am besten, wenn der Teig über einen Holzstiel gelegt wird. Den Stiel vor dem Backen wieder vorsichtig herausziehen. Den Backofen auf knapp 200° vorheizen.

6 Ein Backblech mit Backpapier auslegen (oder gut ausfetten) und den bemehlten Stollen eng an den Rand legen. (So behält er beim Backen seine Form). Mit warmem Wasser bestreichen. (Haben Sie eine Stollenbackform? Diese ausbuttern, Teig einlegen und an der Oberfläche leicht einkerben).

7 Den Teig nochmals etwas ruhen lassen, er sollte sich »wollig« anfühlen. Die Stollen nacheinander im Backofen (Gas Stufe 3) etwa 1 Std. backen. (Machen Sie die Garprobe mit einem Holzspießchen!)

8 Die Stollen abkühlen lassen und mit zerlassener Butter bestreichen. Mit Zucker und Vanillezucker bestreuen. Nochmals buttern und mit Staubzucker überpudern. (Diese Butter-Zuckerhülle verhindert das Austrocknen.)

Baumkuchen – eine starke Idee

Die eigentliche Geburtsstunde des »Königs aller Kuchen« schlug vor bald 200 Jahren in Mitteldeutschland. In die Wiege gelegt wurden ihm guter Geschmack, leichte Verträglichkeit, besonderes Aussehen, Berühmtheit und Unsterblichkeit...

Ein ganzer Baumkuchen ist die Zierde jeder Festtafel. Wenn er in seiner stolzer Größe von gut einem Meter und um die 60 kg schwer, mit Glasur versehen und mit Tüchlein, Blumen oder Früchten geschmückt, wie ein Baum alles andere überragt, bietet er wirklich einen imposanten Anblick.
Am besten schmeckt er in ganz dünne Scheiben geschnitten. Diese Scheiben erinnern mit ihren Schichten an die Jahresringe eines Baumes. So erklärt sich vielleicht sein Name, aber kaum jemand weiß, wieviel handwerkliche Erfahrung, Ausdauer und Sorgfalt zu seiner Herstellung nötig sind.

Die Vorläufer des heutigen Baumkuchens wurden noch nicht aus lockerem Eierteig, sondern aus einfachem Brotteig gebacken. Denn Zucker war ein rarer und teurer Artikel und erst mit seiner Popularisierung trieb die Zuckerbäckerei, vorwiegend in den europäischen Hofküchen, zu üppiger Blüte. Sicher ist, daß der Baumkuchen mit mehr oder weniger technischer Raffinesse, an einem langen sich drehenden Spieß, schichtweise über offenem Feuer gebacken wurde. Später wurde der Spieß durch eine Holzwalze ersetzt. Über offenem Buchenfeuer drehen heute höchstens noch Hobbybäcker mit viel Zeit gefühlvoll ihren Kuchen.

Die professionellen Baumkuchenhersteller bedienen sich längst der modernen Technik, und in den von Gas beheizten Öfen drehen sich bis zu acht Walzen auf einmal. Bevor die Walzen in den Ofen gehängt werden können, müssen sie »präpariert« werden. Dazu wird

Nur Profis mit viel Erfahrung und Fingerspitzengefühl bekommen die Ringe im Baumkuchen so perfekt hin.

Ganz oben: Temperaturen um 70° herrschen in der Nähe des Ofens und der Bäcker, der am Tag 12–14 Baumkuchen produziert, hat so manchen Schweißtropfen wegzuwischen...

dünnes Pergamentpapier um die Walzen gelegt und mit Küchenfaden wie ein Paket fest verschnürt. Das hat den Sinn, daß man später den fertigen Kuchen gut von der leicht konischen Holzwalze ziehen kann.

Die berühmten Baumkuchenbäcker in Salzwedel, einer kleinen Stadt im Altmärkischen, wissen einen vorzüglichen Teig herzustellen. Seine Zubereitung erfolgt in drei Arbeitsgängen: viele Eigelb werden mit Zucker schaumig gerührt. In geklärte Butter kommt das Mark von ausgekratzter Vanilleschote und nach Geschmack Rum und weitere Gewürze. Feinstes Mehl wird dazu gesiebt, und zum Schluß werden die steifgeschlagenen Eiweiße untergehoben.

Nun wird der fertige Teig gleichmäßig über die präparierten und eingefetteten Walzen gestrichen, die schon im heißen Ofen rotieren. Ist die erste Schicht gebacken, wird wieder Teig darauf gegossen und gebacken. Das geht so weiter, bis je nach gewünschter Größe 10–25 Schichten mal heller und mal dunkler gebacken sind. Der herabtropfende Teig wird in einer Wanne aufgefangen und immer wieder mitverarbeitet. Während des Backvorgangs setzt der Bäcker einmal eine Art Holzrechen an, und so entstehen die Rillen.

Ist der Kuchen fertig, wird er zwecks »Porenschließung« mit Aprikosenkonfitüre bestrichen und dann entweder in Schokoladen-, Vanille- oder Zuckerglasur getaucht. Baumkuchen wird ganz oder stückweise angeboten und die Baumkuchenspitzen sind die kleinen, süßen Kinder...

Sie wollen sich an einen selbstgebackenen Baumkuchen wagen? Dafür gibt es zwei Möglichkeiten. Erstens: Sie nehmen einen Holzkohlengrill mit Drehspieß und senkrecht stehender Glut und lassen sich für den Spieß eine Walze anfertigen, möglichst eine, die der Länge nach in zwei Halbschalen zersägt ist, die um den Spieß geklappt werden kann. Und die Alternative? Sie backen den Kuchen einfach in einer Springform! Die Schichten sehen dann natürlich nicht mehr wie Jahresringe aus, aber quergestreift schmeckt Baumkuchen auch sehr lecker.

Das Rezept:
(für eine Springform von 22 cm Ø, etwa 16 Stück)

250 g Butter und 200 g Zucker schaumig rühren. Nach und nach 8 Eigelb, 2 EL Rum, die abgeriebene Schale einer unbehandelten Zitrone, 1 Prise Salz, 75 g fein gehackte Mandeln und eine Mischung aus 150 g Mehl und 150 g Stärkemehl unterrühren. 8 Eiweiß steif schlagen und unter den Teig ziehen. Auf den Boden der ausgefetteten Springform etwa 2 EL der Teigmasse streichen und unter den Grill (oder auf die oberste Schiene im Backofen bei 250°, Gas Stufe 5) schieben. 2 Min. goldbraun backen, so fortfahren, bis der Teig verbraucht ist (14–16 Schichten). Den fertigen Kuchen kurz ruhen lassen, mit einem scharfen Messer den Rand ablösen, den Kuchen aus der Form nehmen. Abkühlen lassen und rundum mit 100 g erwärmter Aprikosenmarmelade bestreichen. Nach Belieben mit Zuckerguß, Schokoladenglasur oder mit Marzipan und Kuvertüre überziehen.

Ganz oben:
Zur Teigherstellung werden die Zutaten in großen Rührschüsseln nach und nach vermengt, gewaltige Schneebesen schlagen das Eiweiß steif.

Oben Mitte:
Nach dem Backvorgang müssen die Baumkuchen erst einmal ruhen und abkühlen.

Oben:
Baumkuchen wird gleich an Ort und Stelle verzehrt – oder liebevoll verpackt als Geschenk eingekauft.

Nordrhein-Westfalen

BERLIN

Das Land und seine Produkte

»Himmel und Erde« – der Kontrast ist eindeutig, gewaltig, unvereinbar und gleichzeitig doch voller Reiz und Faszination. Das gilt nicht nur für das rheinländische Leibgericht, dem wohlschmeckenden Gemisch aus Kartoffeln und Äpfeln, erstere aus fruchtbarem Erdreich gezogen, die anderen in luftiger Höhe geerntet. Es gilt in gewisser Weise auch für dieses Land, das zwischen weiten Ackerflächen und Großstadtballungen, lieblichen Flußlandschaften und gewaltigen Produktionsanlagen wechselt – anheimelnd und abweisend zugleich. Das Industriezentrum Deutschlands erstreckt sich von hier aus, vom Rande der niederrheinischen Tiefebene nach Osten bis hin zum malerischen Münsterland: Das Ruhrgebiet, ein erstaunliches Miteinander von flächendeckender Stadtlandschaft und fast unberührter Natur. Der Abbau von Steinkohle und Eisenerzen hat die Landschaft geprägt – Energiequellen, die Ende des 19. Jahrhunderts hauptsächlich für die Stahlindustrie und die chemische Industrie genutzt wurden. Heute haben sich auch kleinere Gewerbe aller Art in diesem Umfeld angesiedelt, von der Textilverarbeitung bis hin zur Nahrungs- und Genußmittelindustrie.

Der Rhein: Historisch schon immer ein magischer Anziehungspunkt, jahrtausendelang Durchzugsgebiet für Völkerwanderungen und Besatzungsmächte, Ort der Trennung und Verschmelzung, von Krieg und Frieden, ein Zentrum für Handel, Verkehr und Tourismus. Während am Mittelrhein Weinberge, Burgen, eindrucksvolle Felsen und gepflegte Winzerdörfchen das Bild beherrschen, öffnet sich mit der Kölner Bucht eine völlig andere Landschaft. Die Bergketten treten zurück, Zuckerrüben und Weizen werden angebaut, und weiter nördlich in der niederrheinischen Tiefebene auch Roggen und Hafer, Kartoffeln, Gemüse und Unmengen von Blumen.

Scharen von ausländischen Besuchern haben an den Ufern des Rheins erstmals die »deutsche« Küche gekostet – nicht immer mit größter Leidenschaft. Allerlei Fettes vom Schwein und dazu sauer eingelegtes Kraut ist ja auch nicht jedermanns Geschmack. Doch die rheinländische Küche hat weit mehr an Köstlichkeiten zu bieten. Die kroß gebratenen Reibekuchen aus Kartoffelteig zum Beispiel, mit Apfelkraut oder Rübensirup dick bestrichen. Oder den weltberühmten Rheinischen Sauerbraten, mariniertes, saftiges Rindfleisch in einer sämigen Sauce, mit dunklem Lebkuchen gewürzt. Frische Miesmuscheln von der ostfriesischen Nordseeküste gibt es hier, weit entfernt vom Meer, in jedem zweiten Gasthaus und in unzähligen Variationen. Sahnig eingelegte Heringe werden mit erdigen Kartoffeln serviert, leicht geräucherte, mit Kräutern gewürzte Blutwurst kommt frisch gebraten aus der Pfanne, kräftige Erbsensuppe duftet verführerisch, und im niederrheinischen Tiefland wird feinster Spargel gestochen, unweit der Blumenstadt Xanten.

Natur und Technik treffen sich am Niederrhein. Kraftwerke und Hafenanlagen prägen das Bild der Region.

Westfalen – Kornland, Bierland, Heimat saftiger Schinken. Östlich vom Rhein und begrenzt von der Weser, bilden verschiedenste Landschaften eine Region, die für ihre kräftige, ehrliche, bodenständige Küche berühmt ist. Üppige Eichenwälder, heute eher selten, waren der Ausgangspunkt für eine solide Schweinemast. Der Schinken als edelstes Produkt wird seit eh und je als Delikatesse in aller Welt geschätzt – nur die Westfalen jedoch verstehen es, auch aus dem Rest vom Schwein unvergleichliche Spezialitäten zu kochen. Der Schlachttag ist hier ein kulinarisches Fest, mit hausgemachten Würsten, herzhaften Ragouts und fantastischen Mischungen aus Getreide, Fleisch oder Wurstbrühe.

Getreide ist nicht nur Basis für Brei und viele Brotsorten – allen voran der pechschwarze, leicht feuchte und süßlich-würzige Pumpernickel aus Roggenschrot. Ebenso wichtig ist die Gerste fürs Brauen von Altbier und feinherbem Pils, der Weizen fürs Brennen von Korn und Wacholderschnaps. Die deftige westfälische Küche bietet die beste Grundlage für diese hochprozentigen Genüsse – mit schmackhaften, üppigen Gerichten aus Fleisch, Speck, Kartoffeln, dicken Bohnen, Kraut und anderem kräftigem Gemüse.

Das Münsterland darf sich mit drei kulinarischen Symbolen Westfalens schmücken: Schinken, Pumpernickel und Korn. Aber auch landschaftliche Reize kommen hier nicht zu kurz: Wasserburgen und alte Herrenhöfe, schöne flache Hügel, Moor und Heide laden ein zum Spazierengehen, zum Reiten und vor allem zum Radeln. Nach Süden hin wird Westfalen vom waldreichen Sauerland abgeriegelt, einem Quellgebiet mit reichem Wildbestand.

Szenen vom Land: Zwischen Rüben und Raps, Spargelfeldern und Gänsewiesen, Pappeln und Windmühlen findet sich alles Irdische, was das Herz begehrt – nicht zuletzt reiche Erdbeerernte von einer der ausgedehnten Plantagen.

Natur pur: Bauernhof-Idylle in der Eifel.

Menschen, Feste, Sehenswertes

»Nichts ist köstlicher als die Raffinesse des Einfachen.« Heinrich Heine hat fein formuliert, was für all seine Landsleute auch heute noch gilt: ihr Hang zur bodenständigen Küche. Essen ist eine grundsolide Angelegenheit und Firlefanz hat am Herd nun wirklich nichts zu suchen. Nur bei der Namensgebung läßt sich der rheinländische Witz nicht lumpen – wahrscheinlich, um hungrige Besucher zu necken. »Halver Hahn« und »Kölscher Kaviar« auf der Speisekarte machen dem Fremdling ja nicht automatisch Appetit auf ein schlichtes Käsebrötchen oder gepfefferte Blutwurst mit Zwiebeln.

Die Verbundenheit mit der Scholle, die Lust am deftigen Schwelgen ist in der westfälischen Region noch stärker ausgeprägt. Nicht ein raffiniert zubereitetes Luxusmahl besiegelt die Freundschaft mit einem waschechten Westfalen, sondern ein klarer Weizenschnaps, vom Zinnlöffel »...eenen ut dem Liepel« serviert. Auf dramatische Diskussionen läßt man sich hier nur unwillig ein – was gäbe es auch für Anlässe, um darüber große Töne zu verlieren. Beständigkeit und Tradition sind wichtig, doch mit Toleranz gepaart. Vorreiter dafür ist das Ruhrgebiet, der »Pott« der Republik, dieser Schmelztiegel aus Charakteren und Kulturen. Nichts hier wirkt gekünstelt, weder die handfeste Sprache noch die Spezialitäten aus der Küche.

Ein Höhepunkt des Jahres ist der Karneval am Rhein. In Köln und Düsseldorf finden Umzüge gigantischen Ausmaßes statt, Humor und Folklore mischen sich in einem bizarren Treiben. Aber auch hier gibt es Spielregeln und strenge Zünfte achten auf ihre Befolgung. So lassen sich die Jecken in Köln angesichts des Düsseldorfer »Helau«-Rufes höchstens zu einem kräftigen »Alaaf« herab – und umgekehrt. Karneval ist jedoch nicht den beiden Metropolen im Rheinland vorbehalten, auch in kleineren Orten ganz Nordrhein-Westfalens wird fröhlich gefeiert, wenn auch nicht ganz so spektakulär.

Im Spätsommer und Herbst kommt die Zeit der großen Viehmärkte, der Kirmes und Schützenfeste. Im Münsterland, im Teutoburger Wald, am Niederrhein – überall haben sich Gewohnheiten aus der Vergangenheit lebendig erhalten. Pferdehandel per Handschlag, brennende Eichenräder, die zu Ostern ins Tal rollen, Fettmärkte und bunt bemalte Erntehähne zum Erntedank. Im westfälischen Dörfchen Goch-Hülm wird der Vogel beim Schützenfest gar noch mit einer echten Armbrust abgeschossen. Eines haben alle diese Feste gemeinsam – es sind Anlässe, um möglichst viele der heimischen Spezialitäten wiederaufleben zu lassen und mit größter Freude zu genießen.

Es kommt auf die Perspektive an – ob Kölner oder Düsseldorfer, jeder schwört auf die Einzigartigkeit seiner Gastronomie.

Im Bergischen Land pflegt man ein Zeremoniell besonderer Art: Die Bergische Kaffeetafel, eine traditionsreiche Schlemmerei mit frisch gebackenen Waffeln, süßem Reisbrei, duftendem Rosinenkuchen und natürlich kannenweise heißem Kaffee. Bei Sonsbeck, nordwestlich von Duisburg, findet jedes Jahr Anfang Mai ein riesiges Volksfest in Form eines Waldfrühstücks statt, am Winkelschen Busch.

Sehenswertes: Die Westfälische Mühlenstraße im Kreis Minden-Lübbecke, mit einer einzigartigen Vielfalt an Wind-, Wasser- und Roßmühlen. In alten Backhäusern, direkt neben den Mühlen, wird manchmal sogar ofenfrisches Brot verkauft – zugreifen!
Einen Besuch wert ist auch das Märchenmuseum in Bad Oeynhausen. Und vielleicht stoßen Sie in einem Antiquariat auf eine Ausgabe eines ganz besonderen Kochbuchs: Die Anweisungen in diesem Klassiker beginnen alle mit »Man nehme...« und stammen aus dem Jahre 1844, die Autorin heißt Henriette Davidis und ihre Wiege stand in Westfalen.

Ganz oben:
»Kölle alaaf« – buntes Treiben beim Karneval am Rhein.

Oben Mitte:
Ein Kölner »Köbes« in Aktion – beim Zapfen des herbwürzigen Biers. »Kölsch« ist für die Einheimischen das Getränk der Wahl, in dunkler Kneipe oder lauschigem Gartenlokal.

Oben:
Nach dem Pferderennen wird der Gewinn mit großem Appetit in Naturalien angelegt.

Ganz oben:
Ein Lichtblick untertage – wohlverdiente Stärkung für die Kumpels der letzten Schicht.

Mitte und oben:
Auf dem Markt in Köln gibt's viel Atmosphäre zu schnuppern – und manch süßer Zahn wird gefüllt.

Dicke Bohnen mit Speck

Herzhafter Eintopf

Zutaten für 4 Portionen:

gut 2 kg frische dicke Bohnen (enthülst etwa 600 g, ersatzweise tiefgekühlte)
200 g durchwachsener Speck
1 große Zwiebel
1 EL Schweineschmalz
1 Stengel Bohnenkraut
etwa ½ l heiße Fleischbrühe
Salz
schwarzer Pfeffer aus der Mühle
1 große gekochte Kartoffel (etwa 150 g, mehligkochende Sorte)
100 g Sahne
4 geräucherte Mettwürstchen

Zubereitungszeit: etwa 1 Std.

Pro Portion: 5400 kJ / 1300 kcal

1 Die frischen Bohnenkerne auspalen. Den Speck in kleine Würfel schneiden, die Zwiebel schälen und hacken.

2 Das Schmalz in einem breiten Topf erhitzen. Den Speck darin ausbraten, die Zwiebel untermischen und glasig dünsten. Die Bohnenkerne mit dem Bohnenkraut in den Topf geben und soviel heiße Fleischbrühe angießen, daß die Bohnen bedeckt sind. Salzen und pfeffern, die dicken Bohnen insgesamt etwa 30 Min. garen (Tiefgekühlte Bohnen brauchen nur etwa 10 Min.).

3 Nach etwa 15 Min. Garzeit die gekochte Kartoffel schälen und reiben, mit der Sahne unter die Bohnen mischen. Mit Salz (vorsichtig wegen Speck und Würstchen) und Pfeffer abschmecken. Die geräucherten Mettwürstchen in Scheiben schneiden oder unzerteilt auf die Bohnen legen und bis zum Schluß im geschlossenen Topf mitgaren. Vorm Servieren das Bohnenkraut entfernen.

Stielmus

Junge Rübenstiele

Zutaten für 4 Portionen:

1 kg Stielmus (Rübstiel)
Salz
150 g durchwachsener Speck
½ Bund Frühlingszwiebeln
1–2 EL Öl
schwarzer Pfeffer aus der Mühle
frisch geriebene Muskatnuß
etwa 150 g Sahne

Zubereitungszeit: etwa 45 Min.

Pro Portion: 1900 kJ / 450 kcal

1 Alle Blätter vom Stielmus abstreifen, die Stiele waschen und in 3–4 cm lange Stücke schneiden. In einem großen Topf reichlich Salzwasser aufkochen. Die Stiele darin etwa 3 Min. blanchieren. In ein Sieb abgießen, einen Teil vom Kochwasser dabei auffangen. Die Stiele kalt abbrausen und gut abtropfen lassen.

2 Den Speck in feine Streifen schneiden. Die Frühlingszwiebeln putzen und waschen. Die weißen Teile hacken, das Grün in feine Ringe schneiden.

3 In einer großen Pfanne den Speck mit dem Öl erhitzen, das Speckfett ausbraten. Die weißen gehackten Zwiebeln einrühren und glasig dünsten. Das abgetropfte Stielmus untermischen, mit Salz, Pfeffer und Muskat kräftig würzen. Eventuell einige Eßlöffel vom Kochwasser angießen, das Gemüse 5–10 Min. schmoren.

4 Die grünen Frühlingszwiebelringe einrühren und die Sahne angießen, kurz eindicken lassen. Das Stielmus mit Salz, frisch gemahlenem Pfeffer und Muskat abschmecken.

• Als Beilage zu gekochtem Rindfleisch, gepökelten Rippchen oder Bratwurst mit Salzkartoffeln. Wird auch als Gemüse-Eintopf zubereitet. Oft mit Mehlschwitze gebunden.

• Stielmus ist das junge Laub bestimmer Rüben. Die Blätter schmecken bitter und werden vor der Zubereitung abgestreift. Verwendet werden nur die fleischigen Stiele, die man kleinschneidet und blanchiert. Stielmus gibt es nicht überall problemlos zu kaufen, es ist eine regionale Spezialität aus dem Rheinland. Als Ersatz für dieses Rezept können Sie eventuell Mangold nehmen, und zwar die Stiele und die Blätter.

Rheinische Zwiebelsuppe

Imbiß oder Hauptgericht

Zutaten für 4–6 Portionen:

800 g Zwiebeln
3 EL Butter
1 ½ l kräftige Rindfleischbrühe
4 geräucherte Bratwürste oder Knoblauchwürste
4 Scheiben trockenes Weißbrot
1 Bund glatte Petersilie
Salz
schwarzer Pfeffer aus der Mühle
1–2 EL milder Essig

Zubereitungszeit: etwa 1 Std.

Bei 6 Portionen pro Portion: 1700 kJ / 400 kcal

1 Die Zwiebeln schälen und in sehr feine Ringe schneiden. In einem großen Topf 2 EL Butter zerlassen, die Zwiebeln darin hellgelb anschwitzen. Die Fleischbrühe angießen und etwa 10 Min. köcheln lassen. Nun die Bratwürste einlegen und bei verringerter Hitze weitere 15 Min. ziehen lassen.

2 Das Weißbrot in kleine Würfelchen schneiden. In einer Pfanne die restliche Butter zerlassen, die Weißbrotwürfel darin knusprig braten. Die Petersilie waschen und trockenschütteln, fein hacken.

3 Die Bratwürste herausnehmen, in Scheiben schneiden und wieder in die Suppe rühren. Mit Salz, Pfeffer und Essig abschmecken. Die Zwiebelsuppe in vorgewärmte Teller füllen, mit Brotwürfelchen und Petersilie bestreut servieren.

Stampfkartoffeln

Kartoffelpüree mit Endiviensalat

Zutaten für 4 Portionen:

1 kg Kartoffeln (mehligkochende Sorte)
Salz
1 mittelgroßer Kopf Endiviensalat (etwa 800 g)
2 EL milder Essig
schwarzer Pfeffer aus der Mühle
4 EL Öl
1 kleine Zwiebel
50 g Butter
100 ml heiße Milch
100 ml Sahne
frisch geriebene Muskatnuß

Zubereitungszeit: etwa 30 Min.

Pro Portion: 1900 kJ / 450 kcal

1 Die Kartoffeln waschen und schälen, in kleine Stücke schneiden. Knapp mit Salzwasser bedeckt aufsetzen und weich kochen.

2 Inzwischen den Endiviensalat putzen, gründlich waschen und abtropfen lassen. Die Salatblätter in feine Streifen schneiden und in eine Schüssel geben. Den Essig mit Salz, Pfeffer und Öl verquirlen. Die Zwiebel schälen, fein hacken und in die Salatsauce rühren. Den Salat damit anmachen und durchziehen lassen.

3 Die Kartoffeln abgießen und abtropfen lassen, wieder in den heißen Topf zurückgeben. Die Butter in kleinen Stückchen dazugeben, die heiße Milch und die Sahne angießen und alles nochmals bei milder Hitze erwärmen. Die Kartoffeln im Topf zerstampfen. Mit Salz, Pfeffer und Muskat würzig abschmekken.

4 Einen Teil vom Endiviensalat unter die Stampfkartoffeln mischen. Portionsweise auf Tellern anrichten, den restlichen Salat ringförmig um die Kartoffeln verteilen.

Rievkooche

Reibekuchen

Zutaten für 4 Portionen:

1 kg Kartoffeln (mehligkochende Sorte)
Salz
schwarzer Pfeffer aus der Mühle
2–3 Eier
1 Zwiebel
Butterschmalz zum Braten

Zubereitungszeit: etwa 50 Min.

Pro Portion: 1300 kJ / 310 kcal

1 Die Kartoffeln waschen und schälen. Von Hand oder mit der Küchenmaschine fein reiben und in ein Sieb geben, die abtropfende Flüssigkeit auffangen.

2 Die gut abgetropften Kartoffeln in eine Schüssel geben. Die abgesetzte Stärke vom Kartoffelwasser abschöpfen und zu den geriebenen Kartoffeln geben.

3 Den Kartoffelteig kräftig mit Salz und Pfeffer würzen, die Eier untermengen. Die Zwiebel schälen und fein reiben, ebenfalls untermischen.

4 In einer großen Pfanne 2–3 EL Butterschmalz erhitzen. Mit einem Löffel kleine Teighäufchen hineinsetzen, glattstreichen und von beiden Seiten jeweils 2–3 Min. knusprig und goldbraun braten. Zwischendurch bei Bedarf weiteres Butterschmalz in die Pfanne geben. Aus dem Teig nach und nach etwa 16 kleine Puffer braten.

• Am besten schmecken die Reibekuchen natürlich frisch aus der Pfanne. Im Rheinland gehört dazu entweder Apfelmus, Rübenkraut (Zuckerrübensirup). Andere Möglichkeit: Als Beilage zu Sauerbraten oder mit Sauerkraut servieren.

Himmel und Erde

Kartoffeln, Äpfel und gebratene Blutwurst

Zutaten für 4 Portionen:

800 g Kartoffeln (mehligkochende Sorte)
Salz
800 g Äpfel
1 EL Zitronensaft
1 EL Zucker
50 g durchwachsener Speck
2 EL Butter
150 ml heiße Milch
schwarzer Pfeffer aus der Mühle
frisch geriebene Muskatnuß
2 Zwiebeln
400 g Blutwurst

Zubereitungszeit: etwa 30 Min.

Pro Portion: 3300 kJ / 790 kcal

1 Die Kartoffeln waschen, schälen und klein schneiden. Mit Salzwasser bedeckt weich kochen.

2 Die Äpfel vierteln und schälen, die Kerngehäuse entfernen. Die Apfelstücke in Schnitze schneiden und mit Zitronensaft, Zucker und 2–3 EL Wasser zugedeckt etwa 10 Min. köcheln.

3 Den Speck in kleine Würfel schneiden, mit ½ EL Butter in eine Pfanne geben und bei milder Hitze das Speckfett auslassen. Die Würfel knusprig braten.

4 Die Kartoffeln abgießen und gut abtropfen lassen. In den Topf zurückgeben, die heiße Milch und 1 EL Butter untermischen und die Kartoffeln zerstampfen. Mit dem Schneebesen glattrühren.

5 Die weichgekochten Äpfel im Topf zerdrücken, unter den Kartoffelbrei mischen. Mit Salz, Pfeffer und Muskat würzig abschmecken.

6 Die Zwiebeln schälen, halbieren und in feine Scheiben schneiden. Zu den Speckwürfeln in die Pfanne geben und goldbraun rösten. Die Blutwurst in Scheiben schneiden. Speckwürfel und Zwiebeln an den Pfannenrand schieben, die restliche Butter in die Mitte geben und die Blutwurstscheiben von beiden Seiten kurz braten.

7 Das Kartoffel-Apfelmus portionsweise auf Tellern anrichten. Die Speckwürfel und Zwiebeln darüberstreuen, mit der Mischung aus gebräunter Butter und heißem Speckfett begießen. Die Blutwurstscheiben dazulegen.

• Variante: Die Blutwurst klein schneiden, braten und unter das Mus aus Kartoffeln und Äpfeln mischen. Mit Zwiebeln und Speck garnieren.

Kaninchen mit Pilzen

Köstliches Schmorgericht

Zutaten für 4–6 Portionen:

1 Kaninchen, in 12 Teile zerlegt und küchenfertig vorbereitet (etwa 2 kg, frisch oder tiefgekühlt)
Salz
schwarzer Pfeffer aus der Mühle
2 EL scharfer Senf
1 TL getrockneter Thymian
100 g durchwachsener Speck (eventuell mit Wacholder gewürzt)
2–3 EL Öl
1 große Zwiebel
3 Möhren
300 ml Fleischbrühe
⅛ l Weißwein
2 EL Mehl
300 g frische Pilze (Champignons, Pfifferlinge)
1 Bund glatte Petersilie
1–2 EL Zitronensaft

Zubereitungszeit: etwa 2 Std.

Bei 6 Portionen pro Portion: 2400 kJ / 570 kcal

• Dazu passen Nudeln oder Salzkartoffeln.

• Eine beliebte Freizeitbeschäftigung im Ruhrgebiet ist seit eh und je die Zucht von Brieftauben – und von Kaninchen. Kein Wunder, daß dabei einige wohlgelungene Gerichte entstanden. Wer keinen eigenen Stall hat: Frische Kaninchen sind beim Geflügelhändler oder auf dem Wochenmarkt häufig recht preiswert zu kaufen.

1 Die Kaninchenteile von Fett, Haut und Sehnen befreien, kurz abspülen und abtrocknen. Rundum mit Salz und Pfeffer würzen. Den Senf mit dem Thymian verrühren, die Kaninchenteile damit auf einer Seite bestreichen. Die Kaninchenleber, falls vorhanden, in kleine Stücke schneiden.

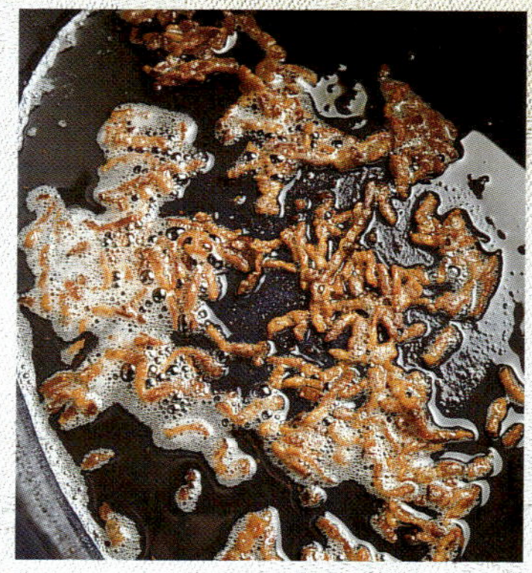

2 Den Speck in feine Streifen schneiden, mit 1 EL Öl in einem breiten Schmortopf oder Bräter erhitzen und das Speckfett auslassen. Inzwischen die Zwiebel schälen und fein hakken. Die Möhren putzen und schälen, in längliche Scheiben, dann in Streifen schneiden.

3 Die knusprig gebratenen Speckstreifen aus dem Bräter nehmen, auf Küchenkrepp abtropfen lassen. Im heißen Fett die Kaninchenteile rundum etwa 10 Min. gut anbraten, wieder herausnehmen. 1–2 EL Öl nachgießen.

4 Die Zwiebeln in den Bräter geben und glasig dünsten. Dann die Möhren einrühren und kurz mitbraten, salzen und pfeffern. Inzwischen die Brühe mit dem Wein in einem Töpfchen erhitzen.

5 Das Gemüse im Bräter mit Mehl bestäuben, unter Rühren leicht anschwitzen und mit der Hälfte der heißen Weinbrühe ablöschen. Kurz durchköcheln, dann die Kaninchenteile im Bräter verteilen und zugedeckt bei milder Hitze etwa 1 ½ Std. schmoren.

6 Inzwischen die Pilze waschen und putzen und in Scheiben schneiden. Nach etwa 1 Std. Garzeit die Pilze zum Fleisch geben, die restliche heiße Brühe angießen, zugedeckt fertig garen.

7 Die Petersilie waschen und trockenschütteln, fein hacken. Den Eintopf mit Salz, Pfeffer und Zitronensaft abschmecken, die knusprigen Speckstreifen einstreuen und heiß werden lassen. Den Kaninchentopf mit Petersilie bestreut servieren.

Panhas

Schlachtfest-Spezialität

Zutaten für 8 Portionen:

2 Zwiebeln
150 g durchwachsener Speck
1 EL Schmalz
je 2 frische Blut- und Leberwürste (etwa 500 g)
Salz
schwarzer Pfeffer aus der Mühle
gemahlener Piment
1 TL getrockneter Majoran
1 l heiße Fleischbrühe (oder Wurstbrühe)
etwa 300 g Buchweizenmehl
Butter zum Braten
Petersilie zum Garnieren

Zubereitungszeit: etwa 45 Min. (+ 2–3 Std. Kühlzeit)

Pro Portion: 3400 kJ / 810 kcal

1 Die Zwiebeln schälen und fein hacken. Den Speck in kleine Würfel schneiden. In einer großen Pfanne das Schmalz erhitzen, den Speck und die Zwiebeln anbraten.

2 Die Blut- und Leberwurstmasse aus den Wurstdärmen direkt in die Pfanne drücken. Mit Salz, Pfeffer, Piment und Majoran würzen, alles gründlich vermengen. Die heiße Brühe angießen, kurz aufkochen lassen.

3 Das Buchweizenmehl einstreuen, untermischen und unter Rühren quellen lassen. Den gebundenen Wurstbrei in eine kalt ausgespülte Schüssel füllen (Inhalt etwa 1½ l) und 2–3 Std. abkühlen lassen.

4 Zum Servieren die fest gewordene Masse aus der Schüssel stürzen, in dicke Scheiben schneiden und in heißer Butter braten. Mit Petersilie garnieren.

• Dazu: Petersilienkartoffeln oder Schwarzbrot. Panhas wird auch warm aus der Schüssel gegessen, mit Salzkartoffeln und Sauerkraut.

Kastenpickert

Kartoffelkuchen

Zutaten für 4–6 Portionen:

1 kg große mehligkochende Kartoffeln
200 g Rosinen
1 Würfel Hefe
2 EL Zucker
⅛–¼ l lauwarme Milch
500 g Mehl
2 Eier
½ TL Salz
Fett für die Form
2 EL Semmelbrösel
Butter und Rübenkraut zum Bestreichen

Zubereitungszeit: etwa 2 ¼ Std.

Bei 6 Portionen pro Portion: 2800 kJ / 670 kcal

1 Die Kartoffeln waschen, schälen und fein reiben. Abtropfen lassen und in einem Tuch auspressen.

2 Die Rosinen waschen und kurz in Wasser quellen lassen. Die Hefe in eine Tasse bröckeln, mit dem Zucker und 3–4 EL lauwarmer Milch glattrühren. Zugedeckt warm stellen und gehen lassen.

3 Die Rosinen abtropfen lassen, mit Küchenkrepp trocknen und in Mehl wälzen. Die Eier mit dem Salz verquirlen, die Kartoffeln, die restliche Milch und eßlöffelweise das Mehl untermischen. Die Rosinen und die aufgegangene Hefe unterrühren und den Teig abgedeckt nochmals gehen lassen.

4 Inzwischen den Backofen auf 200° vorheizen. Eine Kastenform (Inhalt 1 ½ l) einfetten und mit Semmelbröseln ausstreuen. Den zähen, dick vom Löffel fallenden Teig in die Form füllen und glattstreichen. Im Backofen (Gas Stufe 3) etwa 1¼ Std. backen. Nach der Hälfte der Backzeit die Temperatur auf 175° zurückschalten, die Form mit Pergamentpapier abdecken.

5 Den Pickert etwas abkühlen lassen, dann aus der Form stürzen und völlig erkalten lassen. In Scheiben schneiden, toasten oder in wenig Butter in der Pfanne braten. Mit Butter und Rübenkraut bestreichen und servieren.

• Oder: Den Teig ohne Rosinen zubereiten und die gebratenen Scheiben mit Leberwurst bestreichen.

• Pickert-Pilger treffen sich in Bielefeld – dort hütet jede Famile das »einzig wahre« Pickert-Rezept.

Speckpfannkuchen

Deftiger Imbiß

Zutaten für 4 Portionen:

4 Eier
200 ml Milch
¼ TL Salz
150 g Mehl
8 dünne Scheiben durchwachsener Räucherspeck
4 TL Butter

Für den Salat:
250 g Feldsalat oder zarte Löwenzahnblätter
2–3 EL Essig
1 TL scharfer Senf
Salz
schwarzer Pfeffer aus der Mühle
5 EL Öl
1 kleine Zwiebel
1 Bund Schnittlauch

Zubereitungszeit: etwa 50 Min.

Pro Portion: 3000 kJ / 710 kcal

1 Die Eier mit Milch und Salz verquirlen, eßlöffelweise das Mehl untermischen und glattrühren. Es dürfen keine Klümpchen im Teig sein. Etwa 20 Min. stehen lassen. Die Speckscheiben von Schwarten und Knorpeln befreien.

2 Inzwischen den Salat zubereiten. Die Blätter gründlich waschen und trockenschütteln, etwas zerkleinern. Den Essig mit Senf, Salz und Pfeffer glattrühren, das Öl einfließen lassen und unterschlagen. Die Zwiebel schälen und fein hacken, den Schnittlauch waschen und in feine Ringe schneiden. Beides in die Sauce rühren und würzig abschmecken. Den Salat in der Marinade kurz ziehen lassen.

3 Die Pfannkuchen am besten parallel in zwei Pfannen backen, die fertigen jeweils abgedeckt warm halten. Für jeden Pfannkuchen 1 Scheibe Räucherspeck mit ½ TL Butter in eine Pfanne geben, die Speckscheibe von beiden Seiten anbraten und in der Pfanne liegen lassen.

4 Für jeden Pfannkuchen jeweils etwa ein Achtel des Teiges dazugießen und durch Schwenken gleichmäßig verteilen. Die untere Seite goldgelb backen, dann den Pfannkuchen mit dem eingebackenen Speck wenden und von der anderen Seite goldbraun backen. Abgedeckt warm halten und die nächsten Pfannkuchen backen. Die Pfannkuchen so frisch wie möglich servieren, den Salat dazu reichen.

• Zum Speck-Pfannkuchen wird auch Sirup statt Salat serviert.

Westfälisches Blindhuhn

Eintopf mit weißen Bohnen

Zutaten für 6 Portionen:

250 g weiße getrocknete Bohnen
250 g durchwachsener Speck
250 g Kartoffeln
250 g Möhren
250 g grüne Bohnen
Salz
schwarzer Pfeffer aus der Mühle
1 TL getrockneter Majoran
2 säuerliche Äpfel
2 Birnen
1 Zwiebel
1 EL Schmalz
1 Bund glatte Petersilie

Zubereitungszeit: etwa 2 Std. (+ 12 Std. Einweichzeit)

Pro Portion: 2100 kJ / 500 kcal

1 Die getrockneten Bohnen über Nacht in einem Topf mit 1 l Wasser einweichen. Am nächsten Tag den Speck dazugeben und im Einweichwasser zugedeckt etwa 1 Std. garen.

2 Inzwischen die Kartoffeln waschen und schälen, in Würfel schneiden. Die Möhren putzen und schälen, in Scheiben schneiden. Die grünen Bohnen waschen, putzen und halbieren, nach Bedarf entfädeln.

3 Nach 1 Std. Garzeit die Kartoffeln, Möhren und grünen Bohnen mit in den Topf geben. Mit Salz, Pfeffer und Majoran würzen, zugedeckt etwa 30 Min. weitergaren.

4 Die Äpfel und Birnen vierteln, schälen und die Kerngehäuse entfenen. Das Obst in Spalten schneiden. Nach Ablauf der 30 Min. zum Gemüse in den Topf geben, in weiteren 15 Min. fertiggaren.

5 Die Zwiebel schälen und hacken. Das Schmalz in einer Pfanne erhitzen, die Zwiebel darin glasig dünsten. Die Petersilie waschen und trockenschütteln, fein hacken. In die Pfanne zu den Zwiebeln geben und kurz mitdünsten.

6 Den Speck herausnehmen, in Scheiben schneiden und wieder in den Eintopf zurückgeben. Mit Salz und Pfeffer abschmecken, mit Zwiebeln und Petersilie bestreut servieren.

• Wenn's schnell gehen soll: Gekochte weiße Bohnen aus Glas oder Dose nehmen.

• Variante: Der Eintopf wird manchmal auch mit Kaninchen zubereitet.

Bigosch

Sauerkraut-Eintopf

Zutaten für 4 Portionen:

150 g durchwachsener Speck
300 g Schweinenacken
200 g geräucherte, würzige Dauerwurst (zum Beispiel Krakauer)
400 g Kartoffeln
1 Zwiebel
1 EL Schweineschmalz
1/4 – 1/2 l heiße Fleischbrühe
1/2 TL getrockneter Majoran
1/2 TL Kümmelkörner
schwarzer Pfeffer aus der Mühle
Salz
2 Knoblauchzehen
250 g Sauerkraut
250 g frischer Weißkohl

Zubereitungszeit: etwa 2 1/4 Std.

Pro Portion: 3100 kJ / 740 kcal

1 Den Speck in kleine Würfelchen, das Schweinefleisch in etwa 1 cm breite Würfel schneiden. Die Wurst in dicke Scheiben oder Würfel schneiden. Die Kartoffeln waschen

und schälen, ebenfalls kleinschneiden. Die Zwiebel schälen und fein hacken.

2 In einem großen Topf das Schmalz mit den Speckwürfel erhitzen, das Speckfett auslassen. Das Schweinefleisch ins heiße Fett geben und rundum scharf anbraten. Die Zwiebeln untermischen und bei etwas milderer Hitze mitbraten. Die Kartoffeln und die Wurstscheiben einrühren, die Brühe angießen. Mit Majoran, Kümmel, Pfeffer, wenig Salz und durchgepreßten Knoblauchzehen würzen. Zugedeckt bei milder Hitze schmoren.

3 Den Weißkohl putzen, waschen und in Streifen schneiden. Das Sauerkraut grob hacken. Beides in den Topf geben, eventuell noch heißes Wasser angießen, so daß die Mischung etwa bis zur Hälfte in Flüssigkeit steht. Zugedeckt bei milder Hitze insgesamt etwa 1 ½ Std. schmoren. Mit Salz und Pfeffer abschmecken.

• Ein polnisches Leibgericht, das Bergarbeiter im Ruhrpott aus ihrer Heimat mitbrachten und das den Westfalen auf Anhieb schmeckte.

• Varianten: Apfelstücke oder Pilze untermischen. Den Eintopf im Backofen bei 175° (Gas Stufe 2) garen.

Pfefferpotthast

Würziger Rindfleischtopf

Zutaten für 4 Portionen:

800 g Rindfleisch oder Ochsenfleisch (Schulter, Bug)
400 g Zwiebeln
50 g Schweineschmalz
Salz
schwarzer Pfeffer aus der Mühle
etwa ¾ l würzige Fleischbrühe
1 unbehandelte Zitrone
¼ TL Piment
2 Gewürznelken
1 Lorbeerblatt
Semmelbrösel zum Binden

Zubereitungszeit: etwa 2 Std.

Pro Portion: 2000 kJ / 480 kcal

1 Das Fleisch in große Stücke von jeweils etwa 50 g schneiden. Die Zwiebeln schälen und in Ringe schneiden. Den Backofen auf 175° vorheizen.

2 In einem großen Schmortopf oder Bräter das Schmalz zerlassen. Die Fleischstücke hineingeben und unter Rühren anbraten. Die Zwiebeln untermischen und glasig dünsten. Mit Salz und reichlich frisch gemahlenem Pfeffer würzen, die Brühe angießen.

3 Die Zitrone heiß waschen, die Hälfte davon in Scheiben schneiden und in den Topf geben. Piment, Nelken und das Lorbeerblatt hineingeben, den Deckel fest schließen.

4 Den Eintopf im Backofen (Gas Stufe 2) etwa 1½ Std. schmoren. Die Zitronenscheiben und das Lorbeerblatt herausnehmen. Zum Binden der Sauce 3–4 EL Semmelbrösel einrühren. Mit Salz, Pfeffer, Zitronensaft und abgeriebener Zitronenschale abschmecken.

Rheinischer Sauerbraten

In süßsaurer Rosinensauce

Zutaten für 6 Portionen:

¼ l Rotweinessig
½ TL schwarze Pfefferkörner
2 Gewürznelken
5 Wacholderbeeren
2 Lorbeerblätter
1 kg mageres Rindfleisch ohne Knochen (Schwanzstück)
100 g durchwachsener Speck
2 Zwiebeln
1 Möhre
1 Petersilienwurzel
1 Stück Knollensellerie
4 EL Öl
Salz
schwarzer Pfeffer aus der Mühle
50 g Saucenlebkuchen (Honigkuchen)
⅛ Rotwein
100 g kernlose Rosinen
Rübenkraut, Apfelkraut oder Johannisbeergelee zum Abschmecken

Zubereitungszeit: etwa 2 ¾ Std. (+ 3 Tage Marinierzeit).

Pro Portion: 2400 kJ / 570 kcal

1 Rotweinessig mit ⅜ l Wasser in einem Topf zum Kochen bringen. Pfefferkörner, Nelken und Wacholderbeeren im Mörser etwas zerstoßen. Mit den Lorbeerblättern in den Sud geben und 2 Min. köcheln lassen. Dann abkühlen lassen.

2 Das Rindfleisch in eine nicht zu große Schüssel legen und den kalten Sud angießen, das Fleisch sollte völlig bedeckt sein. Das Fleisch zugedeckt an einem kühlen Ort 3 Tage marinieren, täglich einmal wenden.

3 Kurz vorm Zubereiten des Bratens den Speck in feine Streifen schneiden. Die Zwiebeln schälen und grob hacken. Möhre, Petersilienwurzel und Knollensellerie putzen, schälen und in kleine Stücke schneiden.

4 In einem breiten Topf das Öl erhitzen, den Speck darin auslassen. Das Fleisch aus der Marinade nehmen, trockentupfen, rundum salzen und pfeffern. Das Fleisch von allen Seiten kräftig anbraten.

5 Die Marinade durch ein feines Sieb gießen und erhitzen. Die Zwiebeln und das vorbereitete Gemüse ums Fleisch herum verteilen, unter Rühren kurz anrösten. Etwa ¼ l der heißen Marinade angießen, den Saucenlebkuchen einlegen und den Topf fest schließen.
Bei milder Hitze etwa 2 Std. schmoren. Zwischendurch den erwärmten Rotwein angießen.

6 Das Fleisch herausnehmen und warm halten. Die Sauce mit dem Gemüse durch ein Sieb passieren, in den Topf zurückgeben. Die Rosinen untermischen, den Sud sämig einköcheln lassen. Mit Salz, Pfeffer, Rübenkraut süßsauer abschmecken. Das Fleisch in Scheiben schneiden, mit der Sauce servieren.

• Beilage: Kartoffelklöße.

Töttchen

Kalbfleischragout

Zutaten für 4 Portionen:

1 kg Kalbfleisch mit Knochen (Hals, Schulter, Brust)
2 Lorbeerblätter
1 Gewürznelke
½ TL weiße Pfefferkörner
Salz
1 Stange Lauch
2 Zwiebeln
1 Möhre
1 Stück Knollensellerie
1 EL Butter
1 EL Mehl
2 EL Kapern
1–2 EL Weinessig
2 cl Madeira oder Sherry medium
weißer Pfeffer aus der Mühle

Zubereitungszeit: etwa 2 Std.

Pro Portion: 1400 kJ / 330 kcal

1 Das Kalbfleisch knapp mit Wasser bedeckt zum Kochen bringen. Lorbeerblätter, Nelke, Pfefferkörner und 2 TL Salz mit hineingeben.

2 Inzwischen den Lauch längs aufschlitzen und waschen, in kleine Stücke schneiden. Eine Zwiebel schälen und grob zerteilen. Die Möhre und den Sellerie waschen und schälen, in kleine Würfel schneiden.

3 Den Schaum von der Kalbsbrühe abschöpfen, das vorbereitete Suppengemüse in den Topf geben und alles zugedeckt bei milder Hitze etwa 1 ½ Std. garen.

4 Das Fleisch herausnehmen, die Brühe mit dem Gemüse nochmals kräftig durchköcheln, durch ein Sieb passieren und auf dem Herd bereithalten. Das Fleisch etwas abkühlen lassen und von den Knochen lösen. Von Fett und Sehnen befreien und das Fleisch in kleine Würfel schneiden.

5 Die übrige Zwiebel schälen und fein hacken. In einem Topf die Butter zerlassen, die Zwiebel darin glasig dünsten. Das Mehl darüber stäuben und hellgelb anschwitzen. Mit etwa ½ l Brühe ablöschen und bei milder Hitze zu einer sämigen Sauce köcheln lassen. Die Kapern einrühren, mit Essig, Madeira, Salz und reichlich frisch gemahlenem Pfeffer süßsauer abschmecken.

6 Die Fleischwürfel untermischen und nochmals richtig heiß werden lassen. Das Ragout im Topf servieren.

• Früher wurde das Ragout aus Kalbskopf, Zunge und Hirn zubereitet.

Miesmuscheln in Weißwein

Mit Schwarzbrot servieren

Zutaten für 4 Portionen:

2 kg frische Miesmuscheln
2 Zwiebeln
2 Möhren
1 kleine Stange Lauch
2 EL Butter
¾ l trockener Weißwein
1 Lorbeerblatt
Salz
schwarzer Pfeffer aus der Mühle
200 g Sahne
1 EL scharfer Senf
1 Bund glatte Petersilie

Zubereitungszeit: etwa 50 Min.

Pro Portion: 1800 kJ / 430 kcal

1 Die Muscheln gründlich waschen und abbürsten, die Faserbüschel abreißen. Abtropfen lassen, offene und beschädigte Muscheln aussortieren.

2 Die Zwiebeln schälen und in Ringe schneiden. Die Möhren putzen und schälen, den Lauch längs aufschlitzen und waschen, beides zerkleinern.

3 In einem großen Topf die Butter zerlassen. Das Gemüse darin unter Rühren andünsten. Den Wein und etwa 1 ¼ l Wasser angießen, das Lorbeerblatt hineingeben, kräftig salzen und pfeffern. Zum Kochen bringen.

4 Die Muscheln im Sud zugedeckt etwa 10 Min. garen, bis sich die Schalen geöffnet haben. Aus dem Topf nehmen und warm halten, geschlossene Muscheln wegwerfen.

5 Den Muschelsud mit dem Gemüse durch ein Sieb passieren und in den Topf zurückgeben. Die Sahne mit Senf glattrühren, angießen und kräftig aufkochen. Salzen und pfeffern. Die Petersilie waschen, trockenschütteln und hacken. Die Muscheln wieder in die Sauce geben und nochmals richtig heiß werden lassen. Mit Petersilie bestreut servieren.

Bergische Kaffeetafel

Festliches Zeremoniell

Zutaten für 8 Portionen:

Für die Waffeln:
3 Eier
100 g weiche Butter
1 Prise Salz
2 EL Vanillezucker
2 EL Honig
etwa 100 ml Mineralwasser
½ TL Backpulver
300 g Mehl
Speckschwarte fürs Waffeleisen
Puderzucker zum Bestäuben

Für den Milchreis:
¾ l Milch
1 Vanilleschote
1 Stück unbehandelte Zitronenschale
1 Prise Salz
200 g Milchreis (Rundkornreis)
50 g Zucker
1 EL Butter
Zucker und Zimt zum Bestreuen

Zubereitungszeit: etwa 1 ½ Std.

Pro Portion: 2100 kJ / 500 kcal

• Die urbehagliche Atmosphäre ist das Geheimnis dieser festlichen, alten Tradition aus dem Bergischen Land. Bei der stilecht gedeckten Tafel, mit Kerzenlicht und festlichem Porzellan, steht das kaffeespendende Wahrzeichen, die »Dröppelminna«, im Mittelpunkt. Was an Leckereien auf den Tisch kommt, bleibt dem persönlichen Geschmack überlassen. Waffeln und Milchreis gehören zum Standard, der beliebig ergänzt werden kann: Mit Rosinenplatz (Hefekuchen) und Reibekuchen, Honig und Apfelkraut, Butter, Quark und Käse, Schinken und Hausmacherwurst, und und und...

1 Für die Waffeln die Eier trennen, Eigelb in eine Schüssel geben. Mit der Butter, 1 Prise Salz, dem Vanillezucker und dem Honig glattrühren, 2–3 EL Mineralwasser dazugeben.

2 Das Backpulver unters Mehl mischen, das Mehl nun eßlöffelweise einrühren und noch etwas Mineralwasser nachgießen, bis ein dickflüssiger Teig entsteht. Eiweiß zu steifem Schnee schlagen und locker unter die Masse ziehen.

3 Das Waffeleisen erhitzen, mit der Speckschwarte einfetten. Portionsweise goldgelbe Waffeln backen: Dazu jeweils 1 kleine Schöpfkelle voll Teig in die Mitte geben, die Eisen zusammendrücken und die Waffel in 2–3 Min. knusprig braun backen. Mit Puderzucker bestäubt servieren.

4 Für den Milchreis einen Topf kalt ausspülen und die Milch eingießen. Die Vanilleschote längs aufschlitzen, mit dem Messer das Mark herauskratzen und mit der Schote, 1 Prise Salz und der Zitronenschale in die Milch geben.

5 Die Milch vorsichtig zum Kochen bringen, dann den Reis einstreuen und die Temperatur verringern. Den Reis zugedeckt bei milder Hitze 20–30 Min. ausquellen lassen.

6 Die Vanilleschote und die Zitronenschale herausnehmen. Den Zucker und die Butter in den Milchreis rühren und abschmecken. Den Reis auf Dessertteller verteilen, nach Geschmack mit Zucker und Zimt bestreuen.

Mutzenmandeln

Rheinisches Karnevalsgebäck

Zutaten für etwa 60 Stück:

400 g Mehl + Mehl zum Ausrollen
1 gehäufter TL Backpulver
80 g Zucker
1 Prise Salz
1 ½ unbehandelte Zitronen (abgeriebene Schale)
3 Eier
3 EL saure Sahne
100 g Butter
etwa 250 g Butterschmalz zum Ausbacken
Vanillezucker oder Puderzucker zum Bestäuben

Zubereitungszeit: etwa 1 Std.

Pro Stück: 250 kJ / 60 kcal

1 Das Mehl mit dem Backpulver mischen, auf ein Backbrett geben und eine Mulde in die Mitte drücken. Zucker, Salz, abgeriebene Zitronenschale, Eier und saure Sahne in die Mitte geben, mit einem Teil des Mehles verrühren.

2 Die Buttter in Flöckchen darauf verteilen, mit den Händen rasch zu einem glatten Teig kneten. Mindestens 30 Min. kalt stellen.

3 In einem großen Topf oder Fritiertopf reichlich Butterschmalz erhitzen. Den Teig auf bemehlter Fläche knapp 1 cm dick ausrollen. Mit einer mandelförmigen Ausstechform (Mutzenmandelstecher) Plätzchen ausstechen (oder mit dem Teigrädchen ungleichmäßige Formen ausradeln). Nach und nach ins heiße Fett geben und in etwa 2 Min. knusprig ausbacken. Zwischendurch einmal wenden, damit beide Seiten gleichmäßig bräunen.

4 Die Mutzenmandeln mit dem Schaumlöffel herausheben, auf Küchenpapier gut abtropfen lassen. In Vanillezucker wenden oder mit Puderzucker bestäuben und sofort servieren.

Bratäpfel mit Vanillesauce

Üppiges Dessert für Herbst und Winter

Zutaten für 4 Portionen:

Für die Bratäpfel:
1 gehäufter EL Korinthen
⅛ l Apfelwein oder Apfelsaft
8 kleinere, feste, säuerliche Äpfel (z.B. Boskoop oder Glockenäpfel)
2 TL Zitronensaft
2 EL Butter
40 g geschälte Mandeln
¼ TL Zimtpulver
1 EL Honig
½ TL abgeriebene Zitronenschale (unbehandelt)

Für die Vanillesauce:
½ l Milch
1 Vanilleschote
2 Eier, getrennt
4 EL Zucker
2 TL Speisestärke

Zubereitungszeit: etwa 40 Min.

Pro Portion: 1800 kJ / 430 kcal

1 Die Korinthen im Apfelwein oder -saft einweichen. Den Backofen auf 175° vorheizen.

2 Die Äpfel gründlich waschen und abreiben. Die Kerngehäuse mit dem Apfelausstecher entfernen oder mit einem Messer herausschneiden. Innen mit Zitronensaft beträufeln.

3 Eine feuerfeste Form mit 1 TL Butter ausstreichen. Die Korinthen abtropfen lassen, den Apfelwein in die Form gießen. Die Mandeln mit den Korinthen, der restlichen Butter und dem Honig im Zerhacker kurz zerkleinern, mit Zimtpulver und der abgeriebenen Zitronenschale würzen.

4 Mit dieser Mischung die Äpfel füllen und in die Form setzen. Im vorgeheizten Backofen (Gas Stufe 2) 15–20 Min. garen.

5 Für die Vanillesauce die kalte Milch in ein Töpfchen geben. Die Vanilleschote längs aufschlitzen, das Mark heraus-

kratzen und mit der Schote zur Milch geben. Langsam und vorsichtig zum Kochen bringen, kurz vorm Aufkochen vom Herd nehmen, mit der Vanilleschote etwas ziehen lassen.

6 Die 2 Eigelb mit dem Zukker und der Speisestärke in eine Wasserbadschüssel geben und weißschaumig schlagen. Ins warme Wasserbad stellen. Die Vanilleschote aus der abgekühlten Milch nehmen. Die Milch nach und nach unter die Eigelbmischung rühren, bis ein luftiger Schaum entsteht. Die Schüssel aus dem Wasserbad nehmen, in kaltes Wasser stellen und unter Rühren abkühlen lassen. Eiweiß zu steifem Schnee schlagen und unter die Vanillesauce ziehen. Zu den Bratäpfeln servieren.

• Die Vanillesauce kann auch warm serviert werden – ohne Eischnee. Oder am Vortag zubereiten und kalt stellen.

Pumpernickel-Eis

Mit Pflaumenkompott

Zutaten für 8 Portionen:

50 g Pumpernickel (leicht angetrocknet)
50 g dunkle Blockschokolade
3 Eier
4 EL Vanillezucker
250 g Sahne

Für das Pflaumenkompott:
500 g Pflaumen
Schale von 1 unbehandelten Zitrone
50 g Zucker
1 Stück Zimtstange

Zubereitungszeit: etwa 1 Std. (+ 2–3 Std. Gefrierzeit)

Pro Portion: 1100 kJ / 260 kcal

1 Den Pumpernickel und die Schokolade fein reiben. Die Eier trennen, die 3 Eigelb mit dem Vanillezucker schaumig rühren. Die Eiweiß steif schlagen. In einem anderen Gefäß die gut gekühlte Sahne steif schlagen.

2 Den Eischnee unter die Eigelbcreme ziehen, dann die Sahne unterheben. Den geriebenen Pumpernickel und die Schokolade untermischen. Die Creme in eine gefrierfeste Form füllen und im Tiefkühlfach mindestens 2–3 Std. fest werden lassen. Nach jeder Stunde herausholen und die angefrorene Masse vorsichtig durchrühren.

3 Inzwischen das Pflaumenkompott zubereiten. Die Pflaumen waschen, entsteinen und kleinschneiden. Die Früchte in einen Topf geben, die gewaschene Zitronenschale, den Zucker und die Zimtstange untermischen. Bei mittlerer Hitze zugedeckt 5–10 Min. köcheln. Vom Herd nehmen und abkühlen lassen. Die Zimtstange und die Zitronenschale entfernen, das Kompott in eine Schüssel füllen und kalt stellen.

4 Etwa 10 Min. vorm Servieren das Eis aus dem Tiefkühlfach nehmen. Die Form kurz in heißes Wasser stellen, den Rand mit einem Messer lösen und das Eis stürzen. Mit dem Portionierer Kugeln formen oder das Eis in Portionsstücke schneiden. Zum Pflaumenkompott servieren.

• Pumpernickel ist nicht nur die beliebteste Beilage zum westfälischen Schinken, sondern taucht auch in Süßspeisen, in sahnigen Cremes oder in Pudding auf.

Schinken – das beste Stück vom Schwein

Gut Ding will Weile haben – die Hinterbacke vom Schwein ist dafür der beste Beweis. Denn um die üppigen Schenkel des Borstentiers in Schinken zu verwandeln, ist Geduld angesagt. Nur was langsam und schonend reift, lohnt es mit unvergleichlichem Aroma. Das hat schon die alten Römer überzeugt, die sich ihre Schinkenvorräte von weither holten, aus dem Münsterland im heutigen Westfalen. An der Beliebtheit des Westfälischen Schinkens hat sich bis heute nichts Wesentliches geändert. Und auch das Prinzip der Herstellung ist in groben Zügen unverändert erhalten: Frische, große Keulenstücke vom Schwein werden kräftig mit Salz eingerieben und gepökelt, danach über Buchenholz geräuchert oder an der Luft getrocknet. Der Knochen wird erst später ausgelöst, damit der Schinken besser zerteilt und aufgeschnitten werden kann. Während des Reifeprozesses jedoch bleibt er an Ort und Stelle, denn der am Knochen gereifte Schinken bleibt besonders aromatisch und saftig.

Das Verfahren selbst hat also uralte Tradition. Heute ist es längst mit dem Wissen über Qualität und Hygiene, Technik und Marketing angereichert und wird in modernsten Produktionsanlagen umgesetzt. Die Güte der Schinken jedoch variiert beträchtlich. Mancher Schinkenhersteller spart Zeit und scheut Kosten. Das Ergebnis sind im Schnellverfahren gereifte Schinken, nicht zart und würzig, sondern zäh und salzig. In berühmten Schinkenregionen haben sich viele Produzenten in Schutzverbänden mit eigenem Gütesiegel zusammengeschlossen. Für sie gelten nicht nur die gesetzlich verankerten Bestimmungen, sie kontrollieren nach ihren eigenen Qualitätskriterien bestimmte Abläufe während der gesamten Schinkenproduktion, von der Mast der Schweine bis hin zum Verpacken des fertigen Produktes. So wird z.B. beim echten Schwarzwälder Schinken das Herkunftsgebiet eindeutig bestimmt. Und auch in den anderen Regionen sorgen traditionsreiche Betriebe dafür, daß die jeweils typischen Schinkensorten als einzigartige Delikatessen erhalten bleiben.

Das Angebot ist groß und verlockend: Mindestens 50 Sorten Schinken werden alleine in Deutschland produziert, ganz zu schweigen von den Köstlichkeiten unserer Nachbarn, die zusätzlich die Schinkentheke bereichern. Die Deutschen lieben ihn – gekocht, roh und gerollt, schwarzgeräuchert oder luftgetrocknet. Nicht nur als Brotbelag, sondern auch in den Rezepten der bodenständigen und feinen Küche ist Schinken unentbehrlich. Das gilt noch mehr für seinen Vetter, den Speck. Der wird entweder aus dem durchwachsenen Bauchfleisch des Schweins geschnitten oder vom Rücken, gesalzen und teilweise auch geräuchert. Ob frisch oder geräuchert, Speck macht den Kohl fett. Und bringt die herzhafte Würze ins Essen, die für viele regionale Gerichte in Deutschland typisch ist: ausgelassenes Speckfett für Bratkartoffeln, knusprige Speckgrieben in Suppe und Eintopf, Speck im pikanten Kuchen, zu zarten Matjes und grünen Bohnen.

Noch gibt es sie – die kleinen Schlachtereien, die ihre hausgeräucherten Delikatessen anbieten. Das Schwein ist unbestritten das klassische Schinkentier, doch das Experimentieren mit Salz und Rauch macht auch vor Rind und Lamm nicht halt.

Ein traditionelles Festessen im Süden Deutschlands ist der Schinken im Brotteig. Je größer, desto saftiger – also wird ein üppiges Schinkenstück von 2–3 kg ausgewählt, etwa 1 Stunde vorgegart, in Sauerteig gehüllt und im Ofen gebakken, bis ein unvergleichlicher Duft durchs Haus strömt und alle Gäste in die Küche lockt. Der Prager Schinken ist dafür am besten geeignet, mit seinem leichten und dezenten Räuchergeschmack. In Weinbaugegenden wird Schinken auch so zubereitet: Man brät den ganzen Schinken kurz mit Zwiebeln und Gemüse an, gießt eine Flasche trockenen Riesling und vielleicht etwas Brühe dazu und schmort das saftige Stück bei milder Hitze, unter häufigem Begießen mit dem Weinsud.

Noch häufiger allerdings wird Schinken kalt verspeist – in dünne Scheiben aufgeschnitten und mit Brot serviert. Für einen Westfalen unschlagbar ist die Kombination von Westfälischem Schinken mit dem dunklen, würzigen Pumpernickelbrot, dazu ein Bier und einen Wacholderschnaps. Daß dies keine Erfindung moderner Feinschmecker ist, läßt sich leicht beweisen: Das Abbild dieser Mahlzeit ziert ein buntes Kirchenfenster aus dem Jahre 1314, in der hochgotischen Wiesenkirche in Soest.

Ein Paradies für Schlemmer – wer Schinken sucht, ist in deutschen Landen gut bedient: Spezialitäten aus der eigenen Region, aber auch weit Entferntes. So kommt's, daß der »Schlemmermeyer« in München nicht nur das »Niederbayerische G'selchte« präsentiert, sondern auch »Edelkatenschinken« aus Holstein, den echten »Schwarzwälder« oder den »Westfälischen Frühstücksspeck«.

Ganz oben:
Schinken baumeln lassen – in luftiger Umgebung und würzigem Rauch reifen die kolossalen Keulen zu feinen Delikatessen heran, am besten mit viel Geduld.

Oben:
Geräuchertes ist eine Leidenschaft der Deutschen – nicht nur Schinken, auch manche Würste, Rauchfleisch und Speck erhalten dadurch ihr Aroma.

Die Schinkenherstellung

• Das Salzen und Pökeln
Allen Schinken ist eines gemeinsam – sie werden auf irgendeine Art haltbar gemacht. Der erste Schritt dazu ist das Salzen des frischen Fleisches, die Profis nennen es Pökeln.
Beim Trockenpökeln wird das grobe Salz mit der Hand kräftig ins Fleisch einmassiert.
Beim Naßpökeln liegt die Keule eine gewisse Zeit in einer Salzlake. Das Salz wandert allmählich durch das fettumhüllte Muskelfleisch hindurch bis zum Knochen und verändert dabei Konsistenz, Farbe und Reife des Fleisches. Endprodukt nach dem Pökeln ist ein zart bis kräftig rosa gefärbtes, mürbes Stück Fleisch mit fester Struktur.
Eine relativ neue Methode ist das Einspritzen einer Salzlösung direkt in den Schinken, um den Reifeprozeß zu beschleunigen.
Normalerweise dauert das Pökeln einige Wochen, und in dieser Zeit werden die Keulen sehr kühl gelagert, nur wenige Grade über Null. Erst nach dem Pökeln ist eine gewisse Haltbarkeit gewährleistet, die durch den nächsten Schritt noch entscheidend erhöht wird.

• Das Kochen
Einige Schinken werden nach dem Pökeln nur gekocht und sind dann verzehrfertig.
Für den sogenannten »Hinterschinken« wird tatsächlich der hinterste Teil des Schweins – die traditionell für Schinken vorgesehene Keule – verwendet. Die besonders saftigen »Bein- oder Knochenschinken« tragen bis zuletzt den großen Röhrenknochen, der erst beim Verkauf und Aufschneiden fachmännisch ausgelöst wird.
»Prager Schinken« ist eine Spezialität, die nach dem Kochen noch leicht angeräuchert wird. Bei anderen Kochschinken entfernt man den Knochen gleich nach dem Kochen und preßt den Schinken dann in Form oder rollt ihn auf.
Der preiswerte »Vorderschinken« stammt nicht aus der Keule vom Schwein, sondern aus den kleineren Schulterstücken.
Beim »Schwarzgeräucherten« (z.B. beim »Niederbayerischen G'selchten«) werden gepökelte und gekochte Stücke aus Keule oder Schulter solange in einen stark rußenden Rauch gehängt, bis sie rundum schwarz sind. Umstritten ist nach wie vor, ob der Genuß des sehr kräftigen Aromas nicht durch gesundheitliche Risiken geschmälert wird – denn beim intensiven Schwarzräuchern entstehen weit mehr unerwünschte Stoffe als etwa beim schonenden Kalträuchern. Es empfiehlt sich also, zumindest die äußere schwarze Schicht nicht mitzuessen.

• Das Räuchern oder Trocknen
Wird der gepökelte Schinken nicht gekocht, sondern auf andere Art haltbar gemacht, kommt ein »roher Schinken« dabei heraus. Um ihm noch mehr Wasser zu entziehen, wird er entweder geräuchert oder an der Luft getrocknet. Die deutschen Schinken werden vorwiegend geräuchert. Jede Region hat dafür ihr Geheimrezept: Mit der Wahl von Laub- oder Nadelhölzern wird das Aroma bestimmt, unterschiedlich hohe Temperaturen beeinflussen die Dauer

des Räucherns, die geschmackliche Qualität des Schinkens, die Zartheit und Konsistenz. Das Kalträuchern ist besonders schonend, dauert aber auch am längsten. Bei hoher Dichte des vorgekühlten Rauches hängen die Schinken etliche Tage in der Räucherkammer, bei niedriger Rauchdichte sogar einige Wochen. Das Heißräuchern und das Schwarzräuchern ist dagegen schon in wenigen Stunden erledigt.
Berühmte luftgetrocknete Schinken gibt es aus Italien, aus Frankreich, aus Spanien. Doch auch in Deutschland wird diese Schinkenart immer beliebter. Die gepökelten Keulen müssen dazu Wochen und Monate, manche gar bis zu einem Jahr in gut belüfteten Lagerräumen hängen.

Die regionalen Spezialitäten

• Westfälischer Schinken
Ein herzhafter Knochenschinken mit charakteristisch nußartigem Geschmack. Die 5–7 kg schweren Keulen hängen nach dem Trockenpökeln im Rauch von Buchenholz. Gegessen wird der Schinken in dünnen Scheiben, in Westfalen traditionell zum kräftigen, dunklen Pumpernickelbrot.

• Holsteiner Katenschinken
Der Name kommt von der »Kate«, dem Rauchfang überm offenen Herdfeuer in den alten Holsteiner Bauernhäusern. Dort hingen früher die Schinken über Monate im kalten Rauch und reiften zur bekannt milden Delikatesse heran. Die Keulen, die heute noch traditionell am Knochen reifen und über Buchenfeuer geräuchert werden, wiegen teilweise bis zu 20 kg. Als Beilage zu Spargel eignet sich der edle Schinken besonders gut und wird dafür in etwas dickere Scheiben geschnitten.

• Schwarzwälder Schinken
Im harzigen Rauch von Tannenholz werden die Schinkenstücke ohne Knochen kalt geräuchert. Vom herben Tannenfeuer kommt auch der typische Geschmack, der sich vorzüglich mit herzhaftem Bauernbrot und Kirschwasser verträgt. Als Vorratshaltung der Bauern hingen die kantigen Schinken früher über viele Wochen im Rauchfang des Herdfeuers. Neben den echten Schinken aus der Keule gab es da auch die schmalen, gut durchwachsenen Speckseiten – aus dem Schweinebauch geschnitten, saftig, würzig, dabei besonders fest und kernig. Die Schwarzwälder selbst schwören auf diesen »Vesperspeck« – aber nur, wenn er fachmännisch und gleichzeitig liebevoll aufgeschnitten wird: in hauchdünne, kleine Streifchen.

• Weit über ihre Region hinaus berühmt sind auch der mild geräucherte »Ammerländer Schinken« aus Niedersachsen, der wacholderwürzige »Ardennenschinken« aus der Eifel, der zarte »Coburger Schinken« aus Franken.

Nicht alles, was sich Schinken nennt, ist auch einer. »Lachsschinken« etwa wird nicht aus der Keule, sondern aus dem Kotelettstück vom Schwein geschnitten, nur kurz gepökelt und geräuchert. So mager, mild und hell – wie sollte da auch eine zünftige Schweinskeule im Spiel gewesen sein?

Gute Qualität erkennt man beim rohen Schinken am kernig weißen Fett, an der gleichmäßigen Farbe des Anschnitts. Im Kühlschrank trocknet roher Schinken leicht aus – besser in Pergament verpackt in einem kühlen Raum lagern. Größere Schinkenstücke halten sich so auch einige Wochen als Vorrat. Gekochter Schinken soll schön rosig glänzen und muß unbedingt kalt liegen.

Berlin und Brandenburg

Das Land und seine Produkte

»Deutsche Streusandbüchse« oder »karg ist die Mark« – das sind die landläufigen Sprüche über Brandenburg. Dabei hat diese Naturlandschaft einiges zu bieten: Ausgedehnte Wälder, in denen noch Wild wechselt, Seen und Flüsse mit reichem Fischbestand, Obstanbau im weiten Havelland und die Rapsfelder im Fläming, die Nahrung für Bienen und Auskommen für die Imker bieten. Wer vermutet schon in der Uckermark, dem nordöstlichsten Gebiet Brandenburgs, Tabakanbau? Tatsächlich werden hier hervorragende Zigarren-Deckblätter geerntet, die so manche Havanna zusammenhalten.

Die Mark Brandenburg erstreckt sich von Elbe und Havel im Westen bis hin zur Oder und Neiße im Osten. Man unterteilt acht Reiseregionen. Im Norden die Prignitz, das Ruppiner Land und die Uckermark. In der Mitte das Havelland und der Barnim. Östlich von Berlin beginnt das Oder-Spree-Dahme-Gebiet und südlicher der Fläming und die Niederlausitz. Jedes Gebiet hat eine unterschiedliche Landschafts- und Wirtschaftsstruktur, doch gemeinsam haben alle etwas typisch Märkisches: endlose Felder, stille Wälder, fischreiche Seen.
Industrielle Schwerpunkte liegen in der Braunkohlenförderung um Cottbus, in der Petrochemie bei Schwedt und in der Stahlproduktion von Brandenburg, der Stadt, die dem Land ihren Namen gab.

Familie Storch – hier nisten sie inmitten ländlicher Ruhe und fungieren auch als »Umweltbarometer« in noch intakter Natur.

Und mittendrin liegt Berlin, diese geschichtsträchtige, bunte und einmalige Stadt. Über Berlin wurde schon viel geschrieben, geredet oder auch gesungen: *»Das ist die Berliner Luft, Luft, Luft ...«*. Dieses Lied kennt hierzulande fast jeder, und wenn man am Rande der Großstadt wandert, kann man ein köstliches Gemisch aus Kiefernnadelduft und weither wehendem (vielleicht gar von der Ostsee stammenden) Wasseratem schnuppern. Natürlich besingt das Lied mit der »Berliner Luft« auch das Flair der Stadt, die Menschen, den Dialekt. Diesen Tonfall, der so trocken, nüchtern und witzig direkt ist. Der voll spröder Schnodderigkeit, Mutterwitz und Sarkasmus steckt und uns trotzdem irgendwie liebenswert berührt.

Was zählte einst Fontane nicht schon alles auf... »Dill, Morcheln und Rübchen aus Teltow. Oderkrebse, Hecht und Zander aus brandenburgischen Seen. Gänse aus dem Oderbruch. Honig aus Kienbaum. Milch und Butter aus dem Havelland. Gurken und Leinöl aus dem Spreewald und außerdem Werdersche Kirschen, Äpfel und Aprikosen«... Es klingt wie aus einem Schlaraffenland. Schon Geheimrat Goethe ließ sich gern die Teltower Rübchen mit

Chinesisches Teehaus im Park von Sanssouci. Jetzt ein Tempel für Liebhaber fernöstlichen und europäischen Porzellans.

der Schnellpost nach Weimar schicken, um sie dann, am liebsten mit Kastanien gemischt, genüßlich zu verspeisen. Bald werden diese Produkte auch wieder auf den heimischen Märkten zu finden sein. Dann fährt der Berliner ins Märkische, holt seine Festtagsgans und denkt sich: »Eene jut jebratene Jans is eene jute Jabe Jottes!«

Ganz oben:
Ostdeutscher Traktor, Marke »Eigenbau«, unverwüstlich.

Mitte:
Die Hochbahn, ein umweltfreundliches, hauptstädtisches Verkehrsmittel.

Oben links und rechts:
Frisches Obst und Gemüse aus dem Werderaner Land bereichern das Angebot an »Fleischspeisen«.

Ganz oben:
Typische Berliner Häuserzeile. Dahinter verbirgt sich ein Labyrint von Hinterhöfen voller Leben.

Mitte:
Was sind 26 himmelblaue PS gegen 2 weiße?

Menschen, Feste, Sehenswertes

Unser Freund Bernd aus Pankow ist ein typischer Berliner. Wie fast alle seiner Landsleute kann er ständig essen und darüber reden. »Wat giebt's heute, wat essen wir morjen, un wat machen wir am Sonntag?« Ist er in der Stadt unterwegs, gibt es Rettung an einer der vielen kunterbunten Imbißbuden. Fritten und Currywurst, Hot dogs, Döner und Köfte, Pizza und Moussaka stillen den eiligen Hunger.

»Komm Karlineken, komm Karlineken, komm, wir wolln nach Pankow jehn...!«

In manchen Alt-Berliner Kneipen steht der »Hungerturm« direkt am Tresen und lädt zum Zugreifen ein. Mit Soleiern gefüllte Gläser, Schrippen mit Hackepeter oder Schabefleisch, Schusterjungen mit Schmalz und Harzer Käse, Buletten, Salzgurken, Rollmöpse und eingelegte Bratheringe. Zum Nachspülen eine Molle mit Korn, oder wie der Urberliner dazu sagt: »'nen Droschkenkutscher«.

Kräftige und vor allem reichliche Hausmannskost (wenn nicht selbst gekocht) gibt es in vielen Berliner Lokalen. Allem voran das Eisbein mit Sauerkraut, Erbsensuppe, Kasseler Rippchen, Sülze mit Bratkartoffeln, aber auch »vornehmere Speisen« wie Aal grün, Hühnerfrikassee oder Kalbsleber erfreuen Herz und Magen. »Jut schmecken muß et un sattmachen«, sagt unser Freund und spricht damit seinen Mitmenschen aus der Seele.

1804 schrieb Schiller über die Stadt »Berlin gefällt mir besser, als ich erwartete. Es ist dort eine große persönliche Freiheit und eine Ungezwungenheit im bürgerlichen Leben« ... und Heinrich Heine bemerkte später: »Berlin ist gar keine Stadt, sondern Berlin gibt bloß den Ort dazu her, wo sich eine Menge Menschen, und zwar darunter viele Menschen mit Geist, versammeln, denen der Ort ganz gleichgültig ist«. Berlin und Brandenburg waren schon immer Anziehungspunkte für Arbeitssuchende und Heimatlose. Kamen um 1700 die Hugenotten und mit ihnen Einflüsse der französischen Eßkultur – Spargel und Blumenkohl waren ihre wichtigsten Mitbringsel zur Bereicherung der Speisekarte – so trugen später böhmische Flüchtlinge, holländische Handwerker, schlesische Weber, jüdische Kaufleute und jüngst türkische oder italienische Familien zur Vielfalt der Küche bei.

Die Berliner sind gastfreundlich, neugierig und sehr gesellig. Man trifft sich in den Kneipen im Kietz (je später, desto besser), feiert mit Nachbarn und Freunden auf einem der vielen Straßen- und Stadtteilfeste, besucht einen der ständigen Trödelmärkte, bummelt durch alte Markthallen oder besucht den Türkenmarkt am Maybachufer. Dieser »Türkenmarkt« gehört schon lange nicht mehr nur den Türken. In seinem byzantinischen Gewirr, seinem Duft nach frischem Gemüse, Knoblauch, Gewürzen und Döner, zwischen Frauen mit Kopftüchern und geschäftigen Männern, finden sich Touristen und viele Berliner, die zum Einkaufen mit dem »Orientexpress«, der U-Bahn, hierher nach »Klein-Istanbul« gefahren sind.

Wenn Ende Januar die »Grüne Woche« beginnt, kann der Besucher Kulinarisches aus aller Welt kosten, bis er »platzt«. Was nützt ihm dann so ein schöner nostalgischer Wiegeautomat, der noch so manchen U-Bahnhof ziert, wenn er für 10 Pfennig auf dem ausgedruckten Wiegekärtchen lesen kann, daß er leider zugenommen hat...? Also auf ins »Jrüne« zum Wandern, mit Kind und Kegel nach »Jottwedee«. Am liebsten ans Wasser, an die Ufer der Havelseen, in den Grunewald, zur Pfaueninsel oder endlich wieder Wald und Wiese in der ganzen Schorfheide riechen. Und hier an der frischen Luft schmecken Faßbrause und Weiße mit »Schuß« oder »Strippe« (mit Himbeer-, Kirschsirup oder Kümmellikör).

Da die Berliner das Glück haben, überall von Natur umgeben zu sein, fahren sie gern zu einem Tagesausflug in den nahen Spreewald. Dort empfängt sie der »Dschungel von Brandenburg«. Bis zu 300 verästelte Wasserstraßen schlängeln sich durch dieses Gebiet. Auf flachen, langen Kähnen kann man sich durch ein stilles, grünes Labyrinth staken lassen. Die Fährfrau in Spreewaldtracht und mit bestickter Flügelhaube erzählt vom Gurkeneinlegen, Meerrettichernten und Überschwemmungen, aber auch von Festen und Feiertagen. Da wird zu Fastnacht »gezampert«, Burschen und Mädchen ziehen verkleidet von Haus zu Haus und erbitten Gaben wie Wurst, Schinken oder Eier. Gemeinsam wird dann alles beim großen »Eierkuchenball« verzehrt.

Im Nordwesten Brandenburgs liegt die Priegnitz, eine typisch märkische Landschaft. Also Sandboden, Kiefernwälder, Heide- und Wiesenland und romantische Seen. Unberührte Natur, wie sie schon Theodor Fontane, Abkomme von Hugenotten und der beste Kenner der Mark überhaupt, in seinen »Wanderungen durch die Mark Brandenburg« beschrieb. Dort in Wusterhausen gibt es ein Mysterium, nämlich den gut erhaltenen Leichnam vom »Ritter Kahlbutz«. Dieser liegt seit 1794 in einem Glassarg neben der Kirche von Kampehl und will nicht vergehen. Angeklagt, legte er den Eid ab: »Wenn ich der Mörder bin, mag einst mein Körper nicht verwesen...« Glaubt man einer Historie, so soll schon vor 750 Jahren in Bernau, einem kleinen Städtchen vor den Toren Berlins Bier gebraut worden sein. Als 1432 die Hussiten die Stadt erobern wollten, rettete den Einwohnern vermutlich das Braugewerbe Leben und Gut. Die Belagerer sollen von dem starken, dunklen Bier »so betrunken und hinfällig« gewesen sein, daß es ein leichtes war, sie zu überrumpeln. Und diesen Sieg feiern die Bernauer Anfang September (endlich wieder nach 46 Jahren) mit ihren »Hussitenfestspielen« und dem Motto: »Wer bernauisch Bier verachtet, der ist wert, daß er verschmachtet!«

Unbedingt sehenswert:
Die Landeshauptstadt Potsdam, mit dem »schönsten deutschen Rokokoschloß«, den Terrassen und Gärten von Sanssouci (ein Erbe vom alten Fritz) oder dem holländischen und russischen Viertel der ehemaligen Exilanten. 1993 wird die Stadt 1000 Jahre alt, ab Mai beginnen die Feierlichkeiten.

Das Zisterzienser-Kloster Chorin, Zeugnis norddeutscher Backsteingotik. Seit 1964 findet hier jährlich der Choriner Musiksommer statt. Dort können Sie auch den »Brandenburgischen Konzerten« von Johann Sebastian Bach lauschen.

Schloß Rheinsberg im Ruppiner Land. Kurt Tucholsky, beeindruckt von der märkischen Landschaft und dem weißen Schloß am Wasser, schrieb daraufhin sein »Rheinsberg – Ein Bilderbuch für Verliebte«.

Ganz oben:
Ku'damm, Berlin.
Sperrstunde gibt es nicht, hier ist Essen rund um die Uhr möglich.

Mitte:
Eins der beliebten Ausflugslokale im Grünen.

Oben:
Frisch Luft macht hungrig. Spreewald-Ausflügler beim genüßlichen Picknick.

Ganz oben:
Das Café im Autonomen Zentrum »Tacheles« – eine der typischen neuen Szene-Kneipen in Ost-Berlin.

Mitte:
Die Spezialitäten der türkischen Märkte und Lebensmittelgeschäfte bereichern das Angebot.

Oben:
Kein Anglerlatein – er ist wirklich prächtig. Stolz wird der gerade gefangene Fisch präsentiert.

Eier in Mostrichsauce

Schnell und preiswert

Zutaten für 4 Portionen:

8 Eier
2 EL Butter
2 EL Mehl
1/4 l heiße Brühe (Instant)
1/4 l heiße Milch
3–4 EL mittelscharfer Senf (Mostrich)
1 EL Weinessig
2 Prisen Zucker
weißer Pfeffer aus der Mühle
Streuwürze
2 Eigelb

Zubereitungszeit: etwa 25 Min.

Pro Portion: 1400 kJ / 330 kcal

1 Die Eier in etwa 6 Min. wachsweich kochen, kalt abschrecken und schälen.

2 Die Butter zerlassen, das Mehl einrühren und leicht anbräunen. Brühe und Milch unter schnellem Rühren zugießen, es sollten sich keine Klümpchen bilden. Etwa 2 Min. kräftig durchkochen.

3 In die sämige Sauce den Senf einrühren, mit Essig, Zucker, Pfeffer und Streuwürze kräftig abschmecken. Mit den 2 Eigelb legieren, die Sauce nun nicht mehr kochen lassen.

4 Die Eier längs halbieren, in eine Schüssel legen und mit der heißen Sauce begießen.

• Mit Salzkartoffeln oder Stampfkartoffeln (Rezept auf Seite 154) und einem frischen Salat servieren.

•Variante: Beliebt sind auch die »Süßsauren Eier«. Dafür wird eine dunkle »Einbrenne« (Mehlschwitze) mit Zucker und Essig pikant abgeschmeckt.

Löffelerbsen mit Speck

Herzhafter Eintopf

Zutaten für 4–6 Portionen:

400 g gelbe, ungeschälte Erbsen
500 g Pökelfleisch (z.B.: Eisbein, Spitzbein, Rippchen, Schweineschwänzchen, Ohren, Schnauze)
1–2 Speckschwarten
1/2 TL gerebelter Majoran
1 Lorbeerblatt
2 Möhren
1 Stück Knollensellerie
1 Petersilienwurzel
1 Stange Lauch
2 große Kartoffeln
1 Zwiebel
100 g durchwachsener Räucherspeck
2 EL Schmalz
Salz
schwarzer Pfeffer aus der Mühle
1 Bund Petersilie

Zubereitungszeit: etwa 2 1/2 Std.

Bei 6 Portionen pro Portion: 1800 kJ / 430 kcal

1 Die Erbsen in einem Sieb abspülen und in etwa 2 l kaltem Wasser über Nacht einweichen.

2 Die Erbsen im Einweichwasser mit dem kurz abgespülten Fleisch, den Speckschwarten, Majoran und dem Lorbeerblatt zum Kochen bringen. Etwa 2 Std. bei geringer Hitze köcheln lassen (Bitte vorsichtig: Erbsen brennen leicht an, deshalb öfter umrühren!)

3 Das Gemüse (Möhren, Sellerie, Petersilienwurzel und Lauch) putzen und waschen. Die Kartoffeln waschen und schälen, die Zwiebel schälen. Alles in Würfel schneiden. Den Speck ebenfalls in kleine Würfel schneiden.

4 In einer großen Pfanne das Schmalz erhitzen und darin den Speck ausbraten. Das kleingewürfelte Gemüse mit

Pellkartoffeln mit Quark und Leinöl

Preiswerte Delikatesse

den Kartoffeln und der Zwiebel dazugeben und im Speckfett andünsten.

5 Wenn die Erbsen fast weich sind, die Mischung aus der Pfanne dazugeben und noch etwa 20 Min. mitköcheln lassen. Das gekochte Fleisch herausnehmen, von Knochen und Knorpel lösen. In kleine Stückchen oder Streifen schneiden und wieder zu den Erbsen geben.

6 Mit Salz und frisch gemahlenem Pfeffer würzen. Die Petersilie waschen und trockenschütteln, fein hacken und über die Erbsensuppe streuen.

• Servieren Sie zum Erbsen-Eintopf »Schrippen« oder »Knüppel« (frische Brötchen).

Zutaten für 4 Portionen:

1 kg neue, kleine Kartoffeln (mehligkochende Sorte)
1 TL Salz
1 TL Kümmel
500 g Quark (20%)
½ Tasse Milch (etwa 100 ml)
Salz
weißer Pfeffer aus der Mühle
1 Prise scharfes Paprikapulver
1 Prise Kümmelpulver
1 Zwiebel
1 Bund Schnittlauch
frisch gepreßtes Leinöl (z.B. aus dem Spreewald)
Butter nach Belieben

Zubereitungszeit: etwa 40 Min.

Pro Portion: 2100 kJ / 500 kcal

1 Die Kartoffeln waschen und zugedeckt in Salz-Kümmel-Wasser kochen.

2 Den Quark in eine Schüssel geben, mit der Milch glattrühren. Mit Salz, Pfeffer, Paprika und Kümmel abschmecken.

3 Die Zwiebel schälen und fein hacken, den Schnittlauch waschen und in Röllchen schneiden. In Schälchen füllen.

4 Die fertigen Pellkartoffeln abgießen, ausdampfen lassen und mit der Schale zu Tisch bringen. Jeder pellt sich seine Kartoffeln selbst und nimmt nach Belieben Quark, Leinöl und Zwiebeln. Butter in kleinen Portionsstückchen dazu reichen.

• Häufig wird der Quark auch so angerichtet: Den gewürzten Quark in der Schüssel wieder glattstreichen, in die Mitte eine Vertiefung drücken. Die Zwiebelwürfelchen und etwas Leinöl in die Mulde geben, alles mit Schnittlauch bestreuen.

• Eine weitere beliebte Beilage zu Pellkartoffeln ist die »Speckstippe« oder auch »Beamtenstippe« genannt. Dazu 100 g durchwachsenen Räucherspeck und 1 geschälte Zwiebel in kleine Würfel schneiden. In 1 EL Butter anbraten. 2 EL Mehl einrühren und mit 1/2 l heißer Fleischbrühe ablöschen. Pikant süß-sauer abschmecken mit Salz, Pfeffer, Essig, Zucker und etwas Streuwürze. Als Beilage paßt ein frischer, grüner Salat.

Teltower Rübchen

Ein fast vergessenes Gemüse

Zutaten für 4 Portionen:

800 g kleine Teltower Rübchen
2 EL Zucker oder Puderzucker
40 g Butter
1/8 l heiße, würzige Hühnerbrühe
1 TL Zitronensaft
1/2 Bund glatte Petersilie
weißer Pfeffer aus der Mühle

Zubereitungszeit: etwa 1 Std.

Pro Portion: 730 kJ / 170 kcal

1 Die Rübchen sorgfältig schaben, waschen und mit Küchenpapier abtrocknen. In einem Topf unter Rühren den Zucker goldgelb anbräunen. Die Butter hinzufügen und mit dem Zucker verschmelzen. Die Rübchen in die Glasur legen und unter häufigem Schütteln etwa 5 Min. von allen Seiten anbraten.

2 Die Brühe und den Zitronensaft angießen und bei geringer Hitze die Rübchen im fest verschlossenen Topf etwa 40 Min. garen. Zwischendurch den Topf mehrmals schwenken, damit die Rübchen schön gleichmäßig von allen Seiten glasiert werden.

3 Petersilie waschen, trockenschütteln und fein hacken. Die fertigen Rübchen damit bestreuen und Pfeffer darüber mahlen.

• Die Rübchen schmecken zu vielerlei: zu Gänsebraten und Pommerscher Gänsebrust, zu Entenbraten, Kasseler Koteletts, Zunge und Hackbraten, zu Bratwürsten, gefüllter Kalbsbrust oder Schweinebraten.

• Teltower Rübchen gelten mit Abstand als die feinsten und würzigsten in der Rübenfamilie. Sie wurden zuerst auf dem Sandboden der Mark Brandenburg, rund um Teltow, angebaut.

Schmorgurken

Gartenfrische Gemüsebeilage

Zutaten für 4 Portionen:

1 kg Schmorgurken (festfleischige Freilandgurken)
1/2 TL Salz
1 EL Zucker
weißer Pfeffer aus der Mühle
2 EL Weinessig
60 g durchwachsener Räucherspeck
1 Zwiebel
1 EL Butter
1/8 l Fleischbrühe (Instant)
1/8 l Milch
125 g saure Sahne
1/2 Bund Dill
1/2 Bund Petersilie

Zubereitungszeit: etwa 50 Min. (+ 1 Std. Marinierzeit)

Pro Portion: 950 kJ / 230 kcal

1 Die Gurken schälen und längs halbieren. Mit einem Teelöffel die Kerne herauskratzen. Die Gurkenhälften in etwa 1 cm dicke Stücke schneiden. In eine Schüssel geben und mit Salz, Zucker, Pfeffer und Essig würzen. Zugedeckt 1 Std. durchziehen lassen.

2 Den Speck in kleine Würfel schneiden. Die Zwiebel schälen und hacken. In einem Schmortopf die Butter zerlassen und darin Speck und Zwiebel anbraten. Die Gurken (ohne Flüssigke t) hinzufügen und etwa 5 Min. anschmoren. Mit Brühe und Milch ablöschen und zugedeckt 20 Min. köcheln lassen.

3 Die saure Sahne unter die Gurken rühren. Dill und Petersilie waschen, trockenschütteln und kleinschneiden. Über die Gurken streuen.

• »Laubenpiepas Schmorjurken« passen als Beilage zu neuen Kartoffeln, zu Fleisch oder Fischgerichten.

Süßsaurer Kürbis zu Bratwurst in Bier

Berliner Spezialität

• Variante: Schmorgurken mit 4 EL geriebenem Meerrettich, 1 TL Senf, 1 durchgedrückten Knoblauchzehe, 2 Eigelb und saurer Sahne würzen.

• Tip: Durch moderne Züchtung sind Gurken heute fast frei von Bitterstoffen. Nur bei zu langer Lagerung oder bei älteren Gurken kann das Gurkenende bitter werden, dann den Stielansatz abschneiden.

Zutaten für 4 Portionen:

Für den Kürbis:
1 kg Kürbis
1 Stückchen Ingwerwurzel
1 unbehandelte Zitrone
¼ l Weinessig
400 g Zucker
¼ TL Salz
½ Zimtstange
3 Nelken
6 weiße, zerdrückte Pfefferkörner

Für die Bratwurst:
4 Bratwürste
1 EL Milch
Fett zum Braten
1 Tasse Bier (etwa 200 ml)
1 Stück Pfefferkuchen
Salz
schwarzer Pfeffer aus der Mühle
1 Prise Zucker

Zubereitungszeit: etwa 40 Min.

Pro Portion: 3700 kJ / 880 kcal

1 Den Kürbis schälen, das weiche Innere mit den Kernen entfernen. Das Kürbisfleisch in gleich große Würfel von etwa 2 x 2 cm schneiden. Den Ingwer schälen und in dünne Scheibchen schneiden. Die Zitrone waschen, die Schale spiralförmig dünn abschälen.

2 In einem Topf etwa ¼ l Wasser mit Essig, Zucker, Salz, Ingwer, Zitronenschale und den Gewürzen 5 Min. aufkochen. Die Kürbisstücke in den Sud geben und 3–4 Min. durchkochen. (Nicht länger, die Stücke sollen noch »Biß« haben!) Den Kürbis abdecken und mindestens 1–2 Tage durchziehen lassen.

3 Die Bratwürste in Milch wenden, braun anbraten und warm stellen. Den Bratansatz mit Bier ablöschen und mit etwas geriebenem Pfefferkuchen binden. Mit Salz, Pfeffer und Zucker abschmecken.

Die Würste in die Sauce zurücklegen und weitere 8 –10 Min. schmoren. Mit dem eingelegten Kürbis servieren.

• Dazu passen »Stampfkartoffeln« (Rezept auf Seite 154).

• Kürbis schmeckt auch als Beilage zu gekochtem Rindfleisch und Braten, zu Geflügel- oder Wildgerichten.

• Tip: Die Kürbisstücke in heiße Gläser mit Twist-off-Deckel füllen und sofort verschließen. Er ist so für einige Wochen im Kühlschrank haltbar.

Hecht auf Potsdamer Art

Filets in feiner Kapernbutter

Zutaten für 4 Portionen:

800 g Kartoffeln (vorwiegend festkochende Sorte)
Salz
6–8 Hechtfilets (zusammen etwa 800 g)
weißer Pfeffer aus der Mühle
2 EL Mehl
80 g Butter
1 EL Zitronensaft
2 EL kleingeschnittenes Zitronenfruchtfleisch
2 EL kleine Kapern (ohne Sud)
½ Bund Petersilie

Zubereitungszeit: etwa 30 Min.

Pro Portion: 1900 kJ / 450 kcal

1 Die Kartoffeln waschen, schälen, eventuell etwas zerkleinern. Knapp mit Salzwasser bedeckt garen.

2 Inzwischen die Hechtfilets säubern und sorgfältig alle Gräten mit einer Pinzette entfernen. Die Filets abspülen und trockentupfen. Beide Seiten salzen, pfeffern und dünn mit Mehl bestäuben.

3 In einer großen Pfanne die Butter erhitzen und die Filets von jeder Seite etwa 3 Min. braten. Mit etwas Zitronensaft beträufeln. Herausheben und warm stellen.

4 In die Bratbutter (sie sollte nicht zu braun sein!) das kleingeschnittene Zitronenfruchtfleisch und die Kapern geben. Petersilie waschen, trockenschütteln und fein hakken, in die Sauce rühren.

5 Die Kartoffeln abgießen, abdämpfen. Auf jeden Teller zwei Hechtfilets mit Kapernbutter und frischen Salzkartoffeln anrichten.

• Getränketip: Ein leichter Riesling aus dem Elbtal.

Aal grün mit Gurkensalat

Kleine Happen in Kräutersahne

Zutaten für 4 Portionen:

1 frischer, nicht zu dicker Aal (1–1,2 kg) oder 2 kleinere Aale (jeweils etwa 600 g, vom Fischhändler ausnehmen, enthäuten und in 4–5 cm große Stücke schneiden lassen, ohne Kopf und dünnem Schwanzende)

Für den Sud:
1 Petersilienwurzel
1 Möhre
3 EL Weinessig
1 Zwiebel
1 Lorbeerblatt
1 Gewürznelke
knapp 1 TL Salz
½ TL Zucker
6 zerdrückte weiße Pfefferkörner
1 Stück unbehandelte Zitronenschale
1 Kräutersträußchen (Petersilie und Dill, Estragon und Salbei)
2–3 Gläser trockener Weißwein

Weitere Zutaten:
2 EL Butter
2 EL Mehl
⅛ l süße Sahne
1 Eigelb
2–3 EL Zitronensaft
weißer Pfeffer aus der Mühle
je ½ Bund Dill und Petersilie

Zubereitungszeit: etwa 1 Std.

Pro Portion: 3000 kJ / 710 kcal

1 Für den Sud die Petersilienwurzel und die Möhre putzen, klein schneiden. Etwa ½ l Wasser und den Essig in einen flachen Topf füllen. Die Zwiebel schälen, mit dem Lorbeerblatt und der Nelke spicken. Mit dem Gemüse, Salz, Zucker, Pfefferkörnern, Zitronenschale und Kräutern in den Topf geben und alles 10 Min. durchkochen. Den Wein dazugießen und wieder aufwallen lassen.

2 Die Aalstücke unter kaltem Wasser gut abspülen und in

Havel-Zander auf Porreegemüse

Mit einer Buttersauce

den Sud legen. Bei geringer Hitze 15–20 Min. garziehen lassen. Die Stücke herausheben, in einer Schüssel warm stellen. Den Sud durchsieben und etwas einkochen lassen.

3 Die Butter erhitzen, das Mehl hinzufügen und unter schnellem Rühren mit Aalsud ablöschen, bis eine sämige Sauce entsteht. 2 Min. köcheln lassen. Sahne und Eigelb unterziehen, mit Zitronensaft und Pfeffer abschmecken. Dill und Petersilie waschen, fein hacken und unter die Sauce rühren. Die Sauce über den Aal gießen.

• Mit neuen Kartoffeln und Gurkensalat servieren. Für den Salat 1 Salatgurke schälen, in dünne Scheiben hobeln. Leicht salzen, durchmischen. 250 g saure Sahne oder Joghurt mit 2 EL Zitronensaft, 1 TL Zucker, Pfeffer und gehacktem Dill verrühren. Die Gurken darin 10 Min. durchziehen lassen.

Zutaten für 4 Portionen:

1 frischer Zander (etwa 1,5 kg, küchenfertig geschuppt und ausgenommen)
Salz
weißer Pfeffer aus der Mühle
1 Zitrone
1 Bund Petersilie
500 g Lauch (Porree)
40 g Butter
4 EL trockener Weißwein

Für die Buttersauce:
1 Schalotte
1 Prise Thymian
6 EL trockener Weißwein
1 EL Weinessig
150 g eiskalte Butter in kleinen Stückchen
je 1 Prise Salz, weißer Pfeffer, Cayennepfeffer
1 TL Zitronensaft

Zubereitungszeit: etwa 1 Std.

Pro Portion: 2600 kJ / 620 kcal

1 Den Zander unter kaltem Wasser gründlich abspülen und mit Küchenkrepp abtrocknen. Innen und außen leicht mit Salz, Pfeffer und Zitronensaft einreiben. Die gewaschene Petersilie in den Bauch legen. Backofen auf 200° vorheizen.

2 Vom Lauch jeweils den grünen Schaft abschneiden und nur die weißen Teile verwenden. Diese Stücke gut abspülen und in Ringe schneiden. Die Butter erhitzen und darin den Lauch etwa 1 Min. andünsten, salzen und pfeffern.

3 Das Gemüse in eine feuerfeste, dekorative Form geben und den Fisch darauflegen. Den Wein angießen und die Form mit Alufolie dicht verschließen. Im heißen Backofen (Gas Stufe 3) auf der untersten Schiene 35–40 Min. garen.

4 Für die Buttersauce die Schalotte schälen und in feinste Würfelchen schneiden. Mit Thymian, Wein, Essig und 2 EL Wasser in einem kleinen Topf langsam einkochen lassen, bis die Flüssigkeit auf etwa 1 EL eingekocht ist. Das Töpfchen in ein Wasserbad stellen und die Butter nach und nach mit einem Schneebesen einrühren, bis eine cremige Sauce entsteht. Mit den Gewürzen und Zitronensaft abschmecken.

5 Die Folie entfernen und und den Fisch in der Form auf den Tisch bringen, erst am Tisch zerteilen. Das Lauchgemüse und die Buttersauce dazu reichen.

• Dazu passen Salzkartoffeln.

• Zander (Schill) ist ein edler, magerer Flußfisch mit relativ wenig Gräten. Er wird im ganzen oder filetiert zubereitet, sein Fleisch ist weiß und zart. Von März bis Mai hat er Schonzeit.

Berliner Frikassee

Edles Festessen

Zutaten für 4–6 Portionen:

1 kleines Kalbsbries, (etwa 300 g, auch Milch, Milcher, Bröschen genannt, unbedingt beim Metzger vorbestellen!)
1 kg ausgelöstes Kalbfleisch (Schulter oder Brust)
4 Schalotten
1 Knoblauchzehe
1 Möhre
½ Stange Sellerie
etwa 50 g Butter
2 EL Öl
Salz
weißer Pfeffer aus der Mühle
1 ½ EL Mehl
400 ml Kalbsfond (fertig aus dem Glas)
⅛ l Weißwein
2 Gewürznelken
1 Lorbeerblatt
1 Zweig Thymian
200 g Spargelspitzen (etwa 7 cm lang), beim Stangenspargel nur die Spitzen nehmen, den Rest für ein anderes Gericht verwenden
1 Prise Zucker
50 g getrocknete Spitzmorcheln
2 Eigelb
⅛ l Sahne
2 –3 EL Zitronensaft
1 Prise Cayennepfeffer
1 EL kleine Kapern (ohne Sud)
½ Bund Petersilie

Zubereitungszeit: etwa 2 ½ Std.

Bei 6 Portionen pro Portion: 2000 kJ / 480 kcal

• Dieses klassische und beliebte Frikassee wird in vielerlei Varianten zubereitet. Statt Kalbfleisch wird frisches Huhn verwendet oder das Gericht mit Krebsen, gekochter Kalbszunge, Champignons und frischen Erbsen verfeinert.

• Als Beilage werden Blätterteig-Fleurons (gibt es fertig zu kaufen) und Butterreis oder »Risibisi« gereicht. (Für das »Risibisi« kleine, grüne Zuckererbsen und eventuell geriebenen Käse unter den Reis mischen).

• Getränketip: Trockener Weißwein, z.B. ein Müller-Thurgau wie der Meißner Kapitelberg.

1 Das Kalbsbries etwa 2 Std. wässern, damit sich alle Blutreste herauslösen. Vom Kalbfleisch alles Fett und die Sehnen entfernen. Das Fleisch in mundgerechte Stücke (etwa 3 cm groß) schneiden.

2 Schalotten und Knoblauch schälen. Möhre und Sellerie putzen, abspülen und alles in feine Würfelchen schneiden. Den Backofen auf 200° vorheizen. In einem Bräter (mit Deckel) 2 EL Butter und 2 EL Öl erhitzen und darin das Fleisch portionsweise anbraten.

3 Das Gemüse dazugeben und kurz mit andünsten. Salzen und pfeffern, leicht mit Mehl bestäuben und mit Kalbsfond und Wein ablöschen. Die Gewürze hinzufügen, aufkochen lassen und zugedeckt im Backofen (Gas Stufe 3) etwa 45 Min. schmoren.

4 Die Spargelenden eventuell schälen. In Salzwasser, gewürzt mit 1 Prise Zucker und 1 TL Butter, in etwa 10 Min. nicht zu weich kochen. Die Morcheln sehr gründlich unter fließendem Wasser waschen. Heiß überbrühen und ausdrükken. Grobe Stiele abschneiden, größere Morcheln halbieren.

5 Das gewässerte Kalbsbries grob enthäuten und in kochendem Salzwasser etwa 2 Min. blanchieren. Herausnehmen, kalt abschrecken und alle restlichen Adern und Häutchen entfernen. In kleine Röschen zerpflücken.

6 Den Bräter herausnehmen, das Frikassee offen auf dem Herd noch etwa 10 Min. einköcheln lassen – das gibt der Sauce die »Tiefe«. Die restliche Butter zerlassen und darin das Bries 8–10 Min. braten. Leicht salzen und pfeffern, herausnehmen, warmhalten. Im Bratfett die Morcheln andünsten.

7 Eigelb mit Sahne mischen, unter das Fleisch rühren. Mit Zitronensaft und Cayennepfeffer abschmecken. Kalbsbries, Morcheln und Spargel (ohne Kochwasser) untermischen. Nicht mehr kochen lassen. In eine vorgewärmte Schüssel füllen, mit Kapern und Petersilienblättchen bestreuen.

Echte Buletten

Würzige Hackfleischküchlein

Zutaten für 4 Portionen:

1 Zwiebel oder 2 Schalotten
1 Knoblauchzehe
1 EL Butter
1 ½ Brötchen vom Vortag
500 g gemischtes Hackfleisch (300 g Rind-, 200 g Schweinefleisch)
1 Ei
1 EL feingehackte Petersilie
Salz
schwarzer Pfeffer
¼ TL Kümmelpulver
1 Prise Oregano
1 gute Prise Cayennepfeffer
Butterschmalz zum Braten

Zubereitungszeit: etwa 40 Min.

Pro Portion: 2000 kJ / 480 kcal

1 Zwiebel und Knoblauch schälen, fein hacken. In etwas Butter glasig dünsten. Die Brötchen in heißem Wasser einweichen und in einem Sieb gut ausdrücken.

2 Hackfleisch in eine Schüssel geben und mit den Zwiebeln, der Brötchenmasse, Ei, Petersilie und Gewürzen zu einem geschmeidigen Teig vermengen. Mit angefeuchteten Händen kleine Kugeln formen und diese flachdrücken.

3 In einer großen Pfanne das Schmalz erhitzen und die Buletten von beiden Seiten langsam in etwa 25 Min. schön braun braten.

• Heiß aus der Pfanne mit Salzkartoffeln und Gemüsebeilage essen. Oder kalt zu Kartoffelsalat oder einer Butterstulle mit Mostrich und Gewürzgurke servieren.

• Die nahen Verwandten: Frikadellen, Beefsteaks, Bratklopse, Fleischpflanzerl, Fleischküchlein, Hacksteaks...

»Also – nischt wie ran an die Buletten...!«

Falscher Hase mit Rotkohl

Berliner Hackbraten

Zutaten für 4 Portionen:

2 Brötchen vom Vortag
2 Zwiebeln
1 Knoblauchzehe
80 g durchwachsener Räucherspeck in dünnen Scheiben
1 EL Butter
300 g Hackepeter (Schwein)
200 g Schabefleisch (Rind)
1 EL Semmelbrösel
3 EL gehackte Petersilie
1 großes Ei
1 TL scharfer Senf
Salz
schwarzer Pfeffer
½ TL Kümmelpulver
¼ TL Paprikapulver, edelsüß
je 1 gute Prise Oregano, Thymian, Koriander, Muskat und Cayennepfeffer
1 Tomate
3 EL Butterschmalz
3 Tassen heiße Brühe (Instant)
½ Becher saure Sahne (100 g)
1 TL Mehl

Zubereitungszeit: etwa 1 ½ Std.

Pro Portion: 3000 kJ / 710 kcal

1 Die Brötchen in heißem Wasser einweichen. Zwiebeln und Knoblauch schälen. 1 Zwiebel, Knoblauch und die Hälfte vom Speck fein würfeln, in heißer Butter anbraten.

2 Hackfleisch, gut ausgedrückte Brötchen, Semmelbrösel, Petersilie, Ei, Senf und das Zwiebelgemisch gründlich vermengen. Pikant abschmekken, einen länglichen Laib formen. Den Backofen auf 200° vorheizen.

3 Die zweite Zwiebel und die Tomate vierteln. In einem Schmortopf das Schmalz erhitzen, den Hacklaib kräftig anbraten. Wenden, mit den übrigen Speckscheiben belegen. Zwiebel- und Tomatenviertel dazugeben, 2 Tassen Brühe angießen. Zugedeckt im Backofen (unten, Gas Stufe 3) etwa 1 Std. braten. Nach 40 Min. den Deckel entfernen, die restliche Brühe dazugießen.

Königsberger Klopse

Zarte Kalbfleischklößchen in sahniger Kapernsauce

4 Den Braten herausheben, im abgeschalteten Backofen warm stellen. Den Bratensatz lösen, die Sauce durchsieben und aufkochen. Saure Sahne mit Mehl verquirlen, unterrühren und abschmecken. Den Hackbraten in 1 cm dicke Scheiben schneiden, die Sauce extra dazu reichen.

• Als Beilage: 1 kleinen Rotkohl putzen, waschen, vierteln und in feine Streifen schneiden, den harten Strunk entfernen. 1 festen, säuerlichen Apfel vierteln, das Kerngehäuse entfernen. 2 EL Schweineschmalz erhitzen, Apfel und Rotkohl dazugeben und mit Salz, Pfeffer, 3 EL Essig und 1 TL Zucker würzen. Eine mit Nelke und Lorbeer gespickte Zwiebel dazulegen, ¼ l Wasser oder Brühe angießen. Zugedeckt unter öfterem Rühren etwa 1 Std. kochen, eventuell zwischendurch noch etwas Flüssigkeit nachgießen.

Zutaten für 4–6 Portionen:

1 ½ Brötchen vom Vortag
1 Tasse heiße Milch
4–6 eingelegte Sardellenfilets
2 Schalotten
1 TL Butter
1 unbehandelte Zitrone
500 g Hackfleisch vom Kalb
3 Eigelb
Salz
weißer Pfeffer aus der Mühle
frisch geriebene Muskatnuß
1 Zwiebel
1 Lorbeerblatt
1 Gewürznelke
1 ½ l würzige Fleischbrühe
3 EL Butter
3 EL Mehl
250 g Sahne
100 g kleine Kapern
1 Prise Zucker

Zubereitungszeit: etwa 1 Std.

Bei 6 Portionen pro Portion: 1600 kJ / 380 kcal

1 Die Brötchen entrinden, in heißer Milch einweichen. Sardellen abspülen, trockentupfen und klein hacken. Schalotten schälen, in feinste Würfel schneiden und in Butter glasig dünsten. Die Zitrone waschen, die Schale abreiben.

2 Die Brötchen gut ausdrükken und zum Hackfleisch geben. Sardellen, Schalotten, Zitronenschale, 2 Eigelb, Salz, Pfeffer und Muskat dazugeben und alles sehr gut durcharbeiten. Kleine Klößchen formen.

3 Die Zwiebel schälen, mit Lorbeerblatt und Nelke spicken. In einem Topf die Brühe mit der Zwiebel zum Kochen bringen und die Klopse einlegen. Aufwallen lassen und 8–10 Min. simmern (keinesfalls kochen) lassen. Die Klopse mit einem Schaumlöffel herausheben, warm stellen.

4 In einem zweiten Topf die Butter zerlassen und darin das Mehl anschwitzen. Unter Rühren soviel Brühe zugießen, bis eine sämige Sauce entsteht. Etwa 2 Min. köcheln, den Topf zur Seite ziehen. Mit Sahne, Zitronensaft und abgetropften Kapern verfeinern, mit Salz, Pfeffer und 1 Prise Zucker abschmecken. Zum Schluß 1 Eigelb unterziehen, dann nicht mehr aufkochen. Die Klopse in die heiße Sauce legen und durchziehen lassen.

• Dazu schmecken mehlige Salzkartoffeln und Rote-Bete-Salat.

• Tip: Wer keine Saucen mit Mehl mag, kann die Fleischbrühe mit Sahne vermischt auf die Hälfte einkochen lassen.

• Dieses nicht nur in Berlin und Brandenburg sehr beliebte Gericht stammt ursprünglich aus Ostpreußen und ist aus der deutschen Küche nicht mehr wegzudenken.

Sülzkoteletts

Das Original braucht etwas Zeit

Zutaten für 4 Portionen:

1 Zwiebel
2 Knoblauchzehen
1 Möhre
je 1 Stück Sellerie und Lauch
6 gespaltene Kalbsfüße (beim Metzger vorbestellen)
1 Lorbeerblatt
6 zerdrückte Pfefferkörner
5 Pimentkörner
Salz
1 Stück Kotelettstrang (Karree) vom Schwein, aus dem man 4 Koteletts schneiden kann
80 ml Weinessig
½ TL Zucker
Zum Garnieren: Ei-, Tomaten- oder Radieschenscheiben, Gurkenfächer, Petersilie, Estragon oder Kerbel

Zubereitungszeit: 1 ½ Std. (+ 4 ½ Std. Kochzeit + 2 ½ Std. Gelierzeit)

Pro Portion: 2100 kJ / 500 kcal

1 Zwiebel und Knoblauch schälen. Das Gemüse putzen und waschen. Die Zwiebel halbieren und ohne Fett in einer Pfanne anbräunen.

2 Die Kalbsfüße abspülen, in einem großen Topf mit 2 ½ l kaltem Wasser aufsetzen. Aufkochen lassen und abschäumen. Das Suppengemüse, die Gewürze und Salz dazugeben. Mindestens 3 Std. simmern lassen.

3 Das Kotelettstück mit Essig, Zucker und Salz zu den Kalbsfüßen geben und in etwa 1 ½ Std. garziehen lassen (nicht kochen!). Zwischendurch die Brühe abschäumen.

4 Das Fleisch herausnehmen und vom Knochen lösen, eventuell den Fettrand entfernen. In 4 Scheiben schneiden. Kalbsfüße ebenfalls aus der Brühe nehmen und nach Belieben verwenden. Die Brühe durch ein Tuch oder feines Haarsieb gießen, sorgfältig entfetten und klären, falls sie zu trüb ist (2 Eiweiß leicht zu Schnee schlagen, mit etwas Brühe verrühren und in den heißen Sud geben. Dann wie beschrieben abgießen).

5 Die Brühe eventuell noch etwas nachwürzen. Sie muß sehr kräftig und pikant schmecken, da durch das Gelieren die Würze gemildert wird. (Tip: Machen Sie eine Gelierprobe! Etwas Sud in ein Förmchen gießen und im Kühlschrank erstarren lassen. Wird es nicht fest genug, mit etwas Gelatine den Aspikvorgang unterstützen).

6 Den Boden von 4 Sülzkotelettformen oder von 4 tiefen Tellern ½ cm dünn mit der Gelierflüssigkeit ausgießen. Diesen »Spiegel« im Kühlschrank fest werden lassen. Nach Phantasie ausgarnieren. Wieder eine dünne Schicht vom Sud darübergießen und erstarren lassen. Erst dann in jede Form ein Kotelett legen und mit der restlichen Brühe die Formen ausgießen. In den Kühlschrank stellen und fest werden lassen.

7 Fertige Sülzkoteletts kurz in heißes Wasser tauchen, den Rand mit einem Messer lösen, auf Teller stürzen.

• Dazu passen knusprige Bratkartoffeln und eine Sülzsauce. Dafür ½ Tasse Wein-, Estragon- oder Kräuteressig mit ½ Tasse Wasser, 1 EL scharfem Senf, Salz, weißem Pfeffer, 1 Prise Zucker ,1 sehr fein gewürfelten Zwiebel, 1 geriebenem Apfel und 1 Stück geriebener grüner Gurke verrühren.

• So geht's schneller: Auf 1 l Flüssigkeit 15–16 Blatt Gelatine nehmen. Aber machen Sie sich die Mühe mit den Kalbsfüßen, denn der Geschmack ist entschieden besser!

Eisbein mit Erbspüree

Typische Berliner Hausmannskost

Zutaten für 4 Portionen:

4 gepökelte Eisbeine (je 500g)
2 Zwiebeln
1 Möhre
2 Lorbeerblätter
10 Pfefferkörner
6 Pimentkörner
4 Wacholderbeeren
¼ TL Zucker
800 g fertiges Sauerkraut

Für das Erbspüree:
250 g ungeschälte, gelbe Erbsen
1 Möhre
1 Stück Knollensellerie
1 Zwiebel
¼ TL Majoran
¼ TL Thymian
falls vorhanden: Schinkenreste, Speckschwarten
Salz
weißer Pfeffer
je 2 Prisen Piment, Koriander und Kümmel (gemahlen)
60 g durchwachsener Speck
1 EL Butter

Zubereitungszeit: etwa 3 Std.

Pro Portion: 2700 kJ / 640 kcal

1 Die Erbsen am Vortag in kaltem Wasser einweichen. Am nächsten Tag die Eisbeine unter fließendem, lauwarmem Wasser abspülen. Einen großen Topf mit etwa 3½ l kaltem Wasser füllen, die Eisbeine hineinlegen, alles aufkochen. Mehrmals abschäumen, dann die Hitze reduzieren.

2 Zwiebeln und Möhre schälen, zusammen mit den Gewürzen in den Topf geben und die Eisbeine 2½–3 Std. leise köcheln lassen. Wenn das Fleisch sich leicht vom Knochen löst, ist es gar.

3 Etwa 1½ Std. vor Garzeitende der Eisbeine das Erbspüree und das Sauerkraut (Rezept Seite 78) zubereiten. Erbsen im Einweichwasser zum Kochen bringen. Möhre und Sellerie putzen, mit der Zwiebel, Gewürzen und eventuell Schinkenresten und Speckschwarten dazugeben, langsam weich kochen. Zwischendurch immer wieder umrühren, da die Erbsen leicht anbrennen. Nach Bedarf etwas Eisbeinbrühe dazugießen, der Erbsbrei darf aber nicht zu dünn werden.

4 Sind die Erbsen weich, das Gemüse und die Schwarten entfernen. Mit dem Pürierstab die Erbsen zu Brei mixen und mit den Gewürzen pikant abschmecken. Speck in kleine Würfel schneiden und in etwas Butter knusprig ausbraten.

5 Auf einer großen Platte das Sauerkraut anrichten. Die Eisbeine aus der Brühe heben und auf das Kraut legen. Erbspüree in eine Schüssel füllen und die Speckwürfel mit der Bratbutter darübergeben.

• Mostrich, Bier und hinterher ein Klarer sind für viele »Eisbeinliebhaber« obligatorisch.

Hoppel-Poppel

Bauernfrühstück »Berliner Art«

Zutaten für 4–6 Portionen:

400 g Schweineschnitzel
800 g Pellkartoffeln
1 große Zwiebel
60 g durchwachsener Räucherspeck
Schweineschmalz zum Braten
Salz
schwarzer Pfeffer aus der Mühle
¼ TL Kümmel
1 Prise Majoran
1 Bund Schnittlauch
3 Eier
frisch geriebene Muskatnuß
2 Gewürzgurken
1 Tomate

Zubereitungszeit: etwa 1 Std.

Bei 6 Portionen pro Portion: 1500 kJ / 360 kcal

1 Das Fleisch in dünne Streifen schneiden. Kartoffeln und Zwiebel schälen. Kartoffeln in Scheiben, Zwiebel und Speck in kleine Würfel schneiden.

2 In einer großen Pfanne 2 EL Schmalz erhitzen. Das Fleisch unter Rühren kräftig anbraten, die Zwiebel mitbraten. Salzen und pfeffern. Aus der Pfanne nehmen, zugedeckt warm halten.

3 Nochmals 3 EL Schmalz zerlassen, den Speck auslassen und die Kartoffelscheiben schön goldbraun und knusprig braten. Mit Salz, Pfeffer, Kümmel und Majoran würzen. Das Fleisch zu den Kartoffeln geben, durchschwenken.

4 Schnittlauch waschen und fein schneiden, mit den Eiern verrühren. Mit Muskat, Pfeffer und Salz würzen. Über die Kartoffeln gießen und stokken lassen. Aus der Pfanne auf eine Platte gleiten lassen. Mit Gurkenspalten und Tomatenvierteln umlegen.

• Tip: Statt Schnitzel Schinken oder Wurstreste mitbraten.

Märkischer Rindfleischtopf

Edles Herbstessen

Zutaten für 4–6 Portionen:

400 g kleine Teltower Rübchen
1 EL Zucker
50 g Butter
¼ l Fleischbrühe
Salz
weißer Pfeffer aus der Mühle
250 g frische Pilze (Steinpilze, Pfifferlinge, Champignons)
1 Zwiebel
40 g durchwachsener Räucherspeck
600 g Rinderfiletspitzen
125 g saure Sahne
1 Prise Cayennepfeffer
2 EL Butterschmalz

Zubereitungszeit: etwa 1 ½ Std.

Bei 6 Portionen pro Portion: 1400 kJ / 330 kcal

1 Die Rübchen schaben, abspülen und abtrocknen, größere längs halbieren. In einem Topf den Zucker goldgelb anrösten, 2 EL Butter darin schmelzen. Die Rübchen hineingeben und unter öfterem Schütteln 3 Min. glacieren. Mit der Hälfte der Brühe begießen, salzen und pfeffern. Etwa 40 Min. sanft köcheln lassen.

2 Die Pilze putzen, halbieren oder vierteln. Die Zwiebel schälen, mit dem Speck würfeln. Das Fleisch in ½ cm dünne Scheiben schneiden.

3 Die übrige Butter in einem Schmortopf zerlassen, Speck und Zwiebel anbraten. Pilze dazugeben und 8 Min. dünsten. Mit Salz, Pfeffer und Cayennepfeffer würzen. Die restliche Brühe mit der Sahne verrühren, angießen, kurz durchköcheln.

4 Die Filetspitzen im Butterschmalz bei starker Hitze portionsweise 2–3 Min. anbraten, sie sollen innen rosa sein. Die Rübchen und das Fleisch unter die Pilze mischen und kurz ziehen lassen.

Kasseler Rippenspeer

Von einem Berliner Schlachter erfunden

Zutaten für 4 Portionen:

1 Möhre
3 Zwiebeln
1 kg Kasseler Kotelettstück (gepökeltes, geräuchertes Schweinerippenstück)
1 Lorbeerblatt
5 Wacholderbeeren
5 Pimentkörner
5 zerdrückte Pfefferkörner
2 Gewürznelken
1 Glas Rotwein
1 TL Speisestärke
1/8 l saure Sahne
Pfeffer aus der Mühle
1 Prise Zucker

Zubereitungszeit: etwa 1 1/4 Std.

Pro Portion: 2400 kJ / 570 kcal

1 Den Backofen auf 220° vorheizen. Etwa 1/2 l Wasser zum Kochen bringen.

2 Möhre und Zwiebeln schälen und in Stücke schneiden. Das Fleisch abspülen und trockentupfen. Den Fettrand leicht einschneiden, mit der Fettseite nach unten in den Bräter legen. Gemüse und die Gewürze um das Fleisch verteilen, etwa 1/4 l heißes Wasser angießen.

3 Auf die unterste Schiene im Backofen (Gas Stufe 4) stellen und 30 Min. braten. Das Bratstück wenden und etwas Wasser nachgießen. Weitere 30 Min. schmoren, zwischendurch öfter mit Bratenfond und nochmals mit etwa 1/4 l heißem Wasser begießen.

4 Das fertige Kasseler herausnehmen, in Alufolie wickeln und im abgeschalteten Backofen ruhen lassen. Rotwein in den Bräter gießen, den Bratensatz damit lösen, die Sauce durch ein Sieb gießen. Speisestärke mit saurer Sahne verquirlen und die Sauce damit binden. Mit Pfeffer und etwas Zucker abschmecken.

5 Das Kasseler Rippenspeer ohne Knochen in etwa 1 cm dicke Scheiben schneiden und anrichten.

• Dazu passen Salzkartoffeln, aber auch folgende Beilagen-Kombinationen sehr gut: Sauerkraut und Erbspüree, Rotkohl und Kartoffelpüree, Schmorgurken und Petersilienkartoffeln, Teltower Rübchen und Kartoffelklöße, Grünkohl und Salzkartoffeln.

• Angeblich bot erstmals der Berliner Metzgermeister Cassel um die Jahrhundertwende dieses nach bestimmten Regeln gepökelte und geräucherte Rippenstück in seinem Geschäft an.

• Schmeckt auch kalt aufgeschnitten sehr gut.

Berliner Luft

Süße Schaumschlägerei

Zutaten für 4 Portionen:

¼ l Apfelsaft
10 g (1 Beutel) Gelatine
1 unbehandelte Zitrone
3 mittelgroße Eier
120 g Zucker
1 Päckchen Vanillezucker
1 Prise Salz
Beeren oder Kompott, Fruchtsaft und Kleingebäck zum Anrichten

Zubereitungszeit: etwa 30 Min. (+ 3 Std. Kühlzeit)

Pro Portion: 1100 kJ / 260 kcal

1 Den Apfelsaft erwärmen und darin die Gelatine auflösen. Solange stehen lassen, bis die Gelatine anfängt, fest zu werden.

2 Die Zitrone waschen, abtrocknen und die Schale abreiben. Die Eier sorgfältig trennen. Eigelb mit Zucker schaumig rühren, die Zitronenschale untermischen. Das Eiweiß sehr steif schlagen, zum Schluß den Vanillezucker und 1 Prise Salz unterrühren.

3 Nun alle Zutaten vorsichtig mit der Gelatine vermengen. Kleine Portionsförmchen oder 1 Schüssel kalt ausspülen und die Masse einfüllen. Im Kühlschrank etwa 3 Std. fest werden lassen.

4 Jedes Förmchen auf einen Teller stürzen. Nach Belieben mit frischen, gezuckerten Beeren, Kompott, einer Fruchtsaftsauce und kleinen Plätzchen umlegen.

Altberliner Bierbowle

Ein erfrischend anderer Geschmack

Zutaten für 4 Portionen:

60 g Rosinen (ersatzweise Korinthen)
3 Flaschen kühle Berliner Weiße (oder ein anderes Weißbier)
4 Zwieback
1 Scheibe Schwarzbrot
2–3 EL Zitronensaft
6 EL Himbeersirup
1 Prise Zimt
nach Belieben 1–2 Zweiglein Zitronenmelisse

Zubereitungszeit: 15 Min. (+ mind. 30 Min. Kühlzeit)

Pro Portion: 1500 kJ / 360 kcal

1 Die Rosinen abspülen und in wenig Weißbier quellen lassen. Zwieback reiben und das Brot in kleine Würfel schneiden.

2 In ein Bowlengefäß die abgetropften Rosinen, Zwiebackbrösel, Brotwürfelchen, Zitronensaft, Sirup und Zimt geben. Den Ansatz durchrühren und mit kaltem Weißbier übergießen. Mindestens 30 Min. kühlgestellt durchziehen lassen. In Bowlengläser füllen und mit Melisseblättchen garnieren.

Zitronencreme

Das Lieblingsdessert vom »Alten Fritz«

Zutaten für 4 Portionen:

3 Zitronen, 1 davon unbehandelt
150 g Zucker
4 Eier
1 Prise Salz
½ Becher süße Sahne (125 g)

Zubereitungszeit: etwa 40 Min.

Pro Portion: 1400 kJ / 330 kcal

1 Die unbehandelte Zitrone waschen, abtrocknen und die Schale abreiben (siehe Tip). Von allen Zitronen den Saft auspressen. Das übrige Fruchtfleisch mit ablösen und mit dem Saft, der Hälfte des Zuckers und 1/8 l Wasser in einem Topf 3 Min. kochen. Etwas abkühlen lassen.

2 Die Eier und den restlichen Zucker in eine hohe Schüssel geben und mit dem Handrührgerät oder Schneebesen cremig rühren. Zitronenschale und 1 Prise Salz untermengen.

3 Das heiße Zitronenwasser langsam durch ein Sieb unter ständigem Rühren zu den Eiern gießen. Die Schüssel in ein siedendes Wasserbad stellen und solange rühren, bis die Masse cremig wird. (Mit dem Handrührgerät dauert es mindestens 10 Min.) In eine Glasschüssel füllen und kühl stellen.

4 Kurz vorm Servieren die Sahne steif schlagen. In einen Spritzbeutel füllen und dekorative Rosetten auf die Zitronencreme setzen.

• Tip: Ein Stück Pergamentpapier auf das Reibeisen legen und die Zitronenschale wie üblich abreiben. Das Papier ablösen und mit einem Messer die abgeriebene Schale abschaben. So entfällt das umständliche Auskratzen im Reibeisen und es gibt keinen Verlust.

Mandelschnitten

Ganz einfach

Zutaten für 4 Portionen:

4 Stück Einback (süßes Hefegebäck, ersatzweise 6–8 Scheiben Weißbrot)
2 Eiweiß
100 g Zucker
100 g geriebene Mandeln
1 EL Butter zum Ausstreichen der Form
1 Tasse Milch
Puderzucker zum Bestäuben
Vanillesauce (z.B. nach dem Rezept auf Seite 166)

Zubereitungszeit: 40 Min.

Pro Portion: 2820 kJ / 680 kcal

1 Den Einback in etwa 1 cm dicke Scheiben schneiden. Das Eiweiß sehr steif schlagen. Vorsichtig den Zucker, dann nach und nach die geriebenen Mandeln unterheben. Den Backofen auf 175° vorheizen.

2 Eine große, flache Auflaufform (z.B. aus Jenaer Glas) mit Butter ausstreichen. Die obere Seite der Einbackscheiben mit der Mandelmasse bestreichen. Die unbestrichene Seite kurz in Milch tauchen und alle nebeneinander in die Form setzen.

3 Auf mittlerer Schiene (Gas Stufe 2) etwa 30 Min. backen. Mit Puderzucker bestäuben und mit einer Vanillesauce servieren.

• Die Mandelschnitten schmekken warm oder kalt.

Lust auf Saures: Kraut & Gurken

Eine Autostunde von Berlin oder Dresden entfernt liegt der Spreewald, eine harmonische, in Europa einzigartige Kulturlandschaft, die als Biosphärenreservat geschützt ist. Fließgewässer von fast 1000 km Länge durchziehen feinmaschig das von Sorben, einem Volk slawischer Abstammung, bewohnte grüne Niederungsgebiet der Spree zwischen Cottbus und Lübbenau. Holzkähne sind hier immer noch das wichtigste Verkehrsmittel. Gemüse, Heu und anderes Erntegut wird noch heute damit transportiert, denn die Höfe der Spreewaldbauern sind oft vom Wasser aus besser zu erreichen als über Land. Seit 1908 staken Kahnfährmänner (über 200 gibt es noch) von Lübbenau aus auch Touristen durch die zahllosen Kanäle. Im Spreewald ist alles viel grüner als anderswo, auch die Küche ist eine grüne Kräuterküche. Alte sorbische Gerichte ähneln verblüffend dem, was heute als »Bio-Küche« gilt. Ein alter Spreewald-Spruch beschreibt die Vorlieben dieser Gegend:

»Was macht den Spreewälder stark?
Knödel, Leinöl und Quark.
Was schmeckt ihm zur Sonntagsruh'?
Kaffee und Plinsen dazu.
Was wird er immer lieben?
Grützwurst und große Grieben.
Was gibt ihm Mut und Zorn?
Alter Cottbuser Korn.
Was klärt den Kopf bei Mann und Frau?
Saure Gurken aus Lübbenau.
Was bringt der Spreewald uns noch auf den Tisch?
Zwiebeln, Spargel, Meerrettich und Fisch.«

Der Spreewald, diese flache, wiesenreiche Niederung, wird von unzähligen Fließgewässern durchzogen. Sie dienen noch heute als wichtige Verkehrsadern. Theodor Fontane beschrieb einst die Spree hier als »große Dorfstraße, in die links und rechts Gassen einmünden.«

Der Duft von Essig und Dill hängt in der Luft über der Straße zum Fährhafen in Lübbenau, wo sich Stand an Stand reiht. Hier kann der Besucher die Spreewälder Köstlichkeiten frisch oder in Fässern, Gläsern und Gläschen erwerben: Gurken, Zwiebeln, Kohlköpfe, Kürbisse und Sauerkraut, Kräuterbüschel und den unvergleichlich scharfen Meerrettich, in Stangen oder gerieben.
Der Spreewald ist eines der wenigen Anbaugebiete in Europa für die schwarzen, halbmeterlangen, scharfen Stangen, die jedem, der den zum Spreewaldhecht oder aber als Zutat für guten Senf unentbehrlichen Meerrettich reiben muß, Tränen in die Augen treiben. Selbst in der Nähe der Maschinen, die heute diese Arbeit übernehmen, reizt die Luft zum Weinen.

Der Wasserreichtum des Spreewaldes schafft beste Voraussetzungen für den Anbau von Gemüse, die Verarbeitung zu Konserven hat eine lange Tradition. Bereits im 15. Jahrhundert begann hier der Gemüseanbau, und im 16. Jahrhundert brachten holländische Siedler die inzwischen weit über den Spreewald hinaus berühmten Gurken nach Lübbenau. Zuerst wurden sie nur grün gegessen, um 1610 begann man damit, reichliche Erträge für den Winter in Salz einzulegen. Das muß so erfolgreich gewesen sein, daß 1729 Friedrich II. versuchte, Gurkeneinleger aus dem Spreewald nach Preußen abzuwerben, denn die Ernährung seiner Armee lag ihm am Herzen.

Natürlich sind die Spreewalddörfer heute auch mit dem Auto zu erreichen, doch die Kähne sind nach wie vor das Hauptverkehrsmittel. Für größere Transporte zur Erntezeit werden einfach mehrere Kähne zusammengebunden.

Entscheidend für die Qualität der eingelegten Gurken wurde aber eine erstmals 1874 von dem Lübbenauer Gurkeneinleger Albert Schulze praktizierte Methode: Er stach die Gurken mit einer feinen Nadel mehrfach durch – die Gärung verlief auf diese Weise gleichmäßiger und das leidige Hohlwerden der Gurken konnte vermieden werden.

Das berühmteste aller eingelegten Gemüse aber ist ohne Zweifel das Sauerkraut. Als Synonym für preiswerte deutsche Küche gilt es – doch immer häufiger auch als Inbegriff für eine gesunde, natürliche, und dennoch herzhafte Küche. Pures Salz ist der einzige Zusatz, der nach dem Reinheitsgebot zusammen mit dem gehobelten Weißkohl einge-

Ganz oben:
Spreewald-Gurken, knackig und würzig, sind als Delikatesse beliebt und bekannt. Ihr Geheimnis liegt in der Würze – und die Gürkchen sollen möglichst klein und fest sein.

Oben und Mitte:
In der Erntezeit werden die Gurkenfelder drei- bis viermal in der Woche durchgepflückt, damit die Früchte nicht zu groß werden. Viel Handarbeit ist erforderlich, bis die Holzfässer gefüllt sind.

Oben:
Mit ins Gurkenfaß gehören unbedingt Dill, Estragon, Pfeffer und Lorbeerblätter, Weinlaub, Zwiebeln, Knoblauch und Meerrettichstückchen, die eine Schimmelbildung verhindern. An den Sud kommen etwas Salz, eine Prise Zucker und ein Schuß Essig. Auf dem Wochenmarkt ißt man die sauren Gurken am liebsten aus der Hand.

schichtet werden darf. Durch das Pressen und Salzen des eingeschnittenen Krautes wird den Blättern fruchtzuckerhaltiger Saft entzogen, Milchsäurebakterien setzen die Gärung in Gang. Nach 1–3 Wochen hat sich soviel Milchsäure gebildet, daß das Kraut erfrischend und angenehm säuerlich schmeckt und zudem auf natürliche Art konserviert ist. Erst seit 1932 gibt es Sauerkraut in Dosen zu kaufen, früher kam es nur frisch aus dem Faß, und auch heute lechzen Feinschmecker während der Sauerkrautsaison nach offener oder in Beuteln verpackter Frischware. Im Sommer spielt Sauerkraut eine weit geringere Rolle als in Herbst und Winter, obwohl heute neben der Vorliebe für all die deftigen Spezialitäten auch der Wunsch nach neuen, zeitgemäßen Rezeptideen bei den Verbrauchern immer größer wird. Jährlich werden mehrere Millionen Kilo Sauerkraut zu den traditionellen Regionalgerichten verkocht. Der Trend zum selbsteingelegten Kraut beweist um so mehr, daß Genuß auch hier den höchsten Stellenwert hat – beim deutschen Lieblingsessen.

Spitzenreiter im Sauerkrautverbrauch sind nach wie vor die Bayern. Eben dort, aber auch am Niederrhein, in Württemberg, auf der Insel Rügen und ganz besonders in Schleswig-Holstein liegen wichtige Anbaugebiete für Weißkohl. In diesen Regionen haben sich auch die großen Konservenindustrien niedergelassen, die meist die gesamte Bandbreite an eingelegtem Gemüse anbieten – natürlich auch saure Gurken in allen Variationen.

Hedda Angermann

Rechts:
Wer zu frischem Sauerkraut greift, denkt auch an seine Gesundheit. Vitamin C rein, Kalorien raus – nach diesem Prinzip findet mit einer ordentlichen Portion Kraut (am besten roh!) der Frühjahrsputz des Körpers statt.

Auch in Mittelfranken, im sogenannten Knoblauchland, an der Unterelbe, im Raum Braunschweig und in Baden wird Meerrettich angebaut. Frisch gerieben sind die »Stangen« unvergleichlich aromatisch, eine wichtige Zutat für Saucen zu gekochtem Rindfleisch, Krautsalat, Fischgerichten wie Karpfen, Lachs oder Forelle.

Früher lebensnotwendig, heute ein kulinarischer Gewinn – die ganz private Vorratshaltung.

Bremen und Niedersachsen

Das Land und seine Produkte

Pfannkuchen – das ist nicht nur die Leib- und Magenspeise im ostfriesischen Land, die Region selbst wird in reinstem Platt »...as'n Pankook« beschrieben: »De Midden is am dicksten un de Rand is am fettsten.« Dahinter steckt kurz und bündig die treffende Beschreibung einer seltenen geologischen Gliederung: fruchtbare, fette Marschgebiete an der Waterkant gehen unvermittelt über in feuchtes Moor und karge Geest. Eben dort, im sandigen Emsland landeinwärts, wird neben »echten« Getreidesorten auch die Hauptzutat für Pfannkuchen angebaut, der Buchweizen. Auch Grützen, Suppen und Brei aus Buchweizen, aus Hafer oder Gerste, in anderen Gebieten Deutschlands eher unüblich, sind hier nicht in Vergessenheit geraten. Denn kräftige Kost war im Nordwesten schon immer angesagt: Bei Wind und Wetter wurde den Sturmfluten der Nordsee getrotzt, es wurden Kanäle gezogen und schützende Deiche gebaut – und immer wieder hieß es »Land unter!«. Das Leben hier verlangte zu Recht kalorienreiche Unterstützung. Speziell auf das Wohl der Deiche und Schleusen wurde auch gerne ein Gläschen getrunken – davon zeugen urige Trinksprüche, die vorzüglichen Brauereien, das perfekt gezapfte Pils, die guten, aus reinem Korn gebrannten Klaren.

Bei aller Derbheit ist die Küche Niedersachsens jedoch vielseitig und schmackhaft. In den Küstengebieten werden winzige, hocharomatische Krabben gefangen, die hier Granat heißen, dazu Muscheln, Austern, Krustentiere und Fisch. Die Aalräuchereien haben eine lange Tradition – dazu gehört auch, die rauchfrischen Happen direkt aus der Hand zu essen und die intensiv duftenden Finger danach in klarem Schnaps zu baden. Typisch für die Waterkant sind aber nicht nur die Leckerbissen aus dem Wasser. Auf den grünen Marschen direkt an der Küste grasen schwarzbunte Milchkühe, sorgen für die Grundlagen der heimischen Käseproduktion und der begehrten frischen Buttermilch. Ein Andenken an die Seefahrt ist das Pökelfleisch, das im berühmten Labskaus immer noch Verwendung findet. Nahezu undenkbar wäre die Kochkunst im Nordwesten allerdings ohne den kernigen Speck vom Schwein, den Schinken und die Vielzahl von Würsten, die alles erst ordentlich gehaltvoll und saftig machen.

Trotz Bier und Buttermilch – das Getränk Nummer 1 in Ostfriesland ist und bleibt der Tee. Ein Zeremoniell, das seinesgleichen sucht, geht dem Trinkgenuß voraus. Dicke Stücke Kandiszucker, die »Kluntjes«, werden mit knisternd heißer Ostfriesenmischung aufgegossen und mit einem Löffel vorsichtig schwebende Rahmwölkchen hineingesetzt – umrühren strengstens verboten!

Weiter östlich, Richtung Lüneburg, finden sich Spezialitäten ganz anderer Art, hier öffnet sich die Heide. Im Duft des Wacholders treiben die letzten Heidschnuckenherden Landschaftspflege, indem sie die Birkensämlinge zupfen, die sonst innerhalb weniger Jahre die Heide überwuchern würden. Heidschnucken sind eine alte Schafrasse aus dieser Gegend, der Heidschnuckenbraten schmeckt unverwechselbar würzig, mit leichtem Wildaroma. Den Duft der Heide gibt es auch in Gläsern zu kaufen: in Form von köstlichem Bienenhonig.

Niedersachsen, ein Bauernland, wie es im Buche steht, das mit der Oberkante an die rauhe Nordsee stößt und am anderen Ende die sanften Erhebungen des Harzes und den Teutoburger Wald berührt. Eine Region, für die weite Flächen mit struppiger Heide ebenso typisch sind wie melancholisch stimmende Moorlandschaften. Aber nicht nur die Landschaften, auch die Städte prägen den Charakter des Landes. So stehen die Küstenstädte ganz im Zeichen der Fischerei, mit Hafen und Werften, Tiefkühlindustrie und Netzmachereien, Essigproduzenten und Herstellern von Dosen, Kisten und Fässern. Die Künstlerstadt Worpswede lädt ein zu kulturellem Weltprogramm und schönen Spaziergängen im Teufelsmoor. Braunschweig, die Stadt Heinrich des Löwen, ist berühmt für seine Wurstspezialitäten, für dunklen, würzigen Honigkuchen und heimischen Spargel. Das Handels- und Messepublikum aus aller Welt trifft sich in Hannover, der Landeshauptstadt, die nicht zuletzt auch ein Zentrum für Kekse, Backwaren und Würste aller Art ist. Hier wurde die Cumberlandsauce erfunden. Oldenburg, die Weser-Ems-Metropole am Rande des Schinkenparadieses Ammerland, hat eine ganz spezielle Leidenschaft: Grünkohl. Dazu wird Grützwurst serviert, die hier Pinkel heißt. Im Winter, zur Erntezeit, fahren die Oldenburger und Busse voller Touristen hinaus aufs Land zu den legendären Kohl- und Pinkelfahrten, wo in großer Runde neben geselligen Spielen und Spaziergängen kräftig geschlemmt wird. Diese Sitte ist auch im Bremer Umland beliebt. Dort wird alljährlich der »Kohlorden« verliehen – an den tapferen Esser, der am kräftigsten zugelangt hat. Bremen selbst ist ein glänzendes Beispiel für kulinarische Traditionen. In der Stadt der Kaffeeröstereien und Kaufleute, Schiffskapitäne und Reeder haben sich alte Riten bis heute erhalten. Und die betont gutbürgerliche Küche der Freien Hansestadt wurde schon früh geprägt durch die Verwendung fremdländischer Gewürze.

Ein Bummel durchs alte Schnoorviertel führt durch Bremens intimste Gassen.

Von links oben bis rechts unten: Niedersachsen trägt bodenständige Farben auf – vom romantischen Fischerhafen in Greetsiel bis zur Apfelernte im »Alten Land«. Schwarzbunte Milchkühe und schmucke Bauernhäuser prägen die stark landwirtschaftlich orientierte Region, in der Erntedank nach wie vor als eines der wichtigsten Feste des Jahres gefeiert wird.

Menschen, Feste, Sehenswertes

Echte Leidenschaften zerbrechen leicht in Niedersachsen – denn hierzulande ist dies der Name für ein Gebäck, für köstlich zarte Brezeln aus Blätterteig. Daß man den Bewohnern im Nordwesten ebenfalls eine gewisse Sprödigkeit nachsagt, ist schon eher ein handfestes Vorurteil. Das zeigt sich spätestens am Vergnügen des gemeinsamen Feierns und auch an der überraschenden Häufigkeit der Anlässe. Von den ostfriesischen Inseln bis zum Harz spielt sich von Januar bis Dezember ein kunterbuntes Treiben ab: Osterfeuer werden gezündet, Tänze in den Mai geschwungen und Pfingstbäume gesetzt, Frühling und Herbst mit Jahrmärkten begrüßt, Erntedank gefeiert, Hafenfeste und maritime Festwochen inszeniert. Egal, ob feierliche Kaffee- oder Teetafel oder zünftiges Schützenfest – Essen und Trinken ist immer wichtig, verbindet die Seelen, taut die Sinne auf. Das gesellige Schlemmen macht noch mehr Spaß, wenn man vorher auch körperlich aktiv war. Spiele zählen oft zum festen Programm eines Volksfestes und erfreuen sich großer Beliebtheit – zum Beispiel das altfriesische »Boßeln« bei den Oldenburger Kohlfahrten und an vielen anderen Orten.

Der Naturverbundenheit wird auch ohne Feier ausgiebig gefrönt – mit Wanderungen im Watt, Radtouren durch die Wesermarsch oder Spaziergängen auf den Deichen, beim Baden in der Nordsee, beim Angeln in einem der stillen Seen, beim Blaubeerensuchen, beim Reiten durch die Heide. Frische Luft gibt es reichlich zu genießen und eine beständige, leichte Brise macht den Kopf klar für zielstrebige Ideen – ein Grundbedürfnis für jeden echten Niedersachsen.

Der typische Bremer wiederum hält große Stücke auf eine feierliche Atmosphäre. Festliche Traditionen und Bräuche haben sich hier von einem zum anderen Jahrhundert fast original erhalten. Dazu gehört die Bremer Eiswette an der Weser, die am 6. Januar stattfindet und mit einem deftigen Essen gekrönt wird. Noch berühmter ist die historische Schaffermahlzeit im Februar, ein besonders ehrwürdiges Essen mit ungewöhnlichen Spielregeln, zu dem Reeder, Schiffer und Kapitäne wichtige Persönlichkeiten aus dem öffentlichen Leben laden. Hinter der wunderschönen Renaissance-Fassade des Alten Rathauses findet alljährlich dieses Schauspiel statt. Zum üppigen Menü, zu dem unter anderem Kohl und Pinkel, Stockfisch und Butt gehören, wird edler Bordeaux getrunken – auch eine kulinarische Tradition, denn Bremen war schon immer ein bedeutender Ort des Weinhandels. Weniger diszipliniert geht es beim Bremer Freimarkt zu. Von Mitte bis Ende Oktober ist hier alles geboten, was ein buntes, lautes, schillerndes Volksfest ausmacht, mit Riesenrad und Lebkuchenherzen, Tanz und Musik.

Sehenswert:
Das eng verwinkelte Schnoorviertel in Bremen, mit urigen Kneipen und Gasthäusern, Läden und Galerien. Die Böttcherstraße, eine alte Handwerkergasse, die auf Initiative des Kaffeekaufmanns Roselius museumswürdig gestaltet wurde.
Greetsiel, ein malerischer Küstenort mit 600 Jahre altem Kutterhafen und unwiderstehlicher Fischerdorfatmosphäre.
Im Bäckereimuseum gibt es eine schöne Teestube und Dichterlesungen in Plattdeutsch.

Die Ostfriesen feiern seit dem 2. Februar 1632 an Maria Lichtmeß den »Leegemoor-Schmus«, zur Erinnerung an einen Grafen, von dem das Weideland im Leegemoor gestiftet wurde. Noch heute hat jeder Teilnehmer eine Tonpfeife mit würzigem Tabak dabei, und beim opulenten Essen mit Grauerbsen, Speck und Rotwein wird die Unterhaltung ausschließlich im friesischen Niederdeutsch bestritten.

Interessant ist das Teemuseum in Norden-Norddeich an der ostfriesischen Küste und ebenso das Brennereimuseum in Haselünne, umsäumt von einem duftenden Wacholderhain. Frisch geräucherten Aal gibt es in Jemgum an der Störtebekerstraße, »am Endje van de Welt« bei einem Besuch in der Fischräucherei zu probieren.
Im Moormuseum von Geeste, im Herzen des Emslandes, wird Ende Juli das »Buchweizen-Blütenfest« gefeiert und dabei natürlich auch der traditionelle Pfannkuchen für alle gebacken.
Das Salzmuseum in Lüneburg erzählt von historischen Zeiten, als die Stadt in der Heide Ausgangspunkt der Alten Salzstraße war. Das »weiße Gold« des Mittelalters wurde von hier aus in die Salzspeicher der Hansestadt Lübeck gebracht.

Immer eine Reise wert: Zum »Klönschnack«, das heißt für ein gemütliches Plauderstündchen, eine der zahllosen urigen Kneipen der Niedersachsen besuchen.

Die Hochzeitstür eines Bauernhauses bei Jork. Nach alter Tradition wird sie nur zweimal für die Hausherrin geöffnet: Wenn sie als Braut das Haus betritt und wenn sie es nach ihrem Tod verläßt.

Obstplantagen sind das Markenzeichen im »Alten Land« – einem der größten Obstanbaugebiete Deutschlands.

Ganz oben:
Traumhaft schöne Kulisse – das Rathaus in Hannover.

Oben Mitte:
Die Früchte der Arbeit dekorativ zur Schau gestellt – auf dem Honigfest in Wietzendorf.

Wer ist der Sieger im Kirschkern-Weitspucken? Ausgedehnte Spaziergänge auf dem Deich – nicht immer mit sportlichem Wettbewerb – sind für Landratten das höchste.

Ruhe und reetgedeckte Häuser auf dem Land, farbenfrohes Treiben auf dem Bremer Rathausplatz – zwei typische Gesichter der Region.

Muschelsalat

Ostfriesischer Imbiß

Zutaten für 4 Portionen:

1 kg frische Miesmuscheln
150 g Knollensellerie
150 g Möhren
2 EL milder Senf
3 EL Zitronensaft
Salz
schwarzer Pfeffer aus der Mühle
1 Prise Zucker
100 g Sahne
1 Bund Schnittlauch

Zubereitungszeit: etwa 45 Min.

Pro Portion: 520 kJ / 120 kcal

1 Die Muscheln gründlich waschen und abbürsten, offene und beschädigte Exemplare aussortieren. Die kleinen Faserbüschel abreißen, die Muscheln unter fließendem Wasser nochmals abspülen. Tropfnaß in einen Topf geben, unter häufigem Rütteln erhitzen und 5–10 Min. garen, bis sich die Schalen geöffnet haben. Nun die ungeöffneten Muscheln aussortieren und wegwerfen.

2 Das Muschelfleisch aus den Schalen lösen und in eine Schüssel geben. Den Sellerie waschen und schälen, in dünne Scheiben, dann in streichholzfeine Stifte schneiden. Die Möhren putzen und schälen, ebenso fein schneiden. Das Gemüse mit den Muscheln mischen.

3 Den Senf mit dem Zitronensaft, Salz, Pfeffer, Zucker und der Sahne glattrühren und abschmecken. Über die Muscheln gießen, gründlich vermengen und kurz durchziehen lassen. Den Schnittlauch waschen, in Röllchen schneiden und über den Salat streuen.

• Mit dunklem Brot servieren.

• Schnelle Variante: Etwa 200 g Muschelfleisch aus dem Glas nehmen, gut abtropfen lassen.

Pastetchen mit Dillgranat

Blitzschnelle Vorspeise mit Krabben

Zutaten für 4 Portionen:

4 Blätterteig-Pastetchen (fertig gekauft, beim Bäcker oder verpackt im Supermarkt)
250 g ausgelöstes Krabbenfleisch (etwa 500 g ungeschälte Krabben)
1–2 EL Zitronensaft
1 EL Butter
1 EL Mehl
200 ml Milch
1/8 l trockener Weißwein
Salz
weißer Pfeffer aus der Mühle
1 Eigelb
1 Bund Dill

Zubereitungszeit: etwa 15 Min.

Pro Portion: 1200 kJ / 290 kcal

1 Den Backofen auf 175° vorheizen. Die Blätterteig-Pastetchen auf den Rost (mittlere Schiene) legen und knusprig aufbacken (Gas Stufe 2).

2 Die geschälten Krabben mit 1 EL Zitronensaft beträufeln. In einem breiten Topf die Butter schmelzen, das Mehl einstreuen und unter Rühren hellgelb anschwitzen. Nach und nach die Milch und den Wein angießen, mit dem Schneebesen kräftig verrühren und bei milder Hitze sämig einköcheln lassen.

3 Die Sauce mit Salz, Pfeffer und Zitronensaft würzen. Die Krabben untermischen und heiß werden lassen.

4 Den Dill abbrausen und trockenschütteln, drei Viertel davon fein hacken. Das Eigelb in das Krabbenragout einrühren, nicht mehr aufkochen lassen und den Topf vom Herd nehmen. Den gehackten Dill untermischen, nochmals mit Salz und Pfeffer abschmecken.

5 Die Pastetchen aus dem Backofen holen, mit den Krabben füllen und mit den

restlichen Dillspitzen garnieren. Eventuell übrige Füllung mit auf die Teller geben.

• »Granat« ist kein Geschoß, sondern die in Norddeutschland übliche Bezeichnung für frische Krabben.

• Variante: Die Krabben mit Spargelspitzen und frischen Erbsen mischen, als Hauptgericht für zwei zu Reis servieren, statt Pastetchen damit zu füllen.

• Noch edler wird die Füllung mit frischem Hummerfleisch.

Rosenkohlsuppe

Deftiges aus dem Harz

Zutaten für 4 Portionen:

500 g Rosenkohl
50 g durchwachsener Speck
1 Zwiebel
1 EL Schweineschmalz
Salz
schwarzer Pfeffer aus der Mühle
frisch geriebene Muskatnuß
1 l heiße Fleischbrühe
1 große rohe Kartoffel (mehligkochende Sorte)
2 EL Crème fraîche
1 Bund Schnittlauch

Zubereitungszeit: etwa 1 Std.

Pro Portion: 980 kJ / 230 kcal

1 Den Rosenkohl putzen und waschen, Strünke und welke Blättchen entfernen. Einige frische Blättchen ablösen und zum Garnieren beiseite legen. Die Köpfchen vierteln. Den Speck in Streifen schneiden. Die Zwiebel schälen und fein hacken.

2 Das Schmalz in einem Topf erhitzen, den Speck darin ausbraten. Den knusprigen Speck herausnehmen. Den Rosenkohl im heißen Fettgemisch anbraten, die Zwiebeln einrühren und glasig dünsten. Mit Salz, Pfeffer und Muskat würzen, die heiße Brühe angießen. Zugedeckt etwa 20 Min. bei milder Hitze köcheln.

3 Die Kartoffel waschen, schälen. Den Rosenkohl im Topf pürieren. Die Kartoffel fein reiben und einrühren. Alles nochmals 5–10 Min. köcheln. Die Rosenkohlblättchen in Salzwasser kurz blanchieren.

4 Die Suppe mit Salz, Pfeffer und Muskat abschmecken, die Crème fraîche einrühren. Den Schnittlauch waschen und in feine Röllchen schneiden. Mit dem Speck und den Rosenkohlblättchen auf die Suppe streuen.

Schellfisch in Senfsahne

Köstlich und leicht

Zutaten für 4 Portionen:

4 Scheiben Schellfisch (jeweils etwa 200 g)
Salz
3 EL Zitronensaft
1 kg Kartoffeln (festkochende Sorte)
1 Zwiebel
1 EL Butter
⅛ l Gemüsebrühe oder trockener Weißwein
250 g Sahne
2 EL scharfer Senf
weißer Pfeffer aus der Mühle
1 Bund Schnittlauch

Zubereitungszeit: etwa 35 Min.

Pro Portion: 2100 kJ / 500 kcal

1 Den Fisch kurz abspülen, mit Küchenkrepp trocknen. Leicht salzen und mit 1–2 EL Zitronensaft beträufeln.

2 Die Kartoffeln waschen und schälen, grob zerteilen. Knapp mit Salzwasser bedeckt in etwa 20 Min. garen.

3 Die Zwiebel schälen und fein hacken. In einem breiten Topf die Butter schmelzen. Die Zwiebel unter Rühren glasig dünsten, Brühe oder Wein angießen und den Fisch einlegen. Etwa 10 Min. zugedeckt bei milder Hitze ziehen lassen. Den Fisch herausnehmen und warm halten.

4 Die Sahne und den Senf in den Sud rühren und kräftig verquirlen. Aufkochen und unter Rühren zu einer cremigen Sauce köcheln. Mit Salz, Pfeffer und dem restlichen Zitronensaft abschmecken. Den Fisch in die Sauce legen und bei milder Hitze nochmals heiß werden lassen.

5 Die Salzkartoffeln abgießen. Den Schnittlauch waschen und trockenschütteln, in feine Röllchen schneiden, den Fisch damit bestreuen. Mit den Kartoffeln servieren.

Bremer Heringssalat

Imbiß für zwischendurch

Zutaten für 4–6 Portionen:

4 Salzheringe (möglichst mit Heringsmilch), ersatzweise 8 Matjesfilets
⅛ l Milch
200 g Kalbsbraten-Aufschnitt
2 Gewürzgurken
2 feste Äpfel
1 EL Zitronensaft
4 hartgekochte Eier
1 kleine Zwiebel
4 EL Weinessig
6 EL Öl
2 EL Preiselbeergelee
2 EL Kapern
weißer Pfeffer aus der Mühle
½ Bund glatte Petersilie

Zubereitungszeit: etwa 1 Std. (+ 24 Std. Wässern, 1 Std. Marinieren, 1 Std. Kühlzeit)

Bei 6 Portionen pro Portion: 2000 kJ / 470 kcal

1 Die ausgenommenen Heringe gründlich waschen und etwa 24 Std. lang wässern, dabei das Wasser ab und zu wechseln. Die Heringsmilch kalt stellen. Danach die Heringe aus dem Wasser nehmen, enthäuten und filetieren. Mit ⅛ l Milch begießen und etwa 1 Std. marinieren.

2 Den Kalbsbraten in Würfel oder Streifen, die Gewürzgurken in Würfel oder Scheiben schneiden. Die Äpfel vierteln, schälen und die Kerngehäuse entfernen. Die Viertel in kleine Stückchen schneiden, sofort mit Zitronensaft beträufeln. Die gekochten Eier schälen, Eiweiß und Eigelb trennen. Eiweiß in kleine Würfelchen schneiden.

3 Für die Sauce die Zwiebel fein hacken. Das hartgekochte Eigelb durch ein Sieb streichen, mit dem Essig verrühren. Das Öl kräftig unterschlagen, das Preiselbeergelee und die Kapern einrühren. Die Heringsmilch durch ein Sieb streichen und untermischen. Mit Pfeffer abschmecken.

4 Die Heringsfilets abtropfen lassen, in feine Streifen schneiden. Mit den vorbereiteten Zutaten mischen, die Sauce darübergießen und alles mindestens 1 Std. kalt stellen.

5 Vorm Servieren die Petersilie waschen und trockenschütteln, fein hacken. Über den Heringssalat streuen.

• So klappt's noch einfacher: Statt Salzheringen Matjesfilets nehmen, in Milch marinieren und wie beschrieben zubereiten (ohne Heringsmilch).

• Dazu schmeckt frisches Stangenweißbrot oder kräftiges Schwarzbrot.

Cuxhavener Fischsuppe

Mit Curry gewürzt

Zutaten für 6 Portionen:

1 kg gemischte Fische (küchenfertig vorbereitet – die Abschnitte, Flossen, Gräten unbedingt vom Fischhändler mitgeben lassen)
1 Bund Suppengrün
2 Zwiebeln
¼ l trockener Weißwein
750 g Kartoffeln
1 Stange Lauch
2 Möhren
2 EL Butter
1 TL mildes Currypulver
Salz
weißer Pfeffer aus der Mühle

Zubereitungszeit: etwa 1 Std.

Pro Portion: 1300 kJ / 310 kcal

1 Die Fischabschnitte, Gräten und Flossen unter fließendem Wasser kurz abspülen und in einen großen Topf geben. Das Suppengrün putzen, waschen und grob zerteilen. Eine der Zwiebeln schälen und vierteln. Mit dem Suppengrün in den Topf geben, den Wein und knapp 2 l Wasser angießen, zum Kochen bringen. Bei milder Hitze etwa 20 Min. köcheln lassen, ab und zu den Schaum abschöpfen.

2 Inzwischen die Kartoffeln waschen und schälen. In etwa 1 cm breite Würfel schneiden. Den Lauch putzen, längs aufschlitzen und gründlich waschen, in feine Streifen schneiden. Die Möhren putzen und schälen, ebenfalls in feine Streifen schneiden. Die zweite Zwiebel schälen, halbieren und in dünne Scheiben schneiden.

3 Die Fischbrühe durch ein Sieb gießen und bereit halten. Den Topf ausspülen und abtrocknen, die Butter darin schmelzen. Feingeschnittenen Lauch, Möhren und die Zwiebel darin unter Rühren kurz andünsten. Mit dem Currypulver bestäuben, leicht anschwitzen, die Fischbrühe angießen. Die Kartoffeln hineingeben, salzen und pfeffern, etwa 15 Min. kräftig köcheln.

4 Den Fisch in kleine Portionsstücke schneiden und in den kochenden Sud legen. Die Herdplatte herunterschalten und den Fisch bei milder Hitze etwa 10 Min. nur ziehen lassen, nicht köcheln. Die Suppe mit Salz und Pfeffer abschmecken und heiß servieren.

Grünkohl

Deftiges Winteressen

Zutaten für 6 Portionen:

1 ½ kg Grünkohl (Braunkohl)
Salz
2 Zwiebeln
2 EL Gänseschmalz oder Schweineschmalz
¼ – ½ l würzige Fleischbrühe
1 große Kartoffel (mehligkochende Sorte)
400 g frisches Bauchfleisch
250 g durchwachsener, geräucherter Bauchspeck
1 Ring Pinkel (Grützwurst) oder Brägenwurst
250 g geräucherte Mettwurst

Zubereitungszeit: 3–4 Std.

Bei 6 Portionen pro Portion: 4000 kJ / 960 kcal

1 Die Grünkohlblätter von den Rippen streifen und waschen. 2–3 l Salzwasser aufkochen, den Grünkohl darin etwa 10 Min. kräftig aufwallen lassen. Abgießen, gut abtropfen lassen und ausdrücken. Den Grünkohl grob hacken.

2 Die Zwiebeln schälen und hacken. In einem großen, schweren Topf das Gänseschmalz erhitzen. Die Zwiebeln unter Rühren andünsten. Den Grünkohl dazugeben, etwas von der Brühe angießen, damit das Gemüse nicht ansetzt. Die Kartoffel waschen und schälen, grob reiben und unters Gemüse mischen.

3 Das frische Bauchfleisch mitten in den Grünkohl legen, zugedeckt etwa 1 Std. bei milder Hitze schmoren. Dann den Speck dazugeben, 1 weitere Stunde schmoren. Zuletzt die Würste auf dem Grünkohl anrichten, zugedeckt in etwa 1 Std. fertig garen. Zwischendurch nach Bedarf weitere Brühe angießen. Vorm Servieren mit Salz abschmecken.

• Dazu schmecken Karamelkartoffeln (Rezept auf Seite 258), Senf und Bier – und danach ein Korn!

• Werden auf dem Markt lose Grünkohlblätter ohne Rippen angeboten, reicht 1 kg davon.

• Ein typischer Eintopf, der durch längeres Kochen oder Aufwärmen nur gewinnt.

• Die Fleischeinlage kann auch Kasseler, Schweinebacke oder Kochwurst sein. Früher wurde die Wurstbrühe frisch beim Metzger geholt und der Grünkohl darin statt in Fleischbrühe gekocht.

Labskaus

Matrosenschmaus

Zutaten für 4 Portionen:

4 Zwiebeln
2 Gewürznelken
750 g gepökeltes Rindfleisch (Brust)
1 kg Kartoffeln
2 EL Schweineschmalz
Salz
weißer Pfeffer aus der Mühle
4 Eier
1 große Salzgurke (ersatzweise Gewürzgurken)
4 Matjesfilets
eingelegte rote Beten (fertig aus dem Glas oder frisch zubereitet)

Zubereitungszeit: etwa 1 Std. 40 Min.

Pro Portion: 3300 kJ / 790 kcal

1 In einem Topf etwa 2 l Wasser ohne Salz zum Kochen bringen. 1 Zwiebel schälen, mit den Nelken spicken und hineingeben. Das Rindfleisch ins kochende Wasser geben, bei milder Hitze etwa 1 Std. garen.

2 Die Kartoffeln waschen, schälen und grob würfeln. Knapp mit Wasser bedeckt kochen, auch hier kein Salz zugeben. Abgießen und abtropfen lassen.

3 Die restlichen Zwiebeln schälen, fein hacken. 1 EL Schmalz in einer Pfanne erhitzen, die Zwiebeln andünsten, einige Löffel der Pökelfleischbrühe angießen und die Zwiebeln in etwa 5 Min. weichköcheln.

4 Das gekochte Fleisch durch den Fleischwolf drehen (grobe Scheibe) oder mit einem großen Messer fein hacken. Mit den gedünsteten Zwiebeln in der Pfanne mischen. Die Kartoffeln zerstampfen, Fleisch und Zwiebeln unterheben und soviel Pökelfleischbrühe angießen, daß ein dicker Brei entsteht. Vorsichtig mit Salz, reichlich mit Pfeffer abschmecken.

5 Das restliche Schmalz erhitzen, die Eier aufschlagen und im heißen Schmalz als Spiegeleier braten. Eventuell leicht salzen. Die Salzgurke in Scheiben schneiden.

6 Das Kartoffel-Fleisch-Gemisch auf Teller häufen. Jeweils ein Spiegelei darauf anrichten und mit je 1 Matjesfilet, einigen Gurkenscheiben und roten Beten garnieren.

• Variante: Statt Pökelfleisch Corned beef aus der Dose nehmen.

• Getränketip: Zu allen drei Gerichten paßt Bier am besten.

Curryhähnchen

Würziger Duft ferner Länder

Zutaten für 4 Portionen:

800 g ausgelöstes Hähnchenfleisch
etwa ½ l Hühnerbrühe
1 große Zwiebel
3 EL Butter
2 EL mildes Currypulver
1 TL scharfes Currypulver
Salz
schwarzer Pfeffer aus der Mühle
etwa 2 TL Zitronensaft
2 Lorbeerblätter
200 g Langkornreis
½ Bund glatte Petersilie
Cayennepfeffer

Zubereitungszeit: etwa 50 Min.

Pro Portion: 2100 kJ / 500 kcal

1 Das Hähnchenfleisch von Haut und Sehnen befreien und in kleine Stückchen schneiden. Die Hühnerbrühe in einem Töpfchen erhitzen.

2 Die Zwiebel schälen und fein hacken. In einem großen Topf 2 EL Butter zerlassen. Die Zwiebel glasig dünsten. Currypulver einrühren, etwa ⅛ l heiße Brühe angießen, unter Rühren aufkochen.

3 Das Hähnchenfleisch untermischen, salzen und pfeffern. Mit 1 TL Zitronensaft würzen und die Lorbeerblätter hineingeben. Nochmals etwa ¼ l heiße Brühe angießen, den Topf schließen und das Hähnchen bei milder Hitze etwa 30 Min. schmoren. Nach Bedarf weitere Brühe zugießen.

4 Inzwischen den Reis in Salzwasser in etwa 20 Min. körnig kochen. Die Petersilie waschen, trockenschütteln und sehr fein hacken. Den Reis abgießen, die übrige Butter und die Petersilie untermischen, eventuell in Portionsförmchen pressen und auf Teller stürzen. Das Curryhähnchen mit Salz, Pfeffer, Cayennepfeffer und Zitronensaft pikant abschmecken. Zum Reis servieren.

Bücklingskartoffeln

Ganz einfach

Zutaten für 4 Portionen:

1 kg Kartoffeln (vorwiegend festkochende Sorte)
Salz
250 g geräuchertes Bücklingsfilet
1 große, milde Zwiebel
3 EL Öl
1–2 EL Butter
schwarzer Pfeffer aus der Mühle
1 unbehandelte Zitrone

Zubereitungszeit: etwa 1 ¼ Std.

Pro Portion: 1700 kJ / 400 kcal

1 Die Kartoffeln waschen, knapp mit Salzwasser bedeckt garen. Etwas abkühlen lassen, pellen und in Stücke schneiden.

2 Das Bücklingsfilet häuten und falls nötig entgräten, in kleine Stückchen zupfen. Die Zwiebel schälen, grob hacken oder in Streifen schneiden.

3 In einer Pfanne das Öl erhitzen, die Butter darin schmelzen. Die Kartoffeln unter Rühren knusprig braten, salzen und pfeffern. Die Zwiebelstückchen untermischen und bei milder Hitze mitbraten. Zuletzt den zerkleinerten Fisch unter die Kartoffeln mischen, mit Salz und Pfeffer abschmecken.

4 Die Zitrone heiß waschen und in Schnitze schneiden. Die Bücklingspfanne damit garnieren und das Gericht beim Servieren mit Zitronensaft beträufeln.

• Dazu gibt es Kopfsalat oder Gurkensalat, der mit saurer Sahne angemacht wird.

Hackus und Knüste

Herzhaftes aus der Pfanne

Zutaten für 4 Portionen:

750 g sehr kleine Kartoffeln (vorwiegend festkochende Sorte)
Salz
1 Zwiebel
3 EL Öl
500 g gemischtes Hackfleisch
schwarzer Pfeffer aus der Mühle
½ TL gemahlener Kümmel
1 EL Butter
4 Eier
4 EL Sahne
1 Bund glatte Petersilie

Zubereitungszeit: etwa 40 Min.

Pro Portion: 2800 kJ / 670 kcal

1 Die Kartoffeln waschen, knapp mit Salzwasser bedeckt garen. Etwas abkühlen lassen und pellen.

2 Die Zwiebel schälen, fein hacken. In einer großen Pfanne das Öl erhitzen, die Zwiebel darin glasig dünsten. Das Hackfleisch einrühren und krümelig braten, mit Salz, Pfeffer und Kümmel würzen.

3 Die Kartoffeln mit der Butter in die Pfanne geben und rundum anbräunen. Die Petersilie waschen und trockenschütteln, fein hacken.

4 Die Eier mit der Sahne verquirlen, salzen und pfeffern. Über die Kartoffeln und das Hackfleisch gießen, bei ausgeschalteter Herdplatte unter Rühren leicht stocken lassen.

5 Mit Salz und frisch gemahlenem Pfeffer abschmekken, mit Petersilie bestreuen und direkt aus der Pfanne servieren.

• Dazu paßt am besten ein frischer Blattsalat.

Würzfleisch mit Pilzen

Unkompliziert

Zutaten für 4 Portionen:

600 g Schweineschnitzel
400 g frische Pilze (Pfifferlinge oder auch Champignons)
50 g durchwachsener Speck
1 große Zwiebel
2 EL Schweineschmalz
Salz
schwarzer Pfeffer aus der Mühle
⅛ l heiße Fleischbrühe
1 große rohe Kartoffel (mehligkochende Sorte)
1 Bund glatte Petersilie

Zubereitungszeit: etwa 1 ¼ Std.

Pro Portion: 1700 kJ / 400 kcal

1 Das Schnitzelfleisch in feine Streifen schneiden. Die Pilze putzen und abbrausen, gut abtropfen lassen. Den Speck in Würfel schneiden, die Zwiebel schälen und fein hacken.

2 In einem breiten Topf 1 EL Schmalz zerlassen, die Speckwürfel darin ausbraten. Die Grieben mit dem Schaumlöffel herausnehmen und beiseite stellen.

3 Die Fleischstreifen unter Rühren etwa 10 Min. rundum kräftig anbraten, salzen und pfeffern. Das restliche Schmalz im Topf erhitzen, die Zwiebeln untermischen und bei milder Hitze glasig dünsten. Dann die Pilze dazugeben, unter Rühren anbraten und die heiße Brühe angießen. Alles zugedeckt etwa 15 Min. garen.

4 Die Kartoffel waschen, schälen und fein reiben. Zum Binden der Sauce in den Topf einrühren und etwa 5 Min. mitgaren. Die Speckwürfel ebenfalls untermischen.

5 Die Petersilie waschen, trockenschütteln und fein hacken. Das Würzfleisch mit Salz und Pfeffer abschmecken, mit Petersilie bestreut in der Pfanne servieren.

• Zum Binden der Sauce können Sie statt geriebener Kartoffel auch Sahne oder Crème fraîche einrühren und kurz mitköcheln.

Friesische Ente

Mit Wirsing geschmort

Zutaten für 4–6 Portionen:

1 junge, fleischige Ente (etwa 2 kg, küchenfertig vorbereitet)
1 Wirsingkohl (etwa 1 kg)
Salz
1 EL Butterschmalz
weißer Pfeffer aus der Mühle
1/4 l leichte Fleischbrühe
4–6 dünne Scheiben durchwachsener Speck

Zubereitungszeit: etwa 2 Std.

Bei 6 Portionen pro Portion: 3200 kJ / 760 kcal

1 Die Ente waschen und abtrocknen, mit etwa 1/8 l Wasser in einen schweren Topf geben. Zugedeckt erhitzen und bei milder Hitze etwa 30 Min. dämpfen. Einmal wenden.

2 Den Wirsing putzen, die äußeren Blätter ablösen. Den Kohl halbieren, die Hälften in breite Spalten schneiden und die Strünke herausschneiden. Den Wirsing waschen. 2 l Salzwasser aufkochen, die Wirsingspalten hineingeben und etwa 10 Min. blanchieren. In ein Sieb geben, kalt abbrausen und gut abtropfen lassen.

3 Die Ente aus dem Topf nehmen, das Wasser abgießen. Den Topf abtrocknen, das Butterschmalz darin erhitzen. Die Ente innen und außen salzen und pfeffern, im heißen Schmalz etwa 15 Min. rundum kräftig anbraten.

4 Die Speckscheiben unter und neben der Ente verteilen. Die Wirsingspalten ebenfalls um die Ente herum verteilen, salzen und pfeffern. Die Brühe seitlich angießen, den Topf schließen und alles zusammen in etwa 1 Std. fertig garen.

5 Die Ente herausnehmen, in Portionsstücke teilen und mit dem Wirsing und dem Speck anrichten.

Bremer Plockfinken

Weiße Bohnen mit Speck und Äpfeln

Zutaten für 6 Portionen:

200 g getrocknete, weiße Bohnen
2 Zwiebeln
500 g geräucherter, durchwachsener Speck
500 g Möhren
500 g Kartoffeln
500 g feste säuerliche Äpfel
Salz
schwarzer Pfeffer aus der Mühle
1 Bund glatte Petersilie
2 EL Obstessig

Zubereitungszeit: etwa 1 1/2 Std. (+ 12 Std. Einweichzeit)

Pro Portion: 3100 kJ / 740 kcal

1 Die weißen Bohnen über Nacht in etwa 1 1/2 l Wasser einweichen. Am nächsten Tag die Bohnen abtropfen lassen, das Einweichwasser auffangen.

2 Die Zwiebeln schälen und fein hacken. Den Speck am Stück in einen großen Topf geben, langsam erhitzen und rundum anbraten. Die Zwiebeln dazugeben und unter Rühren andünsten.

3 Die abgetropften Bohnen zum Speck geben, etwa 1/8 l vom Einweichwasser angießen. Zugedeckt etwa 45 Min. bei milder Hitze garen.

4 Inzwischen die Möhren putzen und schälen, die Kartoffeln waschen und schälen. Beides in etwa 1 cm dicke Scheiben, dann in Würfel schneiden. Nach 45 Min. Garzeit den Speck herausnehmen, Möhren und Kartoffeln unter die Bohnen mischen, vorsichtig salzen und kräftig pfeffern. Bei Bedarf etwas Einweichwasser der Bohnen angießen. Zugedeckt etwa 20 Min. weitergaren.

5 Den Speck in Scheiben schneiden. Die Äpfel waschen, vierteln und die Kern-

gehäuse entfernen. Die Apfelviertel in Stückchen schneiden. Unters Gemüse mischen, die Speckscheiben darauflegen, in etwa 10 Min. fertig garen.

6 Die Petersilie waschen und trockenschütteln, fein hacken. Den Eintopf mit Salz, Pfeffer, Essig abschmecken, mit Petersilie bestreut servieren.

Rebhühner mit Rotkohl

Etwas Feines für Gäste

Zutaten für 4 Portionen:

4 Rebhühner, küchenfertig vorbereitet (jeweils etwa 200 g), ersatzweise 2 Perlhühner (jeweils 500 g)
Salz
weißer Pfeffer aus der Mühle
4 Scheiben fetter Speck
1 kleiner Kopf Rotkohl (etwa 500 g)
1 fester säuerlicher Apfel
2 kleine Zwiebeln
3 EL Butter
1 Lorbeerblatt
1/8 l Rotwein
50 g durchwachsener Speck
2 Scheiben trockenes Weißbrot

Zubereitungszeit: etwa 1 Std. 10 Min.

Pro Portion: 2500 kJ / 600 kcal

1 Die küchenfertigen Rebhühner waschen und abtrocknen. Salzen und pfeffern, mit jeweils 1 Scheibe Speck umwickeln und festbinden. Den Backofen auf 175° vorheizen.

2 Inzwischen den Rotkohl putzen und vierteln, dabei den Strunk und die äußeren Blätter entfernen. Die Viertel in schmale Streifen hobeln, waschen und in einem Sieb gut abtropfen lassen.

3 Den Apfel schälen, vierteln und in Schnitze schneiden, das Kerngehäuse dabei entfernen. Die Zwiebeln schälen und in Spalten schneiden. In einem Topf 2 EL Butter zerlassen, die Zwiebeln darin glasig dünsten. Den Rotkohl und Apfelschnitze untermischen. Mit Salz, Pfeffer und Lorbeerblatt würzen. Den Rotwein (und eventuell etwas Wasser) angießen, zugedeckt etwa 30 Min. garen.

4 Die restliche Butter in einem kleinen Bräter zerlassen. Die Rebbhühner rundum anbraten, auf den Rücken legen und im Backofen (Gas Stufe 2) etwa 20 Min. garen. Ab und zu mit heißer Butter begießen.

5 Den durchwachsenen Speck in feine Streifen, die Brotscheiben in kleine Würfel schneiden. Den Speck in einer Pfanne erhitzen und das Speckfett auslassen. Die Brotwürfel dazugeben, mit den Speckstreifen knusprig braten, leicht pfeffern.

6 Die Rebhühner herausnehmen und vom Speckmantel befreien. Mit einem scharfen Messer längs in jeweils zwei Hälften teilen. Mit dem Rotkohl anrichten, den krossen Speck und die Brotwürfeln aufstreuen.

• Garzeit für Perlhühner etwa 40 Min. statt der 20 Min. für die Rebhühner.

Heidschnuckenkeule in Wacholderrahm

Delikatesse rund um Lüneburg

Zutaten für 4 Portionen:

1 Heidschnuckenkeule mit Knochen, ersatzweise Lammkeule (1,2–1,5 kg)
2 TL Wacholderbeeren (etwa 15 Stück)
Salz
schwarzer Pfeffer aus der Mühle
2 Zwiebeln
2 Möhren
2 EL Öl
2 EL Butter
1 Lorbeerblatt
1 TL getrockneter Thymian
150 g Crème fraîche
½ l Rotwein

Als Beilage:
500 g Rosenkohl
Salz
2 EL Butter
schwarzer Pfeffer aus der Mühle
frisch geriebene Muskatnuß

Zubereitungszeit: etwa 1 ¾ Std.

Pro Portion: 3800 kJ / 900 kcal

• Dazu Kartoffelkroketten oder Salzkartoffeln servieren, als Gemüse auch grüne Bohnen oder Rotkohl statt Rosenkohl.

• Heidschnucken heißen die Vertreter der krummbehörnten, wolligen Schafart, die es nur in der Lüneburger Heide gibt – und dort viel mehr als nur eine Spezialität auf der Speisekarte darstellt. Denn die Tiere mit dem zarten, wohlschmeckenden Fleisch halten durch ihre ausdauernde Futtersuche die Heide in einem gepflegten und natürlichen Zustand.

1 Die Heidschnucken- oder Lammkeule kurz abspülen und mit Küchenkrepp trocknen. Die Wacholderbeeren im Mörser zerdrücken. Die Keule mit Salz, Pfeffer und einem Teil der zerdrückten Wacholderbeeren einreiben, kurz ziehen lassen.

2 Inzwischen die Zwiebeln schälen und grob würfeln. Die Möhren putzen und schälen, in Scheiben schneiden. Den Backofen auf 200° vorheizen.

3 In einem Bräter das Öl erhitzen, die Butter darin schmelzen. Die Keule darin rundum kräftig anbraten. Zwiebeln und Möhren im Bräter verteilen, unter Rühren kurz anrösten. Das Gemüse mit den restlichen Wacholderbeeren, Salz und Pfeffer würzen, das Lorbeerblatt und den Thymian einstreuen.

4 Den Wein angießen und den Bräter in den Backofen schieben (Gas Stufe 3). Die Keule unter häufigem Begießen etwa 1 ½ Std. schmoren, einmal wenden. Rosenkohl putzen, die Strünke kreuzförmig einkerben. Mit etwa ¼ l Wasser aufkochen, salzen und etwa 15 Min. bei milder Hitze zugedeckt köcheln.

5 Die fertige Keule herausnehmen, auf dem Rost im ausgeschalteten Backofen kurz nachziehen lassen. Gemüse und den Weinsud durch ein Sieb streichen, in den Bräter zurückgeben, auf der Herdplatte erhitzen. Die Crème fraîche einrühren, zur cremigen Sauce köcheln, salzen und pfeffern.

6 Den fertigen Rosenkohl abgießen und abtropfen lassen. Die Butter im Topf schmelzen, den Rosenkohl darin schwenken. Mit Salz, Pfeffer und Muskat würzen. Mit der Keule auf einer Platte anrichten, das Fleisch in dünnen Scheiben vom Knochen lösen. Die Sauce dazu reichen.

Beeren-Kaltschale

Kühle Brise mit Buttermilch

Zutaten für 4 Portionen:

500 g gemischte Beeren (z.B. Himbeeren, schwarze und rote Johannisbeeren, ersatzweise Fruchtmark)
50 g trockenes Schwarzbrot (oder kleine Makrönchen zum Garnieren)
1 l gut gekühlte Buttermilch
50–75 g Zucker (je nach Geschmack und Beerensüße)
1 Prise Zimtpulver
½ TL abgeriebene Zitronenschale (unbehandelt)

Zubereitungszeit: etwa 15 Min.

Pro Portion: 920 kJ / 220 kcal

1 Die Beeren waschen, von den Stielen zupfen und gut abtropfen lassen. Einige Beeren zum Garnieren beiseite stellen.

2 Das Schwarzbrot zu feinen Bröseln reiben.

3 Die kalte Buttermilch im Mixer mit Zucker, Zimt und abgeriebener Zitronenschale schaumig aufschlagen.

4 Die Beeren oder das Fruchtmark unterrühren, auf tiefe Teller oder in Schälchen verteilen. Mit den übrigen Beeren garnieren. Die Schwarzbrotbrösel aufstreuen oder die Kaltschale mit Makrönchen dekorieren.

• Variante: Die Kaltschale schmeckt auch köstlich mit cremigem Vollmilch-Joghurt, gewürzt mit Vanillemark und dem Fruchtfleisch von frischen, vollaromatischen Pfirsichen.

Butterkuchen

Spezialität aus Ostfriesland und Bremen

Zutaten für 16 kleine Stücke :

50 g Butter
¼ l lauwarme Milch
500 g Mehl + Mehl zum Ausrollen
30 g Hefe
¼ TL Salz
1 zimmerwarmes Ei
50 g Zucker
1 TL abgeriebene Zitronenschale (unbehandelt)
Fett fürs Blech

Für den Belag:
150 g weiche Butter
100 g Zucker
1 TL Zimtpulver
100 g Mandelblättchen

Zubereitungszeit: etwa 1 Std. (+ 1 ½ Std. Ruhezeit)

Pro Stück: 1300 kJ / 310 kcal

1 Für den Teig die Butter in der lauwarmen Milch schmelzen. 500 g Mehl mit der Milch, der Hefe, Salz, Ei, Zucker und Zitronenschale in der Küchenmaschine zu einem glatten Teig kneten. Zugedeckt an einem warmen Ort etwa 1 Std. ruhen und zur doppelten Größe aufgehen lassen.

2 Ein großes Backblech einfetten. Den Teig auf bemehlter Fläche ausrollen, das Blech damit auslegen und rundum einen Rand formen. Den Teig mehrmals mit einer Gabel einstechen, nochmals etwa 30 Min. gehen lassen.

3 Den Backofen auf 175° vorheizen. Für den Belag die weiche Butter mit dem Zucker und dem Zimtpulver verrühren.

4 Mit dem Zeigefinger kleine Dellen in den Teig drücken. Die Oberfläche gleichmäßig mit der süßen Zimtbutter einstreichen und mit den Mandelblättchen bestreuen.

Ostfriesische Teecreme

Im Wasserbad aufgeschlagen

5 Den Kuchen auf der mittleren Schiene im Backofen (Gas Stufe 2) etwa 30 Min. backen. Frisch aus dem Ofen servieren.

Zutaten für 4 Portionen:

¼ l Milch
⅛ l frisch gebrühter, starker Tee (ostfriesische Teemischung)
6 Blatt weiße Gelatine
2 Eier
70 g Zucker
⅛ l Sahne
1 EL Vanillezucker

Zubereitungszeit: etwa 30 Min. (+ 2 Std. Kühlzeit)

Pro Portion: 1300 kJ / 310 kcal

1 Die Milch mit dem gut durchgesiebten Tee kurz aufkochen, vom Herd nehmen. Die Gelatine in kaltem Wasser einweichen.

2 Die Eier trennen. 2 Eigelb mit dem Zucker in eine Schüssel geben. In ein warmes Wasserbad setzen und schaumig aufschlagen.

3 Den Milchtee nach und nach einfließen lassen und zu einer glatten Masse rühren. Die tropfnasse Gelatine einrühren, bei milder Hitze auflösen. Vom Herd nehmen und etwas abkühlen lassen.

4 Die 2 Eiweiß steif schlagen, unter die Creme ziehen. In Portionsförmchen füllen und im Kühlschrank gut durchkühlen und fest werden lassen.

5 Vorm Servieren die Sahne steif schlagen, den Vanillezucker einrieseln lassen. Die Teecreme nach Belieben auf Dessertteller stürzen, mit Sahne garnieren.

• Eine alkoholische Variante ist die Weincreme. Sie ist auch im Süden Deutschlands ein beliebtes, klassisches Dessert: 4 Eigelb, 6 EL Zucker, 2 TL Speisestärke und ¼ l Weißwein in einer Schüssel im warmen Wasserbad schaumig aufschlagen. 4 Blatt Gelatine in kaltem Wasser einweichen, tropfnaß dazugeben und auflösen, mit Saft und Schale von ½ Zitrone abschmecken. 4 Eiweiß steifschlagen und unter die Weincreme ziehen. Kalt stellen.

Spargel – vom Luxus des Einfachen

In der Johannisnacht, so verspricht der Volksmund, lohnt es sich, nach verborgenen Schätzen zu suchen. Diese Nacht, die mit lodernden Holzstößen und ins Tal rollenden Feuerrädern Sonnenwende und die Geburt Johannes des Täufers feiert, soll Glück verheißen. Doch für Feinschmecker hat das Datum auch eine ganz andere Bedeutung: Am 24. Juni nämlich ertönt das unerbittliche »Aus« für die heimische Spargelsaison.

Der Trost: Nur dadurch wird eine ebenso reiche Ernte im nächsten Jahr gesichert. Denn die seit Ende des 19. Jahrhunderts feste Regel verfolgt ein sehr pragmatisches Ansinnen der Spargelbauern: Die intensiv abgeerntete und erschöpfte Spargelpflanze braucht diese Ruhephase unbedingt, um im nächsten Jahr wieder die gewohnte Qualität zu liefern. So kommt es, daß während des Sommers die Felder bedeckt sind von üppigem Spargelkraut, das endlich aus der Erde wachsen darf und im Spätherbst geschnitten wird. Wer in Deutschland unterwegs ist, trifft in den verschiedensten Regionen auf dieses Bild, denn Spargel wird im hohen Norden ebenso wie im Süden erfolgreich angebaut: In Brandenburg und in Niedersachsen, im Rhein-Main-Gebiet und in der Pfalz, in Bayern und in Baden – dort übrigens liegt das größte zusammenhängende Spargelgebiet, rund um das nordbadische Schwetzingen.

Leichte sandige Böden, die sich in der milden Frühjahrssonne schnell erwärmen, ab und zu befeuchtet von sanften Regenschauern – unter solchen Bedingungen wächst und gedeiht ein Spargelschößling optimal – allerdings nicht ohne fachgerechte Pflege. Die Kunst des Spargelbauern ist gefragt, ähnlich anspruchsvoll und arbeitsintensiv wie die eines Winzers. Die Vorbereitung des Bodens ist die erste Pflicht bei der Anlage eines neuen Spargelfeldes.

Im Herbst vor der Erstbepflanzung müssen die Erdschichten bis in eine bestimmte Tiefe aufgelockert, durchmischt, gedüngt werden. Wenn im März und April die einjährigen Jungpflanzen gesetzt werden, beginnt eine etwa 10jährige Fruchtbarkeitsperiode, die allerdings erst ab dem vierten Jahr volle Ernte bringt. Nur ein gut gepflegter Boden gibt dafür genügend Nährstoffe her und ist gegen Unkraut und Schädlinge gewappnet.

Ohne Handarbeit geht nichts. Das gilt für das Setzen der Jungpflanzen und insbesondere für die Ernte. Nur in Großbetrieben werden teilweise Pflanzmaschinen oder Erntehilfemaschinen eingesetzt, die das Einsammeln und den Abtransport erleichtern. Zu Beginn der Vegetationszeit, ab Mitte April, werden Dämme aus Erdreich über den in großen Abständen gesetzten Pflanzen aufgehäufelt. Unter den schützenden Dämmen bildet die Spargelstaude zahlreiche dickfleischige Triebe aus – die Spargelstangen. Sobald ein Spargel mit dem Kopf das Erdreich durchbrechen will, wird er von den aufmerksamen Feldarbeitern entdeckt, ausgegraben und mit einem speziellen Stechmesser abgeschnitten. Ein sicheres Auge und die Kenntnis der Pflanze sind dafür unerläßlich, denn es darf nur die Stange und nicht die Pflanze selbst gekappt werden. Die Mulde wird danach wieder mit Erde bedeckt und glattgestrichen, das Bett bereitet für den nächsten zarten Sproß, der sich nach oben arbeitet. Wird der Spargel zu spät entdeckt, färbt sich der Kopf violett bis grün. Die bleiche bis elfenbeinfarbene Aussehen der begehrten Stangen läßt sich somit leicht erklären: Solange das Sonnenlicht fern gehalten wird und das Wachstum sich im Untergrund abspielt, bildet sich kein Farbstoff. Früher wurden zu diesem Zweck Glocken und Röhren über den wachsenden Sproß gestülpt, inzwischen hat sich die Methode der aufgehäufelten Erddämme eingebürgert. Neueste Nachrichten eines benachbarten Erzeugerlandes berichten von einer völlig witterungsunabhängigen Anbauart: Die Gemüseprofis bedecken ihre Spargelbeete mit schwarzen Plastikfolien, die kein Licht durchlassen. Und die zum Austreiben der Sprossen notwendige Temperatur von 12 ° wird im klimatisierten Gewächshaus ganz einfach künstlich geregelt.

Spargel – Luxusgemüse vergangener Zeiten! Im Mittelalter wurde das ungewöhnliche Lilien-Gewächs vorwiegend als Heilpflanze kultiviert und tauchte hauptsächlich in den Küchengärten der Klöster auf. Aber schon bei den alten Römern, und auch später gab es immer wieder Genießer, die den kulinarischen Reiz der köstlichen Stangen erkannten.
Wegen seines überaus geringen Kaloriengehaltes und des aufwendigen Anbaus kam Spargel nie als billiges Grundnahrungsmittel in Frage und trug statt dessen zur Verfeinerung königlicher Küchen bei. Heute hat sich das feinste aller Gemüse vom Ruf des Unerschwinglichen befreit – und die Deutschen sind seine treuesten Liebhaber. Vielleicht aus dem Grunde, weil Spargel ein doppeltes Versprechen hält: Er ist gesund und schmeckt unwiderstehlich gut. Dem Niedersachsen ebenso wie dem Badener.

Reisetip: Europäisches Spargelmuseum in Schrobenhausen!

Bilder oben:
Wichtig ist, daß die Stangen gleichmäßig dick sind, damit die Garzeit für alle einheitlich ist.

Die Saison für heimischen Spargel: Mitte April bis exakt zum 24. Juni!

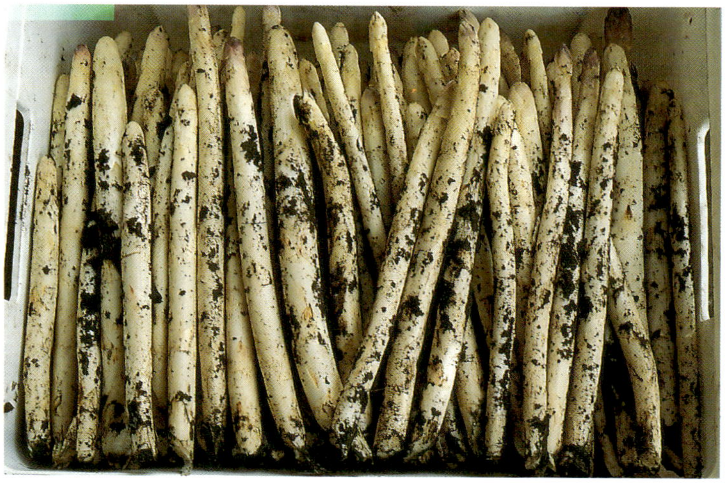

Ganz oben links:
Bei ungünstigen Witterungsbedingungen wird die Erde teilweise mit schwarzen Planen abgedeckt, um den leichten Sandboden vor Abkühlung und die Spargelspitzen vor Lichteinfall zu schützen.

Ganz oben rechts:
Schritt für Schritt arbeiten sich die Spargelstecher mehrmals am Tag durch die Reihen der aufgehäufelten Dämme, um keine der ans Tageslicht drängenden Spargelspitzen zu übersehen.

Oben Mitte:
Frisch gestochener Spargel wird sofort nach der Ernte kühl gelagert, gewaschen, auf eine genormte Länge zugeschnitten und sortiert, je nach Qualität in eine von vier Handelsklassen. Grundsätzlich wird er so rasch wie möglich an den Endverbraucher verkauft – häufig direkt ab Hof.

Oben:
Um sich eine reiche Ernte auch im nächsten Jahr zu sichern, läßt ein kluger Spargelbauer seinen Pflanzen ausreichend lange Ruhephasen. In dieser Zeit treibt das Spargelkraut aus, bedeckt den Sommer über die Felder und wird im Spätherbst geschnitten.

Mecklenburg-Vorpommern

Das Land und seine Produkte

Eines vorab: Die Einheimischen sagen »Meeklenburg« – mit doppelt langem »e«...! Mecklenburg-Vorpommern, das Land an der Ostsee, gehört zur norddeutschen Tiefebene mit ihrer Moränenlandschaft, durchzogen von zahlreichen Seen, dichten Wäldern, baumbestandenen Alleen. Die Küstenlandschaft ist abwechslungsreich, mit Steil- und Flachufern, breiten Stränden und vorgelagerten Inseln. Kleine Fischerdörfer liegen neben lebhaften Badeorten, die noch den Charme der Bäderarchitektur des vorigen Jahrhunderts erkennen lassen.

Das weite flache Land, geprägt von Schlössern und Katen, ist dünn besiedelt und von jeher ein Agrarland. Lebensmittelverarbeitung und Schiffsbau in den Küstenstädten sind die wichtigsten Industrien. Etwa ein Viertel der Fläche ist von Wälder und Seen bedeckt. Auf den vorwiegend leichten und sandigen Böden gedeihen Raps, Kartoffeln und Getreide. Viele Windmühlen stehen noch, in denen das Getreide vermahlen wurde, manche von ihnen sind heute zu originellen Gaststätten geworden oder, wie in Woldegk, zu einem Windmühlenmuseum.
Dazu kommt die Viehzucht. Herden schwarzbunter Rinder bevölkern die Weiden, Gänseherden schnattern ihrer Bestimmung als Weihnachtsbraten entgegen, Pferdezucht hat Tradition. Bessere Böden tragen Mais oder Zuckerrüben, das »weiße Gold«, doch die Verarbeitung der Rüben in den meist älteren Zuckerfabriken ist heute nicht mehr rentabel, viele Ackerflächen werden derzeit stillgelegt.

Mecklenburg-Vorpommern wird durchzogen von einer Seenplatte, die als ideales Erholungsgebiet Wasserwanderer, Angler und Naturfreunde anlockt. Der Müritz-Seenpark ist eines der letzten unberührten Natur- und Vogelparadiese Deutschlands, hier brüten Fischreiher, Kormorane, Kraniche und andere selten gewordene Wasservögel.

In den Bauerngärten der Dörfer blüht es bunt, Dahlien und Astern leuchten, Bienenstöcke summen, und das Obst und Gemüse wird frisch verarbeitet oder für den Winter eingekocht und eingefroren.

Die mecklenburgische Küche ist nahrhaft. Fleisch wird reichlich verwendet, Speck darf am Schmorkohl nicht fehlen, Butter kommt an gekochtes Gemüse. Backpflaumen und Birnen, Rosinen und Äpfel ergeben typische, süßlich gewürzte Beilagen zum Braten. Neben Milchsuppen, Schinken oder geräucherter Wurst aus der Hausschlachtung spielt Fisch angesichts des vielen Wassers überall eine wichtige Rolle im Alltag.

An der Küste werden vor allem Heringe, Makrelen, Schollen und andere Seefische angelandet, im Binnenland versorgen die Fischer und Angler auf den vielen Seen die Küche mit frischen Fischen: wie Zander, Barsch, Maräne, Hecht, Zuchtforelle oder dem Aal, der bei seinen Wanderungen in Aalfänge gerät, die in die Verbindungskanäle zwischen den Seen eingebaut sind. Neben frisch gebratenem »grünem Aal« oder sauer eingelegtem in Aspik ist vor allem Räucheraal bei Jung und Alt beliebt. Erfolgreiche Angler werfen gern im Garten ihren selbstgebauten Räucherofen an, der einem altmodischen Badeofen gleicht und häufig auch aus solch einem ausrangierten Exemplar konstruiert wurde.

Der Wildreichtum der Wälder findet sich als Reh-, Hirsch- oder Wildschweinbraten auf dem Tisch, ergänzt durch Pilze, Beeren und natürlich Kartoffeln. Zum richtigen mecklenburgischen Essen gehören Kartoffeln. Reis, Nudeln oder Knödel aus der Tüte bilden nach wie vor die Ausnahme – wenn einmal besonders wenig Zeit ist. Der Mecklenburger würde für Bratkartoffeln mit Speck alle Teigwaren der Welt eintauschen.

Zu Mecklenburg-Vorpommern gehören zahlreiche Inseln. Die bekanntesten sind Rügen, Usedom und Hiddensee, »dat söte Länneken«, autofrei bis auf Arzt-, Post- und Versorgungsfahrzeuge. Rügen, Deutschlands größte und schönste Insel, war auch schon einmal fast 200 Jahre lang schwedisch (noch heute werden die Mecklenburger spöttisch auch »Südschweden« genannt). Sie ist mit ihren weit übers Meer leuchtenden Kreidefelsen, den Buchenwäldern der Granitz und den für Segler idealen Boddengewässern ein Touristenziel ersten Ranges. Die Zeltplätze, strandnah meist unter hohen Kiefern gelegen und gut ausgestattet, sind beliebte Quartiere. Beim abendlichen geselligen Grillfeuer – unverzichtbar für alle Camper – tauscht man Erfahrungen aus und Tips. So erfährt man, wann die Fischer rausfahren und wo die frischesten geräucherten Aale und Schollen zu haben sind.

Ganz oben:
Immer der Sonne entgegen – in den leuchtenden Köpfen reifen die schwarzen Kerne, aus denen später das feine Salatöl gepreßt wird.

Links:
Ob sich ein Abstecher ins benachbarte Brandenburg lohnt?

Oben Mitte:
Bauerngärten versorgen den Haushalt mit Obst, Gemüse, Blumen und Kräutern.

Oben:
Im alten Hafen von Wismar ankern Fischkutter und Freizeitkapitäne einträchtig nebeneinander. Hier legen auch die Fahrgastschiffe zu den Inseln an.

Ganz oben:
Der historische Marktplatz in der alten Hansestadt Wismar. Nicht immer ist es so ruhig unter den guterhaltenen Giebelhäusern…

Oben Mitte:
Auf dem »Schlachtermarkt« in Schwerin gibt es alles – vom rohen Ei bis zum bunten Ball.

Oben:
Die nahe Ostsee und die Binnenseen sorgen ständig für frische Fische – und jeder Junge kann hier bestens mit einer Angel umgehen.

Menschen, Feste, Sehenswertes

Die Menschen hier im Norden gelten als bedächtig und zurückhaltend, bodenständig und fleißig. Hintergründiger Humor klingt aus dem umgangssprachlichen Platt. Neues braucht Zeit, bis es sich durchsetzen kann.

Beliebtestes Fest auf dem Fischland ist das Tonnenfest in Born und Wustrow im Juli. Eine aufgehängte Heringstonne, die von Berittenen zerschlagen wird, soll Erinnerung an die letzte Tonne mit Heringen sein, die damals, als die Schweden 1806 die Ostseeküste verließen, als Steuer abzuliefern war. In Warnemünde, am »Alten Strom«, wo die kleinen Kapitänshäuser stehen, führt eine Bummelmeile bis zum Leuchtturm. Hier ist der Startplatz für die sommerlichen Segelregatten, die – wie die HanseSail – jährlich zahlreiche Teilnehmer und Zuschauer anlocken.
Wer sich an der Küste aufhält, sollte unbedingt auch einmal mit der beliebten, »Molli« genannten Dampf-Schmalspurbahn durch die Landschaft schaukeln. Sie verbindet seit 1886 die Ostseebäder Heiligendamm – das allererste deutsche Seebad überhaupt – und Bad Doberan.

Im Binnenland feiert nahezu jedes Dorf sein Erntefest, und im Herbst sind die Reit- und Fahrturniere in den großen Gestüten Neustadt/Dosse oder Redefin ein Magnet für alle Pferdeliebhaber. In Feldberg, einer kleinen Stadt mit fünf Seen drumherum, wo der Dichter Hans Fallada einmal Bürgermeister war, ist im Sommer zum Luzinfest am Luzinsee eine große Wasserskiparade zu bestaunen.

Bei Festen wird vor allem reichlich gegessen und getrunken. Hochprozentiger »Klarer« oder »Köhm« und Bier gehören dazu. Das Biertrinken hat an der Küste eine lange Tradition. Bereits Ende des 17. Jahrhunderts trank in Wismar jeder Einwohner im Durchschnitt jährlich 320 l Bier, heute sind Lübzer, Rostocker und Neubrandenburger Nordquell bekannte Marken.

Ein beliebtes Geschicklichkeitsspiel auf dörflichen Festen ist das »Aalgreifen«: Auf einem Fahrrad, das nicht zum Stehen kommen darf, fährt der Spieler an einer aufgebockten, wassergefüllten Wanne vorbei, in der sich lebende Aale winden. Ziel ist es, unter den anfeuernden Rufen der Zuschauer, mit einem Griff einen glatten Aal so zu erwischen, daß er ihn festhalten und aus der Wanne holen kann. Gelingt es, ist der Aal sein – ansonsten ist der Spieleinsatz verloren. Sogar Landesmeisterschaften im Aalgreifen wurden bereits ausgetragen.

Im Spätherbst beginnen die Schlachtfeste. Viele Familien halten noch ein Schwein, das zu Hause geschlachtet und nach eigenen altbewährten Rezepten zu Schinken, Leber-, Mett- und Blutwurst verarbeitet wird. Das Geräucherte ist dann zu Weihnachten gerade richtig.

Im Winter ist es still in den Dörfern Mecklenburgs, erst zwischen Weihnachten und Februar wird wieder gefeiert. Der Weihnachtsabend heißt schlicht auch »Vollbuksabend«, da schwimmt selbst das Gemüse in der Butter, und der gesunde Mann verzehrt zum Festessen eine Ente ganz alleine. Silvester gibt es allerlei Bräuche, um sich vom alten Jahr zu verabschieden. So hat ein jeder, will er im neuen Jahr sorglos leben, bis Sonnenuntergang Geliehenes zurückzugeben. Die Männer gehen einzeln in den Wald, um Holz zu schlagen und schütteln kräftig jeden Obstbaum im Garten, damit es eine gute Ernte gibt. Im Februar ist in vielen Dörfern Fastelabend angesagt, eine gemütliche Variante des Faschings mit Essen und Trinken, Einzug der Dörpschaft und Kindermaskerade am Nachmittag.

Norddeutsche Backsteingotik wie hier in Stralsund findet man im gesamten Ostseeraum. Kirchen, Klöster, Stadttore und Rathäuser werden heute liebevoll restauriert.

Sehenswertes:
In Mecklenburg-Vorpommern trifft man auf über 100 Backsteinkirchen. In Schwerin, der ältesten Stadt in Mecklenburg, laden Schloß, Dom und Altstadt zum Bummel ein. Vom Schlachtermarkt, mit seinem Brunnen, den das Wappentier des Landes, ein gehörnter Stier, schmückt, sind es nur wenige Schritte bis zum ältesten Weinhaus des Nordens, der Uhle-Kelterei. Alter bäuerlicher Hausrat, der im Leben der Landbevölkerung bis vor nicht allzulanger Zeit in Gebrauch war, kann in agrarhistorischen Museen angefaßt werden, so in Dorf Mecklenburg, in Alt-Schwerin, im Thünen-Museum in Tellow bei Teterow oder im Museum »up de Däl« (auf der Diele) in Niendorf bei Schönberg.

Ganz oben:
Nicht nur Seeleute fühlen sich wohl in der Rostocker »Kogge«.

Oben Mitte:
Ehemalige Gutshäuser und Schlösser laden heute zum Restaurantbesuch ein – wie hier die »Orangerie« in Neustrelitz.

Oben:
Pferde sind unentbehrlich bei der Hofarbeit – und auch der Reitsport wird immer beliebter. Doch ihre Pflege ist beileibe kein Kinderspiel.

Ganz oben:
Wie ein Dach wölbt sich die alte baumbestandene Allee über der Straße – und wird hoffentlich nie der zunehmenden Motorisierung geopfert.

Oben Mitte:
Die Nähe zur Natur ziehen wahre Campingfreunde jedem Komforthotel vor.

Oben:
An stillen Ufern macht häufig nur das Traumschiff eines Anglers fest…

Pommerscher Kaviar

Köstlich und ganz einfach

Zutaten für 4–6 Portionen:

250 g ausgelassenes, fertiges Gänseschmalz
1 Zwiebel
1 TL Salz
1 TL getrockneter Majoran
½ TL getrockneter Thymian
kräftiges Bauernbrot

Zubereitungszeit: etwa 10 Min.

Bei 6 Portionen pro Portion: 2500 kJ / 600 kcal

1 Das Gänseschmalz in eine Schüssel geben. Die Zwiebel schälen und reiben. Mit dem Salz und den Kräutern unters Gänseschmalz rühren, gut vermischen und kalt stellen.

2 Das Brot in Scheiben schneiden und rösten. Mit dem »Pommerschen Kaviar« bestreichen.

• Früher wurde dafür nur das Gänsedarmfett verwendet. Aber die Zubereitung ist etwas aufwendiger, und es geht einfacher und schneller mit Gänseschmalz.

Pommersche Graupensuppe

Preiswert

Zutaten für 4–6 Portionen:

500 g gepökelte Rippchen
1 Lorbeerblatt
6 zerdrückte Pimentkörner
100 g Backpflaumen (ohne Stein)
1 EL Zucker
1 Zimtstange
4 Schnitze unbehandelte Zitronenschale
120 g Perlgraupen (geschälte, feine Gerstenkörner)
3 Kartoffeln
1 Stange Lauch
2 Möhren
1 Petersilienwurzel
¼ Stück Knollensellerie
2 Zwiebeln
Pfeffer
1 Prise Cayennepfeffer
Streuwürze
1 Bund Petersilie

Zubereitungszeit: etwa 1 ¾ Std.

Bei 6 Portionen pro Portion: 1000 kJ / 240 kcal

1 Die Pökelrippchen abspülen und in etwa 1 ½ l Wasser zum Kochen bringen. Lorbeerblatt und Pimentkörner hinzufügen. Gut 1 Std. sanft köcheln lassen.

2 Die Backpflaumen waschen und mit Zucker, Zimtstange, Zitronenschale und etwa ¼ l Wasser weichkochen.

3 Die Graupen in kaltem Wasser ansetzen und 5 Min. kochen lassen. Durch ein Sieb gießen und kalt abbrausen. Zu den Pökelrippchen geben und mitkochen.

4 Kartoffeln und Gemüse putzen, schälen und waschen. Alles in Würfel, den Lauch in Ringe schneiden. 30 Min. vor Garzeitende die Kartoffeln und das Gemüse bis auf den Lauch zu Fleisch und Graupen geben. Den Lauch erst etwa 10 Min. vor Garzeitende untermischen.

5 Die Rippchen aus der Suppe nehmen, das Fleisch von den Knochen lösen und in kleine Stücke schneiden. Das Fleisch und die Backpflaumen (ohne Sud) in die Suppe geben. Mit Pfeffer, Cayennepfeffer und Streuwürze abschmecken. Die Petersilie waschen, trockenschütteln und fein hacken. Jede Portion mit Petersilie bestreuen.

Schmantkartoffeln

Üppige Beilage

Zutaten für 4 Portionen:

1 knappes kg Kartoffeln (festkochende Sorte)
Salz
½ TL Kümmel
2 Zwiebeln
80 g durchwachsener Räucherspeck
2 EL Butter
1 ½ EL Mehl
½ l heiße, würzige Fleischbrühe (ersatzweise Instant)
schwarzer Pfeffer aus der Mühle
1 Prise frisch geriebene Muskatnuß
1 Prise Zucker
¼ TL frisch gerebelter Majoran
1 TL Zitronensaft
¼ l Schmant (ersatzweise Crème fraîche oder Crème double)
1 Bund Schnittlauch

Zubereitungszeit: etwa 1 Std.

Pro Portion: 2400 kJ / 570 kcal

1 Die Kartoffeln gründlich waschen und mit der Schale in Salzwasser mit Kümmel garen. Das Wasser abgießen und die Kartoffeln auskühlen lassen.

2 Die Zwiebeln schälen und ebenso wie den Speck in kleine Würfel schneiden. In einer Kasserolle die Butter zerlassen und die Speck- und Zwiebelwürfel goldgelb anbraten. Das Mehl einrühren und mit der heißen Brühe unter schnellem Rühren ablöschen. Kurz aufkochen lassen und die Hitze verringern. Mit Pfeffer, Muskat, Zucker, Majoran und Zitronensaft kräftig abschmekken. Den Schmant unterziehen und öfter umrühren, damit die Sauce nicht ansetzt.

3 Die Pellkartoffeln schälen und in nicht zu dünne Scheiben schneiden. Den Schnittlauch waschen und in kleine Röllchen schneiden. Kartoffelscheiben und Schnittlauch in die dicke Sauce geben und etwas durchziehen lassen.

• Die Schmantkartoffeln als Beilage zu Rügenwalder Teewurst, Kassler, Bratwürsten, Schinken oder Pökelfleisch reichen.

• »Schmant« (Schmand) ist eine alte Bezeichnung für die oberste fette und gelbe Sahneschicht auf der Milch und kommt von dem slawischen Begriff »Smetana« (Sahne), heute am ehesten mit Crème fraîche oder Crème double zu vergleichen.

»Schön rötlich die Kartoffeln sind
und weiß wie Alabaster,
und sind für Mann und Weib und Kind
ein rechtes Magenpflaster.«
Matthias Claudius

Gebratene Leber

Mit Kartoffel-Apfelmus

Zutaten für 4 Portionen:

600 g frische Kalbsleber in dünnen Scheiben (ersatzweise zarte Rinderleber)
weißer Pfeffer aus der Mühle
2 EL Mehl
3 Zwiebeln
2 EL Butterschmalz
3 EL Butter
Salz

Zubereitungszeit: etwa 1 Std. (mit Kartoffel-Apfelmus)

Pro Portion: 2500 kJ / 600 kcal

1 Die Leber abspülen und mit Küchenpapier trockentupfen. Eventuelle Häutchen und Sehnen entfernen. Von beiden Seiten pfeffern und leicht mit Mehl bestäuben.

2 Die Zwiebeln schälen und in dünne Scheiben schneiden. In einer Pfanne das Butterschmalz erhitzen und die Zwiebelringe goldbraun anrösten.

3 In einer zweiten Pfanne die Butter zerlassen und die Leberscheiben von jeder Seite etwa 3–4 Min. braten. Anschließend leicht mit Salz bestreuen.

4 Die Zwiebeln auf die Leberscheiben legen, vom Bratfett etwas darüber träufeln und mit Kartoffel-Apfelmus auf vorgewärmten Tellern anrichten.

• Für das »Kartoffel-Apfelmus« 800 g mehlige Kartoffeln kochen, zerstampfen und mit 400 g gekochten Äpfeln, heißer Milch, Muskat, Pfeffer und einem Klecks Butter zu einem Mus verrühren.

• Variante: »Leber Berliner Art«. Kalbsleberscheiben mit gebratenen Apfel-und Zwiebelringen belegen. Dazu Kartoffelpüree.

Plumm un Tüffel

Pflaumen und Kartoffeln

Zutaten für 4 Portionen:

400 g Backpflaumen ohne Stein
500 g geräucherter Bauchschinken oder Kasslerkamm
2 Zwiebeln
2 Gewürznelken
1 großes Lorbeerblatt
1 TL Zucker
800 g Kartoffeln (festkochende Sorte)
3–4 EL Zitronensaft
2 Prisen Zimt
2 EL Butter
1 EL Mehl
schwarzer Pfeffer aus der Mühle
eventuell Salz

Zubereitungszeit: etwa 1 ½ Std. (+ 12 Std. Einweichzeit)

Pro Portion: 3700 kJ / 880 kcal

1 Die Pflaumen über Nacht in Wasser einweichen.

2 In einem Topf das Fleisch knapp mit Wasser bedeckt zum Kochen bringen. Die Zwiebeln schälen, eine davon in grobe Würfel schneiden. An die zweite Zwiebel mit 2 Nelken das Lorbeerblatt stecken. Zusammen mit etwas Zucker zum Fleisch geben. Nach dem Aufkochen abschäumen, bei verringerter Hitze 50 Min. garen.

2 Die Kartoffeln waschen, schälen und in Würfel schneiden. Die Backpflaumen in einem Durchschlag abgießen. Wenn das Fleisch fast weich ist, Kartoffeln, Pflaumen, Zitronensaft und Zimt hineingeben. Alles zusammen noch etwa 15 Min. köcheln lassen.

3 In einem Topf die Butter erhitzen, das Mehl einrühren und leicht anbräunen. Mit soviel Kochsud ablöschen, daß eine sämige Sauce zum Binden der Kartoffeln entsteht. Mit Pfeffer, eventuell auch Salz, würzen (vorsichtig, das Fleisch könnte schon salzig genug sein). Mit einer Schaumkelle

Birnenklöße mit Kloppschinken

In Milch marinierter Schinken

die Pflaumenkartoffeln aus der Brühe heben und unter die Sauce mengen. Das Fleisch in Portionen schneiden und mit »Plumm un Tüffel« auftragen.

• Ein typisches »Himmel und Erde«-Gericht, so wie es die Mecklenburger lieben. Es wird auch mit anderem Frisch- oder Dörrobst (Äpfeln, Birnen) zubereitet.

Zutaten für 4 Portionen:

Für den Kloppschinken:
4 dicke Scheiben mildgeräucherter roher Schinken (jeweils 100 g)
frisch geriebene Muskatnuß
schwarzer Pfeffer
½ l Milch
2 EL Butterschmalz
1 EL Mehl
⅛ l Weißwein
¼ l saure Sahne
1 Prise Zucker
Streuwürze

Für die Birnenklöße:
200 g Mehl
1 Ei
Salz
½ TL Backpulver
300 g aromatische Birnen
40 g durchwachsener Räucherspeck
1 TL Butter

Zubereitungszeit: etwa 1 ¾ Std. (+ 2–3 Std. Marinierzeit)

Pro Portion: 3900 kJ / 930 kcal

1 Den Schinken 2–3 Std. in die mit Muskatnuß und Pfeffer gewürzte Milch legen.

2 Für die Birnenklöße das Mehl in eine Schüssel sieben und mit dem Ei, 1 Prise Salz, Backpulver und ⅛ l warmem Wasser zu einem nicht zu festen Teig verarbeiten.

3 Die Birnen vierteln, entkernen, schälen und kleinschneiden. Den Speck in kleine Würfel schneiden und in etwas Butter ausbraten. Birnen und Speck unter den Teig arbeiten. In einem flachen Topf handbreit Wasser zum Kochen bringen, schwach salzen.

4 Vom Teig mit zwei nassen Eßlöffeln Klöße abstechen. In das Kochwasser gleiten lassen, die Hitze verringern und die Klößchen etwa 30 Min. ziehen lassen. (Unbedingt eine Garprobe machen, sie dürfen innen nicht mehr teigig sein!)

5 Den Schinken nach der Marinierzeit aus der Milch nehmen, abtropfen lassen, auf ein Küchentuch legen und leicht klopfen (kloppen). Das Butterschmalz in einer Pfanne erhitzen und den Schinken auf jeder Seite 2 Min. braten. (Nicht länger, sonst wird er zäh!) Herausnehmen und warmhalten.

6 Im Bratfett das Mehl anschwitzen und mit der Hälfte der Schinkenmilch unter Rühren ablöschen. Aufkochen lassen und die Hitze reduzieren. Den Weißwein und die saure Sahne unterziehen und mit 1 Prise Zucker und Streuwürze pikant abschmecken.

7 Die Birnenklöße mit einem Schaumlöffel aus dem Sud heben, abtropfen lassen und mit Schinken und Sahnesauce anrichten.

Heringssalat Ostsee

Gut vorzubereiten

Zutaten für 4–6 Portionen:

600 g Salzheringe (davon eventuell 1 Hering mit Milch)
200 g gekochte Pellkartoffeln
200 g Kalbsbraten-Aufschnitt
2 feste säuerliche Äpfel
2 Salzgurken
150 g eingelegte rote Rüben (rote Beten)

Für die Salatsauce:
3 Eigelb
3 EL Öl
1 TL Senf
2 EL Apfelmus
½ Becher Sahne (100 g)
1 Heringsmilch
etwa 3–4 EL Zitronensaft
weißer Pfeffer aus der Mühle
2 Prisen Zucker
1 Prise Salz
1 EL Kapern
3 EL Perlzwiebeln

Für die Garnitur:
1 kleiner Kopfsalat
2 hartgekochte Eier
4–6 Sardellenfilets
1 Bund Dill

Zubereitungszeit: etwa 1 ½ Std. (+ 1–2 Tage Wässern)

Bei 6 Portionen pro Portion: 1700 kJ / 400 kcal

1 Die Heringe 1–2 Tage wässern, das Wasser mehrmals erneuern. Anschließend Köpfe und Flossen abschneiden. Die Fische ausnehmen, filetieren, entgräten und die Haut abziehen. (Tip: Wer sich diese Arbeit nicht machen möchte, nimmt bereits fertig filetierte Heringe und fragt gesondert nach der Heringsmilch!) Filets in mundgerechte Stücke schneiden.

2 Pellkartoffeln schälen und kleinwürfeln. Den Kalbsbraten in Würfel oder Streifen schneiden. Äpfel vierteln, entkernen, schälen und stifteln. Salzgurken und rote Rüben in Stückchen schneiden.

3 Für die Sauce das Eigelb mit Öl verschlagen. Senf, Apfelmus und Sahne unterrühren. Die Heringsmilch klein schneiden und durch ein Sieb dazu streichen. Mit Zitronensaft, Pfeffer, Zucker und 1 Prise Salz pikant würzen. Kapern und Perlzwiebeln untermischen.

4 Sämtliche Zutaten mit der Sauce vermengen. Einige Std. abgedeckt an einem kühlen Platz durchziehen lassen.

5 Zum Anrichten den Kopfsalat zerpflücken, verlesen und waschen. Mit den größeren Blättern eine flache Schüssel oder Platte auslegen. Den Heringssalat daraufgeben und mit Eier-Achteln, Sardellenfilets, Dillspitzen und den kleinsten Salatblättchen nach Phantasie garnieren.

• Dazu paßt knuspriges Bauernbrot oder Weißbrot.

• Getränketip: Bier und ein klarer Schnaps.

Aal sauer

Würzig mariniert

Zutaten für 4–6 Portionen:

1 Möhre
1 kleines Stück Knollensellerie
1 Petersilienwurzel
1 Zwiebel
¼ l Weinessig
1 EL Zucker
1 Lorbeerblatt
10 Pfefferkörner
5 Pimentkörner
1 TL Salz
800 g frischer Aal (vom Fischhändler ausnehmen, die Haut abziehen und den Aal in 6 cm große Stücke schneiden lassen, am besten vorbestellen!)

Zubereitungszeit: etwa 50 Min. (+ 1–2 Tage Marinierzeit)

Bei 6 Portionen pro Portion: 1300 kJ / 310 kcal

1 Das Gemüse putzen und waschen, die Zwiebel schälen und alles in kleine Stücke schneiden.

2 In einem Topf 1 l Wasser mit Gemüse und Zwiebel, Essig, Zucker, den Gewürzen und Salz zum Kochen bringen.

3 Die Aalstücke abspülen und in den Sud legen. Aufwallen lassen und 20 Min. bei geringer Hitze ziehen lassen. Zwischendurch öfter abschäumen.

4 Alles in eine Schüssel gießen und abgedeckt an einem kühlen Platz 1–2 Tage durchziehen lassen.

• Mit knusprigen Bratkartoffeln servieren.

• Beim Essen müssen die Gräten mit gezieltem Schwung auf dem Tellerrand landen – und danach trinken die Mecklenburger einen klaren Schnaps!

Labskaus von Räucherfischen

Raffiniert und doch ganz einfach

Zutaten für 4–6 Portionen:

600 g Kartoffeln (mehligkochende Sorte)
1 TL Salz
1 Lorbeerblatt
800 g gemischter Räucherfisch (zum Beispiel Bückling, Makrele, Heilbutt)
3 kleine Zwiebeln
60 g durchwachsener Räucherspeck
2 EL Öl
2 EL Butter
1/8–1/4 l heiße Brühe (ersatzweise Instant)
schwarzer Pfeffer aus der Mühle
1 Bund Schnittlauch
100 g eingelegte rote Rüben (rote Beten)
4 kleine Salzgurken
4 Eier

Zubereitungszeit: etwa 1 1/2 Std.

Bei 6 Portionen pro Portion: 1800 kJ / 430 kcal

1 Kartoffeln schälen, waschen und in kleine Würfel schneiden. Knapp mit Salzwasser bedeckt in einen Topf geben, das Lorbeerblatt hineinlegen und zugedeckt garen.

2 Die Fische sorgfältig entgräten und die Haut entfernen. Das Fischfleisch in kleine Stükke schneiden. Die Zwiebeln schälen und in dünne Scheiben, den Speck in kleine Würfel schneiden.

3 In einer großen Pfanne das Öl erhitzen und darin den Speck knusprig ausbraten. Speckwürfel an den Pfannenrand schieben, dann 1 EL Butter in der Pfanne schmelzen und die Zwiebelscheiben anbraten. Die Fischstücke dazugeben, pfeffern und alles mehrmals durchschwenken.

4 Die Kartoffeln abgießen, das Lorbeerblatt entfernen und die Brühe angießen. Den Schnittlauch waschen, in Röllchen schneiden. Beides in die Fischpfanne geben, mischen und durchziehen lassen.

5 Rote Rüben und Salzgurken in Scheiben schneiden. Die Eier in 1 EL Butter als Spiegeleier braten.

6 Labskaus auf Teller verteilen und auf jede Portion ein Spiegelei setzen. Mit Gurken und Rübenscheiben abwechselnd umlegen.

• Variante zum Labskaus mit Pökelfleisch (siehe Seite 209).

»Jedwedem fühlendem Herzen bleibt das Vaterland ewig teuer. Ich liebe auch, recht braun geschmort, die Bücklinge und Eier«
Heinrich Heine

Kabeljau mit Senfsahne

Schnell fertig

Zutaten für 4 Portionen:

600 g Kabeljaufilets (jeweils etwa 150 g)
4–5 EL Zitronensaft
weißer Pfeffer aus der Mühle
Salz
1 EL Mehl
3 EL Butter

Für die Sauce:
80 g Butter
2 EL mittelscharfer Senf
1 Becher Sahne (200 g)
1 Prise Cayennepfeffer
Salz
2 Prisen Zucker

Zubereitungszeit: etwa 30 Min.

Pro Portion: 2200 kJ / 520 kcal

1 Die Kabeljaufilets abspülen und mit Küchenkrepp abtrocknen. Von beiden Seiten mit Zitronensaft beträufeln, pfeffern, salzen und leicht mit Mehl bestäuben.

2 In einer Pfanne die Butter erhitzen und die Filets etwa 6–8 Min. von beiden Seiten goldbraun braten.

3 Für die Sauce Butter und Senf in ein Töpfchen geben, unter Rühren zerlassen. Die Sahne dazugießen und mit Cayennepfeffer, Salz und Zucker würzen. Die Sauce aufwallen lassen, dann bei verringerter Hitze etwas einköcheln lassen. Mit dem Schneebesen öfter durchrühren.

• Mit Salzkartoffeln und einem frischen Gurkensalat servieren.

• Ist kein frischer Kabeljau erhältlich, so greifen Sie in die Tiefkühltruhe. Die Fischschnitten antauen lassen, gut abspülen und wie beschrieben zubereiten. Diese Senfsahnesauce schmeckt auch sehr gut zu gekochten Eiern.

Saßnitzer Bratheringe

Preiswert und einfach

Zutaten für 4 Portionen:

4 grüne, küchenfertige Heringe (geschuppt und ausgenommen)
2 Bund Petersilie
2 Zitronen
Salz
schwarzer Pfeffer
4–5 EL Mehl
Butterschmalz zum Braten

Zubereitungszeit: etwa 30 Min.

Pro Portion: 1800 kJ / 430 kcal

1 Die Heringe innen und außen gründlich waschen und mit Küchenkrepp trocknen.

2 Petersilie waschen und einige Stengel als Garnitur zur Seite legen. Eine Zitrone auspressen. Die Heringe innen und außen mit Salz und Pfeffer würzen, mit Zitronensaft beträufeln und die Petersilie in die Bäuche füllen.

3 Das Mehl auf einen Teller geben und die Heringe darin wälzen. Nicht haftendes Mehl wieder abschütteln.

4 In einer großen Pfanne das Butterschmalz erhitzen und die Heringe darin von beiden Seiten etwa 10–15 Min. knusprig goldbraun braten. Die zweite Zitrone vierteln und mit der Petersilie und den Bratheringen auf Tellern anrichten.

• Als Beilagen schmeckt ein warmer Kartoffelsalat oder Petersilienkartoffeln. Und ein frischer gemischter Salat.

Jasmunder Pflückhecht

Edles Gästeessen

Zutaten für 4 Portionen:

etwa 100 g Knollensellerie
½ Stange Lauch
2 Möhren
2 Zwiebeln
1 Tomate
1 Lorbeerblatt
10 Pfefferkörner
1 TL Senfkörner
1 TL Salz
knapp ½ l Weinessig
1 küchenfertig vorbereiteter Hecht (etwa 1 kg, am besten vorbestellen!)

Für die Sauce:
1 kleine Zwiebel
50 g Butter
2 EL Mehl
etwa ¼ l Hechtsud
1 Becher Sahne (200 g)
3 EL Crème fraîche
3 Sardellenfilets
2–3 EL Zitronensaft
2 EL Kapern
frisch geriebene Muskatnuß
1 Prise Zucker
weißer Pfeffer aus der Mühle
Salz · ½ Bund Dill

Zubereitungszeit:
etwa 1 Std. 10 Min.

Pro Portion: 2100 kJ / 500 kcal

1 Sellerie, Lauch und Möhren putzen, waschen und grob zerteilen. Die Zwiebeln schälen, die Tomate waschen und beides vierteln.

2 Einen breiten Topf mit 3 l Wasser aufsetzen, das Gemüse, Gewürze, Salz und Essig dazugeben und zugedeckt 10 Min. kochen lassen.

3 Den Hecht abspülen und in den kochenden Sud legen. Etwa 20 Min. darin ziehen lassen (keinesfalls kochen!).

4 Den Hecht aus dem Sud heben, etwas abkühlen lassen und zerteilen. Die Rückengräte und die sehr dünnen, zahlreichen Gabelgräten sorgfältig entfernen. (Achtung: Der Hecht ist ein sehr grätenreicher Fisch!) Das grätenfreie Hechtfleisch »zerpflücken«.

5 Für die Sauce die Zwiebel schälen und fein hacken. In einem Topf die Butter zerlassen, die Zwiebel darin andünsten. Das Mehl einrühren und mit Fischsud ablöschen. Kräftig rühren, damit sich keine Klümpchen bilden. Sahne einrühren und die Crème fraîche unterziehen. Die Sardellenfilets feinhacken, mit Zitronensaft und Kapern zur Sauce geben. Mit Muskatnuß, Zucker, Pfeffer und eventuell Salz abschmecken.

6 Das zerpflückte Hechtfleisch in die heiße Sauce geben und kurz ziehen lassen.

• Auf vorgewärmten Tellern mit Salzkartoffeln oder breiten Nudeln anrichten und mit Dill garnieren. Dazu paßt Blattsalat.

• Getränketip: Ein leichter, trockener Weißwein aus dem Saale-Unstrut-Gebiet.

• Tip: Sie können das Gericht auch mit anderen Fischen zubereiten, z.B. mit Zander oder Flußbarsch.

Rügener saure Rippchen

In pikanter Sauce geschmort

Zutaten für 4 Portionen:

2 Zwiebeln
1 Möhre
2–3 EL Schweineschmalz
1 kg Schweinerippchen (Schmor- oder Schälrippchen, »noch mit viel was dran«, vom Metzger in zweirippenbreite Stücke durchschlagen lassen)
2 EL Tomatenmark
Salz
schwarzer Pfeffer
½ TL Edelsüß-Paprikapulver
½ TL gemahlener Kümmel
½ TL getrockneter Thymian
3 EL Essig
½ TL Zucker
2–3 Gewürzgurken (mit 3 EL Gurkenwasser)
1 EL Mehl
¾ Becher saure Sahne (150 g)
1 Bund Petersilie

Zubereitungszeit: etwa 2 Std.

Pro Portion: 2200 kJ / 520 kcal

1 Die Zwiebeln schälen, die Möhre putzen und beides in grobe Stücke schneiden. Den Backofen auf 200° vorheizen.

2 In einem großen, schweren Bräter das Schmalz erhitzen und die Rippchen scharf anbraten. Zwiebeln und Möhre zu den Rippchen geben, nach wenigen Min. auch das Tomatenmark einrühren und alles kurz mit anrösten. Mit ½ l Wasser ablöschen. Mit Salz, Pfeffer, Paprika, Kümmel und Thymian würzen. Essig und Zucker hinzufügen und alles zugedeckt im heißen Backofen (Gas Stufe 3) etwa 1 ¼ Std. schmoren.

3 Die Rippchen aus dem Bräter nehmen und etwas auskühlen lassen. Den Fond durch ein Sieb in ein Töpfchen gießen. Den Bratansatz abkratzen und eventuell noch mit etwas Wasser ablösen. Die Gurken in kleine Würfel schneiden. Das Fleisch von den Knochen lösen und in mundgerechte Stücke schneiden.

4 Mehl in saurer Sahne verquirlen und unter den Bratenfond rühren. Fleisch, Gurkenwürfel und Gurkenwasser in die Sauce geben, kurz durchziehen lassen. Die Sauce nochmals abschmecken.

5 Petersilie waschen, trocken schütteln und kleinschneiden. Das saure Rippchenfleisch in eine Schüssel füllen und mit Petersilie bestreuen.

• Dazu gibt es: Stampfkartoffeln (Rezept Seite 154) und Schwarzwurzelgemüse.

Schwarzwurzelgemüse: 600 g Schwarzwurzeln schälen, waschen und in Stücke schneiden. In etwa 100 ml Wasser mit dem Saft 1 Zitrone, Salz und 1 Prise Zucker in etwa 20 Min. bißfest garen. Abgießen, gut abtropfen lassen. 2–3 EL Butter zerlassen, die Schwarzwurzeln darin schwenken. Mit Muskat und weißem Pfeffer abschmecken. Mit gehackter Petersilie besteuen.

Mecklenburger Wurzelfleisch

Mit Rosinen-Meerrettich

Zutaten für 4–6 Portionen:

1 kg Rinderbrust zum Kochen
2–3 Fleischknochen
Salz
10 Pfefferkörner
5 Wacholderbeeren
1 große Zwiebel
1 Lorbeerblatt
2 Gewürznelken

Für das Wurzelgemüse:
2 kleine Lauchstangen
1/4 Stück Knollensellerie
2 Petersilienwurzeln
1/2 kleiner Wirsingkopf
4 kleine Zwiebeln
4 kleine Möhren
schwarzer Pfeffer aus der Mühle
1 Bund Petersilie

Für den Rosinen-Meerrettich:
2 EL Butter
2 EL Mehl
1/4 l Wurzelfleischbrühe
knapp 1/4 l heiße Milch
100 g geriebener Meerrettich (aus dem Glas)
3 EL Rosinen (heiß überbrüht)
4 EL Sahne
2 Eigelb
weißer Pfeffer aus der Mühle
1 Prise Zucker
Streuwürze

Zubereitungszeit: etwa 3 1/4 Std.

Bei 6 Portionen pro Portion: 2000 kJ / 480 kcal

1 Die Rinderbrust und die Suppenknochen abwaschen und in reichlich kaltem Wasser ansetzen. Aufkochen lassen und das Kochwasser weggießen. Nochmals mit etwa 2 l kaltem Wasser bedecken und nun Salz, die Gewürze und eine gespickte Zwiebel (Lorbeerblatt mit Nelken an der Zwiebel feststecken) hinzufügen. Das Fleisch bei geringer Hitze zunächst 2 Std. ziehen lassen.

2 Während das Fleisch gart, das Gemüse putzen und waschen. Lauch und Sellerie je in 4 Stücke schneiden, die Petersilienwurzeln längs halbieren, den Wirsing vierteln. Die Zwiebeln und Möhren schälen, nicht zerteilen.

3 Nach etwa 2 Std. das Gemüse zum Fleisch geben und alles zusammen noch weitere 35 Min. garen. Das Gemüse soll noch leichten Biß haben und nicht zerfallen.

4 Für den Rosinen-Meerrettich in einem Topf die Butter zerlassen und darin das Mehl anschwitzen. Mit passierter heißer Brühe und Milch unter schnellem Rühren ablöschen. Die Sauce muß schön dick sein. (Topf am besten in ein Wasserbad stellen, so kann nichts anbrennen!) Meerrettich, Rosinen und Sahne unter die Sauce rühren. Mit Eigelb legieren und mit Pfeffer, Zucker und etwas Streuwürze pikant abschmecken. Bis das Fleisch gar ist, die Sauce zugedeckt durchziehen lassen.

5 Die weiche Rinderbrust aus dem Sud nehmen und in Scheiben schneiden. In die Mitte einer großen, vorgewärmten Platte legen. Das Gemüse (Wurzeln) mit einem Schaumlöffel aus der Brühe heben und um das Fleisch anrichten. Alles mit Pfeffer übermahlen und mit gehackter Petersilie bestreuen. Mit der Meerrettichsauce servieren.

• Reichen Sie Salzkartoffeln und einen frischen grünen Salat dazu.

• Tip: Restlichen Wurzelsud durch ein Sieb gießen und für ein anderes Gericht (z.B. eine Suppe) verwenden. Oder die Brühe portionsweise einfrieren.

Gänseweißsauer

Ein traditionelles Gericht aus Pommern

Zutaten für 4–6 Portionen:

½ mittelgroße Gans (1,3 kg, küchenfertig)
Gänseklein (Herz, gesäuberten Magen, Flügel und Hals)
2–3 Kalbsfüße (vom Fleischer halbieren lassen, siehe Tip)
2 Möhren
1 Lauchstange
1 Stück Knollensellerie
1 Petersilienwurzel
2 Zwiebeln
¼ l Weinessig
Salz
8 Pimentkörner
2 Gewürznelken
2 Lorbeerblätter
1 EL schwarze, zerdrückte Pfefferkörner
3 Stengel Beifuß (oder ½ TL getrockneter Beifuß)
4 Scheiben unbehandelte Zitrone
3–4 Stengel frischer Thymian
weißer Pfeffer aus der Mühle
½ TL Zucker
1 hartgekochtes Ei
½ Bund glatte Petersilie
Gewürzgurken

Zubereitungszeit: etwa 3 Std. (+ Kühlzeit)

Bei 6 Portionen pro Portion: 2600 kJ / 620 kcal

• Dazu passen Bratkartoffeln und Salat.

• Die Haut vom Hals nehmen Sie für das Rezept »Gefüllter Gänsehals« (Seite 238).

• Statt Kalbsfüße zum Gelieren Blattgelatine nehmen: Auf 1 l Wasser etwa 12–15 Blatt.

• Ein altes Rezept aus Mecklenburg ist das »Gänseschwarzsauer«. Es wird heute fast nur noch auf dem Lande zubereitet, wenn frisch geschlachtet und das Blut aufgefangen werden kann. Das Blut wird sofort mit Essig verquirlt, damit es nicht gerinnt und haltbar bleibt. Das Gänsefleisch (ohne Kalbsfüße) mit Gemüse und Gewürzen garen. Die Brühe durchsieben, mit 125 g Saucenlebkuchen und 400 g eingeweichtem Backobst verkochen. ¼ l Blut in die heiße (aber nicht mehr kochende!) Sauce rühren. Pikant mit Pfeffer, Zucker, Essig, Nelken- und Zimtpulver sowie abgeriebener Zitronenschale abschmecken. Dazu werden Mehl-oder Mandelklöße gereicht.

1 Das Gänsefleisch in Keule und Brust teilen, mit dem Gänseklein und den Kalbsfüßen abspülen. Gemüse putzen, die Zwiebeln schälen. Das Fleisch knapp mit Essig und Salzwasser bedeckt aufkochen. Sorgfältig abschäumen, Gemüse und Gewürze hinzufügen. Etwa 2 Std. simmern lassen.

2 Nach etwa 1 – 1 ½ Std. eine Garprobe machen, bereits gegartes Gänsefleisch und die Möhren herausnehmen. Zitronenscheiben und Thymian hinzufügen, die Brühe mit den Kalbsfüßen noch etwa ½ Std. einköcheln lassen.

3 Die Brühe soll später gut gelieren, machen Sie eine Gelierprobe! Den Boden einer Tasse ausgießen, in den Kühlschrank stellen und die Gelierfestigkeit prüfen.

4 Vom Gänsefleisch die Haut entfernen. Das Fleisch in kleine Stückchen schneiden. Die Möhren kleinwürfeln.

5 Die Brühe durch ein feines Sieb (oder Tuch) gießen und sehr pikant mit Pfeffer, Zucker und eventuell noch etwas Essig abschmecken. (Die Kalbsfüße nach Belieben weiterverwenden oder wegwerfen.)

6 Eine Schüssel oder Auflaufform mit Wasser ausspülen und den Boden mit Brühe bedecken. Diesen »Spiegel« im Kühlschrank erstarren lassen und nach Phantasie mit Eischeiben, Petersilienblättchen und Gurkenfächern auslegen.

7 Wieder mit Weißsauerbrühe (Gelatine) begießen und fest werden lassen. Nun das Gänsefleisch und Möhrenstückchen einfüllen und ganz mit Brühe bedecken. Im Kühlschrank (oder über Nacht) erkalten lassen.

8 Das Weißsauer aus der Form stürzen: Am Formrand mit einem spitzen Messer entlangfahren. Die Form kurz in heißes Wasser tauchen, eine Platte umgedreht auf die Form legen und alles schnell wieder umdrehen.

Gänsebraten

Mecklenburger Spezialität

Zutaten für 4–6 Portionen:

1 junge, frische Gans (etwa 2 ½ kg, küchenfertig)
Salz
weißer Pfeffer
1 TL Majoran
2 Äpfel (Boskoop, Reinetten)
100 g Backpflaumen (ohne Stein)
40 g Rosinen
4–5 Stengel Beifuß
1 TL Speisestärke

Zubereitungszeit: etwa 2 ½ Std.

Bei 6 Portionen pro Portion: 4500 kJ / 1100 kcal

1 Die Gans gründlich waschen und abtrocknen. Innen mit Salz, Pfeffer und Majoran würzen, außen nur salzen. Den Backofen auf 200° vorheizen.

2 Die Äpfel vierteln, schälen und entkernen. Backpflaumen und Rosinen waschen und abtropfen lassen. Äpfel, Pflaumen, Rosinen und Beifuß in die Gans füllen, die Öffnung zustecken.

3 Die Gans mit der Brust nach unten in einen Bräter legen. Zwei Tassen heißes Wasser angießen, zugedeckt auf die unterste Schiene im Backofen (Gas Stufe 3) stellen. Nach 1 Std. Bratzeit die Gans auf den Rücken drehen und nochmals etwas Wasser angießen. Weitere 1–1 ½ Std. braten, dabei öfter begießen. In den letzten 20 Min. den Deckel abnehmen, die Gans mit kaltem Salzwasser bestreichen. Sie ist gar, wenn beim Einstechen an den Keulen klarer Saft austritt.

4 Die Gans herausnehmen, im abgeschalteten Ofen warm stellen. Vom Bratfond das Fett abschöpfen. Die Sauce mit der Speisestärke binden. Die Gans zerteilen, mit der Füllung, Kartoffelklößen und Rotkohl servieren.

Gefüllter Gänsehals

Raffiniertes Winteressen

Zutaten für 2–3 Portionen:

1 frischer Gänsehals (unbeschädigt, ohne Kopf)
Salz
¼ TL Thymian
schwarzer Pfeffer aus der Mühle
2 kleine Schalotten
1 EL Butter
30 g durchwachsener Räucherspeck
80 g Gänseleber (ersatzweise Hühnerleber)
½ Bund Petersilie
150 g rohe Bratwürste (oder feine rohe Bratwurstmasse)
1 Ei
1 EL Semmelmehl (Brösel)
½ TL abgeriebene Zitronenschale
1 EL Cognac
2 EL Gänse- oder Butterschmalz zum Braten

Zubereitungszeit: etwa 1 ¾ Std.

Bei 3 Portionen pro Portion: 3500 kJ / 830 kcal

1 Vom Gänsehals vorsichtig die Fetthaut abziehen (sie darf nicht einreißen!) und wie bei einem Handschuh umstülpen. Adern und die Gurgel entfernen. Den Hals abspülen und trockentupfen. Die abgelöste Haut innen und außen leicht mit Salz, Thymian, Pfeffer würzen und zusammenrollen. Zur Seite legen.

2 Die Schalotten schälen, fein hacken und in zerlassener Butter anschwitzen. Den Speck in kleinste Würfel schneiden, die Leber fein hacken. Die Petersilie waschen, trockenschütteln und fein hacken. Die Bratwurstmasse in eine Schüssel geben. Schalotten, Speck, Leber, 1 Ei und das Semmelmehl untermischen. Die Füllmasse mit Zitronenschale, Cognac und Petersilie würzen und gut durcharbeiten.

Gepökelte Entenkeulen mit Wruken

Drei Tage marinierte Ente mit Steckrüben

3 Die Haut aufrollen und an einem Ende fest zubinden oder zunähen. Die Masse vorsichtig mit einem kleinen Löffel in den Schlauch füllen und immer etwas nachdrücken (nicht zu prall füllen, damit die Haut nicht reißt!). Das obere Ende ebenfalls zubinden oder zunähen.

4 In einer Pfanne das Schmalz erhitzen und den gefüllten Gänsehals rundum etwa 35 Min. langsam knusprig braun braten. Das Küchengarn entfernen, den gefüllten Hals in Scheiben schneiden.

• Auf Kartoffelpüree anrichten. Dazu paßt Wirsinggemüse oder Rosenkohl.

• Tip: Gefüllter Gänsehals kann auch kalt, in dünne Scheiben geschnitten, als Aufschnitt zu Vollkornbrot gereicht werden.

Zutaten für 4–6 Portionen:

10 g Pökelsalz (Mischung aus Salpeter, Zucker und Salz – beim Metzger erhältlich)
4 EL Salz
1 EL Zucker
4 Zwiebeln
4 Lorbeerblätter
12 Pimentkörner
10 schwarze Pfefferkörner
6 frische Entenkeulen (vorbestellen!)

Für das Wrukengemüse:
600 g Wruken (Steckrüben, Kohlrüben)
400 g Kartoffeln
½ EL Salz
1 Prise Zucker
80 g durchwachsener Räucherspeck
1 Zwiebel
1 EL Butter
1 EL Mehl
½ Becher Sahne
schwarzer Pfeffer aus der Mühle
1 Prise gemahlener Kümmel
½ Bund Petersilie

Zubereitungszeit: etwa 1 ¾ Std. (+ 3 Tage Marinierzeit)

Bei 6 Portionen pro Portion: 3100 kJ / 740 kcal

1 In einem großen Topf 1½ l Wasser mit dem Pökelsalz, Salz und Zucker aufkochen. 2 Zwiebeln schälen und mit 2 Lorbeerblättern, 6 zerdrückten Pimentkörnern und 10 zerdrückten Pfefferkörnern in den Sud geben. 10 Min. kochen, vom Herd nehmen und erkalten lassen.

2 Die Entenkeulen abspülen und in den Pökelsud legen. Zugedeckt an einem kühlen Platz 3 Tage ziehen lassen.

3 Nach der Pökelzeit 1 ½ l Wasser mit den 2 übrigen geschälten Zwiebeln, 2 Lorbeerblättern und 6 zerdrückten Pimentkörnern aufkochen, bei reduzierter Hitze die Entenkeulen etwa 1 Std. garen.

4 Inzwischen die Wruken und die Kartoffeln schälen, waschen und in Würfel schneiden. Knapp mit Salzwasser und 1 Prise Zucker bedeckt etwa 20 Min. garen.

5 Speck und die geschälte Zwiebel klein würfeln und in 1 EL Butter anbraten. 1 EL Mehl einrühren und mit Entenbrühe und Rübenwasser (etwa ¼ l) ablöschen. Gut durchrühren, aufkochen lassen und die Sahne dazugeben. Mit Pfeffer, Kümmel und eventuell Salz abschmecken.

6 Wruken und Kartoffeln abgießen und unter die Sauce mischen. Auf einer vorgewärmten Platte anrichten. Mit gehackter Petersilie bestreuen. Die Entenkeulen aus dem Sud heben, abtropfen lassen und auf das Gemüse legen.

Dicke Milch

Erfrischender Sommerimbiß

Zutaten für 4 Portionen:

1 l Vollmilch (nicht pasteurisiert)
8 EL geriebenes Schwarzbrot
6 EL grober brauner Zucker (oder Zucker + Zimt gemischt)

Zubereitungszeit: etwa 5 Min. (ohne Säuerungszeit)

Pro Portion: 1300 kJ / 310 kcal

1 Frische Milch sauer werden lassen (an einem warmen Platz 1–2 Tage) und die abgesetzte Molke weggießen. Die dicke Milch verquirlen und in eine große Tonschüssel füllen. Mit geriebenem Schwarzbrot und Zucker bestreuen.

• Möchten Sie die »Dicke Milch« sofort essen, so nehmen Sie einfachen Joghurt oder fertig gekaufte Dickmilch. • In der Mark Brandenburg nennt man dieses kleine Gericht »Dicke Milch in Satten«. Satten sind kleine Tonschüsseln.

Geschlupfter Apfelkuchen

Einfach und ganz schnell

Für 12 Stückchen:

800 g säuerliche Äpfel (z.B. Granny Smith, Boskoop)
2–3 EL Zitronensaft
2 Päckchen Vanillezucker
3 Eier
100 g Zucker
1 Prise Salz
120 g Mehl
1 TL Backpulver
6 EL neutrales Öl
Fett für die Form
50 g Butter
Puderzucker, Zucker oder Hagelzucker zum Bestreuen

Zubereitungszeit: etwa 25 Min. (+ 1 Std. Backzeit)

Pro Stück: 890 kJ / 210 kcal

1 Die Äpfel vierteln, entkernen, schälen und in Spalten schneiden. Mit Zitronensaft beträufeln und mit Vanillezucker betreuen. Den Backofen auf knapp 200° vorheizen.

2 Eier in eine Schüssel schlagen, Zucker und 1 Prise Salz hinzufügen und mit dem Handrührgerät oder Schneebesen schaumig rühren. Mehl und Backpulver nach und nach einrühren. Das Öl schnell und kräftig dazurühren.

3 Den Teig in eine gefettete Springform (Ø 26–28 cm) füllen. Die Apfelspalten so darauf verteilen, daß der Teig ganz bedeckt ist.

4 Auf mittlerer Schiene im heißen Backofen (Gas Stufe 3) etwa 1 Std. backen. Der Kuchen ist fertig, wenn die zwischen den Äpfeln hervor»geschlupften« Teigspitzen goldbraun gebacken sind.

5 Die Butter zerlassen, den Kuchen damit bestreichen und mit Puderzucker, Zucker oder Hagelzucker bestreuen.

Scheiterhaufen

Süßer Apfel-Brot-Auflauf

Zutaten für 4 Portionen:

1 kg Äpfel (z.B. Boskoop, Cox Orange)
2–3 EL Zitronensaft
1 Päckchen Vanillezucker
1 TL Zimt
¼ l Milch
4 Eier
6 Brötchen
50–100 g Rosinen (Menge nach Geschmack)
50 g Butter
3 EL Zucker

Zubereitungszeit: etwa 1 Std. 20 Min.

Pro Portion: 2900 kJ / 690 kcal

1 Die Äpfel vierteln, schälen, entkernen und raspeln. Mit Zitronensaft beträufeln, Vanillezucker und Zimt untermischen.

2 Milch und Eier verquirlen. Die Brötchen längs halbieren und in dem Milchgemisch einweichen. Den Backofen auf 200° vorheizen.

3 Eine Auflaufform mit etwas Butter ausstreichen. Eine Schicht Brötchen einlegen und darauf eine Lage Äpfel verteilen. Mit Rosinen bestreuen und wieder Brötchen, Äpfel und Rosinen einschichten. Die oberste Schicht soll aus Brötchen bestehen. Darauf kleine Butterflöckchen setzen.

4 Den Auflauf auf die mittlere Schiene im heißen Backofen setzen (Gas Stufe 3) und in etwa 45–50 Min. goldbraun überbacken. Mit Zucker bestreuen.

• Nach Belieben mit einer Vanille- oder Fruchtsauce begießen.

• Tip: Sie können noch zusätzlich Mandelsplitter über den »Scheiterhaufen« streuen. Oder für die Erwachsenen einen Likör darüberträufeln.

Buttermilchplinsen

Kleine Pfannkuchen

Zutaten für 4 Portionen:

300 g Mehl
3 Eier
⅜ l Buttermilch
4 EL Mineralwasser
1 Prise Salz
Butterschmalz zum Ausbacken
Zucker zum Bestreuen
Pflaumenkompott oder frische, gemischte Beeren

Zubereitungszeit: etwa 20 Min.

Pro Portion: 2100 kJ / 500 kcal

1 Das Mehl in eine Schüssel sieben und die Eier dazuschlagen. Mit Buttermilch, Mineralwasser und Salz vermischen. Einen nicht zu dünnen Plinsenteig bereiten. Kurze Zeit ruhen lassen.

2 In einer schweren Pfanne etwas Butterschmalz erhitzen und soviel Teig hineingeben, daß handtellergroße Plinsen entstehen. Jede Seite etwa 3 Min. goldgelb backen. Warm stellen, bis alle Plinsen gebacken sind.

3 Nach Belieben mit Zucker bestreuen und Pflaumenkompott oder frische, gezuckerte Beeren dazu reichen.

Pommerscher Mandelkringel

Mit hausgemachter Vanillesauce

Zutaten für 12 Portionen:

Für den Teig:
250 g Mehl + Mehl zum Ausrollen
50 g Speisestärke
1 TL Backpulver
4 EL Milch
120 g Zucker
1 Prise Salz
100 g Butter

Für die Füllung:
2 Eier
100 g Zucker
1 Päckchen Vanillezucker
200 g geriebene Mandeln
etwas Milch

Für die Vanillesauce:
1 Vanilleschote
¾ l Milch (davon 2 EL abnehmen)
60 g Zucker
1 Ei
2 Eigelb
1 EL Speisestärke

Außerdem:
Fett fürs Blech
100 g Puderzucker

Zubereitungszeit: etwa 2 Std.

Pro Portion: 2000 kJ / 480 kcal

1 Mehl, Speisestärke und das Backpulver in eine Backschüssel sieben. In die Mitte eine Vertiefung drücken und die Milch hineingießen. Zucker und 1 Prise Salz verstreuen. Butter in kleinen Stückchen auf dem Mehl verteilen. Alles rasch zu einem glatten Teig verarbeiten. Mit einem Tuch abdecken und ½ Std. ruhen lassen.

2 Inzwischen die Füllung zubereiten: 2 Eier mit Zucker und Vanillezucker schaumig rühren. Nach und nach die geriebenen Mandeln untermischen. Etwas Milch hinzugießen, so daß eine gut streichfähige Masse entsteht. Den Backofen auf 200° vorheizen.

3 Den Teig auf der bemehlten Arbeitsfläche zu einem langen Rechteck (50–60 cm) ausrollen. Mit der Mandelmasse bestreichen und längs aufrollen.

4 Ein Backblech einfetten. Die Mandelrolle auf das Blech heben und zu einem Kringel (Kranz) formen. Etwa 1 Std. backen. (Machen Sie die Garprobe mit einem Holzspieß) Den Mandelkringel abkühlen lassen.

5 Inzwischen für die Vanillesauce die Vanilleschote längs aufschneiden und das Mark herauskratzen. Milch mit Mark und Schote aufkochen und abkühlen lassen. (Schote entfernen) Zucker mit dem Ei und den Eigelben schaumig schlagen. Das Stärkemehl mit 2 EL Milch verrühren und zusammen mit dem Zucker-Eigemisch unter die abgekühlte Milch rühren. Nochmals aufkochen lassen und in einen Krug füllen.

6 Den Puderzucker mit 2 EL heißem Wasser verrühren und auf den abgekühlten Kringel streichen. Mit warmer oder kalter Vanillesauce servieren.

Seelenwärmer

Mecklenburger Punsch

Zutaten für 4–6 Portionen:

2 unbehandelte Orangen
3 Zitronen
⅛ l Cognac
¾ l schwarzer Tee
150 g Honig
¼ l Rum

Zubereitungszeit: etwa 20 Min. (+ 2–3 Std. Durchziehzeit)

Bei 6 Portionen pro Portion: 1000 kJ / 240 kcal

1 Eine Orange waschen, abtrocknen und die Schale sehr dünn und spiralförmig abschälen (ohne weiße Haut!). Anschließend den Saft beider Orangen und den der 3 Zitronen auspressen.

2 In einem (Punsch-) Gefäß den Saft, den Cognac und die Orangenschalen abgedeckt 2–3 Std. durchziehen lassen.

3 Nun den Tee wie üblich aufbrühen. Die Orangenschalen entfernen. Tee, Honig und Rum hinzufügen. Alles bis zum Siedepunkt erhitzen, aber nicht kochen lassen – da sonst »des Seelenwärmers guter Geist« verfliegt. In Teegläsern servieren.

• Wer den Punsch nicht so kräftig mag, einfach mit heißem Wasser oder Orangensaft verdünnen.

Eiergrog

Stärkendes für kalte Tage

Zutaten für 4 Portionen:

4 Eigelb
4 EL Zucker
¼ l Rum
Zimt

Zubereitungszeit: etwa 15 Min.

Pro Portion: 870 kJ / 210 kcal

1 Die 4 Eigelb mit dem Zucker in einem kleinen Gefäß schaumig schlagen. In einem Töpfchen den Rum erhitzen, aber nicht kochen!

2 Den Rum unter ständigem Rühren zum Ei–Zuckergemisch gießen und auf 4 Henkelgläser aufteilen. Mit heißem Wasser auffüllen und auf jede Portion einen Hauch Zimt streuen.

Rohstoff und Endprodukt: Aus dem Mehl von Weizen und Roggen werden in Deutschland täglich über 400 Sorten Brot und 1200 Sorten Kleingebäck gebacken und verkauft, ofenfrisch oder konserviert. Am beliebtesten sind nach wie vor Mischbrote, doch das Interesse an

Spezialbroten wächst – Mehrkornbrote mit Hafer oder Gerste, Brote aus Dinkelmehl, Brote mit Zutaten wie Buttermilch, Sonnenblumenkernen oder Leinsamen, Rosinen, Speck oder gerösteten Zwiebeln und viele mehr werden angeboten.

Brot – die Kunst aus Korn

Wer einen »Knüppel« einkaufen geht, muß deshalb noch lange nichts schlechtes im Sinn haben. Im Gegenteil. Wahrscheinlich denkt er dabei an einen schön gedeckten Frühstückstisch, auf dem nur eins noch fehlt: ofenfrische Brötchen. Wenn ihm jetzt noch »Schusterjungs« in den Sinn kommen oder er ganz einfach nach »Schrippen« verlangt, ist der Fall klar – Tatort Berlin, in irgend einer Bäckerei.

Nicht nur die Namen von Brot und Brötchen verändern sich von einer Region zur anderen, von den Berliner »Schrippen« zum »Rundstück« an der Unterelbe, über die bayrische »Semmel« bis zum »Weckle« der Alemannen. Auch die Geschmäcker sind recht verschieden. Das Nord-Süd-Gefälle macht auch beim Brot nicht Halt: In Schleswig-Holstein und Mecklenburg-Vorpommern kommt viel mehr Vollkornbrot aus Roggen auf den Tisch als im Süden, wo die helleren Sorten aus Weizen und Weizenmischungen bevorzugt werden. Kräftiges Brot aus Roggen ist auch in den östlichen Regionen begehrter als im Westen. Was dennoch alle grenzenlos verbindet, ist die ungebrochene Leidenschaft für dieses Nahrungsmittel. Jedes Jahr werden über 6 Millionen Tonnen Brotgetreide zu Mehl vermahlen, von jedem Schwaben, Sachsen oder Hamburger im Schnitt etwa 80 kg Brot und Brötchen verspeist, 200 g am Tag.
Seit Mitte der 70er Jahre hat sich der Trend zum Brot noch kräftig verstärkt. Die Vollwertküche hat neue Rezepte beigesteuert, die nach hartem Start längst ein Spitzenniveau erreicht haben. Doch nicht alles, was sich »Bio« nennt, ist von echtem Schrot und Korn. Um die Spreu vom Weizen zu trennen, müßten die Informationen über den Werdegang eines Brotes deutlicher werden. Der Verbraucher wird auch häufig im Unklaren gelassen über Zusatzstoffe, Backhilfsmittel und Konservierungsmittel.

Die Brot-Landschaft hat sich verändert. Was früher Bauern, Müller und Bäcker in arbeitsteiliger Kooperation schufen, ist heute oft das Ergebnis perfekter Bio- und Chemotechnik. Die industrielle Brotproduktion ist dem traditionellen Handwerk – nicht immer als leuchtendes Beispiel – davongelaufen. Aber es gibt noch Landwirte, die für die Qualität ihres Getreides auf das heute agrotechnisch mögliche zu Verzichten bereit sind, wenn ihnen die Qualität bezahlt wird; es gibt Mühlenbetriebe, die damit umzugehen wissen und so die Voraussetzungen dafür schaffen, daß auch bei der Massenherstellung von Brot etwas herauskommt, was dem Bäcker selbst noch schmeckt.

Weizen und Roggen sind die klassischen Getreidesorten für Brot. Am häufigsten werden sie in Mischungen verbacken, zu Roggen- oder Weizenmischbroten – je nachdem, welcher Getreideanteil überwiegt.
Daraus erklärt sich auch die Bandbreite der Geschmacksrichtungen, vom eher kräftig-würzigen »Frankenlaib«, »Heidebrot« und »Paderborner Brot« mit mehr Roggenmehl bis zum eher milden »Krustenbrot« und »Schwarzwälder Brot«, die beide mehr Weizen enthalten. An der Kruste lassen sich ebenfalls verschiedene Brottypen erkennen, je nachdem, ob der Teig in geflochtenen Körben gereift ist oder in glatten Backformen. Das aromatische »Gersterbrot« aus Niedersachsen fällt auch optisch auf, mit seiner gefleckten, marmorierten Oberfläche. Sie entsteht durch das Abflämmen des Teigstückes vorm Backen.

Auch die Art der Teiglockerung spielt eine Rolle bei der Ausprägung des Aromas: Milder schmeckt's mit Hefe, würziger mit Sauerteig. Reine Roggenbrote werden ausschließlich mit Sauerteig oder vorgefertigtem Trockensauer gebacken, schmecken schon deshalb kräftiger und dazu aromatischsäuerlich. Die unterschiedlichen Land- oder Bauernbrote aus einzelnen Regionen gehören dazu. Schrotbrote oder Vollkornbrote sind ebenfalls meist aus Roggen gebacken. Vollkornmehle sind aus dem kompletten Korn gemahlen, Schrot ist die Bezeichnung für relativ grob vermahlenes Getreide. Bei Weißmehlen wird nur der stärkehaltige Mehlkörper aus dem Korn geschält und fein vermahlen. Die wertvollen Inhaltsstoffe aus Keimling und Randschichten sind in solchem Mehl nicht enthalten. Die Typenzahl des Mehls gibt darüber Auskunft: je höher die Zahl, um so reicher ist das Mehl an Inhaltsstoffen.

Hefe ist das Lockerungsmittel für die weichen und hellen Weizenbrote – die Weißbrote. Die Formen variieren vom langen, krustenreichen Stangenweißbrot bis zum feinporigen Toastbrot mit schwacher Kruste. Die Haltbarkeit ist deutlich geringer als bei Sauerteigbroten. Auch beim Kleingebäck findet man in allen deutschen Regionen reiche Auswahl, von den kernigen rheinischen »Röggelchen« bis hin zu zarten Milchsemmeln. Laugenbrötchen und -brezeln, mit grobem Salz bestreut, sind regionale Spezialitäten, die es fast nur im Süden Deutschlands gibt.

Die Westfalen schwören auf ein pechschwarzes, säuerlichsüßes Brot – die einzig echte Unterlage für ihren feinen Schinken. Pumpernickel wird aus Roggenschrot und Roggenmehl mit Sauerteig angesetzt und mindestens 16 Stunden lang bei mäßiger Hitze gebakken. In dieser Zeit entstehen die typischen Aromastoffe und die charakteristische Farbe. Am längsten haltbar ist Knäckebrot, das ursprünglich aus Skandinavien stammt.

Reisetip: Das Brotmuseum in Ulm – hier erfahren Sie alles Wissenswerte rund um das Symbol des Lebens.

Der Höhepunkt im Jahr des Landwirts: Ernte des reifen Getreides. Die heute gezüchteten , ertragreichen Getreidearten haben sich im Laufe von Jahrtausenden aus Wildgrassamen entwickelt.

Wind- und Wassermühlen sind heute nur noch in seltenen Fällen die Wirkungsstätte der Müller. Das Reinigen des Getreides, das Quetschen und Zermahlen der Körner, das Sichten (Aussieben) von feinem Mehl und grobem Schrot haben längst moderne Maschinen übernommen.

Räucherfisch vom Feinsten

Sie glänzen wie Gold, schmekken nach Meer und kennen nur wahre Freunde: rauchfrische Aale und feine Bücklinge, edle Sprotten und duftende Schillerlocken. Sie sind blitzschnell zerlegt, trennen sich leicht von ihren Gräten, zergehen auf der Zunge. Was kurz zuvor kalt und feucht aus den süßen und salzigen Gewässern im Norden Deutschlands gezogen wurde, wandelt sich in glutheißen Kammern der Fischräuchereien zu begehrten Delikatessen. Aus kleinen, frischen Heringen werden köstliche Kieler Sprotten. Auch der Bückling war einmal ein Hering, mit Kopf und Innenleben wechselt er im Rauch der Hölzer seine Identität. Streifen aus dem Bauch des Dornhais ringeln sich in der milden Hitze zu goldblonden Schillerlocken. Makrelen und Forellen, Rotbarsch und Kabeljau, Heilbutt und Seelachs, im ganzen, filetiert oder portionsgerecht zerteilt – das Angebot ist schillernd und uferlos.

Die meisten Fischarten werden heiß geräuchert, nur der Lachs schreckt vor hohen Temperaturen zurück. Die Fische werden gesäubert und je nach Sorte auch ausgenommen, danach etwa 1 Stunde lang in Salzlake gebadet. Die Konservierung erfolgt in drei Phasen – durch Trocknen, Garen und Dampfen in den mit Laubholz auf 60 bis 110° geheizten Räucherkammern. Nach etwa 3 Std. ist der Räucherprozeß abgeschlossen. Die typische Würze wird entscheidend mitgeprägt durch die Art des verwendeten Holzes, z.B. Buche oder Erle. Das Aroma ist natürlich dann am intensivsten, wenn die Fische so bald wie möglich, im Idealfall noch rauchwarm, verzehrt werden. Dieses Vergnügen ist echten Liebhabern eine kleine Reise wert – zu einer der Fischräuchereien, die es an den Küsten der Nord- und Ostsee noch zu entdecken gibt, oder auch auf der Insel Rügen (die übrigens auch ohne Aale traumhafte Aussichten bietet!)

Fischzucht in idyllischer Umgebung, am nordöstlichen Zipfel des Landes – das lädt ein zum Spaziergang am Steg und macht Appetit auf Aal.

Die trichterförmigen Eingänge der dicht geflochtenen Reusen werden den Aalen zum Verhängnis: Sie finden hinein, aber nicht mehr heraus.

Der Fischerhafen von Freest, gegenüber der Insel Rügen, wo Fischfang und Räuchereien zum Alltag gehören.

Die Aale werden fangfrisch ausgenommen, gründlich gewaschen und in einer Salzlake gebadet. Inzwischen ist schon das Feuer entfacht, um die Glut für das anschließende Räuchern im Heißrauch zu bereiten.

Der Himmel hängt voller Gold und darunter lodert ein Feuer aus Buchenholz: Ostsee-Aale sind besonders begehrte Objekte beim Veredeln im Rauch – fett und saftig, würzig und bißfest. Und nach dem Essen sorgt ein Schnaps wieder für klare Verhältnisse.

Hamburg und Schleswig-Holstein

Das Land und seine Produkte

Platt wie die ortsübliche Sprache ist der nördlichste Zipfel Deutschlands, umspült von zwei Meeren, die seit Menschengedenken Leben und Alltag der Bewohner prägen: Mit Schiffahrt und Seehandel in alle Welt, mit Fischfang, Austernzucht und Muschelbänken, mit Touristenschwärmen an Badestränden und auf den Inseln. Die Naturgewalten von Wasser, Wind und wechselnden Gezeiten hatten ebenso starken Einfluß auf die Beschaffenheit der Böden, haben Siedlungs- und Weideland aufgeschwemmt, wie die Eiszeit, die tiefe Förden und Buchten eingeschnitten, sandige Geestrücken hinterlassen und steile Küsten geformt hat. Zwischen Nord- und Ostsee erstreckt sich heute ein welliges Land, das stufenförmig aus dem Meer aufsteigt: im Westen die nordfriesischen Wattinseln mit den Halligen, wo Millionen von Sturmmöwen, Austernfischern und Strandläufern stille Oasen für ihre Brutstätten finden. An der Nordseeküste, geschützt durch den Deichbau, folgt flaches, fruchtbares Marschland, satte Äcker und Weiden mit grasenden, schwarzbunten Kühen. Sie liefern Milch für köstliche Käsesorten und für die feine Holsteiner Butter. Von riesigen Gemüsefeldern im reichen Bauernland Dithmarschen kommen lastwagenweise Kohlköpfe für die Sauerkrautfabrikation. Die Kohlernte im September ist alljährlich der Anlaß für ein volksfestartiges Spektakel mit kulinarischen Neuigkeiten rund ums Kraut – die Dithmarscher Kohltage. Aber auch die Freunde handfester Fleischportionen kommen in den nördlichen Landen nicht zu kurz: Saftige Ochsensteaks, unzählige Wurstspezialitäten, etwa die würzige Katenrauchwurst, kerniger Speck und der feine Holsteiner Katenschinken runden das reichliche Angebot an Gemüse, Brotspezialitäten und vielseitigen Milchprodukten ab.

Über der Marsch erhebt sich als Kontrast zu üppigen Wiesen und Äckern die karge, schwach

Links oben:
Die Speicherstadt in Hamburg, hier lagerten Kostbarkeiten aus aller Welt.

Links:
Rundum von Wasser umgeben sind die Häuser auf den Halligen, winzigen Marschinseln – Zeugen einer Sturmflut im 11. Jahrhundert.

Ganz oben:
Über den Dächern von Lübeck, der Stadt des Marzipans.

Oben Mitte:
Der Hamburger Hafen – ein Muß für jeden Besucher.

Oben:
Frische ist Trumpf beim Gemüsekauf.

bewaldete Geest, die neben Getreidefeldern Lebensraum für weidende Schafe bietet. Das östliche Hügelland mit sanften Anhöhen und verträumten Seen schließt sich an, fällt mal mehr, mal weniger steil zur Ostsee hin ab, deren Küste im Gegensatz zur Nordsee kaum dem Wechsel von Ebbe und Flut unterworfen ist. Blühende Rapsfelder, weiträumige Naturparks und ruhige Seen prägen das Gesicht der Holsteinischen Schweiz, der die Randlage an der lange Zeit unberührten Grenze zu Mecklenburg zumindest in ökologischem Sinne gut getan hat.

»Aalsuppe« – da ist alles (plattdeutsch: aal'ns) drin! Die berühmte Hamburger Spezialität mit dem irreführenden Namen läßt erst bei genauerem Betrachten tief blicken. Nur dem erwartungsvollen Touristen zuliebe schwimmt da nämlich neben Gemüse und Gewürzen, Backobst und Schinken auch der fettreiche Knochenfisch im süß-pikanten Sud. Die wichtigste Zutat war aber ursprünglich keineswegs der Aal, sondern eine Art Sammelsurium aus der Vorratskammer, serviert mit der selbstbewußten Note des weltoffenen Genießers. Für Fremde: gewöhnungsbedürftig!

Mit Vorräten kennt man sich bestens aus in der Handelsmetropole an der Elbe. Hamburg war schon im Mittelalter eine der besonders für den England-Handel wichtigen Städte in der von dem damals bedeutenderen Lübeck aus geführten Hanse. Es ist seit Jahrhunderten ein Welthafen, heute ein internationaler Umschlagplatz für Waren aller Art, von der Obstkonserve bis zum Fertighaus. Im Hamburger Freihafen steht die größte Lagerkapazität der Welt zollfrei zur Verfügung. Dazu gehört auch die historische Speicherstadt. In Zeiten vor dem Container, als der Welthandel noch größtenteils Stückguthandel war, wurden dort Alltagsgüter, Kostbarkeiten und »Kolonialwaren« zwischengelagert, gesichtet, gemustert, gehandelt. Teilweise dienten die in der Backsteingotik der Gründerjahre ausgeführten Bauten auch der Veredelung und Reifung von Genußmitteln, wie Wein und Spirituosen, Tabak, Kaffee oder Tee. Immer noch nutzen Teppichhändler und Schiffsausrüster diese Lagerräume. Die Pläne, die Speicherstadt für exklusive Wohnungen und schicke Ladengeschäfte »umzunutzen«, scheinen vorerst abgewehrt.

Beeindruckend auch die Ausmaße der Hamburger Großmarkthalle, der größten in ganz Europa. Von hier aus kommen nicht nur die Bewohner der Stadt, sondern auch weite Teile des norddeutschen Raumes in den Genuß von frischem Gemüse, Obst und Blumen. Das Angebot an Fleisch und Fisch ist auf Hamburgs Märkten und in den zahlreichen Einkaufspassagen der City so vielfältig, exklusiv und reichhaltig wie nirgends sonst. Eine kulinarisch perfekt gerüstete Stadt also, in der sich aufstrebende junge Köche ebenso ehrgeizig ansiedeln wie Konzerne, Handelsketten und mittelständische Unternehmen der Lebensmittelbranche, Verlage mit Foodprogrammen und Medienhäuser, deren Produkte Eßkultur und Zeitgeist vermitteln.

In der Weltstadt Hamburg gibt es aber auch Ackerbau und Viehzucht, gepflegte Parks und blühende Vorgärten, Wald, Moor und Heide. In den fruchtbaren Vier- und Marschlanden an der Oberelbe wird Landwirtschaft mit Gemüseanbau und Geflügelzucht betrieben, ebenso im südlich der Elbe gelegenen Bauernland. Auch ein Teil des elbabwärts gelegenen, für seine Obstplantagen berühmten »Alten Landes« gehört zum Stadtgebiet. Eine der grünsten Städte Deutschlands lockt im hohen Norden – mit Wind, Wolken und über 2000 Brücken, fünfmal mehr als in Venedig.

Menschen, Feste, Sehenswertes

Ein solider Ruf eilt den Hamburgern voraus – ebenso wie ihrer Küche. Und das, obwohl manch kulinarische Kreation aus dem Norden einer süddeutschen Zunge als Gipfel der Experimentierlust erscheinen muß. Sirupsüße und Backobst, Räucheraroma vom Schwein, milde Säure und scharfe Gewürze werden ungerührt vereint, in deftigen Eintöpfen, in sauren und süßen Suppen, in pikanten Ragouts. Gediegenheit steht hier auch für formvollendete Phantasie – das Produkt einer seit Jahrhunderten aktiven und weltoffenen Lebensart. Ein Hanseat grübelt nicht lange, er handelt und überrascht. Und er genießt seinen Erfolg eher mit britischem Understatement. Mit den Inselnachbarn hat er zudem die Vorliebe fürs ausgiebige Frühstücken gemeinsam und für eine gepflegte Teekultur. Er scheut sich nicht, auch mal am Wochenende zeitig aufzustehen, wie jeden Sonntag auf dem Fischmarkt in St. Pauli zu beobachten ist. Ab 6 Uhr morgens treffen sich hier jede Woche mehr als hunderttausend Besucher. Sie stürzen sich in ein Meer aus Blumen, Trödel und Fischbrötchen und amüsieren sich über die herbderben Witze der Marktschreier, die Zimmerpflanzen (da wird ein ganz normaler Gummibaum zum »Riesenbonsai«), Aale (Vorsicht! Oft Tiefkühlware aus Übersee) und Bananen versteigern. Der Fischmarkt ist aber auch der größte Kleintiermarkt Norddeutschlands. Kaninchen und Tauben, Hühner und andere Haustiere werden hier mehr gehandelt als Fische. Seit die Anlandung von Fisch in Westdeutschland in Cuxhaven konzentriert ist, kommen nach Hamburg nur noch wenige Kutter, die dann allerdings nur am Sonntagmorgen ihren Fang auf dem Fischmarkt direkt an die Frau und an den Mann bringen. Gute Gelegenheiten, eine Portion Krabben oder frischen(!) geräucherten Aal zu probieren finden sich in der renovierten alten Fischversteigerungshalle.

Das Volksfest dreimal im Jahr ist der Hamburger Dom, ein traditioneller Jahrmarkt, dessen Ursprung bis ins Jahr 1329 zurückgeht, als die Krämer ihre Waren in Buden um den neuerbauten Marien-Dom feilboten.

»Birnen, Bohnen und Speck« steht auf dem kulinarischen Banner der Schleswig-Holsteiner. Im Land zwischen den zwei Meeren leben Genießer. Besonderer Wert wird auf frische Produkte gelegt – und die gibt es in diesem vielfältigen Bauernland zwischen Marsch und Geest reichlich. Doch bei aller Ländlichkeit ist immer die Tuchfühlung mit der Großstadt spürbar. Kultur ist hier kein Fremdwort und mit bekannt tatkräftiger Initiative wird sie im hohen Norden gepflegt – mit spektakulären Veranstaltungen und Festivals, für Musikliebhaber ebenso wie für Gourmets.

Millionen Kohlköpfe rollen jährlich im größten zusammenhängenden Anbaugebiet Deutschlands. Im Dithmarscher Land, dessen bäuerliche Bevölkerung legendär ist für ihr Traditionsbewußtsein, werden im September die Dithmarscher Kohltage gefeiert. Neben der abwechslungsreichsten Kohlkarte der Welt ist ein buntes Programm geboten, vom offiziellen Kohlanschnitt durch den Landwirtschaftsminister bis hin zu Musik und Tanz. Rund ums Jahr bei allen kleineren und größeren Festivitäten dabei ist der »Große Hans«, auch »Jan im Hemd« oder »Mehlbeutel« genannt. Es ist ein schlichter, dicker Mehlkloß, der in ein Tuch gehüllt stundenlang in Speckwasser gart und dann mit Zukker, heißer Butter und Schweinebacke serviert wird.

Eine noble Adresse: Fest verankert liegen die Boote an Hamburgs Außenalster.

Jedes Kind weiß, daß Marzipan aus Lübeck, Sprotten aus Kiel und Rum aus Flensburg kommt. Weniger bekannt ist, daß in der Marzipan-Stadt sehenswerte Salzspeicher aus historischen Zeiten stehen. Daß es südlich von der Sprotten-Metropole ein faszinierendes Freilichtmuseum gibt, mit historischen Bauernhäusern und Handwerksbetrieben, die feinste Buttermilch und selbstgemachten Käse anbieten. Und wer weiß schließlich, daß Flensburg, die nördlichste Stadt Deutschlands nicht nur Rum liefert, sondern für eine ganze Reihe anderer berühmter Tropfen verantwortlich ist, vom echten Kräuterlikör über ein herbes Pils bis hin zum Aquavit, dem klassischen Klaren aus dem Norden.

In Kappeln an der Ostseeküste wird Himmelfahrt auf besondere Art gefeiert. Anlaß sind die einzigen noch funktionstüchtigen Heringszäune in ganz Europa, eine Rarität aus dem 15. Jahrhundert, die noch heute ihren simplen Mechanismus wirken läßt und die Heringe auf dem Weg zu ihren Laichgewässern abfängt. Vier Tage lang werden die Kappelner Heringstage gefeiert, und der Fisch steht im Mittelpunkt jeder Speisekarte.

In der dritten Juniwoche wird an der Unterelbe die Eröffnung der Matjes-Saison gefeiert. Die Glückstädter Matjeswochen beginnen mit einem großen Fest rund um den historischen Marktplatz. Bis September werden überall in der Stadt die zarten Leckerbissen angeboten, jungfräuliche Heringe, die in Eichenfässern, mild gesalzen, zu den begehrten Matjes herangereift sind.

Sehenswert:
Kiel: Das Freilichtmuseum in Molfsee, einem südlichen Stadtteil.
Die Kieler Woche im Juni: Segelregatten und Volksfest.
Die Schloßküche im Gottorfer Landesmuseum mit Küchengeräten aus dem 17. Jahrhundert und eine originalgetreue Lübecker Weinstube von 1644.
Hamburg: Das Museum für Hamburgische Geschichte und das Altonaer Museum mit Einblicken in das Alltagsleben früherer Generationen.
Das Gewürzmuseum mit seiner in Europa einzigartigen Sammlung aus Düften und Geschichten.
Heide: Heider Marktfrieden, Ende Juni. Mittelalterliche Atmosphäre mit einer originalen Bauernhochzeit und historischem Markttreiben.
Helgoland: Ein großes Inselfest im Juli mit Feuerwerk und köstlichem Fisch.

Ganz oben:
Hamburg ist zweifellos die Topadresse für frischen Fisch und jede Art von Meeresgetier.

Oben und Mitte:
Auch im hohen Norden wird jedes Sonnenstündchen genutzt, um die Stühle ins Freie zu stellen.

Mitte:
Wald und Wiesen lassen Großstädter aufatmen.

Mitte rechts:
Die Krokusblüte im Schloßpark von Husum. Die Krokusse sollen um 1500 von Mönchen gepflanzt worden sein, in der Hoffnung, aus den Staubgefäßen Safran zu gewinnen – was nicht gelang.

Ganz oben:
Das Nachtleben der Großen Freiheit.
An dieser ehemaligen Grenze zwischen Hamburg und dem preußischen Altona endete früher die Verfolgung durch die Polizei – daher der Name.

Oben:
Holsteiner Höfe mit typischem Fachwerk.

Wurzelsuppe

Ganz einfach und raffiniert

Zutaten für 4 Portionen:

400 g Möhren (Wurzeln)
100 g Knollensellerie
1 dünne Stange Lauch
1 kleine Zwiebel
2 EL Butter
Salz
schwarzer Pfeffer aus der Mühle
1 l kräftige Fleischbrühe
frisch geriebene Muskatnuß
1 Prise Zucker
Zitronensaft nach Geschmack
2 EL Crème fraîche
2 Dillzweige

Zubereitungszeit: etwa 35 Min.

Pro Portion: 570 kJ / 140 kcal

1 Die Möhren und den Sellerie putzen und schälen, in Scheiben oder Würfel schneiden. Die Lauchstange aufschlitzen und waschen, in Ringe schneiden. Die Zwiebel schälen und hacken.

2 In einem Topf die Butter erhitzen, das Gemüse darin unter Rühren andünsten. Salzen und pfeffern, etwa ¼ l Brühe angießen, das Gemüse zugedeckt garen.

3 Das Gemüse im Topf oder im Mixer pürieren. Die restliche Brühe angießen, aufkochen und die Suppe 2–3 Min. kräftig köcheln lassen. Mit Salz, Pfeffer, Muskat, Zucker und einigen Tropfen Zitronensaft abschmecken.

4 Auf Suppenteller verteilen, jeweils etwas Crème fraîche einrühren und mit Dillspitzen garniert servieren.

• Wurzeln – so nennen die Holsteiner ihre Möhren, die nicht nur als Suppengrundlage beliebt sind, sondern vor allem auch als Gemüsebeilage in heller Sauce (siehe »Gestovtes Gemüse« auf Seite 258).

Matjes mit grünen Bohnen

Deftiger Imbiß

Zutaten für 4 Portionen:

1 kg neue Kartoffeln (festkochende Sorte)
Salz
750 g frische grüne Bohnen
1 Zweig Bohnenkraut
50 g durchwachsener Speck
1 Zwiebel
schwarzer Pfeffer aus der Mühle
1 Bund glatte Petersilie
8 Matjesfilets

Zubereitungszeit: etwa 35 Min.

Pro Portion: 2300 kJ / 550 kcal

1 Die Kartoffeln waschen und abbürsten, knapp mit Salzwasser bedeckt (oder im Siebeinsatz des Schnellkochtopfs über Dampf) garen.

2 Die Bohnen putzen, waschen und halbieren, bei Bedarf entfädeln. In einem Topf etwa 1 ½ l Salzwasser aufkochen, das Bohnenkraut und die Bohnen hineingeben und 10–15 Min. kochen. In ein Sieb abgießen, kalt abschrecken und gut abtropfen lassen.

3 Den Speck in winzige Würfel schneiden. In einer Pfanne erhitzen, das Fett auslassen und die Würfelchen knusprig braten.

4 Inzwischen die Zwiebel schälen und fein hacken. In die Pfanne zum Speck geben und unter Rühren glasig dünsten. Die Bohnen untermischen, mit Salz und Pfeffer würzen. Die Petersilie fein hacken und untermischen.

5 Die Matjesfilets auf Eiswürfeln anrichten. Mit den grünen Bohnen und den Pellkartoffeln servieren.

• Getränketip: Ein Bier paßt am besten dazu – es darf auch ein leichtes oder alkoholfreies sein.

Matjes nach Hausfrauenart

Feinsäuerlich mit Äpfeln in Sahnesauce

Zutaten für 4 Portionen:

8 Matjesfilets
1/8 l Milch
200 g Sahne
200 g saure Sahne
1 EL Zitronensaft
1 Prise Zucker
2 feste, säuerliche Äpfel
2 kleine Zwiebeln
1 Bund Schnittlauch

Zubereitungszeit: etwa 40 Min. (+ 1 Std. Marinieren)

Pro Portion: 2300 kJ / 550 kcal

1 Die Matjesfilets etwa 30 Min. in Milch einlegen.

2 Die Sahne mit der sauren Sahne glattrühren, mit dem Zitronensaft und 1 Prise Zucker würzen.

3 Die Äpfel gründlich waschen und abreiben oder schälen. Vierteln, die Kerngehäuse entfernen und die Viertel in schmale Spalten schneiden. Sofort in die Sauce geben, damit die Äpfel sich nicht verfärben. Die Zwiebeln schälen, in feine Ringe schneiden und ebenfalls unterheben.

4 Die Matjes abtropfen lassen, in 2–3 cm breite Stückchen schneiden. Mit der Sahnesauce in eine Glasschüssel schichten. Etwa 1 Std. durchziehen lassen.

5 Den Schnittlauch waschen, in feine Röllchen schneiden, vorm Servieren über die Matjes streuen.

• Dazu passen Pellkartoffeln oder kräftiges Schwarzbrot.

Krabbenragout

Spezialität von der Waterkant

Zutaten für 4 Portionen:

400 g frisches, ausgelöstes Krabbenfleisch
3 EL Zitronensaft
weißer Pfeffer aus der Mühle
500 g Spargel
Salz
2 EL Butter
2 EL Mehl
1/8 l leichte Fleischbrühe
1/8 l Sahne
1 TL Zucker
150 g tiefgekühlte Erbsen

Zubereitungszeit: etwa 45 Min.

Pro Portion: 1300 kJ / 310 kcal

1 Die ausgelösten Krabben kurz abbrausen und abtropfen lassen, mit 2 EL Zitronensaft und frisch gemahlenem Pfeffer würzen.

2 Den Spargel schälen, die holzigen Enden abschneiden. Die Spargelstangen in 2–3 cm lange Stücke schneiden. In einem Topf 1 l Salzwasser aufkochen, die Spargelstücke darin etwa 10 Min. garen. Herausheben und abtropfen lassen, das Spargelwasser aufheben.

3 In einem breiten Topf die Butter schmelzen, das Mehl unter Rühren goldgelb anschwitzen. Nach und nach die Fleischbrühe und etwa 1/8 l vom Spargelwasser angießen, etwas einköcheln lassen. Die Sahne angießen, zu einer cremigen Sauce köcheln. Mit Salz, Pfeffer, Zucker und dem restlichen Zitronensaft würzen.

4 Die tiefgekühlten Erbsen, das Krabbenfleisch und den Spargel einrühren, alles zusammen etwa 10 Min. bei milder Hitze garen. Mit Salz und Pfeffer abschmecken.

• Beilage: Reis und Blattsalat.

Finkenwerder Scholle

Knusprig in Speck gebraten

Zutaten für 2 Portionen:

2 Schollen (jeweils etwa 350 g), küchenfertig vorbereitet
1 Zitrone
50 g durchwachsener Räucherspeck
Salz
Mehl zum Wenden
Petersilie zum Garnieren

Zubereitungszeit: etwa 35 Min.

Pro Portion: 1900 kJ / 450 kcal

1 Die Schollen beim Einkauf küchenfertig vorbereiten lassen. Vorm Zubereiten unter fließendem Wasser abspülen und mit Küchenkrepp trocknen. Mit etwa 2 EL Zitronensaft (von 1/2 Zitrone) beträufeln.

2 Den Speck in kleine Würfel schneiden. In einer großen oder in zwei kleinen Pfannen erhitzen und das Fett auslassen. Die Grieben knusprig braten, herausnehmen und für später bereithalten.

3 Die Schollen salzen, von beiden Seiten in Mehl wenden, das überschüssige Mehl abschütteln. Die Schollen mit der weißen Seite nach unten ins heiße Speckfett legen, in etwa 6 Min. knusprig braten. Danach die Schollen wenden, auf der dunklen Seite ebenfalls knusprig braten.

4 Die übrige Zitronenhälfte in Spalten schneiden, die Petersilie waschen und trockenschütteln. Die Schollen herausnehmen und auf vorgewärmten Tellern anrichten. Die Speckwürfel im heißen Fett nochmals erhitzen, dann mit dem Schaumlöffel herausnehmen, abtropfen lassen und über die Schollen verteilen. Mit Zitronenspalten und Petersilie garnieren.

Pannfisch

Deftiges Pfannengericht

- Dazu paßt Kartoffelsalat und Kopfsalat.

- Die geschickteste Technik, eine Scholle zu essen: Das Fleisch des Plattfischs zuerst einmal nur auf einer Seite von der Mittelgräte ausgehend ablösen. Wenn diese Seite verspeist ist, gibt es zwei Möglichkeiten. Entweder Sie heben nun mit dem Fischbesteck die gesamte Gräte ab oder Sie wenden den ganzen Fisch elegant auf dem Teller und üben das gleiche nochmal – es geht ganz einfach!

- Finkenwerder, ein ehemaliges Fischerdörfchen an der Elbe, ist heute ein Vorort von Hamburg.

Zutaten für 4 Portionen:

500 g Reste von gekochtem Fisch (zum Beispiel Kabeljau)
schwarzer Pfeffer aus der Mühle
750 g gekochte Pellkartoffeln
1 Zwiebel
80 g durchwachsener Speck
2 EL Butter
2 EL scharfer Senf
200 ml Sahne
Salz
1 Bund glatte Petersilie
4 eingelegte Gewürzgurken

Zubereitungszeit: etwa 45 Min.

Pro Portion: 2300 kJ / 550 kcal

1 Den gekochten Fisch entgräten und in kleine Stücke zupfen, mit frisch gemahlenem Pfeffer bestreuen.

2 Die Kartoffeln pellen und in Scheiben schneiden. Die Zwiebel schälen, in feine Ringe schneiden. Den Speck in winzige Würfel schneiden.

3 In einer großen Pfanne 1 EL Butter zerlassen, die Speckwürfel einrühren und das Speckfett langsam ausbraten. Die Kartoffelscheiben gleichmäßig in der Pfanne verteilen und kroß anbraten. Wenden und knusprig braten. Die Kartoffeln etwas an den Rand schieben.

4 In der Mitte der Pfanne die restliche Butter schmelzen, die Zwiebeln und die Fischstücke hineingeben und unter vorsichtigem Wenden braten, ohne daß die Fischstücke zu sehr zerfallen. Mit den Kartoffeln mischen.

5 Den Senf mit der Sahne glattrühren, in die Pfanne gießen. Zugedeckt 5–10 Min. ziehen lassen. Die Petersilie waschen, trockenschütteln und fein hacken. Die Gewürzgurken in Scheibchen schneiden.

6 Die Fischpfanne mit Salz (vorsichtig wegen Speck und Senf) und Pfeffer abschmecken, die Gurken untermischen. Mit Petersilie bestreut in der Pfanne servieren.

- Getränketip: Ein kühles Pils!

Karamelkartoffeln

Raffinierte Beilage

Zutaten für 4 Portionen:

1 kg sehr kleine neue Kartoffeln
Salz
100 g Butter
1–2 EL Zucker

Zubereitungszeit: etwa 1 Std. 10 Min.

Pro Portion: 1600 kJ / 380 kcal

1 Die Kartoffeln waschen und abbürsten, knapp mit Salzwasser bedeckt (oder im Siebeinsatz des Schnellkochtopfs über Dampf) garen. Die fertigen Pellkartoffeln schälen.

2 Inzwischen den Backofen auf 200° vorheizen. In einem Töpfchen die Butter schmelzen, etwa 2 TL Salz und den Zucker einrühren.

3 Die Kartoffeln auf einem Backblech oder auf der Fettpfanne des Backofens verteilen. Mit der flüssigen, gewürzten Butter begießen und gleichmäßig darin wenden. Im vorgeheizten Backofen (Gas Stufe 3) auf mittlerer Schiene etwa 50 Min. knusprig braun backen. Zwischendurch die Kartoffeln einmal wenden.

• Wird gerne zu deftigem Grünkohl serviert.

Gestovtes Gemüse

Winterliche Beilage zu Braten

Zutaten für 4 Portionen:

300 g Möhren (Wurzeln) oder Steckrüben
300 g Lauch (Porree)
150 g Knollensellerie
Salz
1 Prise Zucker
1 EL Butter
1 EL Mehl
weißer Pfeffer aus der Mühle
1 TL Zitronensaft

Zubereitungszeit: etwa 30 Min.

Pro Portion: 320 kJ / 80 kcal

1 Die Möhren putzen und waschen, in Scheiben schneiden. Den Lauch längs aufschlitzen, gründlich waschen und schräg in Ringe schneiden. Den Sellerie schälen, in 1/2 cm dicke Scheiben, dann in kleine Würfel schneiden.

2 Das Gemüse in einen breiten Topf geben und etwa 1/8 l Wasser angießen. Mit Salz und 1 Prise Zucker würzen, zugedeckt erhitzen und etwa 10 Min. dünsten.

3 Die Butter mit dem Mehl verkneten. Unters Gemüse mischen und kurz aufkochen, bis eine sämige Sauce entsteht. Mit Salz, Pfeffer und Zitronensaft abschmecken.

• »Gestovt« – so nennt man im Norden die Garmethode, verschiedenste Gemüse oder Kartoffeln in einer sämigen Sauce aus Butter und Mehl sanft zu köcheln.

Bechamelkartoffeln

Üppige Beilage oder kleine Mahlzeit

Zutaten für 4–6 Portionen:

1 kg Kartoffeln (festkochende Sorte)
Salz
60 g durchwachsener Speck
1 TL Butter
1 EL Mehl
1/8 l Kalbsfond (oder kräftige Fleischbrühe)
1/4 l Milch
1 Bund glatte Petersilie
1 EL Crème fraîche
weißer Pfeffer aus der Mühle
frisch geriebene Muskatnuß
1 TL Zitronensaft
1 Prise Zucker

Zubereitungszeit: etwa 50 Min.

Bei 6 Portionen pro Portion: 920 kJ / 220 kcal

1 Die Kartoffeln waschen und abbürsten, knapp mit Salzwasser bedeckt (oder im Siebeinsatz des Schnellkochtopfs über Dampf) garen.

2 Den Speck in winzige Würfel schneiden. Mit der Butter in eine Pfanne geben und braten, bis das Speckfett ausgelassen ist und die Grieben knusprig sind. Die Grieben herausnehmen und bereithalten.

3 Das Mehl einrühren und hellgelb anschwitzen. Nach und nach den Kalbsfond und die Milch angießen. Mit dem Schneebesen verquirlen und unter häufigem Rühren sämig einköcheln lassen.

4 Die Kartoffeln abgießen, heiß pellen und in dicke Scheiben schneiden. Die Petersilie waschen und trockenschütteln, fein hacken.

5 Die Sauce mit der Crème fraîche verfeinern, mit Salz, Pfeffer, Muskat, Zitronensaft und der Prise Zucker abschmecken. Die Petersilie unterrühren. Die Kartoffelscheiben einlegen und heiß werden lassen, nicht mehr kochen. Mit den knusprigen Speckgrieben bestreuen.

• Reicht als Beilage zu Fleisch oder gebratenem Fischfilet für 6 Portionen. Mit einem gemischten Salat eine kleine Mahlzeit für 4.

Lübecker National

Traditioneller Eintopf

Zutaten für 4 Portionen:

500 g Kartoffeln
400 g Steckrüben
200 g Möhren (Wurzeln)
750 g durchwachsenes Schweinefleisch (Bauch oder Nacken)
2 Zwiebeln
1 EL Zucker
½ l heiße Fleischbrühe
Salz
schwarzer Pfeffer aus der Mühle
1 Bund glatte Petersilie

Zubereitungszeit: 1½ – 2 Std.

Pro Portion: 3600 kJ / 860 kcal

1 Die Kartoffeln und die Steckrüben waschen und schälen, in etwa 1 cm dicke Scheiben, dann in Würfel schneiden. Die Möhren putzen und waschen, schräg in Scheiben oder ebenfalls in Würfel schneiden.

2 Das Schweinefleisch in etwas größere Würfel schneiden. Die Zwiebeln schälen und grob hacken.

3 In einem breiten Topf den Zucker bei milder Hitze schmelzen lassen. Die Zwiebeln, die Kartoffeln und die Rüben einrühren, leicht karamelisieren lassen, dann die heiße Brühe angießen. Das Schweinefleisch untermischen, mit Salz und Pfeffer würzen. Den Topf schließen und den Eintopf bei milder Hitze 1–1 ½ Std. garen.

4 Die Petersilie waschen und trockenschütteln, grob hakken. Nochmals mit Salz und Pfeffer abschmecken, die Petersilie aufstreuen und das Gericht sehr heiß servieren.

• Je nach Geschmack darf der Eintopf auch länger vor sich hin köcheln – das Gemüse wird dann allerdings sehr weich und zerfällt. Zum Aufwärmen ist dieses Gericht wie fast alle Eintöpfe hervorragend geeignet.

• Für diesen handfesten und deftigen Winter-Eintopf gibt es einige Varianten, die sich hauptsächlich in der Mischung der Zutaten unterscheiden. Die Steckrüben (Kohlrüben) werden in Lübeck oftmals auch komplett durch Möhren (Wurzeln) ersetzt. Im »Hamburger National« beispielsweise werden Kartoffeln und Steckrüben im gleichen Verhältnis zusammen mit dem Schweinebauch geschmort, und der Eintopf wird mit Thymian statt mit frischer Petersilie gewürzt.

Schweinefilet mit Äpfeln und Backpflaumen

Raffiniert durch die fruchtig-milde Würze

Zutaten für 4 Portionen:

100 g Backpflaumen
2 feste säuerliche Äpfel (etwa 150 g)
2 Schweinefilets (jeweils etwa 250 g)
Salz
weißer Pfeffer aus der Mühle
1 EL Butterschmalz
⅛ l leichte, heiße Fleischbrühe
1 Msp. getrockneter Thymian
1–2 EL Zitronensaft
2 EL Crème fraîche
nach Belieben frischer Thymian zum Garnieren

Zubereitungszeit: etwa 40 Min. (+ bei Bedarf 2 Std. Einweichzeit für die Pflaumen)

Pro Portion: 1500 kJ / 360 kcal

1 Die Backpflaumen etwa 2 Std. in Wasser einweichen (weiche Sorten müsssen nicht eingeweicht werden, nur kurz waschen). Danach entsteinen und in feine Streifen schneiden.

2 Die Äpfel gründlich waschen und abtrocknen. Einen Apfel vierteln und das Kerngehäuse entfernen. Die Apfelviertel in kleine Stückchen schneiden und mit den Backpflaumen mischen.

3 Die beiden Schweinefilets längs aufschneiden und auseinanderklappen. Die Scheiben mit wenig Salz und frisch gemahlenem Pfeffer würzen. Die Apfel-Backpflaumen-Mischung darauf verteilen, die Filets zusammenklappen und mit Küchengarn zunähen oder mit Spießchen zustecken. Auch außen salzen und pfeffern.

4 Das Butterschmalz in einer Pfanne mit passendem Deckel oder in einem breiten Topf erhitzen. Die gefüllten Filets hineinlegen und rundum scharf anbraten. Dann die heiße Fleischbrühe angießen, mit Thymian würzen, zudecken und bei milder Hitze etwa 15 Min. garen.

5 Inzwischen den zweiten Apfel vierteln, das Kerngehäuse entfernen und die Viertel in schmale Spalten schneiden. Mit 1 EL Zitronensaft beträufeln.

6 Die Filets aus der Pfanne nehmen und abgedeckt warm halten. Die Crème fraîche in die Sauce rühren, kräftig durchköcheln und mit Salz, Pfeffer und Zitronensaft abschmecken. Die Apfelschnitze in die Sauce legen und kurz erwärmen.

7 Die gefüllten Schweinefilets schräg in Scheiben schneiden, mit der Apfelsauce servieren. Nach Belieben mit frischen Thymianblättchen garnieren.

- Als Beilage paßt sehr gut körnig gekochter Reis.

- Getränketip: Ein vollmundiger Weißwein, z.B. eine Riesling Spätlese, ein Morio-Muskat, ein Ruländer – oder ein gut gekühlter Rosé, z.B. ein halbtrockener Weißherbst (Rheinhessen, Rheinpfalz, Baden).

Gefüllte Ente

Lübecker Spezialität

Zutaten für 4–6 Portionen:

75 g Rosinen
1 Glas Rum oder Weinbrand (4 cl)
200 g Weißbrot oder Brötchen vom Vortag
300 g feste säuerliche Äpfel
1 EL Entenschmalz
weißer Pfeffer aus der Mühle
Salz
1 Prise Zimt
¼ l trockener Weißwein
1 junge Ente (etwa 2 kg)
1 EL Butter

Zubereitungszeit: etwa 2 Std. 20 Min.

Bei 6 Portionen pro Portion: 3500 kJ / 830 kcal

• Als Beilagen werden Rotkohl und Salzkartoffeln zur Ente serviert.

• Getränketip: Ein vollmundiger Rotwein, z.B. ein Trollinger aus Württemberg oder ein Spätburgunder von der Ahr.

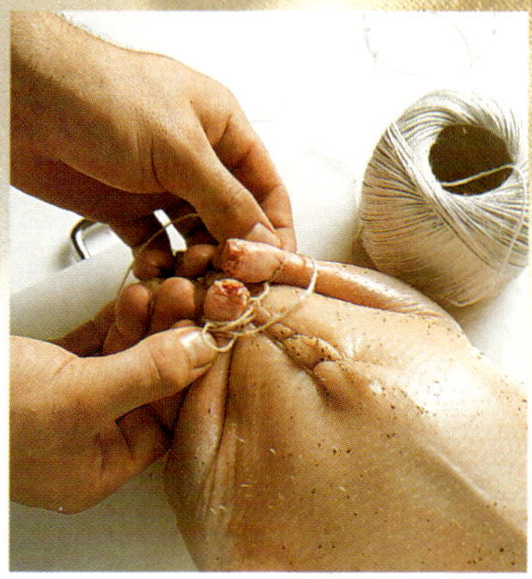

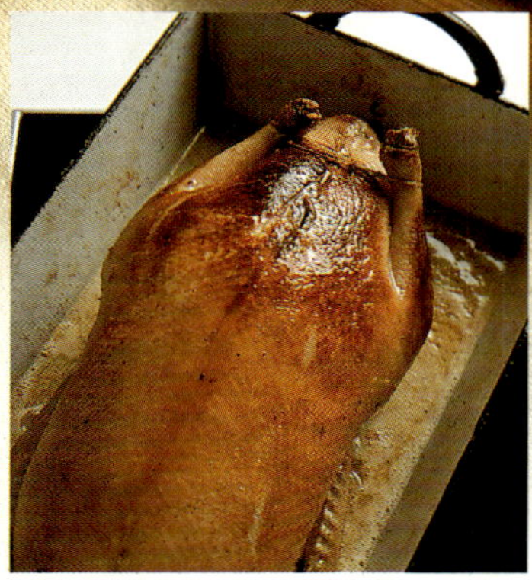

1 Die Rosinen im Rum einweichen. Das Weißbrot in etwa 1 cm große Würfel schneiden. Die Äpfel vierteln, schälen, die Kerngehäuse entfernen. Die Apfelviertel in Würfel schneiden.

2 Das Entenschmalz in einer Pfanne erhitzen, die Brotwürfel unter Rühren knusprig braten. Die Apfelwürfel untermischen, kurz mitdünsten, mit Pfeffer, 1 Prise Salz und Zimt würzen. Die Rosinen samt Rum und etwa die Hälfte vom Weißwein unterrühren, dann die Pfanne vom Herd nehmen.

3 Den Backofen auf 225° vorheizen. Die Ente waschen und abtrocknen, die Talgdrüse wegschneiden. Innen und außen salzen und pfeffern. Mit der Mischung füllen (maximal zu drei Vierteln), mit Küchengarn zunähen. Die Flügel der Ente unter den Rücken stecken, die Keulen zusammenbinden.

4 In einem schweren Bräter die Butter schmelzen. Die Ente darin von allen Seiten anbraten. Mit der Brust nach unten in den Backofen (Gas Stufe 4) schieben und etwa 40 Min. braten. Ab und zu mit dem austretenden Bratensaft begießen.

5 Sobald der Rücken schön gebräunt ist, die Temperatur auf 175° senken (Gas Stufe 2). Die Ente wenden und mit der Brust nach oben weitere 45 Min. braten. Hin und wieder mit dem Bratensaft begießen.

6 Die fertig gebratene Ente aus dem Bräter nehmen, auf den Rost im Backofen legen und den Backofen nochmals auf 250° hochschalten (Gas Stufe 5).

7 Den Bratensaft im Bräter entfetten (mit Küchenkrepp aufsaugen), den Wein angießen, auf die Herdplatte stellen und die Sauce aufkochen. Mit dem Schneebesen kräftig durchrühren, mit Salz und Pfeffer abschmecken.

8 Die Ente in Portionsstücke zerteilen und mit der Füllung anrichten, die Sauce extra dazu servieren.

Gröne Hein

Birnen, Bohnen und Speck

Zutaten für 4 Portionen:

4 dicke Scheiben durchwachsener Räucherspeck (jeweils etwa 100 g)
600 g frische grüne Bohnen
1 Zweig Bohnenkraut (oder 1 TL getrocknetes)
weißer Pfeffer aus der Mühle
8 kleine harte Kochbirnen
½ Bund glatte Petersilie
eventuell Salz

Zubereitungszeit: etwa 45 Min.

Pro Portion: 2900 kJ / 690 kcal

1 Die Speckscheiben in einen großen Topf legen, gut ½ l Wasser angießen, zugedeckt erhitzen. Bei milder Hitze ziehen lassen.

2 Inzwischen die grünen Bohnen waschen und putzen, halbieren und bei Bedarf die Fäden abziehen. Zum Speck in den Topf geben, eventuell noch etwas heißes Wasser angießen. Das Bohnenkraut dazulegen, mit Pfeffer würzen. Zugedeckt etwa 15 Min. weitergaren.

3 Die Birnen rundum schälen, aber nicht zerteilen. Mit Stumpf und Stiel auf die Bohnen in den Topf legen, alles zusammen weitere 10–12 Min. köcheln. Die Birnen sollen weich sein, aber nicht zerfallen.

4 Die Petersilie waschen und trockenschütteln, fein hakken. Den Eintopf mit Pfeffer, eventuell mit Salz und 1 Prise Zucker abschmecken. Mit Petersilie bestreut servieren.

• Beilage: Salzkartoffeln oder kleine neue Pellkartoffeln.

• Früher wurden die Birnen aus dem »Grönen Hein« beherzt am Stiel gepackt und rundum abgenagt, heute zerlegt man sie mit Messer und Gabel.

Schnüsch

Gemüse mit rohem Räucherschinken

Zutaten für 4 Portionen:

300 g grüne Bohnen
300 g Möhren
500 g Kartoffeln
1 Stange Lauch
300 g zarter Sommerwirsing
300 g dicke Bohnen (frisch ausgepalt oder tiefgekühlt)
Salz
¼ l Gemüsebrühe
2 EL Butter
¼ l Milch
1 Prise Zucker
weißer Pfeffer aus der Mühle
1 Bund glatte Petersilie
frisch geriebene Muskatnuß
4 dicke Scheiben Räucherschinken (etwa 250 g)

Zubereitungszeit: etwa 70 Min.

Pro Portion: 3000 kJ / 710 kcal

1 Die grünen Bohnen waschen, putzen und in kleine Stücke schneiden, bei Bedarf entfädeln. Die Möhren schälen und in Scheiben schneiden. Die Kartoffeln waschen, schälen, in kleine Würfel schneiden. Den Lauch putzen und längs aufschlitzen, gründlich waschen und schräg in feine Ringe schneiden. Die Wirsingblätter waschen, den Strunk und die dicken Blattrippen wegschneiden. Den Wirsing in feine Streifen schneiden. Frische dicke Bohnenkerne enthülsen, tiefgekühlte aus dem Tiefkühlfach nehmen.

2 In einem Topf etwa 2 l Salzwasser aufkochen. Den Lauch, die Wirsingblätter und die Möhren etwa 1 Min., die grünen Bohnen etwa 5 Min. blanchieren. Herausnehmen und kalt abschrecken.

3 Währenddessen in einem anderen Topf die Kartoffeln mit der Brühe aufsetzen und etwa 10 Min. köcheln lassen. Danach alles weitere Gemüse dazugeben, die Milch angießen, die Butter einrühren, mit 1 Prise Zucker, Salz und Pfeffer

würzen. In etwa 10 Min. fertig garen. Das Gemüse soll auf jeden Fall noch Biß haben und darf nicht zu weich gekocht sein.

4 Die Petersilie waschen und trockenschütteln, die Blättchen abzupfen und fein hacken. Unters Gemüse mischen, mit Salz, Pfeffer und Muskat abschmecken.

5 Die Schinkenscheiben auf einem Holzbrett anrichten, zum Gemüse servieren.

Schinken mit Petersiliensauce

Schmeckt kalt und warm

Zutaten für 6 Portionen:

etwa 1 ½ kg roher, gepökelter Schinken mit Knochen (beim Metzger vorbestellen)
¼ l Apfelsaft
1 Bund Suppengrün
1 Zwiebel
½ TL schwarze Pfefferkörner
2 Gewürznelken
2 Bund glatte Petersilie
2 EL Butter
2 EL Mehl
⅛ l Milch
schwarzer Pfeffer aus der Mühle
frisch geriebene Muskatnuß

Zubereitungszeit: etwa 1 Std. 25 Min.

Pro Portion: 2500 kJ / 600 kcal

1 Den Schinken in einen großen Topf legen, den Apfelsaft und soviel kaltes Wasser angießen, daß er gerade eben bedeckt ist. Zugedeckt zum Kochen bringen.

2 Das Suppengrün putzen und waschen, grob zerteilen. Die Zwiebel schälen und vierteln. Gemüse und Zwiebel, Pfefferkörner und Gewürznelken in den Topf zum Schinken geben. Bei milder Hitze etwa 1 Std. ziehen lassen.

3 Nach etwa 45 Min. die Petersilie waschen und trockenschütteln, grob hacken. In einem breiten Topf die Butter schmelzen. Das Mehl einrühren und unter Rühren hellgelb anschwitzen. Nach und nach die Milch und etwa ¼ l Schinkenbrühe aus dem großen Topf angießen, unter Rühren leise köcheln und cremig eindicken lassen.

4 Die Sauce mit Salz, Pfeffer und Muskat abschmecken, die gehackte Petersilie einrühren. Mit dem Pürierstab zu einer feinen glatten Sauce aufschlagen.

5 Den Schinken aus der Brühe nehmen, in feinen Scheiben vom Knochen lösen, mit der Petersiliensauce servieren. Die Brühe aufheben und als Grundlage für eine Suppe verwenden.

- Beilage: Salzkartoffeln.
- Der Schinken schmeckt auch kalt als Brotbelag sehr gut.

Bickbeerpfannkuchen

Heidelbeerpfannkuchen

Zutaten für 4 Portionen:

250 g Mehl
3 Eier
1 Prise Salz
2 EL Zucker
½ l Milch
250 g frische Bickbeeren (Heidelbeeren, Blaubeeren), ersatzweise tiefgekühlte
etwa 2 EL Butter
Puderzucker zum Bestäuben

Zubereitungszeit: etwa 45 Min.

Pro Portion: 2200 kJ / 520 kcal

1 Das Mehl in eine Schüssel geben, eine Vertiefung hineindrücken. Die Eier trennen. Die 3 Eigelb mit der Prise Salz und dem Zucker in die Mehlmulde geben, mit etwas Mehl verrühren. Nach und nach die Milch angießen, alles zu einem glatten, klümpchenfreien Teig rühren. Die 3 Eiweiß zu steifem Schnee schlagen, ganz locker unter den Teig ziehen.

2 Die Bickbeeren waschen und verlesen, sehr gut abtropfen lassen.

3 In einer Pfanne wenig Butter schmelzen. Eine Schöpfkelle voll Teig einfüllen, die Pfanne so drehen, daß der Teig gleichmäßig und dünn verteilt ist. Einen gehäuften Eßlöffel Bickbeeren auf dem Pfannkuchen verteilen. Die Unterseite anbräunen, dann den Pfannkuchen wenden und auch von der anderen Seite backen.

4 Den Pfannkuchen aus der Pfanne nehmen, abgedeckt warm halten oder sofort frisch aus der Pfanne servieren. Mit Puderzucker bestäuben. Nacheinander soviele Pfannkuchen backen, bis der Teig und die Beeren aufgebraucht sind.

Förtchen

Süße Hefeküchlein

Zutaten für 8 Portionen:

20 g Hefe (etwa ½ Würfel)
1 EL Zucker
¼ l lauwarme Milch
1 Prise Salz
1 EL Vanillezucker
3 Eier
250 g Mehl
½ TL abgeriebene Zitronenschale (unbehandelt)
Butter und Schweineschmalz zum Ausbacken
Puderzucker zum Bestäuben

Zubereitungszeit: etwa 35 Min. (+ 1 Std. Ruhezeit)

Pro Portion: 1000 kJ / 240 kcal

1 Die Hefe zerbröckeln und in einer Schüssel mit dem Zucker glattrühren. Nach und nach die lauwarme Milch, Salz und Vanillezucker, Eier und Mehl unterrühren. Mit abgeriebener Zitronenschale würzen. Abgedeckt warm stellen und den Teig etwa 1 Std. schön aufgehen lassen.

2 Die Förtchenpfanne heiß werden lassen, in den Vertiefungen jeweils etwa ½ TL Butter und Schweineschmalz zerlassen. Mit einem Eßlöffel vom dickflüssigen Hefeteig kleine Portionen abnehmen und in die Vertiefungen füllen. Goldbraun backen, danach wenden und fertig backen.

3 Die Förtchen herausnehmen, mit Puderzucker bestäuben und sofort servieren. Währenddessen die nächste Portion backen.

- Mit Pflaumenmus servieren, oder die Förtchen vorm Wenden in der Pfanne damit füllen.

- Sie können die Förtchen auch in einer normaler Pfanne backen: Butter und Schweineschmalz erhitzen, aber nicht zu heiß werden lassen. Für jedes Förtchen 1 EL Teig ins heiße Fett geben und goldgelb ausbacken.

Schokoladencreme

Luftig im Wasserbad aufgeschlagen

Zutaten für 4 Portionen:

50 g Edelbitter-Schokolade
4 Eier
3 Blatt Gelatine
2 EL Zucker
2 cl Rum
2 EL Kakao
150 g Sahne

Zubereitungszeit: etwa 20 Min.

Pro Portion: 1400 kJ / 330 kcal

1 Die Schokolade fein reiben. Die Eier trennen, die 4 Eiweiß in eine Schüssel geben und kühl stellen. Die Gelatine in kaltem Wasser einweichen.

2 Die 4 Eigelb mit dem Zucker in eine Schüssel geben, in ein warmes Wasserbad setzen und weißschaumig aufschlagen. Den Rum, 1 EL Kakao und die geriebene Schokolade einrühren und bei milder Hitze zu einer glatten Creme rühren.

3 Die Gelatine tropfnass hineingeben und auflösen. Vom Herd nehmen und etwas abkühlen lassen. Inzwischen die 4 Eiweiß zu steifem Schnee schlagen. Unter die leicht abgekühlte Schokoladencreme ziehen. In Portionsschälchen füllen und im Kühlschrank kalt werden lassen.

4 Vorm Servieren die Sahne steif schlagen. Die Creme mit Sahnetupfen garnieren und mit dem übrigen Kakaopulver bestreuen.

- Variante: Mit Milch gekochter »Schokoladenpudding«. Von ½ l Milch etwa 6 EL abnehmen und mit 50 g Speisestärke anrühren. Den Rest des ½ l in einen Topf geben, 100 g Schokolade hineinbröckeln und bei milder Hitze schmelzen. Aufkochen lassen und sofort die angerührte Speisestärke unter kräftigem Rühren untermischen, kurz mitköcheln. 2 Eiweiß zu steifem Schnee schlagen und unter die Masse ziehen. Eine Schüssel kalt ausspülen, den Pudding einfüllen und bis zum Servieren kalt stellen. Dazu schmeckt statt Schlagsahne auch eine kühle Vanillesauce.

Rote Grütze

Exportschlager in den Süden

Zutaten für 6–8 Portionen:

500 g rote Johannisbeeren
250 g Sauerkirschen
250 g Himbeeren
1 Zimtstange
4 EL Zucker
30 g Speisestärke
1/8 l roter Fruchtnektar
250 g gut gekühlte Sahne

Zubereitungszeit: etwa 45 Min. (+ 3–4 Std. Kühlzeit)

Bei 8 Portionen pro Portion: 800 kJ / 190 kcal

1 Die Johannisbeeren waschen und von den Rispen streifen. Die Sauerkirschen waschen und entsteinen. Die Himbeeren nur verlesen und kurz abbrausen.

2 Die Früchte mit 1/2 l Wasser und der Zimtstange in einen Topf geben, erhitzen und etwa 5 Min. köcheln. Dann die Kirschen und die Zimtstange mit einem Schaumlöffel herausnehmen. Die Beeren durch ein Sieb streichen, mit der Zimtstange und 2 EL Zucker wieder in den Topf geben, durchrühren und mehrfach aufwallen lassen.

3 Das Stärkepulver mit dem kalten Fruchtnektar anrühren, in die kochende Fruchtmasse geben und unter Rühren andicken lassen. Die Kirschen wieder untermischen, mit dem restlichen Zucker abschmekken. Die Zimtstange herausnehmen und die Grütze kalt stellen.

4 Die rote Grütze in Schälchen füllen, mit gut gekühlter, flüssiger Sahne servieren.

• Im ursprünglichen Rezept wurde der Fruchtsaft mit feiner Getreidegrütze, mit Sago, Grieß oder Reismehl gebunden.

• Variante: Statt Sahne eine Vanillesauce dazu servieren (Rezepte auf Seite 166 und Seite 242).

Pharisäer

Kaffee mit Rum

Zutaten für 4 Portionen:

1/8 l Sahne
1/2 l heißer, stark aufgebrühter Kaffee
Würfelzucker nach Geschmack
4 Gläschen Rum

Zubereitungszeit: etwa 10 Min.

Pro Portion: 930 kJ / 220 kcal

1 Die Kaffeetassen mit heißem Wasser füllen und vorwärmen. Die Sahne steif schlagen.

2 Das Wasser aus den Tassen abgießen. Den frisch gebrühten Kaffee einfüllen, nach Geschmack 1–2 Stück Würfelzucker darin auflösen.

3 In jede Tasse ein Gläschen Rum gießen. Mit einer kleinen Sahnehaube bedecken und sofort servieren. Nicht umrühren – der heiße Kaffee wird durch die Sahnehaube hindurch geschlürft.

Grießflammerie mit Fruchtkompott

Dessert oder süßes Hauptgericht

• Ein Rezept mit Geschichte: Die sturmerprobten Bewohner an der Nordküste hatten schon immer eine Leidenschaft für frisch aufgebrühten, starken Kaffee – im Gegensatz zu ihren teetrinkenden Vettern vom Ostseestrand. Ganz besonders interessant war das schwarze Gebräu mit einer gehaltvollen Zutat, die als Markenzeichen Flensburgs gilt: Rum! Nichts lag den braven Leuten jedoch ferner, als ihren wachsamen Pfarrer mit diesem kleinen Laster zu behelligen. Und so deckten sie den Mantel des Verschleierns über die wohlgefüllte Tasse – in Form eines luftigen Sahnehäubchens. Natürlich dauerte es nicht lang, bis der Gottesmann die Taktik durchschaute und in seiner Empörung ausrief: Oh, Ihr Pharisäer!

Zutaten für 4–6 Portionen:

Für den Grieß:
1/2 l Milch
1 EL Butter
2 EL Zucker
1 EL Vanillezucker
1 Prise Salz
125 g Hartweizengrieß
1/2 TL abgeriebene Zitronenschale (unbehandelt)
1 Ei
2 EL Sahne

Für das Fruchtkompott:
400 g reife Aprikosen (oder Früchte nach Belieben)
2–3 EL Zucker
1–2 EL Zitronensaft

Zubereitungszeit: etwa 40 Min. (+ 2 Std. Kühlzeit)

Bei 6 Portionen pro Portion: 1000 kJ / 240 kcal

1 Die Milch mit der Butter, Zucker und Vanillezucker und der Prise Salz in einen Topf geben und zum Kochen bringen. Nach und nach den Grieß einrieseln und unter ständigem Rühren bei milder Hitze ausquellen lassen. Mit abgeriebener Zitronenschale würzen, vom Herd nehmen und etwas abkühlen lassen.

2 Das Ei trennen. Das Eigelb mit der Sahne glattrühren und unter die Grießmasse mischen. Das Eiweiß zu steifem Schnee schlagen, locker unter den Grieß ziehen. Den Pudding in Glasschälchen füllen und mindestens 2–3 Std. kalt stellen.

3 Für das Fruchtkompott die Aprikosen (oder andere Früchte) waschen, entsteinen und zerkleinern. Mit 2 EL Zucker und 1 EL Zitronensaft in einen Topf geben und in etwa 10 Min. weichkochen. Mit Zucker und Zitronensaft abschmecken und kalt stellen.

• Variante: Mit Erdbeer-Püree servieren. Frische Erdbeeren nicht erhitzen, sondern roh pürieren, mit Zucker und Zitrone abschmecken.

Die Kartoffel – das verkannte Genie

Einer der mehr oder weniger schmeichelhaften Spitznamen für Deutschland ist »Kantüffelland«. Das plattdeutsche Wort »Kantüffel« (auch »Tüften« oder »Tüffel«) verrät schon, wo die größten Kartoffelesser zu Hause sind: im plattdeutsch sprechenden Norden. Man könnte geradezu eine innerdeutsche Grenze zwischen »Kartoffelland« im Norden und »Knödelland« im Süden vermuten, wenn nicht die Mittelgebirge wie eherne Kartoffelfestungen aus der Ebene ragten.

Kartoffeln gehören heute in Deutschland zu den wichtigsten Grundnahrungsmitteln. Jeder, ob Säugling oder Greis, verzehrt, natürlich rein statistisch gesehen, im Jahr 72 kg, das ist in Europa ein guter Mittelplatz.

Dabei ist es mit rund 250 Jahren noch gar nicht so lange her, daß die Kartoffel ihren Siegeszug durch die Küchen der europäischen Länder antrat und die Ernährungsgewohnheiten der Menschen grundlegend veränderte. Bis dahin waren Brot und Grütze so immens wichtig, daß sogar im Märchen der ewig kochende Topf mit süßem Brei der Gipfel aller Träume war.

Die Urheimat der Kartoffel liegt in den südamerikanischen Anden-Hochländern. Hier war sie den Inkavölkern vermutlich schon seit Beginn unserer Zeitrechnung als Nahrungspflanze vertraut. Als im Jahre 1536 spanische Eroberer an der kolumbianischen Küste landeten, um das sagenhafte Goldland »El Dorado« zu entdecken, fanden sie »Pflanzen mit wenigen blaßvioletten Blüten und mehligen Wurzeln, von angenehmem Geschmack, eine für die Indianer sehr annehmbare Gabe und ein leckeres Gericht sogar für die Spanier«.

In Deutschland wurden die ersten Kartoffeln um die Wende vom 16. zum 17. Jahrhundert angebaut, allerdings nicht zum Verzehr, sondern der hübschen Blüten wegen als bestaunte Seltenheit in den botanischen Gärten.

Die Bezeichnung »Kartoffel« tauchte erstmals im Jahre 1742 auf, abgeleitet aus dem italienischen »taratopholi«, dem Trüffel. Aber auch die Form, einem Apfel ähnlich, führte zu dem Namen »Erdapfel«. Mundartliche Umformungen machen es möglich, daß nun die Sachsen ihre »Erdäppel«, die Westfalen »Erpel« und die Eidgenossen in der Schweiz ihre »Härdöpfu« verzehren. Gerät die Kartoffel mal nicht so apfelrund, liegt die Form der Birne nahe: als Erdbirne gedeiht die Kartoffel vorwiegend in schwäbischem Boden. Dort treffen wir die »Bodabira«, während die Bauern südlich der Neiße ihre »Apern« pflanzen und die Landwirte Südbadens, Nordwürttembergs und der Pfalz den Acker bestellen, damit ihnen viele »Grumbiren« bzw. »Grumbeeren« wachsen. Die Ostpreußen dagegen sahen eher Ähnlichkeiten mit der Artischocke, deshalb essen sie ihre »(Erd)Schucken«. Weshalb man allerdings im Raum von Ingolstadt »Bumser«, in der Umgebung von Cottbus »Knedel« und südlich der Hansestadt Hamburg »Pudel« aus dem Boden buddelt, muß noch erforscht werden.

Es dauerte lange, bis die Bauern in den verschiedenen Regionen die Vorteile der Kartoffeln für die Ernährung von Mensch und Vieh erkannten. Mißernten, die im Lauf der Jahrhunderte auftraten, früh einsetzende Fröste, vor allem in Gebirgslagen, die das Getreide nicht reifen ließen, führten immer wieder zu schweren Hungersnöten. Erst als man begann, die Kartoffeln in größerem Umfang anzubauen, ergab sich für die Bauern die Möglichkeit, ausreichend Lebensmittelvorräte und Viehfutter für schlechte Zeiten anzulegen.

Als einer der ersten europäischen Herrscher erkannte der Preußenkönig Friedrich II. den Wert der Kartoffel als Nahrungsmittel, und von Preußen aus fand sie nach dem Siebenjährigen Krieg (1756–1763) überall als Nutzpflanze weite Verbreitung. Friedrich der Große half allerdings etwas nach: Er ließ kostenlos Saatkartoffeln in Schlesien und Preußen verteilen und setzte Soldaten ein, die den Anbau zu kontrollieren hatten.

Die Kartoffelpflanze (solanum tuberosum) war einst ihrer hübschen Blüten wegen nur in botanischen Gärten zu finden.

Heute wissen wir: Wer Kartoffeln ißt, lebt gesund. Mancher Wohlstandsbauch wird oft fälschlich als »Kartoffelbauch« bezeichnet – und damit der Knolle bitter unrecht getan. Wer meint, die Kartoffel sei ein »Dickmacher«, der irrt. Kartoffeln enthalten pro 100 g nur 300 kJ/75 kcal, nur wenig mehr Kalorien als frisches Obst. Sie gehören damit zu den energiearmen Lebensmitteln. Was an Kartoffeln dick macht, sind die Zutaten: Üppige Soßen, das im Fritierbad aufgesaugte Fett, die Mayonnaise des Kartoffelsalates oder zuviel Salz, das Wasser bindet.
Für Vegetarier ist die Kartoffel nahezu unentbehrlich. Sie enthält wichtige Mineralstoffe und vor allem die Vitamine C und B. Eine mittelgroße Kartoffel enthält etwa ebensoviel Vitamin C wie ein Glas Tomatensaft oder ein Apfel. Das erklärt, weshalb Kartoffeln in der christlichen Seefahrt so lebensnotwendig wurden. Obwohl noch niemand die Vitamine entdeckt hatte, machte man die Erfahrung, daß Kartoffeln in der Bordküche vor dem früher so gefürchteten Skorbut bewahrten.

Manche sagten der Kartoffel auch aphrodisische Wirkungen nach: Der Engländer Sir Walter Raleigh, im 17. Jahrhundert ein Günstling der Königin von England, soll ihr den Namen »Apfel der Jugend« verliehen haben wegen ihrer »Venus befeuernden Wirkung«, und der Schweizer Botaniker Bauhin empfahl 1619: »In Wein gekocht, sind sie besonders gut und besonders hilfreich für alle, die die Blüte ihrer Jahre überschritten haben«.

Kartoffeln schmecken am besten im Frühjahr, wenn die ersten »neuen« auf den Markt kommen. Ein Zeichen dieser Hochachtung ist der Preis, den sie dann auf dem Markt erzielen. Aber auch fast jeder, der einen Schrebergarten sein eigen nennt, hat in einem Winkel ein paar Kartoffeln gesteckt und buddelt sie aus, kaum daß sie Pflaumengröße erreicht

Die traditionelle Kartoffelernte ist körperliche Schwerarbeit für die ganze Familie – Bücken, Hacken, Aufsammeln, Sortieren und Verladen.

Frisch gerodete Kartoffeln dürfen nicht lange auf dem Feld liegenbleiben, denn sonst färben sie sich grün und werden ungenießbar.

Nach der Ernte wird das trockene Kartoffelkraut verbrannt. Und die im herbstlichen Kartoffelfeuer gebratene Knollen schmecken unvergleichlich gut.

Ganz oben:
Moderne Vollerntemaschinen roden die Kartoffeln, sieben Kraut und Erde ab und befördern das Erntegut auf die Transportfahrzeuge.

Oben:
Auf der Erntemaschine fahren nur noch wenige Helfer mit, die Steine und Erdklumpen aussortieren, die vom Roder miterfaßt wurden.

Oben:
Sauber und oft schon nach Größen sortiert kommen die frisch geernteten Kartoffeln vom Feld zum Markt.

haben. Die Schale ist dann noch so zart, daß sie mit der Hand abgerieben werden kann. In sprudelndem Salzwasser gekocht und mit frischer Butter gegessen, auch mit Quark und frischem Schnittlauch oder Dill, sind die neuen Kartoffeln ein sicherer Beweis dafür, daß der Sommer Einzug gehalten hat. Kartoffeln sind trotz ihrer rauhen Schale ziemlich empfindlich. Beim Einkauf von Kartoffeln sollte man auf folgende Qualitätsmerkmale achten:

• Die Knollen sollen fest und straff sein, runzlige Schalen entstehen durch zu warme oder zu trockene Lagerung. Hängt die Schale in Fetzen herab, sind die Kartoffeln noch nicht ausgereift.
• Die Augen dürfen keine Keime aufweisen, diese enthalten das giftige Solanin und müssen entfernt werden.
• Niemals grüne Kartoffeln einkaufen – auch in den grüngewordenen Schalen sitzt das giftige Solanin. Es entsteht, wenn Kartoffeln zu hell gelagert wurden oder Regengüsse auf dem Acker die schützende Erdschicht weggespült haben. Grüne Stellen abschneiden, völlig grün gewordene Kartoffeln wegwerfen.
• Oberflächliche, schwarze, braune oder borkige Flecke stören nicht, sie entstehen häufig durch ungleichmäßige Witterung während des Wachstums oder bei der Ernte. Diese Stellen einfach beim Schälen wegschneiden.

Welche Sorte eignet sich für welches Rezept? Auf dem Markt gibt es eine unübersehbare Vielfalt von Kartoffelsorten (Sortennamen sind übrigens immer weiblich). Je nach Verwendungszweck kauft man:
• *Festkochende* Sorten für Kartoffelsalat, Bratkartoffeln, feste Pell- oder Salzkartoffeln.
• *Vorwiegend festkochende* Sorten für Salz-, Pell- oder Grillkartoffeln.
• *Mehlige* Sorten für Suppen, Eintöpfe, Klöße und Püree.

Beim Einlagern von Kartoffeln ist die Reifezeit zu beachten: Frühe Sorten sind nur zum Sofortverzehr geeignet, mittelfrühe (Reifezeit etwa Mitte September) können durchaus bis zu drei Monaten gelagert werden. Wer sich allerdings einen Wintervorrat an Kartoffeln einkellern will, sollte mittelspäte bis sehr späte Sorten wählen, die erst im Oktober auf den Markt kommen und sich dann – kühle, aber frostfreie und dunkle Lagerung vorausgesetzt – bis zur neuen Ernte halten.

Kartoffeln sind außerordentlich vielfältig zu verwenden, von deftigen Eintöpfen bis hin zu Kartoffelkuchen und Puffern mit süßem Apfelmus. Eintopfgerichte sind mit ihrem runden, vollen und herzhaften Geschmack auf der ganzen Welt beliebt. Die Zutaten variieren, aber ohne die Kartoffel geht es nicht. Sie erst verbindet die Inhaltsstoffe aus all dem, was da bei mäßiger Hitze in einem Topf zusammengekocht wird: Gemüse, sparsam verwendetem Fleisch, den Kräutern. Das Ergebnis ist jene delikate Einfachheit, die jedem in den Sinn kommt, der an die ländlichen Samstags-Eintöpfe aus Großmutters Küche denkt.

Manche Zubereitungsarten lassen internationalen Einfluß erkennen: Amerikanisch kommt eine in der Schale gebackene, große Kartoffel daher, die heiß aufgeschnitten, gebuttert und mit viel saurer Sahne gefüllt wird. Aus der französischen Küche übernommen sind die Gratins, als Beilage zu einem guten Stück Fleisch und vor allem die Pommes frites – jene allseits bekannten, in siedendem Fett gerösteten, rohen Kartoffelstreifen. Als knusprige Beilage können sie köstlich sein, von Kindern werden sie vor allem mit Tomatenketchup geliebt, aber leider mißraten sie gelegentlich in Imbißbuden auch zu pappigen, fetttriefenden Gebilden.

Seit in Deutschland Kartoffeln angebaut und durch Züchtung immer weiter verbessert werden, befaßt sich eine weitverzweigte Industrie mit der Veredelung zu vielfältigen Produkten. Urform der Verarbeitung ist das Trocknen, gefolgt vom Kartoffelschnaps, der zuerst auf pommerschen Gütern gebrannt wurde und der keinesfalls zu verachten ist. Inzwischen findet man in jedem Supermarkt eine Fülle von Kloßmehlen, Fritierprodukten, Röstis, Chips oder Kroketten, denen die Abstammung von der braunen Knolle nicht ohne weiteres anzusehen ist. Die Küche von heute – was wäre sie ohne die Kartoffel?

Hedda Angermann

Ganz oben:
Jede Kartoffelsorte hat ihre Besonderheiten. Ob mehlig- oder festkochend, die Sortenwahl entscheidet mit über das Gelingen eines Rezeptes.

Oben:
Ein Imbiß unterwegs – gebackene Kartoffeln sind nicht nur lecker, sondern auch gesund und gut bekömmlich.

Rezeptregister von A bis Z

Rezeptverzeichnis von Vorspeisen bis Kuchen

Vorspeisen und Salate

Suppen

Beilagen

Gemüse

Eintöpfe

Fisch und Meeresfrüchte

Fleischgerichte

Geflügel

Dessert und süße Hauptgerichte

Kuchen und Gebäck

Die Autoren:

Sabine Sälzer,
in Baden geboren, arbeitete nach abgeschlossenem Ökotrophologiestudium und Praktikum in der Rezept-Versuchsküche mehrere Jahre als Redakteurin bei der größten deutschen Kochzeitschrift. Seit 1988 ist sie exklusiv Autorin des Gräfe und Unzer Verlages. Ihr erstes Buch war der prämierte Starttitel dieser erfolgreichen GU-Reihe »Die echte italienische Küche«.

Gudrun Ruschitzka,
in Sachsen geboren, begann mit einem Facharbeiterbrief als Köchin ihre berufliche Laufbahn. Die Bibliothekarschule in Leipzig und mehrere Semester Kunstgeschichte vertieften die Interessen an Büchern, an Kultur, an Lebensart. Seit 20 Jahren lebt sie in München, arbeitete bei einem international renommierten Partyservice und hat bereits an vielen GU-Kochbüchern mitgewirkt.

Hedda Angermann
Nach dem Studium des Bibliothekswesens an der Humboldt-Universität in Berlin arbeitete sie am Herder-Institut der Leipziger Universität in den Bereichen Landeskunde und internationale kulturelle Beziehungen. Unter anderem betreute sie dort ausländische Deutschlehrer, die zu Weiterbildungskursen und landeskundlichen Exkursionen in die Länder der ehemaligen DDR kamen.

Gerrit Klein
Schon in der Studienzeit bereiste er Deutschlands Weinregionen. Sein Lieblingsraum ist heute der eigene Weinkeller, dessen Bestand direkt vom Winzer mitgebracht wird. Nach dem Abschluß in Politikwissenschaften war er als Journalist tätig und ist heute Geschäftsführer eines Wirtschaftsverbandes in Bonn.

Die Fotografen

Pete A. Eising und Susanne Eising
haben sich ausschließlich auf Food-Fotografie spezialisiert. In ihrem Studio für Lebensmittelfotografie entstehen anspruchsvolle Food- und Getränkeaufnahmen. Zum Kundenkreis gehören Werbeagenturen und Industrieunternehmen, Zeitschriftenredaktionen und Kochbuchverlage.
An das Fotostudio ist eine Bildagentur mit Sitz in München und in der Schweiz angeschlossen – selbstverständlich mit dem Hauptthema Food.
Martina Görlach ist im Studio für die Requisite zuständig und wirkt auch bei der fotografischen Gestaltung mit.

Uli Franz,
geboren 1949, lebt als freischaffender Autor und Fotograf in Köln. Im väterlichen Fotogeschäft lernte er den Umgang mit Kamera und Film. Während seines Studiums in München und Berlin widmete er sich der Schwarzweiß-Fotografie.
Er veröffentlichte Standard-Reiseführer über China und Hongkong. In dem Buch »Die echte chinesische Küche« vermittelt er in Bild und Text auf eindrucksvolle Weise das kulturelle Leben Chinas.

Wir bedanken uns für die freundliche Unterstützung
bei Uwe Gentzsch, LSG Leipzig
Klaus Görner
Eva Hoch
und bei den Firmen
Fürstenberg
Rosenthal
KPM, Berlin
Hutschenreuther
Steigerwald, München
A. Warnecke
Bauscher, Weiden
Tisch & Tafel, Hannover
WMF
Eichenlaub
Konditorei Kreutzkamm, München

Die Bilder

Bildnachweis
Umschlag- und Rezeptfotos: Pete A. und Susanne Eising
Reportage-Fotos: Uli Franz
Hermann Rademacker: Seite 15 oben rechts, 169, 201 unten links, 202 links, 203 unten links, 250 unten, 251 Mitte, 253 Mitte rechts
Gerhard Schubert: Seite 13 rechts oben

Die doppelseitigen Bilder zeigen:
Bayern: Voralpenland bei Weyarn
Baden-Württemberg: Der Schwarzwald
Hessen, Rheinland-Pfalz und Saarland: Oberhausen an der Nahe
Thüringen: Die Wartburg
Sachsen und Sachsen-Anhalt: Denkmal August des Starken in Dresden
Nordrhein-Westfalen: Köln – Dom und Rhein
Berlin und Brandenburg: Das Brandenburger Tor in Berlin
Bremen und Niedersachsen: Lüneburger Heide
Mecklenburg-Vorpommern: Seebrücke von Ahlbeck, Usedom
Hamburg und Schleswig-Holstein: Nordsee
Innentitel: Getreidefelder in Mecklenburg

Genehmigte Lizenzausgabe für Verlagsgruppe Weltbild GmbH, Steinerne Furt, 86167 Augsburg

Redaktion: Birgit Rademacker, Sabine Sälzer

Korrektorat: Marlis Kreimeyer, Marion Reichelm

Versuchsküche: Dorothea Henghuber, Renate Neis, Christa Schmedes, Herlinde Werner

Gestaltung: Heinz Kraxenberger, Birgit Rademacker

Umschlaggestaltung: Studio Höpfner-Thoma, Gräfelfing (Bay.)

Gesamtherstellung: aprinta Druck GmbH & Co. KG, Senefelderstraße 3–11, 86650 Wemding

Printed in Germany

ISBN 3-8289-1187-0

2007 2006 2005 2004

Die letzte Jahreszahl gibt die aktuelle Lizenzausgabe an.

Einkaufen im Internet: *www.weltbild.de*

Jede Gattin
klug
und weise

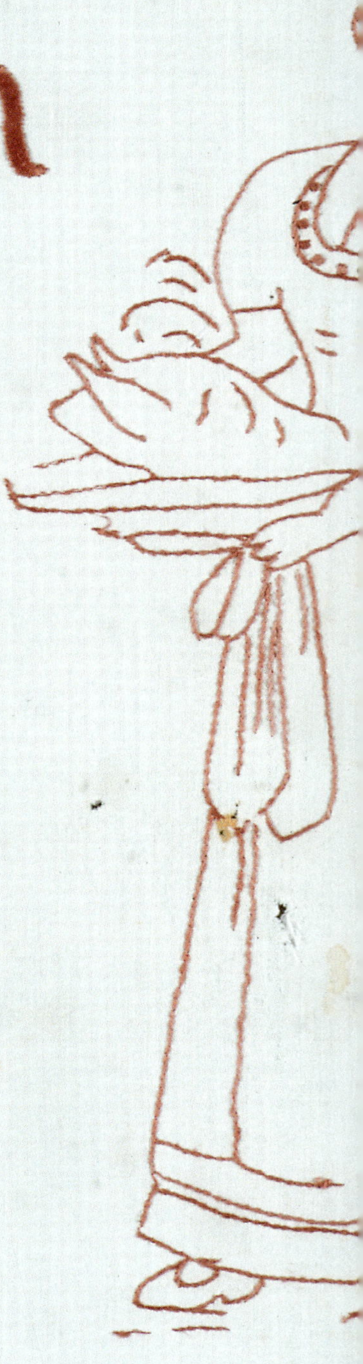